अब तक सब

नाटक

नुक्कड़ नाटक

और भी कुछ...

अब तक सब

राजेश जोशी

राजकमल प्रकाशन

ISBN : 978-93-93768-24-7

मूल्य : ₹995

पहला संस्करण : 2022

प्रकाशक : राजकमल प्रकाशन प्रा. लि.
1-बी, नेताजी सुभाष मार्ग, दरियागंज
नई दिल्ली-110 002

शाखाएँ : अशोक राजपथ, साइंस कॉलेज के सामने, पटना-800 006
पहली मंज़िल, दरबारी बिल्डिंग, महात्मा गांधी मार्ग, प्रयागराज-211 001
36 ए, शेक्सपियर सरणी, कोलकाता-700 017

वेबसाइट : www.rajkamalprakashan.com
ई-मेल : info@rajkamalprakashan.com

मुद्रक : बी.के. ऑफसेट
नवीन शाहदरा, दिल्ली-110 032

AB TAK SAB
Plays by Rajesh Joshi

श्री प्रभात गांगुली, श्री नेमिचन्द्र जैन,
श्रीमती गुलवर्धन, श्री बृजबिहारी दीक्षित
और
श्री बंसी कौल की
स्मृति को...

क्रम

जादू जंगल

पूर्वकथन

'जादू जंगल' मेरा पहला नाटक है, अस्सी-इक्यासी में लिखा था। यह एक लोककथा पर आधारित है। यह लोककथा नरेन्द्र जैन ने मुझे दी थी। नाटक लिखने का न तो हुनर मुझे पता था, न नाटक लिखने का कोई साहस मुझमें था। इसलिए कई दिनों तक मैं दोस्तों को यह कथा सुनाता रहा और शहर भर में ढिंढोरा पीटता रहा कि मैं जल्दी ही नाटक लिखने वाला हूँ। एक दिन शरद जोशी ने थोड़े ग़ुस्से में मुझसे कहा कि तुम कभी नाटक नहीं लिख सकते, तुम बस इसी तरह कहानी सुनाते रहोगे। मुझे लगा कि अब मुझे लिखकर ही बताना होगा कि मैं भी नाटक लिख सकता हूँ...हालाँकि ऐसा जोश बहुत कम देर ही मुझमें रह पाता है। लेकिन उसी दौरान नए नाटकों का एक महोत्सव शहर में चल रहा था। मैंने सोचा कि नाटक देखने से शायद कोई मदद मिले अत: मैं नाटक देखने लगा। कई नाटक बहुत कमजोर थे। उन कमजोर नाटकों ने मुझमें आत्मविश्वास पैदा कर दिया। सृजन की इन उलटबाँसियों को समझना चाहे मुश्किल हो, पर ऐसा होता है। तो मैंने नाटक लिख डाला। बार-बार लिखता और बदलता रहा, लगभग चार-पाँच ड्राफ्ट बने होंगे। बुरी तरह थक गया। चालीस-पचास से ज़्यादा पृष्ठ बार-बार लिखना, लग गया कि नाटक लिखना बहुत मेहनत का काम है। मुझे यह मेहनत बहुत रास नहीं आ रही थी। अत: एक अन्तिम सा प्रारूप बनाकर नेमि जी को नाटक भेज दिया। नाटक को पढ़कर नेमिचन्द्र जैन जी ने कुछ मूल्यवान सुझाव देते हुए एक लम्बा पत्र लिखा। मुझे बहुत ख़ुशी हुई और मैंने पुन: उनके द्वारा दिए गए सुझावों के साथ एक नया प्रारूप तैयार किया। बाद में यह नाटक नटरंग में ही प्रकाशित हुआ। नाटक लिखने का कोई अनुभव मुझे नहीं था। कुछ नाटक पढ़े थे और कुछ नाटकों के प्रदर्शन देखे थे। यही समय था जब नुक्कड़ नाटकों का बड़े पैमाने पर प्रदर्शन प्रारम्भ हुआ था।

वह आन्दोलनों का समय था। इसलिए इस नाटक में कहा जा सकता है कि उस दौर की आन्दोलनधर्मिता का असर भी दिखाई पड़ता है।

भोपाल में निराला सृजन पीठ में, पीठ के तत्कालीन अध्यक्ष निर्मल वर्मा ने इस नाटक का पाठ रखा था। जिसमें ब.व. कारंत और बंसी कौल जैसे रंग निर्देशक भी मौजूद थे। नाटक पाठ के बाद अलखनन्दन ने बताया था कि मेरे नाटक की

साइक्लोस्टाइल प्रति रायपुर के युवा रंग निर्देशक राजकमल नायक ले गए हैं और उन्होंने उसकी रिहर्सल भी शुरू कर दी है। नाटक का पहला मंचन राजकमल नायक ने रायपुर में किया था। बाद में भी उन्होंने अपने मंचन के कई शो किए। पहले प्रारूप में भी नाटक कई जगहों पर मंचित होता रहा।

कई वर्ष बाद बंसी कौल ने उज्जैन के रंगकर्मियों के साथ जब इसको खेले जाने की योजना बनाई तो लगा कि इसमें कुछ परिवर्तन किए जाने चाहिए। लगभग एक दशक से ज़्यादा समय बीत चुका था। नाटक का परिदृश्य बदल रहा था। पहले के बनिस्बत नाटक के बारे में मेरी अपनी समझ भी बदल रही थी। इसलिए मुझे लगा कि इसके प्रारूप में कुछ परिवर्तन किए जाने चाहिए। हालाँकि मूल कथ्य में कोई बड़े परिवर्तन नहीं किए गए हैं, नाटक के फार्म के स्तर पर भी कोई परिवर्तन नहीं है। लेकिन कुछ हिस्से हटाए गए हैं और लकड़हारों से जुड़ी एक लोककथा को अंशत: इसमें समाहित कर लिया गया है।

पहले यह सोचा गया था कि दोनों प्रारूप एक साथ, एक ही जिल्द में छाप लिए जाएँ, लेकिन लगा कि ऐसा करना व्यर्थ की पुनरावृत्ति होगी। अत: नया प्रारूप ही यहाँ दिया जा रहा है।

किसी भी रचना का कोई भी प्रारूप अन्तिम प्रारूप नहीं होता...खेले जाने के दौरान हर बार नाटक का प्रारूप बदल जाता है, बदलता रहता है...यह निरन्तर चलती प्रक्रिया है।

—राजेश जोशी

पात्र

अम्मा : पचास-पचपन साल की बूढ़ी औरत
रुक्का : अठारह-उन्नीस साल का जवान लड़का
नागिन।
देवता।
अनुचर (दो)।
अग्निपुत्र (पाँच)।
कुबेर।
लकड़हारे (दो)।
वेद जी।
लकड़हारिन लड़की।
कौवे (तीन)।
किस्सा पटेल और चार गायक मंडली के सदस्य
(ये पाँच पात्र ही पेड़, देवता, अनुचर, अग्निपुत्र, पागल, कुबेर, वेद जी, लकड़हारे आदि अभिनय कर सकते हैं।)

दृश्य : एक

[मंच सादा। मंच के एक ओर एक झोपड़ी। किस्सा पटेल और गायक मंडली का ढोलक-मजीरे के साथ गाते हुए प्रवेश।]

गीत

सुनो भाई गप्प
सुनो भाई शप्प
नाव में, नाव में
नदिया डूबी जाए।

किस्सा पटेल : तो देवियो और सज्जनो! साँच को आँच क्या। सच-झूठ की जाँच क्या। क़िस्सा तो क़िस्सा है। क़िस्से की बात क्या। सुनने वाले ने सुनी। सुनाने वाले ने सुनाई।

एक : क़िस्सा में कुछ भी हो सके। जैसे एक था लफंगा। एक थी लुगाई।

दो : बात ही बात। बात की बिसात क्या। ग़रीब की जोरू गाँव भर की भौजाई।

तीन : अब रहन दे भाई।

[सब गाते हैं।]

गीत

सुनो भाई गप्प
सुनो भाई शप्प
नाव में, नाव में
नदिया डूबी जाए।

एक अजूबा मैंने देखा
जंगल एक विशाल
जादू के सब करतब उसके
जादू का जंजाल।
जादू का जंजाल रे भैया
जादू का जंजाल।

चाँदी के थे पेड़ वहाँ पे
सुन्ने के अन्नार
डाल-डाल पे उल्लू रोते,
दौलत अपरम्पार रे भैया
दौलत अपरम्पार।

जो भी उस जंगल तक जाता
वापस वो फिर लौट न पाता
रोये-धोये सर को पीटे
रस्ता लेकिन समझ न आता।
सुनो भाई गप्प... ॥

जंगल के सब रंग निराले
जंगल के सब ढंग निराले
डाल-डाल पे कौवे काले
सबके सब ही दौलत वाले
बाक़ी सब कंगाल।
बाक़ी सब कंगाल रे भैया
बाक़ी सब कंगाल।

सुनो भाई गप्प
सुनो भाई शप्प
नाव में, नाव में
नदिया डूबी जाए॥

[सब बैठ जाते हैं। बीड़ियाँ सुलगाकर एक-दूसरे को देते हैं।]

एक : तो क़िस्सा यूँ कि एक जादूगर जंगल रहा...।

दो : एक लकड़हारिन बुढ़िया रही और उसका एक लड़का रहा। वो भी लकड़हारा...।

किस्सा पटेल : तो बहुत दिना की बात रही। एक छोटा-सा गाँव रहा। रही उसमें एक बूढ़ी विधवा। एक लड़का रहा। उस बूढ़ी विधवा का। जत्रान। जंगल से लकड़ी बीन-बीन कर। बुढ़िया ने पाला-पोसा उसे। नाम रखा रुक्का। बुढ़िया का उसके अलावा कोई नहीं दुनिया-जहान में। न आगे नाथ न पीछे पगहा।

[सब गाते हैं।]

गीत

एक थी बुढ़िया
एक थी बुढ़िया
सबकी थी वो प्यारी बुढ़िया
प्यारी बुढ़िया! प्यारी बुढ़िया!
थी लेकिन ग़रीब बिचारी बुढ़िया

उससे सब करते थे प्यार
सबसे वो करती थी प्यार
जिसके घर पड़ता था काम
सबसे आगे आती बुढ़िया।

बन्ना-बन्नी, जच्चा-जच्ची
सबके घर गाती थी बुढ़िया।
सबके घर जाती थी बुढ़िया।

सबके दुख में सबके सुख में
काम सभी के आती बुढ़िया।
जिसके घर भी जाती बुढ़िया
उसकी ही हो जाती बुढ़िया।
एक थी बुढ़िया।

दृश्य : दो

[सुबह का वक़्त, घर के आगे अम्मा बैठी है। खाँसती है।]

अम्मा : रुक्का...ओ रुक्का!

रुक्का : *(कन्धे पर कुल्हाड़ी टाँगे)* तू फिर उठ बैठी?

अम्मा : अरे! इस वक़्त भी कोई सो सके। सोचा थोड़ी धूप ताप लूँ। पड़े-पड़े तो मेरी हड्डियाँ ही अकड़ गई हैं। पर ये कुल्हाड़ी लेकर तू कहाँ जा रहा है?

रुक्का : वेद जी ने कहा है आठ दिना, आराम करो पूरी तौर पे।

अम्मा : अरे वेद-हकीमों की भली चलाई। उनका बस चले तो अच्छे भलों को बीमार कर दें।

रुक्का : जागीर मिल रही है न वेद जी को तेरे पड़े से।

अम्मा : वेद जी तो सबसे ही कहते हैं, आराम करो, आराम करो। सबी उनके कहे से पड़ जाएँ तो *(पेट की तरफ़ इशारा करके)* इस अंधे झोपड़े को कौन भरे?

रुक्का : तेरी यही बात मुझे अच्छी नहीं लगती।

अम्मा : पर अब मेरी तबियत एकदम ठीक है रे! वेद जी का काम वेद जी कर गए। अपना काम तो अपने को ही करना पड़े, कि नहीं?

रुक्का : तू फिकर मत कर। आज मैं जाकर बीन लाऊँगा लकड़ियाँ। हमें कौन-सी जादा लकड़ी की ज़रूरत पड़ती है। दो जून की रोटी और सितुआ भर नमक ही तो चाहिए।

अम्मा : अरे! नहीं रे, तू कहाँ जाएगा अकेला। तुझे तो अभी जंगल के रास्तों की भी ख़बर नहीं है ठीक से।

रुक्का : सब ख़बर है मुझे। मैंने कह दी बस...आज तो मैं ही जाऊँगा चाहे कुछ हो जाए।

अम्मा : पर मैं कह रही थी...

रुक्का : अब कहना-सुनना रहन दे। आज तेरी जिद नहीं चलेगी। मैं जल्दी लौट आऊँगा। *(स्वगत)* बुढ़ा गई है। सो अक्कल भी सठिया गई है। बच्चा ही समझती है मुझे अभी तक। पूरी पाँच क़िताब पढ़ी है मैंने। गाँव भर में है कोई इत्ता पढ़ा-लिखा? पर इसे रत्ती भर भरोसा नहीं मुझ पर। अब मैं नहीं जाऊँगा तो क्या जंगल चलकर आएगा मेरे पास? लोग कहते हैं—एक

ज़माने में पहाड़ों के भी पंख होते थे। कैसा लगता होगा जब इतने बड़े-बड़े पहाड़ उड़ते होंगे? पहाड़ों पर उगे जंगल जब आकाश में उड़ते होंगे?

अम्मा : सुन! अभी तो हाट में भी दो दिन हैं। मैं अभी जाके आसपास से बीन लाऊँगी रे।

रुक्का : समझ भी पड़ती है तुझे कोई बात। कुछ उलटी-सीधी हो गई तो सब मुझे ही नाम धरेंगे, कि जवान लड़के से इतनी भी नहीं बनी। मैं आज नहीं जाने देने का तुझे। चुपचाप बैठ और आराम कर। *(स्वगत)* जानता हूँ, क्यों डर रही है। ख़ाली बैठेगी तो पता नहीं कहाँ-कहाँ की बातें उपजती रहेंगी इसके मन में। कहीं मुझे बाघ न खा जाए। मैं कहीं राह न भूल जाऊँ। कोई पेड़ ही मेरे माथे पर न आ पड़े। और सबसे जादा तो ये...कि जंगल में कोई जादू-टोना न कर दे मुझ पर...। मैंने तो आज तक नहीं देखा...कैसा होता है जादू-टोना...*(अम्मा से)* डरे मत। मैं झगड़ा-टंटा करने नहीं जा रहा हूँ...किसी से।

अम्मा : सो नहीं रे! बैठे-बैठे अच्छा नहीं लगता। आदत पड़ गई है न? *(बड़बड़ाती है)* एकदम बाप पर गया है। नाक पर नींबू धरे घूमे है हर बख़त।

रुक्का : ला, जल्दी से रोटी ला दे तो मैं जाऊँ। *(अम्मा अन्दर जाती है) (स्वगत)* खरी कहो तो सबको मिर्ची टूटती है। कहने को तो सब कहते हैं—सारे जंगल लकड़हारों के हैं। पर जरा दो-चार लकड़ी भी काटकर देखो। चोरी-छुपे जितनी काट लो उतनी ही भली। लकड़हारा काटेगा भी तो आसपास की डगाल ही काटेगा। तने से कौन काटता है पेड़ को। फिर हम तो काटें भी तो...बस जलाऊ लकड़ी के पेड़...कोई शीशम-साल...तो काटते नहीं...। फिर ये पेड़ कहाँ ग़ायब हो जाते हैं? कौन काट कर ले जाता है सागौन? रात पड़ने पर देखो, पेड़ के पेड़ ग़ायब। मानो पेड़ों के पंख उग आए हों। पिंजरा खुला और फुर्र...। कहाँ जाते हैं पेड़ उड़ कर? पूछो तो सब चुप। अम्मा होगी तो मुँह पर हाथ धर देगी। क़समें देने लगेगी...।

अम्मा : *(रोटी की पोटली के साथ)* अरे सुन!

रुक्का : *(पोटली लेकर)* एक बार में बोल दे जो बोलना है।

अम्मा : जंगल में जादा भीतर मत जाना। बाहर-बाहर बीन लेना।

रुक्का : सब समझ ली। अब जाता हूँ। पहले ही देर हो गई है।

[चलता है।]

अम्मा : और सुन...

रुक्का : *(खीजकर)* अब क्या है?

अम्मा : देख, पेड़-वेड़ पर मत चढ़ना। चढ़े तो पाँव हल्का धरना। इधर सब मोहाल ही मोहाल हैं कच्ची डगाल के।

रुक्का : अक्कल है इतनी मेरे को भी। अब तू जरा सबर से बैठ। मैं ये गया और ये आया।

अम्मा : ठीक है पर देख किसी जिनावर की भनक पड़े तो लौट आना... अभी हाट में पूरे दो...

रुक्का : तू जाने भी देगी कि...।

अम्मा : बायें से सीधे-सीधे जाना। बरगद की बग़ल से मत मुड़ना। उधर प्रेतों का जंगल है। *(बुड़बुड़ाती है)* चुड़ैलें लटकी हैं पेड़ से। मानुस की गंध लगी और लगीं पीछे।

रुक्का : *(पलटकर)* कौन जंगल?

अम्मा : *(झिड़ककर)* तुझे मतलब? बस उधर नहीं जाते कोई। *(स्वगत)* आदमखोर जंगल है, आदमखोर। जो गए, नहीं लौटे। लौटे तो बौरा गए। देहरी तक आते-आते ही साँस टूट गई। *(रुक्का से)* जादू का जंगल है उधर, जादू का। जो जाता है, उसी को पकड़ लेता है...।

रुक्का : हो...।

अम्मा : टोने-टोटके होते हैं। *(स्वगत)* मेरे भी पेट में बात नहीं पचती ज़रा-सी।

[दो लकड़हारों का प्रवेश। रुक्का रुकता है। थोड़ी दूर जाकर खड़ा हो जाता है।]

लकड़हारे : राम-राम काकी! क्या पढ़ा रहीं रुक्का को?

अम्मा : राम-राम। बस यूँ ही...।

एक : तुम नहीं चल रहीं काकी आज?

अम्मा : कल से तबियत ठीक नहीं है भैया। ऊपर से वेद जी कह गए आठ दिना आराम करो। अब ये भी कोई बात है भला। जरा हड्डे दुखने लगे, कह दी, आराम करो। अरे! मैं पूछूँ बुढ़ापे में किसके हाड़ नहीं दुखते?

दो : सो तो ठीक है काकी, पर दो दिन आराम करने में भी कौन बुराई है।

एक : और क्या...फिर रुक्का भी तो है। लकड़हारे का लड़का कित्ते दिना घर बैठेगा काकी? अब कोई बच्चा भी नहीं, तनिक उसे भी हात-पैर डुलाने दो।

दो : बुढ़ापे में भी जवान लड़के का सहारा न हो तो ऐसी औलाद किस काम की?

अम्मा : वो तो सुबह से ही जंगल जाने की जिद ठाने बैठा है। वो तो मैंने ही रोके रखा, वरना तो मुँह अँधेरे ही निकल रहा था।

एक : जाना ही चाहिए। वो तो कहो काकी कि बड़े बरतन की खुरचन भी बहुत होती है, वरना अब जंगल बचा ही कितना है। जिधर देखो उधर ही जंगल कट रहा है काकी। उधर बड़ी पट्टी की तरफ़ का तो पूरा जंगल ही सफाचट हो गया है...अब तो काकी न पहले जैसी सर्दी-गर्मी बची, न पहले जैसी बरखा...उधर पूरब की पट्टी पर दो बरस से सूखा पड़ रहा है...अब ऐसी हालत रही तो अपने गाँव का भी लम्बर लगा ही समझो...

अम्मा : छोड़ो भैया! इन बातों को, अपन ने तो काटे नहीं जंगल, जिनने काटे हैं वो जानें...

एक : भुगतना तो सबको पड़े है...।

अम्मा : मैं तो डरती थी कि कहीं ये रास्ता न भूल जाए...।

एक : तू तो बेफ़िज़ूल डरती है काकी, लकड़हारों को तो पेड़ ख़ुद ही रास्ता बता देते हैं।

रुक्का : *(स्वगत)* बस दूसरों के आगे मेरी नाक कटाने पर तुली रहती है हर बख़त। सब सोचते होंगे, मैं ही डर रहा हूँ जंगल जाने से। अब कोई क्या जाने कि जंगल जाने को कैसा मन उमग रहा है मेरा। मेरा बस चले तो उड़कर पहुँच जाऊँ वहाँ...और उधर भी...

[एकदम अपने मुँह पर हाथ रख लेता है, जैसे कोई गुप्त बात मुँह से निकलने वाली हो।]

लकड़हारे-दो : चल भाई रुक्का! हम भी चल रहे हैं। अच्छा, राम-राम काकी।

अम्मा : राम-राम भैया! रुक्का किसी से फसाद मत करना। और देख... (सब चले जाते हैं, अम्मा बोलती रहती है) इसका बाप भी ऐसा ही जिद्दी रहा। जिस बात की मना करो, वो बात तो ज़रूर ही

करता। लोगों ने कितना नहीं समझाया उसे, पर किसी की मानी? पता नहीं, किस-किससे रोज़-रोज़ झगड़ता रहता। ताक़तवर की दो बात झुककर सुन लो तो अपना क्या जाता है? पर किसी की न सुनता... *(मौन)* ग़ज़ब का मेहनती था लेकिन। अपनी मेहनत का गुरूर भी कम नहीं था उसे। आदमी लेकिन सौ टका सच्चा था। खरी कहने में किसी से चूकता नहीं। ऐसा आदमी भला ताक़त वालों को कैसे भाता? जिस साल ये रुक्का पैदा हुआ...

किस्सा पटेल : सब उसी की ताक में थे। सब घात में थे। बस एक दिन हत्थे लगा वो निहत्था। और मारा गया।

एक : इसी से डरती थी बिचारी बुढ़िया। तभी तो रुक्का को नहीं जाने देती थी अकेला।

दो : डरने की बात रही भैया।

किस्सा पटेल : पर रुक्का चला ही गया जंगल। मन मार भेजना ही पड़ा बुढ़िया को उसे। अकेला। पर बुढ़िया के मन को नहीं था चैन। बुढ़िया थी बेचैन, कि जाने क्या होगा अब? कि जाने क्या होगा अब?

[अम्मा बैठे-बैठे ही सो गई है। आगे का दृश्य अम्मा के स्वप्न की तरह है। तीन तरफ़ से तीन काले कपड़े और मुखौटे लगाये कौवे आते हैं। बुढ़िया स्वप्न में उनसे बात करती है।]

[क़िस्सा मंडली गाती है।]

गीत

तीन दिशा से आए कौव्वे।
तीन दिशा से आए कौव्वे।
काले कौव्वे...कर्कश कौव्वे
तीन दिशा से आए कौव्वे।
तीन दिशा से आए कौव्वे।
असगुन की ज्यों काली छाया।
काली चोंचें, काली काया।
विषधर शंका का सर्राया
धुक, धुक, धुक-धुक
धुक, धुक, धुक-धुक

माँ का मन तो चिड़िया जैसा
डर-डर काँपा और घबराया
तीन दिशा से आए कौव्वे

[तीन तरफ़ से तीन कौव्वों का प्रवेश। अम्मा उन्हें देखकर डरती है। उड़ाने की कोशिश करती है। कौव्वे आसपास उड़ते हैं। लेकिन फिर अम्मा के पास आते हैं। काँव-काँव करते हैं।]

कौव्वा-एक : *बोल-बोल ओ भोली बुढ़िया!*
कहाँ गया है तेरा लड़का?
कहाँ गया री तेरा लड़का?

कौव्वा-दो : *उसके काँधे एक कुल्हाड़ी*
उसके मन में लालच भारी
कहाँ गया है तेरा लड़का?
कहाँ गया री तेरा लड़का?
कहाँ गया री तेरा लड़का?

कौव्वा-तीन : *तू बैठी है यहाँ अकेली*
न कोई संगी और सहेली।
कहाँ गया है तेरा लड़का?

अम्मा : *गया बीनने वो है लकड़ी।*
आसपास के जंगल से ही
गया बीनने वो है लकड़ी।
कौन मगर हो तुम बोलो तो
किसके भेजे से आए हो?
काले-काले पंख तुम्हारे
काली-काली चोंच तुम्हारी।
मेरे मन को शंका होती
तुम कौव्वे या असगुन कोई?

कौव्वा-एक : *तू भोली है सचमुच भोली*
सचमुच निपट गँवार।

कौव्वा-तीन : *नहीं ख़बर है तुझको कुछ भी*
तू है निपट गँवार।

कौव्वा-एक : *(ग़ुस्से से)* गया काटने वो है जंगल।

कौव्वा-दो : *(ग़ुस्से से)* गया काटने वो है जंगल।

कौव्वा-तीन : *(ग़ुस्से से)* गया काटने वो है जंगल।
अम्मा : *नहीं-नहीं रे! नहीं-नहीं रे!*
जंगल अपना क्यों काटेंगे
जंगल अपना क्यों काटेंगे
उससे ही तो मिलती हमको
नमक तेल और आग
अपना जंगल क्यों काटेंगे।
कौव्वा-एक : *झूठ बोलते शरम न आती।*
फट न जाती तेरी छाती।
कौव्वा-दो : *तुम लोगों ने काट-काट कर सारे जंगल*
कर डाले बर्बाद।
पता लगेगा उस दिन तुमको
जब अकाल से फटेगी धरती
आसमान में रेत उड़ेगी
कहीं नहीं जब बादल होंगे
तब जानोगी, तब जानोगी अपने सारे पाप।
अम्मा : *हमने कितनी लकड़ी काटी? हमने कितना नोन ख़रीदा?*
हमने कब गहने गढ़वाए? हमने कब बनवाई खटिया?
हमने कित्ते महल हैं बाँधे? हमने कित्ते ठाठ हैं साधे?
भूखे पेट रहे जीवन भर। कथरी सी-सी उमर बिताई।
जाड़े तक में आग न तापी। जग-जग सारी रात बिताई।
हमने काटीं सिर्फ़ डगालें। कभी तने पर चोट न मारी।
काहे को फिर पाप पड़ेगा हम पर भारी।
कौव्वा-तीन : *सोच रही हो, ऐसा कहकर बच जाओगी?*
जादू जंगल की ताक़त क्या तुमको पता नहीं है?
क्या कुबेर की ताक़त, तुमको पता नहीं है?
अम्मा : *रातों-रात उजाड़े जिनने सारे जंगल*
उनसे कहते क्या डर लगता है?
जादू जंगल से हमको, क्या लेना-देना?
कभी न उसको आँख उठाकर हमने देखा
कभी पाँव तक नहीं धरा है उस जंगल में
कभी होंठ तक भी न लाते हम उसकी बातें
फिर भी करता रहता वो, हम पर घातें।

कौव्वा-एक : लेकिन ये सब जंगल उसके हैं।

कौव्वा-दो : वो ही मालिक है हर जंगल का। हर जंगल पर उसका शासन।

कौव्वा-तीन : पेड़-पेड़ पर। हर पत्ते पर। डाल-डाल पर। उसका शासन।

कौव्वा-एक : तुझको नहीं ख़बर है बुढ़िया। कहाँ गया है तेरा लड़का?

कौव्वा-दो : वहीं गया है। वहीं गया है तेरा लड़का।

कौव्वा-तीन : *हमने ख़ुद अपनी आँखों देखा है*
काँधे पर वो रखे कुल्हाड़ी
और हाथों में दबा पोटली
बरगद के दायें से मुड़ कर
जादू जंगल में वो जाता था।
हमने ख़ुद अपनी आँखों देखा है।

[तीनों कौव्वे 'काँव-काँव' करके उड़ जाते हैं। कौव्वों का प्रस्थान। अम्मा चौंक कर जागती है।]

अम्मा : लगता है मेरी आँख लग गई थी। कैसा बुरा सपना देखा मैंने। पता नहीं कित्ती देर आँख लगी रही। लगता है काफ़ी देर हो गई। धूप भी सीधी होने को आई। कह गया था—अभी गया और अभी आया। इसी से तो मैं मना करती रही उसे। राम जाने... मेरी आँख न लगती तो, क्यों ऐसा सपना दिखता...लगता है जैसे अभी भी यहीं आसपास मँडरा रहे हों। कैसे राक्षसों जैसे कौव्वे।

[कौव्वों को उड़ाने का अभिनय करते हुए प्रस्थान।]

किस्सा पटेल : मन को नहीं था चैन। बुढ़िया थी बेचैन, कि जाने कितना बख़त हो गया? खाँसी झकझोर रही थी तन को, शंका मथती थी मन को। मन कहता कुछ गड़बड़ होगी। कुछ गड़बड़ होगी आज ज़रूर।

[तो भैया! घटना का छोर। घटना की डोर में। घटना तो घटना है। कभी घटे। रात में। के भोर में। रुक्का ने मन में ठान ली और चल पड़ा।]

एक : फिर? फिर क्या हुआ भैया?

दो : फिर? फिर क्या हुआ भैया?

तीन : फिर? फिर क्या हुआ भैया?

दृश्य : तीन

[मंच पर जंगल जाते हुए लकड़हारों (दो) और रुक्का का प्रवेश।]

रुक्का : *(लकड़हारों से)* तुम निकल जाओ भैया, मैं तो यहीं आसपास से ही बीनकर वापस जाऊँगा।

लकड़हारा-एक : थोड़ा और आगे चल न, पास के ही जंगल चल रहे हैं। ऐसा हट्टा-कट्टा जवान है और अभी से थक गया?

लकड़हारा-दो : थक गया है कि डर लग रहा है आगे जाने में?

रुक्का : सो बात नहीं है। अम्मा का जी ठीक नहीं है। कह आया था जल्दी आने की। जल्दी न लौटा तो जबरन ही घबराएगी।

लकड़हारा-एक : ठीक है, जैसी तेरी मरजी।

[लकड़हारे आगे निकल आते हैं।]

एक : यह काकी के बग़ैर नहीं रह सके और काकी इसके बग़ैर।

दो : अकेली औलाद से जादा ही प्रेम होता है। सुनी है उधर के जंगल में इन दिनों कोई शेर आ गया है? परसों कोई आया था बड़े गाँव से...कह रहा था, बड़ा उत्पात मचाया है उधर शेर ने।

लकड़हारा-एक : इधर तो कोई शेर-चीता न दिखा बरसों से।

[दोनों लकड़हारों का प्रस्थान।]

रुक्का : *(स्वगत)* चलो अच्छा ही हुआ कि टर गए। मुझे तो शक ही हो रहा था कि कहीं शक न हो जाए। भाँप जाते तो सारी सोची धरी चौपट हो जाती। बड़ी मुश्किल से तो अम्मा मानी। पर एक बात मेरे पल्ले नहीं पड़ती। सब इतने डरते क्यों हैं? जंगल है तो जंगल जैसा ही होगा! देखने में हरज ही क्या है? सब कहते हैं जादू का जंगल है। जादू भी हो तो क्या हरज है। अम्मा को बस ख़बर न लगे वरना आसमान सर पे उठा लेगी। अपना कोई नया बिगाड़ लेगा? अपनी अंटी में धरा ही क्या है? नंगे पर तो चोर-डाकू भी हाथ नहीं डालते। *(मौन)* उलटा कोई फ़ायदा ही हो सकता है। क्या पता कोई पेड़-वेड़ ख़ुश हो जाए। सब जादू की माया तो है ही। कोई

ख़ज़ाना ही मेरे हाथ लग जाए। किस्सों में भी तो होती हैं ऐसी बातें! *(मौन)* फिर मैं कौन, अकेले के स्वारथ के लिए जा रहा हूँ। चार धेले आएँगे तो अम्मा भी सुख देख लेगी। बिचारी ने पूरी ज़िन्दगी काट दी ऐसे ही रूखी-सूखी खा के। किसी पेड़ ने अगर प्रकट हो पूछ लिया कि बोल रुक्का क्या चाहिए तुझे? *(मौन)* तो सोचो क्या माँगूँगा। मेरी तो एकाएक अक्कल भी काम नहीं करेगी। आवाज़ भी मुँह से निकलेगी की नहीं...पता नहीं। ख़ैर, जो होगी देखी जाएगी। पर अब फ़िज़ूल वक़्त बर्बाद करने से फ़ायदा नहीं। अब तो सब आगे निकल गए होंगे।

[दोनों दिशाओं में दो क़दम आगे जाकर देखता है।]

आसपास कोई भी नहीं है। ये ही तो बरगद है वो...इसी से दायें मुड़कर जाना है...

[तीन कौव्वे आते हैं।]

अरे-अरे! ये कौव्वे कहाँ से आ गए अचानक...और इतने बड़े-बड़े कौव्वे...पहले तो कभी ऐसे कौव्वे नहीं देखे...अब मुझे चलना चाहिए...गनीमत है कि और किसी ने नहीं देखा मुझे इधर मुड़ते।

[आगे बढ़ता है। कौव्वे रास्ता रोकते हैं।]

कौव्वे : *(रुक्का को रोककर)*
उधर न जा तू
उधर न जा तू
उधर है जादू जंगल।
उधर गया तो फँस जाएगा
उधर है जादू जंगल।
उधर गया तो
वापस फिर न आ पाएगा
वापस फिर न आ पाएगा
उधर है जादू जंगल।

कौव्वा-एक : बूढ़ी अम्मा राह तक रही तेरी।

कौव्वा-दो-तीन : राह तक रही तेरी।

कौव्वा-एक : *उसने रोटी ना खाई है*
राह तक रही तेरी।

रुक्का : *(स्वगत)* ये कैसे कौव्वे हैं? ये तो आदमी की तरह बोलते हैं? इन्हें कैसे पता कि अम्मा मेरी राह देखती बैठी है? कहीं इनने जाकर अम्मा से भी कह दी तो...तो क्या होगा...क्या यहाँ तक आकर लौट जाऊँ?

कौव्वा-दो : *उसका जी भी ठीक नहीं है*
राह तक रही तेरी।

कौव्वा-तीन : *अरे! यहीं से लौट जा पगले*
अम्मा राह तक रही तेरी।

रुक्का : लौट जाऊँ...नहीं! अब जो होगी देखी जाएगी। एक बार मन डिगा तो फिर कभी नहीं जा पाऊँगा। आज मैं नहीं मानने का किसी की बात *(कौव्वों से)* चलो-चलो, मुझे रास्ता दो। जादा सयाने मत बनो...

कौव्वे : *काम हमारा था समझाना*
हमने तुझको रोका।
आगे तेरी मर्जी रुक्का
जा जहाँ हो जाना।
आफत में गर फँस जाए तू
हमको नहीं बुलाना।
हम जाते हैं। हमको नहीं बुलाना।
हम जाते हैं। हमको नहीं बुलाना।

[कौव्वों का प्रस्थान। रुक्का आगे बढ़ता। सामने रंग-बिरंगे पेड़ नाचते हैं। हूँ-हूँ...ओ हो...ओ हो...गुनगुनाते हैं। क़िस्सा मंडली के पात्र ही पेड़ की भूमिका कर सकते हैं। पेड़ों के रूपाकारों के पीछे चलने वाले पात्र भयावने मुखौटे लगाएँगे।]

रुक्का : *(संगीत सुनकर और पेड़ों को नाचते हुए देखकर)* पेड़ नाच रहे हैं। है न अजीब बात। गा भी रहे हैं। कैसा बज रहा है सारा जंगल, जैसे पेड़ नहीं मजीरे हों। मनो डगालों पर पत्ते नहीं करतालें हों, ऐसा रंग-बिरंगा जंगल तो मैंने सपने में भी नहीं देखा कभी। पता नहीं लोग इससे डरते क्यों हैं? मेरा तो मन करता है यहीं बस जाऊँ। नाचने-गाने वाले पेड़ों की बात तो मैंने आज तलक नहीं सुनी।

पहाड़ कभी उड़ते थे। यह तो सुनी थी। और वो भी बस सुनी ही सुनी थी। कभी किसी पहाड़ को उड़ते आँख से तो देखा नहीं पर पेड़ों की ऐसी बात तो इससे पहले न सुनी न देखी। किसी और से कहूँ तो कोई विश्वास भी न करेगा! न करे। मैंने तो अपनी आँखों से देखा है! यह कोई सपना भी नहीं। *(आँखें मल कर फिर देखता है।)* नहीं-नहीं, एकदम सच है।

पेड़-एक : *(अन्य पेड़ों से फुसफुसाकर)* मगन हो रहा है। थोड़ा और ताल पर आ जाए तो फँसा ही समझो।

पेड़-दो : जादू के इस तिलिस्म से कोई रास्ता बाहर नहीं जाता। धीरे-धीरे उसकी आँखों पर छा जाएँगे हमारे रंग। बस, फिर सपनों के एक रंग-बिरंगे पिंजरे में बन्द हो जाएगा वो...और...

पेड़-तीन : फिर जैसा गाना हम सिखाएँगे, वैसा ही गाएगा। उसे जरा और पास बुलाओ...अभी लगता है इसके मन से शक पूरी तरह निकला नहीं है।

[पेड़ गाते हैं।]

गीत

आओ-आओ जल्दी आओ
पास हमारे आओ-आओ।
पेड़ हैं हम तो फूल खिलाते
पेड़ हैं हम तो फल देते हैं।
पेड़ हैं हम तो फूल खिलाते
पेड़ हैं हम तो फल देते हैं।
हमसे प्यारे मत घबराओ
आओ-आओ जल्दी आओ।

रुक्का : *(आगे बढ़ते हुए)* लगता है पेड़ मुझे बुला रहे हैं। जरा और पास जाकर तो देखूँ...हरज ही क्या है? पर समझ नहीं आता, बुला क्यों रहे हैं? जब पेड़ नाच सकते हैं, तो मेरे पास भी तो आ सकते हैं। क्या करूँ...एक मन करता है लौट जाऊँ। एक मन करता है जरा और पास जाकर देखूँ...

[पेड़ गाते हैं।]

मिट्टी को हम सोना कर दें
जिसकी चाहे झोली भर दें
आए हो तुम कौन जगह से
क्या है नाम तुम्हारा।
क्या है नाम तुम्हारा लड़के
क्या है नाम तुम्हारा...

रुक्का : रुक्का! इसी नाम से बुलाते हैं मुझे सब गाँव में...लेकिन...

[पेड़ गाते हैं।]

यह रस्ता बतलाया किसने
क्या है काम तुम्हारा लड़के
क्या है काम तुम्हारा।

रुक्का : वोई बात हुई न। अब क्या बताऊँ इन्हें...मैं क्या चाहता हूँ। *(स्वगत)* मैं पहले ही जानता था ऐसा होगा। पेड़ अगर ख़ुश हो गए तो समझो घूरे के दिन फिरे...यां तो सब जादू की माया है...उनके लिए क्या है...जरा-सा मंतर फूँका तो झोपड़ा महल बन जाए...लकड़हारे से रुक्का राजकुमार हो जाए...उनके वास्ते तो सब बायें हाथ का खेल है...। जरा पास जाकर तो देखूँ...कुल्हाड़ी तो है ही मेरे पास...।

[पेड़ों के बीच पहुँच जाता है, मगन हो जाता है। पेड़ उसको चारों ओर से घेर लेते हैं। मगन होकर बड़बड़ाता है।]

रुक्का : कैसा अद्भुत है...सब कुछ...लगता है जैसे मुझे नशा हो रहा है। ऐसा नशा तो पहली बार जब ताड़ी चखी तब भी न हुआ...मैं तो तुम्हारी छाँह में सोता रहूँ उम्र भर...।

पेड़-एक, दो
तीन, चार, पाँच : अच्छा-अच्छा-अच्छा...।

रुक्का : जादू वाले पेड़ो! बताओ न, हमारे दिन कब फिरेंगे...तुम बताओ, बताओ मुझे क्या दोगे तुम?...तुम जो दोगे वही ले लूँगा मैं तो...तुम चाहो तो क्या नहीं कर सकते...

पेड़ : *(व्यंग्य से)* ज़रूर देंगे...ज़रूर...*(पेड़ आपस में, क्रूर व्यंग्य के साथ)* तो दे दें इसे...दे ही देते हैं इसे...बड़ी दूर से आया है बिचारा।

[पेड़ हाथ निकाल-निकालकर चारों ओर से रुक्का को गुलगुली करते हैं। पहले रुक्का हँसता है। फिर परेशान हो जाता है। रुआँसा होने लगता है।]

रुक्का : अरे-अरे...ये क्या कर रहे हो...मुझे गुदगुदी हो रही है...ओह-ओह...बस अब बहुत हुआ...बहुत हुआ...मुझे तंग मत करो... क्या कर रहे हो...मैं मर जाऊँगा...मैं कहता हूँ बन्द करो वरना... *(कुल्हाड़ी पर हाथ कसता है।)*

पेड़-एक : अरे-अरे! बुरा मान गया...छोड़ दो...छोड़...दो...

पेड़-दो : ओ हो हो...नाराज़ हो गया...

पेड़-तीन : देखा नहीं, कुल्हाड़ी है उसके पास...

[रुक्का डरता है।]

रुक्का : *(स्वगत)* मुझे तो इनके इरादे ठीक नहीं लगते...चकमा देकर निकलूँ इसी में ख़ैर है...लगता है लोग ठीक ही कहते हैं... *(पेड़ों के घेरे से बाहर आकर) (पेड़ों से)* मैंने तो सोची थी... जीवन भर तुम्हारा जस गाऊँगा...तुम्हारे ही बुलाने से आया मैं तुम्हारे क़रीब...अब तुम्हीं मुझे तंग करते हो...मैंने तो सोची थी कि तुम मेरे जीवन भर का दलिद्दर दूर कर दोगे...लेकिन तुम...

पेड़-एक : *(दूसरे पेड़ों से फुसफुसाकर)* लगता है यह निकल जाएगा...

पेड़-दो : निकलकर जाएगा कैसे...हम घेर लेंगे उसे...कहो तो...

पेड़-तीन : जब तक उसके पास कुल्हाड़ी है, हम उसे पकड़ नहीं सकते। कुल्हाड़ी के रहते हमारा सारा जादू बेकार है...।

पेड़-चार : एक कुल्हाड़ी से वो क्या कर लेगा...अकेला।

पेड़-तीन : ये उसके पुरखों की कुल्हाड़ी है...उसके भीतर सात पुश्तों के लोगों के हाथों का बल है...उसके हाथ में रहते कोई टोना-टोटका तक काम नहीं कर सकता है...

पेड़-पाँच : उससे कुल्हाड़ी छीन लेना चाहिए...।

पेड़-एक : छीन नहीं सकते...कुल्हाड़ी से हाथ भी लगाया तो जलकर भस्म हो जाओगे...उसके पिता ने धार दी है उस पर बरसों, उसकी माँ ने तेल पिलाया है लकड़ी पर...।

पेड़-दो : हम अपने कोटरों में क़ैद राक्षसों को उस पर छोड़ देते हैं, हो सकता है डरकर कुल्हाड़ी छोड़ के ही भाग जाए...।

पेड़-तीन : और उसने कुल्हाड़ी किसी राक्षस को दे मारी तो...कुबेर को कौन जवाब देगा...फुसलाकर उससे कुल्हाड़ी ले लो इसी में हमारा भला है...।

[कौव्वों की काँव-काँव सुनाई देती है।]

लगता है कुछ बुरा सगुन घटने वाला है...ये सूचना सुनते हो

पेड़-एक : तो कुछ करो...जल्दी...।

[संगीत। पेड़ गाते हैं।]

गीत

हम जादू के पेड़, हम जादू के पेड़
मिट्टी को हम सोना कर दें
जिसकी चाहें झोली भर दें
हम जादू के पेड़
हम जादू के पेड़।

रुक्का : *(स्वगत)* अब रास्ते पर आए...पहले तो कैसा तंग कर डाला... अब कह रहे हैं...झोली भर दें...कहीं फिर धोका दें तो...लगता है मेरी परीक्षा ले रहे थे...भगवान भी तो पहले अपने भक्तों की परीक्षा लेते हैं...बिना आदमी को जाँचे-परखे...कोई देता है...अब के अगर कुछ उलटा-सीधा हुआ तो एक पल को भी नहीं रुकूँगा...उलटे पाँव लौट जाऊँगा...अम्मा भी रास्ता देखती होगी...*(पेड़ों से)* देखो...अगर तुम कुछ देना चाहते हो तो दे दो...वरना मैं लौट जाऊँ! मैं तो इसी उम्मीद से आया था कि...तुम्हारे छुए से मेरे भी दिन फिर जाएँगे...।

पेड़-सब : *(रुक्का से)* पर तुम्हारा मन साफ़ नहीं है...।

रुक्का : कैसी बात करते हो...मेरे मन में तुम्हारे लिए कोई मैल नहीं, वरना सबके मना करने पर भी मैं क्यों आता यहाँ। आज पहली बार अम्मा से झूठ बोला...हाँ, इस बात पर कहते हो तो अलग बात है...।

पेड़-दो : नहीं, वो बात नहीं, लेकिन तुम्हारा मन साफ़ होता तो तुम कुल्हाड़ी लेकर ही क्यों आते? पता है तुमने कितने पेड़ों को

बूचा कर दिया है...कितने पेड़ों को कितनी चोटें पहुँचाई हैं... कितने पेड़ों को बर्बाद कर डाला है तुमने...तुमने उनकी कोई क़ीमत नहीं चुकाई आज तक...बस लेते रहे...लेते रहे...काट-काटकर आग में झोंकते रहे हो हमारे पेड़ों को...तुम जानते नहीं क्या, आग और जंगल का पुराना बैर है?

रुक्का : लो ये भी तुमने ख़ूब कही...लकड़हारे के पास तो कुल्हाड़ी होगी ही...फिर ये तो मेरे पुरखों की कुल्हाड़ी है...ये तो हमारा हाथ ही है...इसी से तो चलती है हमारी रोजी-रोटी...ये न हो तो हम करें क्या...हम और पेड़ कोई अलग-अलग हैं...पेड़ से लकड़ी लेते हैं तो पेड़ की रक्षा भी हमीं करते हैं...हमारे लोगों ने कैसी-कैसी लड़ाइयाँ लड़ी हैं जंगल के वास्ते...और फिर जादू जंगल के पेड़ तो काटे नहीं किसी ने...इस जंगल की तरफ़ तो कोई यूँ भी नहीं आता। दूसरे जंगल तो हमारे ही हैं...वो हमें पालते हैं हम उन्हें...क़ीमत की बात भी तुमने ख़ूब कही...हमारे पास है ही क्या जो चुकाएँ।

पेड़-दो : जंगल तो सब जादू जंगल के हैं...हम तुम्हें इतना देंगे...इतना देंगे कि कई पुश्तों तक तुम बिना कुछ किए भी चैन से रह सको...।

रुक्का : सच्ची!!

पेड़-दो : धन-धान्य से भर देंगे तुम्हें...तुमने कभी सोचा भी न होगा इतना कभी कोई काम करने की ज़रूरत नहीं पड़ेगी तुम्हें...।

रुक्का : न बाबा...बिना कुछ किए-धरे नहीं बैठ सकता मैं...ऐसे निठल्ले बैठने से बड़ी ऊब लगती है हमें...दिन भर कुछ भी करने को न हो तो जीते जी ही मर जाएँ...मैं तो बस इतना चाहूँ कि एक पक्का मकान हो...ठीक से हमें दो जून रोटी मिल जाए...मेले में जाऊँ...ब्याह करूँ तो दुल्हन के लिए रेशम की साड़ी-ब्लाउज ला दूँ...दो-चार गहना, कपड़ा हो...।

पेड़-तीन : *(बीच में टोक कर)* सब मिल जाएगा...सब...लेकिन पहले तुम्हें अपनी कुल्हाड़ी छोड़नी होगी...इस कुल्हाड़ी को पहले फेंक दो...।

रुक्का : नहीं-नहीं...।

पेड़-चार : तुम इतना पाने के लिए भी अपनी इस इतनी पुरानी कुल्हाड़ी को नहीं दे सकते?

पेड़-पाँच : कुछ पाने के लिए कुछ तो देना ही पड़ता है...तुम इतनी साधारण-सी चीज़ भी नहीं दे सकते...यह तो तुम्हें देनी ही पड़ेगी...लाओ ये कुल्हाड़ी यहाँ पटक दो...और जो चाहे माँग लो...।

रुक्का : ये मेरे पुरखों की कुल्हाड़ी है...बिना इसके घर लौटा तो अम्मा मेरा जीना हराम कर देगी...सिरहाने रखकर सोती है वो इसे... उसकी तो जान इसी में धरी रहती है...पल भर भी जीती न रहेगी वो...इसके बिना...फिर इसकी क़ीमत ही क्या है...तुम इसका क्या करोगे...तुम चाहोगे तो हाट जाकर मैं तुम्हारे लिए बढ़िया चमकदार नई कुल्हाड़ी ला दूँगा...।

[पेड़ आपस में बतियाते हैं। रुक्का अलग खड़ा है।]

पेड़-एक : यह तो किसी तरह मान ही नहीं रहा है। किसी भी तरह इसकी कुल्हाड़ी इससे अलग करना ज़रूरी है, वरना...।

पेड़-दो : लेकिन ग़लती से भी कुल्हाड़ी से हाथ न छूना। लेकिन कमाल है। हमने उसे इतना लालच दिया। लगता तो काफ़ी लालची था...पर...।

रुक्का : *(स्वगत)* इन्हें मेरी कुल्हाड़ी से क्या करना है? एक मन करता है दे दूँ...यूँ भी क्या धरा है इस पुरानी कुल्हाड़ी में...अब तो इसकी धार भी पहले सी नहीं रही...मैं अपनी कुल्हाड़ी लाता तो मैं तुरन्त दे देता...पर इस कुल्हाड़ी में ऐसा क्या है? मैंने तो कहा था, कहो तो नई कुल्हाड़ी ला दूँ। कोई न कोई बात तो होगी ही इसमें...वरना ऐसे पीछे क्यों पड़ते मेरी कुल्हाड़ी के... इसी के भरोसे तो आया हूँ यहाँ तक...अपनी रक्षा को और है भी क्या मेरे पास...कित्ता थका लिया इन लोगों ने...थोड़ा सुस्ता लूँ...फिर देखूँगा...कुछ होगा तो ठीक, वरना चला जाऊँगा...।

[रुक्का कुल्हाड़ी पर हाथ कसकर बैठ जाता है। धीरे-धीरे पेड़ उसके आसपास आने लगते हैं। पेड़ों के पीछे से राक्षसों और जंगली जानवरों के मुखौटे बाहर निकलते हैं। रुक्का उन्हें देखता है। घबराता है। इधर-उधर हटता है। कुल्हाड़ी पर हाथ कसता है। राक्षस पीछे छिप जाते हैं। फिर निकलते हैं। कुछ देर ऐसा ही चलता है।]

रुक्का : *(राक्षसों को देखकर)* अरे...अरे...मेरे पास मत आओ...मैंने क्या बिगाड़ा है तुम्हारा...*(राक्षस गुर्राते हैं)* मुझे मत मारो...मैं वापस चला जाऊँगा...इधर कभी नहीं आऊँगा...ओह...मुझे पहले ही नहीं आना था...लोग ठीक कहते हैं...बुरा हो मेरे लालच का...मेरी ही अक्कल पर पत्थर पड़े थे...।

राक्षस : *(एक स्वर में बार-बार दोहराते हैं)* कुल्हाड़ी...कुल्हाड़ी... कुल्हाड़ी...कुल्हाड़ी...।

रुक्का कुल्हाड़ी घुमाता है। सब पीछे हट जाते हैं। रुक्का बाहर निकल जाता है।

रुक्का : अब कोई उम्मीद नहीं...अब मुझे निकल भागना चाहिए... *(इधर-उधर जाता है)* लगता है रस्ता भी भूल गया हूँ...*(एक ओर जाता है)* शायद इधर ही से आया था...इधर ही जाता हूँ...।

[प्रस्थान।]

पेड़-सब : *(लगातार कई बार बोलते हैं)* क्या करें? क्या करें? क्या करें? *(मौन)* कुबेर जगाओ! कुबेर जगाओ! कुबेर जगाओ!!

[सब गाते हैं।]

गीत

जागो-जागो रे कुबेर
जागो-जागो रे कुबेर
जागो-जागो रे।
आई विपत्ति भारी है
अब इस जंगल की बारी है
ख़त्म हो गए सारे करतब
ख़त्म हो गए सारे जादू
कैसे होगा इस पर काबू
कैसे होगा इस पर काबू
जागो-जागो रे कुबेर। जागो-जागो रे।

तुम हो लूले तुम हो लँगड़े
पंगु तुम सरदार
दलदल पे ये टिका हुआ है
सोने का दरबार
कबर खोदता कोई देखो,

हो जाओ हुशियार।
जागो-जागो रे कुबेर। जागो-जागो रे।

[कुबेर का ठहाके लगाते हुए प्रवेश। सारे राक्षस उसके आगे नत-मस्तक होते हैं।]

कुबेर : *(गरज के साथ)* दलदल पर खड़ा है मेरा यह हज़ार खम्बों वाला महल। जो अनदेखा करना चाहे उसे बार-बार दिखे। आँखों को चौंधिया दे। और जो देखने को बढ़े उसके हाथ छाया तक लगे। हर खम्बे में जागता है एक-एक भूखा जिन्न। हर दरवाज़े पर बैठा है एक-एक शैतान। हर गिन्नी पर बैठा है जहरीला साँप। दौलत ही दौलत। ख़ज़ाने-दर-ख़ज़ाने। जिसको चाहे ख़रीदूँ। जिसे चाहे बेच दूँ। यह जंगल क्या है?

सब : मुखौटा है।

कुबेर : छोटे-बड़े कितने मुखौटे?

सब : सैकड़ों-हज़ारों।

कुबेर : कितने चेहरे?

सब : एक चेहरा, एक चेहरा।

कुबेर : कितने मुखौटे?

सब : करोड़ों-अरबों।

कुबेर : किसने जुर्रत की हमारे मुखौटे को उघाड़ने की?

सब : एक अदने से लकड़हारे ने महाराज।

कुबेर : उल्लू के पट्ठो, इसी दिन के लिए पाला है मैंने तुम्हें? कितनी दौलत ख़र्च की है मैंने तुम्हारे ताम-झाम पर। तुम्हारे ऐशो-आराम पर। तुमसे एक दो कौड़ी का आदमी वश में नहीं किया जाता। किस काम के हो तुम सब?

राक्षस : हमें इस विपत्ति से उबारें, महाराज। उस लकड़हारे के पास एक कुल्हाड़ी भी है, जिस पर हमारा कोई जादू नहीं चलता। हमने उसे लालच दिया।

राक्षस-दो : हमने उसे डराया, धमकाया।

राक्षस-तीन : पर उसने कुल्हाड़ी नहीं छोड़ी।

कुबेर : हूँ...ठहरो, मेरी नागिन को बुलाओ। *(ताली बजाता है)* मेरे जाल से न कोई बचा है, न बचेगा।

[एक ओर से कुबेर और राक्षसों और पेड़ों का प्रस्थान दूसरी ओर से रुक्का का प्रवेश।]

रुक्का : *(जैसे भटक गया हो)* समझ नहीं आता है कि मैं आया किस रास्ते से था...अजब भूल-भुलैया सा जंगल है। यहीं रात हो गई तो क्या करूँगा? *(एक ओर देखकर)* अरे ये तो फिर वो ही पेड़ चले आ रहे हैं...।

[एक ओर से पुन: पेड़ों का और उनके आगे-आगे नृत्य करते हुए नागिन का प्रवेश। नागिन रुक्का को रिझाती है।]

रुक्का : *(नागिन को देखकर, मुग्ध भाव से)* नागिन है कि कमाल! कैसी सुन्दर! कैसी लचक-लचक नाचती है। लगता है आँख मिचौली खेल रहा है, यह जंगल भी मुझसे...। यह नागिन अगर लड़की बन जाए तो मैं इसी से ब्याह कर लूँ...।

[नागिन, नागिन का मुखौटा उतारकर लड़की बन जाती है। रुक्का के पास आती है।]

रुक्का : अरे वाह! मैंने चाहा और यह तो सचमुच लड़की बन गई...।

नागिन : *(रुक्का से)* लो तुमने कहा और मैं बन गई लड़की, अब ब्याह करो मुझसे।

रुक्का : मैंने...मैंने कब कहा?

नागिन : झूठ! तुमने अभी-अभी नहीं कहा मन में?

रुक्का : मन में मैंने क्या कही, यह तुझे कैसे मालूम...?

नागिन : *(हँसती है)* मैं तो मन में कही बातें भी सुन लेती हूँ...मेरे कान तो अन्दर हैं न?

रुक्का : *(स्वगत)* नागिन ही तो है, कहीं फिर से भेष बदलकर डस ले तो, नागिन का क्या भरोसा! *(प्रकट नागिन से)* अगर मैं न कर दूँ!

नागिन : *(आँख तरेर कर)* अपनी बात से मुकरोगे...पीछा नहीं छोड़ूँगी पाताल तक।

रुक्का : अरे-अरे, मैं तो यूँ ही पूछ रहा था। ग़ुस्साती क्यों हो? *(स्वगत)* लगता तो नहीं कि धोखा देगी। देखी जाएगी...जादा टिर्र-पिर्र करेगी तो टेंटुआ मसक दूँगा इसका।

नागिन : तो चलो...।

रुक्का : पर...।

नागिन : पर वर क्या?

रुक्का : मेरा घर तो बहुत छोटा है। उसमें तेरी गुज़र-बसर कैसे होगी?

नागिन : तू फिकर मत कर। वो मैं कर लूँगी। मेरे स्वामी का आदेश है, तेरी हर मर्जी पूरी करूँ। वो तुझसे बहुत ख़ुश है।

रुक्का : कौन है तेरा स्वामी?

नागिन : इतना भी नहीं जानता। कुबेर। इस पूरे जंगल की क़िस्मत उसकी ही मुट्ठी में बन्द है।

रुक्का : तो चल गाँव चलकर ब्याह कर लेंगे।

नागिन : *(स्वगत)* गाँव वाले ऐसा ब्याह कभी न होने देंगे। *(प्रकट)* नहीं, मैं बिना ब्याहे जंगल से बाहर नहीं जा सकती। ऐसा ही शाप है मुझे।

रुक्का : तो मैं गाँव...*(बोलते हुए रुक जाता है)* *(स्वगत)* गाँव वाले और ऊपर से अम्मा, इस जंगल का नाम सुनते ही भड़क जाएँगे। इससे तो ब्याह करके ही चलूँ। पर...अम्मा मानेगी नहीं। ख़ैर, जो होगी देखी जाएगी। *(नागिन से)* पर यहाँ ब्याह कराएगा कौन?

नागिन : *(हँसकर)* सब हो जाएगा। तू हाँ तो कर।

रुक्का : हाँ बाबा, हाँ...।

[पेड़ के पीछे से क़िस्सा मंडली के लोग निकलकर मंडप बनाते हैं। नागिन का पल्लू रुक्का से बाँधते हैं। दोनों फेरे लगाते हैं। संगीत।]

एक : सूरज चन्दा।

सब : साक्षी हों।

एक : अम्बर धरती।

सब : साक्षी हों।

एक : अग्नि वायु जल।

सब : साक्षी हों।

एक : लाड़ा-लाड़ी।

सब : सावधान।

एक : ढोल नगाड़ा।

सब : सावधान।

एक : जंगल मंगल।

सब : सावधान।

[कुबेर कुटिलता से हँसता है।]

दृश्य : चार

[शाम का समय। अम्मा घर के बाहर बैठी है। चिन्तित।]

अम्मा : *(स्वगत)* मैं पहले ही डरती थी। सुबह से ही मेरी दाईं आँख फड़क रही है। पता नहीं, क्या होनी लिखी है। होनी को कौन टाल सके, पर मन में तो फिर भी आती ही है।...रुक्का ठीक ही कहता है, अकेले बैठती हूँ, तो जाने कैसी-कैसी बातें उपजती रहती हैं मेरे मन में। जबरन की फिकर में मरती रहती हूँ, पर इस पर किसी का वश है...मन को क्या कोई समझा सके?

वेद जी : बाहर क्यों बैठी हो रुक्का की माँ?

अम्मा : राह देखती थी वेद जी।

वेद जी : अरे! आ जाएगा। जादा फिकर मत किया करो। एक फिकर सौ रोग। फिकर न करो तो कई रोग तो अपने आपसे ही ठीक हो जाएँ। अच्छा चलता हूँ, ग्यारह कोस गया था, अभी लौटा हूँ। मोतीझरा फैला है सारी दूर। जरा अपना भी ख़याल करो।

अम्मा : राम-राम, वेद जी।

वेद जी : राम-राम।

[वेद जी का प्रस्थान।]

अम्मा : *(स्वगत)* सब इसी जादू जंगल का किया धरा है। कैसी बढ़िया ज़मीन थी...बढ़िया काश्तकारी होती थी...सब दलदल बन गया। बीमारी नहीं फैलेगी तो क्या फैलेगा...गाँठ बाँध ली आज से, कल से नहीं जाने देने की मैं इसे अकेले। न किसी की फिकर न किसी का ख़याल। जबरन ही आग में हात देता फिरता है। ये तो अच्छी हुई कि दो जन ऐन वक़्त पर आ गए। लगता है उनके साथ ही निकल गया होगा।...अभी तो उनमें भी कोई नहीं लौटा। पर इसका कोई भरोसा है...उन लोगों के साथ पता नहीं कितनी दूर गया हो...।

[दो लकड़हारों का प्रवेश।]

अम्मा : तुम्हारे संग रुक्का नहीं आया?

लकड़हारा-एक : अभी तक नहीं आया क्या?

अम्मा : नहीं तो, पर वो तो तुम्हारे...।

लकड़हारा-दो : गया ज़रूर था, पर वो तो उल्लीपार ही रुक गया था। बरगद के पहले ही। बोला कि जल्दी लौटने की कहकर आया हूँ, यहीं काटकर लौट जाऊँगा...।

अम्मा : इत्ती ही फिकर होती तो...।

लकड़हारा-एक : आता ही होगा, तू फिकर मत कर काकी।

लकड़हारा-दो : फिकर की कौन बात है। कोई बच्चा तो है नहीं कि खो जाए। मेरी बात मानो काकी, अब रुक्का को भी बेड़ी डाल दो।

अम्मा : तुमने तो मेरे मुँह की बात छीन ली...अभी बैठी यही सोच रही थी कि दो-चार दिन में ही उसका ब्याह पक्का कर दूँ।

लकड़हारा-एक : एकदम खरी सोची काकी। गाँव में कौन लड़कियों की कमी है। रुक्का के वास्ते तो काहे की कमी, ऐसा दिखलोट जवान तो गाँव भर में न है।

लकड़हारा-दो : लाड़ी आ जाएगी तो तुम्हें भी आसरा होगा। और रुक्का भी शाम पड़े से पहले ही लौट आएगा।

[दोनों एक तरफ़ बैठकर बीड़ी पीते हैं और बातें करते हैं।]

अम्मा : *(स्वगत)* बरगद के पहले ही क्यों रुक गया...कौव्वों वाला सपना कहीं...।

[सामने से रुक्का और नागिन का प्रवेश। लकड़हारे एक तरफ़ खड़े हो जाते हैं। लकड़हारे आपस में बात करते हैं।]

लकड़हारा-एक : रुक्का के साथ कौन है यह?

लकड़हारा-दो : कोई नई दिख रही है। अपने गाँव की तो नहीं दिखती।

रुक्का : *(नागिन से)* ये मेरी अम्मा है। *(नागिन पाँव छूती है।) (अम्मा से)* और ये तेरी बहू है।

अम्मा : क्या?

[सब चकित से देखते हैं। अम्मा रुक्का को एक ओर ले जाकर।]

अम्मा : कौन है यह? कहाँ से लेकर आया है इसे?

रुक्का : कहा न, तेरी बहू है।

अम्मा : ऐसी कैसे हो सके? शादी न ब्याह, हर कोई क्या बहू हो जाती है? देख, जबरन की ठिठोली मत कर। कित्ती देर लगा दी तूने लौटने में, मैं कब से तेरी राह देख रही थी, ऊपर से पता नहीं कहाँ से...।

रुक्का : कहाँ से का क्या मतलब? ब्याह कर लाया हूँ मैं इसे।

अम्मा : पर कौन गाँव की है? किसकी लड़की है? बिना जात-बिरादरी रसोई दिए, क्या यूँ ही ब्याह हो जाता है? चार जन पूछेंगे, मैं क्या जवाब दूँगी? लोग कहेंगे कि रुक्का किसी की लड़की भगा लाया...देख फालतू का झमेला मत कर...।

रुक्का : *(थोड़ा चिढ़कर)* कैसी बात करती है तू। मैंने कोई झमेला नहीं किया, बस मैंने कह दी अब ये यहीं रहेगी।

अम्मा : देख रुक्का, ठीक-ठीक बता दे...मैं फालतू की पंचात में नहीं पड़ना चाहती।

रुक्का : जबरन की बात तो करे मत। मैंने कह दी यह मेरी घरवाली है और इसी घर में रहेगी।

अम्मा : *(थोड़ी नरमी से)* तुझे यही पसन्द है तो इसी से कर लेना...।

रुक्का : पर वर मत कर। मुझे न जात-बिरादरी की परवाह है न गाँव वालों की। जिसे रखना हो रिश्तेदारी रखे, न रखनी हो तो न रखे। मैं किसी का दिया नहीं खाता कि फिकर करूँ।

नागिन : *(स्वगत)* बुढ़िया की पलक में गिद्ध की आँख है। मैं तो उसके देखते ही भाँप गई थी, इससे मेरा राज छुपना मुश्किल है। इसे यहाँ से चलता न किया तो टिकने नहीं देगी। मैंने भी कोई कच्ची गोलियाँ नहीं खेली हैं। पता नहीं कुबेर जी ने मुझे कहाँ की चकल्लस में फँसा दिया है। मैं तो ऐसे कहीं की न रहूँगी...इधर यह बुढ़िया और उधर कुबेर...इस रुक्का पर ही मुट्ठी कसनी पड़ेगी। इस डुकरिया का क्या है। यूँ भी कितने दिन जिएगी?

अम्मा : *(रुक्का से)* जात-बिरादरी ही काम आती है आड़े वक़्त। गाँव वालों से बिगाड़ करके कहाँ रहेंगे हम? गाँव वालों को ख़बर लगे तो क्या कहेंगे सब लोग...।

रुक्का : कहे जिसे जो कहना हो। परनाके लाए हैं, किसी की भगा के तो लाए नहीं हैं। वो बिसना तो भगा लाया था, क्या कर लिया गाँव वालों ने उसका...और वो छोटी मेड़ी के बाबू ने दीनू की बेवा को सबके सामने घर बिठा लिया...उसका क्या किया गाँव वालों ने...पहले तो बड़ी बढ़-चढ़कर कहते थे हुक्का-पानी बन्द कर देंगे...फिर क्यों नहीं किया जात बाहर...।

[तीन गाँव वाले आते हैं और लकड़हारों के साथ काना-फूसी करते हैं।]

गाँववाला-एक : सई में लाड़ी ले आया रुक्का?

गाँववाला-दो : बिना गाजे-बाजे के! ऐसे चुपचाप? कहीं से भगाकर तो नहीं लाया है?

लकड़हारा-एक : पता नहीं, पर ले आया यह तो देखी। वो देखो वो बैठी है।

लकड़हारा-दो : हींग लगी न फिटकरी और लाड़ी आ गई। इसे कहते हैं कमाल।

गाँववाला-तीन : कौन गाँव की है, किसकी लड़की है?

लकड़हारा-एक : यह तो नहीं पता भैया। सुबह तो रुक्का जंगल में लकड़ी काटने गया था, लौटा तो दुल्हन लेके।

गाँववाला-एक : ए भैया! ऐसा कौन-सा जंगल है, जहाँ पेड़ पर लड़की और लकड़ी दोनों मिल जाती है।

[सब हँसते हैं।]

गाँववाला-दो : दाल में कुछ काला है, भैया। हँसी-मज़ाक़ की बात अपनी जगह पर मेरी मानो तो पंचायत बुलानी चाहिए। दूसरों के भी लड़के-लड़की हैं। सब ऐसा करने लगें तो हो गई। ये शहर की बीमारी शहर तक ही रहे तो ठीक है...।

गाँववाला-एक : पर पहले भी तो...।

गाँववाला-दो : पहले-बाद की बात छोड़ो। पर बात अगर सच्ची है तो इनको सबक सिखाना ज़रूरी है। मेरी बात कोई माने तो जात बाहर कर देना चाहिए तुरत।

गाँववाला-तीन : रुक्का अकेले की बात तो है नहीं! बिचारी काकी की जबरन फजीहत किस वास्ते हो! उस बिचारी का क्या दोष है? वो तो ख़ुद ही किलप रही है!

लकड़हारा-एक : बात तो तुमने खरी कही पर...।

गाँववाला-एक : हमारा तो विचार है कि चार दिन सबर करो, फिर जैसी होगी, जैसी सब कहेंगे वैसी कर लेंगे। अभी पहले पूरी बात तो मालूम करनी चाहिए...जल्दबाजी में कुछ का कुछ कर बैठें और बात कोई और ही हो...।

लकड़हारा-एक : पर अबी काकी बताएगी थोड़ी न।

लकड़हारा-दो : चलो तो सही...सब मिलकर चलते हैं...पर हाँ, एक बात यहीं तय हो जानी चाहिए...अभी वहाँ जाकर कोई ग़ुस्सा-वुस्सा मत करना।

सब : ठीक है...ठीक है...चलो।

[सब अम्मा के पास आते हैं। रुक्का और नागिन भी बैठे हैं।]

गाँववाला-एक : वाह काकी! परभारे-परभारे परना दिया लड़के को?

सब : हमें बुलाया भी नहीं, काकी! कहाँ से ले आई बहू?

अम्मा : इस रुक्का से ही पूछो, कहाँ से लाया है? मैं तो पूछ-पूछ कर हार गई। मुझे तो कुछ बताता ही नहीं। मैं तो किसी को मुँह दिखाने की भी न रही। सब लोग क्या कहेंगे!

गाँववाला-दो : ऐसी न कहो, काकी। धीरज से पूछोगी तो सब बता देगा। अभी ग़ुस्से में है। धीरज से काम लेना पड़ेगा। ऐसे मामले में जल्दबाजी अच्छी नहीं। लड़के को जँच गई है तो अपने को क्या! अपन तो इतना ही चाहते हैं कि लड़की चाल-चलन की अच्छी रहे और दोनों में निभती रहे।

सब : और क्या भैया!

गाँववाला-दो : जिसमें उन दोनों की ख़ुशी उसमें सबकी ख़ुशी। उठो काकी, लाड़ी का मुँह दिखाओ और सबको लड्डू खिलाओ।

[सब बारी-बारी नागिन का मुँह देखते हैं, फुसफुसाते हैं 'ऐसी सुन्दर, ऐसी सुन्दर'। गाते हैं]

गीत

ऐसी सुन्दर। ऐसी सुन्दर। ऐसी सुन्दर।
ऐसी सुन्दर नार।
ऐसी सुन्दर नार।
ऐसी सुन्दर नार ये भैया, ऐसी सुन्दर नार।
देखी-सुनी कभी न ऐसी।
ऐसी सुन्दर नार।
कैसी सुन्दर नार रे भैया, कैसी सुन्दर नार
ऐसी सुन्दर नार
कि जैसे हीरे की कटार।
ऐसी सुन्दर नार।
सरग से उतरी कोई अप्सरा
लेकर देह का भार।
ऐसी सुन्दर नार।

माया ने ज्यों रूप धरा हो
बदन पे जैसे स्वर्ण मढ़ा हो
हँसे तो भैया मिश्री घोले
मिश्री लेओ उधार।
ऐसी सुन्दर नार।

[सबका प्रस्थान।]

दृश्य : पाँच

[किस्सा पटेल और मंडली के लोग बैठे हैं।]

सब : *(एक साथ)* फिर क्या हुआ, भैया?

किस्सा पटेल : उजले-उजले दिन गए। काली-काली रातें गईं। सावन-भादों की बौछारें गईं। नये-नये पत्ते आए। पुराने झरे। सृष्टि का खेल निसदिन चले। ग़रीब की क़िस्मत ज्यों घानी बैल। उसमें क्या बदलना था। जो बदलता। रंग-बिरंगे पत्थर बिके। अँगूठियाँ बिकीं। किसम-किसम के साधु आए। संत आए। पीर-फ़क़ीर आए। चमत्कार पर चमत्कार दिखाए।

एक : सबने रक़म ऐंठी। सबने पैसे बनाए।

[सब एकाएक हँसते हैं।]

किस्सा पटेल : क्या बात है...बोलो न?

दो : कोई बात नहीं...सई में कोई बात नहीं, तुम तो आगे कहो...

किस्सा पटेल : चुहुल करनी हो तो रहने दो...आज की कहानी इत्ती ही बहुत है।

तीन : अरे! नहीं-नहीं। अच्छा अब कोई चुहुल नहीं करेगा...अब जो कोई बीच में बोले वो कौव्वा।

एक : जादू जंगल वाला कौव्वा।

एक : हाँ, तो फिर क्या हुआ?

[तीनों कौव्वे मंच पर आते हैं।]

कौव्वा-एक : *नागिन का जाल तनता रहा। तनता रहा।*
और घना हुआ रुक्का की आँख का जाला।
जिसने पाला। वह कलपती रही।

कौव्वा-दो : *नागिन और बुढ़िया के बीच ठनती रही।*
डोर तनती रही।
अब टूटे कि तब टूटे।

कौव्वा-तीन : *गाँव वाले देखते रहे।*
दो की लड़ाई में अपने हाथ भी सेंकते रहे।
कुछ लोग सोचते रहे।
उपाय खोजते रहे। जतन से।

[तीनों कौव्वे एक साथ। नाचते हुए।]

हम कौव्वे थे
हम क्या करते। हमने कथा कही।
दूर-दूर जा। देस-देस जा।
हमने कथा कही।
हमने कथा कही।

[कौव्वों का प्रस्थान। प्रकाश किस्सा मंडली पर।]

सब : फिर कोई बात बनी?

एक : कोई जुगत बैठी कि नहीं? सब क्या हाथ पर हाथ धरे बैठे रहें? गूँगे जिनावरों से जुलम सहते रहे?

दो : सहते नहीं तो क्या करते? जादू जंगल से निहत्थे लड़ते?

तीन : एके में बड़ी ताक़त होती है, भैया।

एक : एका होने के वास्ते भी तो अकल चाहिए। अबी कौन कम जुलम हो रहे हैं? अबी कौन-सा एका है?

किस्सा पटेल : ऐसा रहा वहाँ का हाल। अब सुनो आगे का हवाल। माया ठहरी माया। आधी उजली, आधी काली उसकी काया। मशीन से मशीन बनाई। बेरोज़गार पर बेरोज़गार बनाए। आदमी को नई रोशनी से जोड़ा। माया जो न करे थोड़ा। उसके आगे—न कोई माँ न कोई मौड़ा। उसने जिस घर से नाता जोड़ा। तोड़ा वो ही घर। चौका-बासन अलग हुआ। रोटी टूटी। भीत फूटी। घर-घर में बिजली आई। सेई के काँटे बिछे घर-घर। खेत बिके। खेत

बँटे। सर फुटव्वल हुई। अलबत्ता आदमी की समझ बढ़ी एक दरजा और। बढ़े चोर पर चोर। माया की कारस्तानी जितनी बखानो उतनी कम। जितनी जानो, उतनी कम। तो नागिन रोज़-रोज़ भरने लगी रुक्का के कान...।

[घर के आगे नागिन और रुक्का बैठे हैं।]

नागिन : सुनते हो?

रुक्का : सुना।

नागिन : मेरे कहने से भी क्या होगा। तुम एक कान सुनोगे दूसरे से निकाल दोगे। मुझे लगता है अब तुम्हारा मन भर गया है मुझसे। किसी और से जी जुड़ गया है तो बोलो...।

रुक्का : बता दूँ तो तू क्या करेगी उसका?

नागिन : तुम्हारा ब्याह करवा दूँगी उससे। और वापस चली जाऊँगी, अपने रास्ते।

रुक्का : ऐसी तो भोली नहीं लगती तू?

नागिन : तुम्हें तो सारी बुराई मुझी में नज़र आती है न? मैं ही हूँ सारे झगड़े की जड़। मैं तो बुरी हूँ। मैं तो दुश्मन हूँ तुम्हारी।

[नागिन रोती है। रुक्का मनाता है।]

रुक्का : अरे-अरे! तू तो बुरा मान गई, मैं तो ठिठोली कर रहा था। तू क्या सोचती है तेरे सिवा किसी और से जी जुड़ सकता है भला मेरा। तेरी जोड़ की तो गाँव में क्या दूर-दूर तक एक भी नहीं...।

नागिन : रहने दो, रहने दो, मुँह देखे की बात, क्या समझती नहीं मैं। सबके सामने कैसी नाक कटती है मेरी, पर तुम्हें क्या परवाह! जानती हूँ किसी के आगे मुँह खोलकर कह नहीं सकते न तुम कि मैं किसकी लड़की हूँ, किस गाँव की हूँ...! इसी से सबसे दबते हो!

रुक्का : मैं नहीं दबता किसी साले से। किसी की परवाह नहीं मुझे।

नागिन : पर अम्मा की तो है। अम्मा को हर दिन शक बढ़ता जा रहा है।

रुक्का : बढ़ता है तो बढ़े, तुझे क्या। मैंने तो तुझसे कुछ नहीं कही। मैं अम्मा का सुभाव जानता हूँ, वो चार दिन बकेगी, फिर चुप हो जाएगी। तू उसकी फिकर मत कर। वो मन की बहुत

अच्छी है। तू थोड़ा-सा उससे मीठा बोलेगी तो वो जरा में पिघल जाएगी।

नागिन : मैं क्या कड़वा बोलती हूँ? वो ही सारे गाँव में बकती फिरती है। मेरा तो बाहर निकलना भी मुश्किल कर दिया है उसने। सारे गाँव वाले भी उसी की तरफ़ लेते हैं।

रुक्का : सब जलकुकड़े हैं साले। मेरे पास चार पैसे क्या आ गए हैं, सबको मिर्चे भुखा गई हैं। जब पैसों की ज़रूरत पड़ती है, तो सब आगे-पीछे फिरते हैं और पीठ पीछे ख़िलाफ़ बात करते हैं। सबको जानता हूँ मैं अच्छे से। *(स्वगत)* अम्मा की बात और है, उसे तो जैसे पैसा काटता है।

नागिन : औरतें भी सीधे मुँह नहीं बोलतीं मुझसे...मैंने किसी का क्या बिगाड़ा है? अम्मा ने ही सबको पट्टी पढ़ा दी है।

रुक्का : भाड़ में झोंक सबको, मैं सबको समझ लूँगा, तोते हैं साले तोते।

नागिन : तुम्हीं इस-उस को पैसा देते रहते हो, देओ, कोई मैं मना करती हूँ, पर जिन्हें देते हो उनसे ब्याज वसूलो। साहूकार क्या बिना ब्याज के दे देता है?

रुक्का : तू नहीं समझेगी, एक बार मेरी दबसट में आ जाएँ, फिर देखना सबको।

नागिन : आए रे आए...पहले अपनी अम्मा को ही...।

रुक्का : उसे अभी पैसे का स्वाद नहीं है, लगेगा तब जानेगी कि कैसा नशा होता है। मैं चला अब...।

नागिन : फिर नशा करने जा रहा है न? अम्मा की तो अब तबियत भी ठीक है, पर न बाहर का करती है न घर का। ऊपर से हर वक़्त जली-कटी सुनाती रहती है मुझे।

रुक्का : हूँ...*(स्वगत)* लगता है अपने चंगुल में कसना चाहती है मुझे। जानती है न, पैसा उसी का है। उसका है तो क्या हुआ, मैं भी तो मेहनत करता हूँ। अब चल दूँ वरना इसकी लचांड तो बन्द होने से रही।

नागिन : पर तू समझा दे उसे वरना किसी दिन...*(रुक्का का प्रस्थान)* *(स्वगत)* इस बुढ़िया को तो ऐसा सबक सिखाऊँगी कि याद करेगी, रुक्का की नसों में अभी मेरा जादू समाने दो, फिर देखना मेरा कमाल।

[किस्सा मंडली गाती है।]

माया महा टगनी हम जानी
माया महा ठगनी हम जानी।

[अम्मा का प्रवेश। नागिन पर निगाह डालती है। अन्दर जाती है।]

नागिन : *(अन्दर जाती हुई अम्मा से)* तू आज भी हाट नहीं गई?

अम्मा : तुझसे मतलब? मैं तेरा दिया नहीं खा रही हूँ। रुक्का कहाँ है?

नागिन : गया वो ताड़ी पीने।

अम्मा : बड़ी अच्छी आदतें सीख रहा है। पैसा आया है तो और क्या सीखेगा?

नागिन : कह डाल, कह डाल, मैं ही सिखा रही हूँ उसे। ऐसा ही दूध पीने वाला था, तो गोदी में ही छिपाए रखती उसे...।

अम्मा : देख मेरे मुँह मत लग। जलती लकड़ी ठूँस दूँगी तेरे मुँह में।

नागिन : बल तो तेरे ही हाथ-पैर में है न बुढ़िया?

[अम्मा अन्दर चली जाती है।]

अम्मा : *(अन्दर से)* सारी कमाई दाब के बैठ जाएगी और महारानी के ठाठ तो देखो...महारानी बनी घूमती रहती है।

नागिन : तो तेरी छाती क्यों धुक रही है?

अम्मा : *(बाहर आकर)* कुलच्छनी मेरी ज़बान मत खुलवा, तेरे एक-एक लच्छन जानता है सारा गाँव।

नागिन : तू तो बड़ी सती-साधवी है न? गाँव भर में मुँह मारती फिरती है।

अम्मा : मैं कहती हूँ चुप हो जा, नहीं तो मुझसे बुरा कोई न होगा।

नागिन : अपने आदमी को तो खा गई...अब किसे खाएगी?

अम्मा : ठहर जा चुड़ैल अभी बताती हूँ किसे खाऊँगी?

[अम्मा नागिन के पीछे दौड़ती है। नागिन दौड़ती है। गाँव वाले इकट्ठे होते हैं। रुक्का आता है। नागिन उसे देखकर रुकती है। रुक्का शराब पिये है।]

नागिन : *(रुक्का से)* देख ले, अब तू ही। मैं न कहती थी एक दिन यह मुझे मार डालेगी। अब या तो यह रहेगी इस घर में या मैं।

अम्मा : चली जा, चली जा, पीछा छोड़ हमारा।

रुक्का : चुप्प करो।

अम्मा : अब तू भी चिल्ला अपनी माँ पर। इसी दिन के लिए पाला था तुझे। *(आसपास खड़े लोगों से)* पता नहीं कैसा जादू कर दिया है इसने, रुक्का की तो खोपड़ी ही उलट गई है।

रुक्का : *(अम्मा से)* अब चुप हो जा वरना मेरी खोपड़ी सही में उलट जाएगी।

अम्मा : *(रोते हुए)* ये ही दिन देखने थे इस बुढ़ापे में। *(जाते हुए बड़बड़ाती है)* अंडा कटाऊँगी देखना, न ख़ून की उल्टी कराई इस चुड़ैल से तो मैं भी अपने बाप की नहीं।

[रुक्का और नागिन का प्रस्थान। अम्मा और तीन-चार गाँव वाले एक ओर जाकर बैठ जाते हैं। इसी बीच किस्सा पटेल गाता है।]

माया महा ठगनी हम जानी।
तिनगुन फाँस लिये कर डोले। बोले मधुरी बानी।
माया महा ठगनी हम जानी।

अम्मा : मेरी तो समझ ही नहीं आता। न रुक्का कुछ बताता है, कहाँ से लाया है इसे। न बताए, मैंने तो फिर भी क़बूल लिया कि चलो उसको पसन्द है तो यही सही। पर अब रोज़-रोज़ के झगड़े मुझसे नहीं सहे जाते। रुक्का को भी देखो, कैसा बदल गया है।

गाँववाला-एक : किसी तरह यह पता चल जाए कि रुक्का उस दिन गया कहाँ था तो...।

गाँववाला-दो : तो-तो सारी पहेली बूझने में कोई देर ही न लगेगी। पर पता पड़े कैसे? या तो रुक्का कुछ बताए तो पता चले या दुल्हन कुछ कहे तो पता चले।

गाँववाला-तीन : मुझे तो पहले दिन ही लग गया था कि कुछ गड़बड़ ज़रूर है।

अम्मा : मुझे तो उस दिन, दिन में ही ऐसा बुरा सपना दिखा कि किसी से कहने की भी हिम्मत नहीं होती। ये भी ख़बर नहीं है मुझे तो, कि सपना था कि कोई सच्ची बात हुई थी...।

गाँववाला-चार : कहो न काकी हुआ क्या?

सब : हाँ, बताओ तो सई। शायद उसी से कोई बात निकले।

अम्मा : मैंने देखी कि तीन बहुत बड़े-बड़े कौव्वे तीन तरफ़ से आए। उनने कहा कि तुम्हारा लड़का जादू जंगल में गया है।

सब : अरे बाप रे...तो-तो काकी...।

अम्मा : सपने की भली चलाई...सपना कोई सच तो होता नहीं।

एक : मैंने एक बात सुनी है काकी...वो जो जादू जंगल रहा न...।

दो : अरे लश्कर में ऊँट बदनाम। जो बात जिसे समझ न पड़े, मढ़ देते हैं जादू जंगल के नाम।

एक : हम किसी के मत्थे नहीं मढ़ रहे भैया। हमने तो सुनी है कि वहाँ एक नागिन है, जो भेष बदलकर औरत बन जाती है और लोगों को फाँस लेती है। अपन ने तो सुनी है। सच है कि गप्प। यह तुम जानो।

दो : नागिन भी कभी औरत बन सकती है?

तीन : जादू जंगल में जो न हो थोड़ा है। है कि नहीं काकी?

अम्मा : मेरी तो कुछ समझ नहीं आता भैया। बादल फटे तो कहाँ-कहाँ थेगले लगाओ। जैसी सबकी राय बने वैसी करो। पर अब किसी भी जतन से मालूम करो।

एक : नागिन है कि नहीं, इसे मालूम करने का तो उपाय है...।

तीन : क्या उपाय है?

अम्मा : सोन चिरैया के अंडे?

सब : सोन चिरैया के अंडे?

एक : हाँ, सोन चिरैया के अंडे। अगर नागिन होगी तो बच्चों के निकलते ही उन पर झपटेगी, खाने को। उसकी जीभ देख लो, उस वक़्त, अगर जिबान चिरी हो तो समझो सौ पैसे नागिन है।

दो : चलो यह भी कर लो। पर सोन चिरैया के अंडे कहाँ मिलेंगे?

चार : चौपाल के पास वाले पेड़ पर सोन चिरैया का घोंसला है। हरिया तू जा के देख आ, उसमें अंडे हों तो बात बने।

एक : ठीक है, मैं देखकर आता हूँ। पर बच्चों को बचाने की जिम्मेवारी तुम्हारी होगी काकी। जीव हत्या न हो।

[एक का प्रस्थान।]

अम्मा : तू फिकर मत कर। मेरी जान भी चली जाए पर बच्चों को नहीं मरने दूँगी...।

दो : बच-बचाके काम करना, काकी। कहीं तुम्हारी ही जान पर न बन आए। मैं तो कहता हूँ इस पचड़े को यहीं ख़त्म कर दो। तुम कौन-सी रुक्का के आसरे हो। तुम चाहो तो अलग होकर रहो।

अम्मा : मैं तो आज छोड़ दूँ। मुझे क्या। मुझे यूँ भी अब कितने बरस जीना है। पर रुक्का की चाल देखकर डरती हूँ। ऐसी हालत रही तो बर्बादी होते कितने दिन लगेंगे...।

[एक दौड़ता हुआ आता है।]

सब : मिल गए?

एक : हाँ, मिल गए। पूरे चार हैं। *(अम्मा को अंडे देकर)* सँभालो काकी, पर ध्यान रखना काकी। ये पाप मेरे मत्थे न पड़े।

[अम्मा अंडे सँभालती है। घर की ओर चलती है। गाँव वालों का प्रस्थान। रास्ते में नागिन मिलती है।]

नागिन : क्या है जो ऐसे लुका-लुकाकर ले जा रही है?

अम्मा : सोन चिरैया के अंडे हैं। तेरी गोद जल्दी भरे इसीलिए लाई हूँ।

नागिन : सच्च! इससे बच्चे कब निकलेंगे अम्मा?

अम्मा : कल-परों में निकल आएँगे। *(स्वगत)* सोन चिरैया का नाम सुनते ही कैसी आँखें चमकने लगीं इसकी। लगता है हरिया का शक ठीक ही था।

नागिन : लाओ, इन्हें मैं सँभाल लेती हूँ। तुम कहाँ सँभालती फिरोगी।

अम्मा : अभी नहीं। बच्चे निकल आएँ तो तू ही दाना खिलाना। मैं तो लाई ही तेरे लिए हूँ।

[अम्मा का प्रस्थान।]

नागिन : *(स्वगत)* बुढ़िया यूँ हाथ नहीं लगने देगी।

दृश्य : छह

[गाँव के आदमी-औरतें इकट्ठी हैं। अम्मा एक छोटी-सी टोकनी लेकर आती है। सब अम्मा के आसपास सिमट आते हैं।]

अम्मा : देखो भैया देखो, सोन चिरैया के बच्चे निकल आए।

एक : समझो अबके मघा छमाछम बरसेगा।

दो : लाड़ी की गोद भी अब भरी ही समझो।

तीन : बड़े सगुन की बात हुई भैया।

चार : कैसे नरम-नरम कैसे गिलबिले हैं अभी।

[सब गाते हैं]

गीत

बच्चे देखो, बच्चे देखो
देखो सोन चिरैया के ये बच्चे।
कितने अच्छे, कितने अच्छे
कितने प्यारे, कितने सच्चे
देखो भैया सोन चिरैया के ये बच्चे।
कल को इनके पर निकलेंगे
पर के ऊपर पर निकलेंगे
दूर-दूर तक ये जाएँगे
सुबह सवेरे ये गाएँगे
भरेंगे लम्बी उड़ान...।
भरेंगे लम्बी उड़ान ये भैया
भरेंगे लम्बी उड़ान।

[नागिन दौड़ती हुई आती है। भीड़ को चीरती हुई अम्मा पर लपकती है। टोकनी छीनकर भागती है। अम्मा भी उसके पीछे भागती है। गाँव वाले डरकर पीछे हटते हैं। शोर मचता है। सब कहते हैं—'नागिन है, नागिन है।' रुक्का अस्त-व्यस्त सा बाहर आता है। अम्मा लौटती है।]

एक : आँख देखे की मक्खी नहीं लीली जाती रुक्का। सबने खुली आखों से देख ली है।

रुक्का : क्या देख ली है?

दो : उसकी जीभ चिरी हुई है। वो नागिन है नागिन। समझदारी इसी में है रुक्का कि तरकीब से पिंड छुड़ा लो। हमें तो पहले ही शक था। तुम ज़रूर उस दिन जादू जंगल में गए थे। वहीं से लाए हो इस बला को।

तीन : साँप किसी के नहीं होते, रुक्का। कोई ऊँच-नीच हो गई तो तुम ही भुगतोगे।

अम्मा : सब तेरे ही भले को कह रहे हैं, बेटा।

रुक्का : *(भड़ककर)* नहीं कराना मुझे अपना भला। जिस दिन से आई है सबकी आँख में गड़ रही है। मैं पूछता हूँ, तुम्हें तो नहीं डसा न उसने। वो नागिन हो या डायन हो, मेरी घरवाली है। तुम्हें मतलब उससे।

एक : जात-बिरादरी में ऐसे नहीं चलती है। हम तो पहले ही तुम्हारा हुक्का-पानी बन्द कर देते, पर काकी की वजह से ही कुछ नहीं कहा तुमसे।

रुक्का : नहीं रखनी तो मत रखो रिश्तेदारी। मुझे नहीं परवाह किसी साले की।

दो : गाँव में रहना है तो गाँव के ही हिसाब से रहना पड़ेगा, रुक्का। जादा अकड़ने की ज़रूरत नहीं है। हमने बहुत बर्दाश्त कर लीं तुम्हारी बातें। वो तो कहो...*(मारने को आगे बढ़ता है। तीन उसे रोकते हैं।)*

तीन : छोड़ो भैया, तुम क्यों उस पागल के साथ पागल हो रहे हो।

दो : पर बोलने-चालने का ढंग तो देखो। गोद में बैठकर आँख में उँगली। पैसे का गुबार चढ़ा है तभी फन्नाते फिर रहे हैं। काकी का ख़याल न होता तो दो मिनटों में सारी फन्नाट-वन्नाट निकाल देते।

रुक्का : जरा निकाल तो मैं भी देखूँ...

[झगड़ा होता है। लोग बीच-बचाव करते हैं। रुक्का का प्रस्थान। गाँव वाले भी एक-दूसरे को समझाकर ले जाते हैं।]

अम्मा : *(स्वगत)* मैंने कितनी कोशिश की सोन चिरैया के बच्चों को बचाने की। अब बूढ़ी हो गई हूँ...पर क्या जवाब दूँगी...गाँव वालों को क्या कहूँगी...इससे तो अच्छा होता...मैं ही मर जाती... मैंने कभी जानकर किसी का बुरा नहीं किया...यह पाप मेरे ही सर लगेगा...मैं उससे वापस लूँगी...चाहे कुछ हो...।

[घर की तरफ़ जाती है। दरवाज़ा खटखटाती है।]

रुक्का : *(अन्दर से आवाज़)* कौन हो?

अम्मा : मैं हूँ दरवाज़ा खोल।

नागिन : *(अन्दर से)* क्यों आई है अब यहाँ, वहीं जा न गाँव वालों के पास।

अम्मा : खोल रुक्का, खोल।

रुक्का : *(बाहर आकर)* सारे गाँव में मेरा मुँह काला करा दिया। अब मेरा-तेरा क्या रिश्ता?

नागिन : *(बाहर आकर)* चली जा, चली जा यहाँ से, वरना ऐसा डसूँगी कि पानी भी न माँगेगी।

अम्मा : चली जाऊँगी, पहले मेरे सोन चिरैया के बच्चे दे दे।

नागिन : *(हँसती है)* वो तो मैंने खा लिये।

अम्मा : देख, सीधे से लौटा दे वरना...।

नागिन : वरना...वरना क्या करेगी?

[नागिन और रुक्का बुढ़िया को धक्के देकर गिरा देते हैं। दोनों दरवाज़ा बन्द करके घर के भीतर चले जाते हैं। अम्मा रोती है। संगीत। आँसू पोंछती है। ठंड से काँपती बैठ जाती है। एक लकड़हारिन लड़की उधर से गुज़रती है लकड़ियाँ लेकर। अम्मा के पास रुकती है।]

लकड़हारिन : कैसे बैठी हो, काकी? घर में झगड़ा हुआ क्या? इतनी ठंड है। यूँ बैठी रहीं तो अकड़ जाओगी। लो थोड़ी लकड़ी ले लो और आग ताप लो...

अम्मा : पर मेरे पास तो कानी कौड़ी भी नहीं देने को।

लकड़हारिन : मैं कौन तुमसे माँग रही हूँ। अच्छा काकी, चलूँ, राम-राम।

[लकड़ी देकर चल देती है।]

अम्मा : जीती रह।

[लकड़हारिन जाती है। अम्मा लकड़ियाँ सुलगाती है। उनके सुलगते ही पाँच अग्निपुत्र प्रवेश करते हैं। अग्नि की लपटों की तरह नाचते हैं। गाते हैं। अम्मा मुग्ध होती है।]

गीत

अग्नि की संतान
हम हैं अग्नि की संतान।
दूर सभी अँधियारा कर दें
सारा जग उजियारा कर दें
अग्नि की संतान
हम हैं अग्नि की संतान।

अम्मा : तो मेरा अँधियारा भी दूर करो...मुझे मेरा बेटा वापस दिलाओ।

अग्निपुत्र : यह तो हमारे वश में नहीं। लेकिन हम तुझे देवता के दरवाज़े तक ले जा सकते हैं। चल हमारे साथ चल।

[पाँचों माँ को मंच पर घुमाते हैं। एक जगह छोड़कर कहते हैं।]

यही है देवता का दरवाज़ा। अब हम जाते हैं। हमें जब बुलाना हो, उन्हीं लकड़ियों को जलाना। हम फिर आ जाएँगे।

अम्मा : अब मैं इसी का दरवाज़ा खटखटाऊँगी। इसी से माँगूँगी न्याय। *(हवा में दरवाज़ा खटखटाने का अभिनय करती है)* जाग! मैं कहती हूँ जाग और न्याय कर। तू नहीं सुनेगा तो मैं यहीं अपनी जान दे दूँगी। सुन, मैं कहती हूँ सुन।

[एक आदिवासी देवता और उसके दो अनुचरों का प्रवेश।]

देवता : *(अनुचरों से)*
कौन है यह, जो बजाता है
आकाश के दरवाज़े पर हवा की साँकल, इतनी रात गए
इतनी रात गए कौन खटखटाता है
द्वार मेरा।

[दोनों अनुचर दरवाज़ा खोलने का अभिनय करके बाहर आते हैं। अम्मा से बतियाते हैं। देवता के पास आते हैं। देवता बीच-बीच में बगासी लेता है।]

देवता : *(अम्मा से)*
इतनी रात गए, इतनी रात गए
क्यों तूने मुझको याद किया?
मैं स्वप्न देखता सोया था
क्यों स्वप्न मेरा बर्बाद किया?
सारी बातें अपनी जल्दी से कह डाल
किसने तुझको कष्ट दिया?

अनुचर-एक : ये बुढ़िया दुखियारी है। यह विपदा की मारी है। लड़का इसका इक दिन जादू जंगल गया। जाकर वहाँ नागिन के जाल में वो फँस गया। जाल नागिन का कसता गया। लड़का जंजाल में फँसता गया।

देवता : हूँ...।

अम्मा : जंजाल से उसको छुड़ाना चाहती हूँ मैं। जाल से नागिन के उसको बचाना चाहती हूँ मैं।

देवता : हूँ...*(स्वगत)*

काम ये है सौ फीसदी कुबेर का
टाँग इसमें मगर मैं अड़ाऊँ किस तरह
गले पड़ गई है ये जो बुढ़िया मेरे
इसे अब मैं समझाऊँ किस तरह!

[अम्मा से।]

नालायक है तेरा लड़का बड़ा
उसकी आँखों पे है माया का परदा पड़ा
छुड़ाना उसे, क्यों चाहती है तू
जाने दे ग़र्क़ होने दे उसे नर्क में
क्यों उसको बचाना चाहती है तू?

अनुचर-एक : सही बात देवता ने कही। भले-बुरे की उसे अकल है नहीं।

अनुचर-दो : कुछ भी पाने का उसे हक़ है नहीं।

अम्मा : *मत कहो तुम ऐसे कड़वे वचन*
माँ हूँ मैं उसकी, मैंने दिया है जनम।
अभी नादान है वो, नहीं उसको समझ
फँस गया है वो माया के जंजाल में
नहीं है अभी उसको समझ।

देवता : *(अम्मा से)*

तू चाहे तो दे दूँ हीरों के भंडार मैं
सोने-चाँदी के लगा दूँ अम्बार मैं
गगनचुम्बी महल और चाकर हज़ार
ऐश-ओ-आराम की हर चीज़
माँग ले नौ लक्खा हार।

अम्मा : *नहीं चाहिए मुझको दौलत अपार*
नहीं चाहिए मुझको नौलक्खा हार।
लालच मुझे तू दिखाता है क्यों?
थूकती भी नहीं ऐसी दौलत पे मैं
मुझे इस तरह भरमाता है क्यों?

अनुचर-एक : दे रहे हैं देवता मत इनकार कर। भाग्यशाली है तू मत इनकार कर।

अनुचर-दो : किसको मिलता है इतना, मत इनकार कर।

देवता : *(अम्मा से)*
उम्र चाहे तो अपनी पा सकती है तू
फिर से जवानी में अपनी आ सकती है तू
ब्याह फिर से नया रचा सकती है तू
नया लड़का गर चाहे तो पा सकती है तू

अनुचर-एक : दयालु हैं हमारे देवता बहुत। ऐसा दयालु तुझे कहीं मिलेगा नहीं।

अनुचर-दो : ऐसा कृपालु तुझे कहीं मिलेगा नहीं।

अम्मा : *(अनुचरों से)*
बन्द अपनी ये सारी बड़-बड़ करो
मत सिखाओ मुझे, मत गड़बड़ करो

अनुचर-एक : बड़ा ताव खाती है, तेरी इतनी मजाल।

अम्मा : देवता का तुझे बड़ा है ख़याल?

दो : हद से आगे न बढ़, हद से आगे न बढ़।

अम्मा : मत आँखें दिखा, मत जादा अकड़।

एक : बर्दाश्त से बाहर होती जा रही हैं तेरी हरकतें।

दो : पहचानती नहीं तू अपनी सरहदें।

अम्मा : *(देवता से)*
मत लालच दिखा, सौदेबाजी न कर।
सच है तुझसे बड़ा, मत सच से मुकर।
बेचे ममता जो दौलत में
ऐसी माँ मैं नहीं, ऐसी माँ मैं नहीं।

अनुचर-एक : तू है जिद्दी बहुत, कर रही देवता का अपमान है।

अनुचर-दो : छोटे-बड़े का भी तुझे नहीं भान है।

देवता : *(स्वगत)*
बुढ़िया ये बहुत ख़तरनाक है
डरती नहीं और लालच में भी आती नहीं।
पिंड इससे मैं छुड़ाऊँ किस तरह, अक़्ल मेरी काम कर पाती नहीं।

[अम्मा से।]

छोड़ दे मोह-माया का ये जंजाल सब
नाते-रिश्ते सभी, बेटा-बेटी बहू
तोड़ दे मोह-माया के ये जंजाल सब
उम्र तेरी हुई, मन भगवत भजन में अब अपना लगा
जा, जा सोने दे मुझे। जा, जा।

अम्मा : *पापियों के लिए नहीं तेरे पास कोई सजा*
उल्टी सीखें मुझी को सिखाता है तू।
भरोसा नहीं, तेरे न्याय पर अब मुझे
लुटेरों का ही रक्षक नज़र आता है तू।

देवता : बदतमीजी न कर।

अम्मा : भस्म कर दूँगी मैं तेरा सारा भरम।

देवता : ख़ामोश! मैं कहता हूँ, हद से आगे न बढ़।

अम्मा : लुटेरों का रक्षक है तू, खटमलों का है देवता।

देवता : बर्दाश्त अब तेरी बकवास मैं कर सकता नहीं।

अम्मा : यह कह, कि सच अब मैं सुन सकता नहीं।

देवता : निकालो-निकालो धक्के देकर इसे।

[दोनों अनुचर अम्मा को धक्के मारते हैं। अम्मा गिर जाती है।]

देवता : *(स्वगत)* अब समझो कि जादू जंगल की माया के दिन पूरे हुए। लाख चाहे पर नहीं कोई बचा सकता उसे।

[देवता और अनुचरों का प्रस्थान। अम्मा गिरी हुई है। 'काँव-काँव' की तेज़ आवाज़ें। अम्मा सर उठाकर देखती है। तीन कौव्वों का प्रवेश।]

[एक कौव्वा रुक्का की कुल्हाड़ी लेकर आएगा।]

अम्मा : *(उठकर)*
अरे-अरे...ये तो वे ही कौव्वे हैं।
जो उस दिन भी आए थे
असगुन की काली ख़बरें लाए थे।
अब और बुरा क्या होना है?
अब और मुझे क्या खोना है?
और अब कौन-सा असगुन घटना बाक़ी है?
बोलो-बोलो! अपनी काली चोंचें खोलो
क्या ख़बर मौत की मेरी लाए हो?
बोलो-बोलो? अब और कौन-सा
असगुन घटना बाक़ी है?

कौव्वे : *नहीं-नहीं...असगुन की अब नहीं री अम्मा*
ख़बर सगुन की हम लाए हैं।
छोड़ जिसे आया था रुक्का, उस जादू के जंगल में
वो ही कुल्हाड़ी देख री अम्मा,
हम वापस ले आए हैं।

अम्मा : *अरे-अरे...है ये तो वो ही कुल्हाड़ी मेरी*
जिसे सिरहाने लेकर मैं सोती थी
इसीलिए तो शायद...
कई रात से मैं सो न पाई...
इसीलिए तो शायद...
इतनी काली छायाएँ...मुझको घेरे रहती थीं
इसीलिए तो शायद...
कई रात से मैं सो न पाई...।

कौव्वे : *छोड़ इसे न आता रुक्का*
क्यों फँसता वो जादू जंगल में?
कोई भी जादू काम न करता
कोई उसे न ठग पाता।
उस कुबेर की भली चलाई...
थर-थर काँपता और थर्राता...।

रुक्का : *(प्रवेश करता है। कुल्हाड़ी और कौव्वों को देखता है।)* ये तो वो ही कौव्वे हैं जिनने मुझको जादू जंगल में जाने से रोका था। हाथ में इनके है वो ही कुल्हाड़ी मेरी। *(स्वगत)* ओह! इस कुल्हाड़ी को देखते ही...यह क्या हुआ मुझे। लगता है मेरी आँख का सारा जाला ही कट गया...। मैंने अपनी अम्मा पर कैसे-कैसे अत्याचार किए। मैंने उस पर हाथ उठाया...*(अम्मा से)* अम्मा मुझे माफ़ी दे दे।

कौव्वे : *इसी कुल्हाड़ी ने रे लोगो*
बहुत वहाँ उत्पात मचाया
जादू की सब माया काटी
जादू का सब जंगल काटा।
दैत्य भगे सब उलटे पाऊँ...
दैत्य भगे सब उलटे पाऊँ...

दलदल में जा धँसा रे लोगो
महल कुबेर का आलीशान।
सुनो देवियो और सज्जनो!
सुनो कथा ये देकर ध्यान!
नहीं कुल्हाड़ी बस यह लोगो
बनवासी का यह आधार।

इसमें लोहा अपने मन का
अपने युग की इसमें धार
सात युगों की अग्नि इसमें
सारे जग का इसमें प्यार।

अच्छे आदमी

रूपान्तर नहीं!

यह नाटक फणीश्वरनाथ रेणु की कहानी 'अच्छे आदमी' पर आधारित है लेकिन यह उस कहानी का रूपान्तर नहीं है। बहुधा 'रूपान्तर' शब्द का इस्तेमाल हमारे यहाँ लापरवाही के साथ किया जाता है। इस नाटक के सन्दर्भ में इस शब्द के उपयोग से कई ग़लतफहमियाँ हो सकती हैं। मुझे लगता है कि किसी कहानी या उपन्यास के किसी अन्य विधा में रूपान्तरण में बहुत कम सृजनात्मक स्वतंत्रता की गुंजाइश होती है। दर्शक या पाठक भी एक ऐसे नाटक से जो किसी अन्य रचनाकार की रचना का रूपान्तरण हो, यह अपेक्षा करता है कि नाटक के रूप में उसे वही कहानी मात्र दृश्य के रूप में पुन: ज्यों की त्यों सुनाई जाएगी। ऐसे में अगर मूल रचना उसकी जानी-पढ़ी है तो थोड़े से परिवर्तन भी उसे खलेंगे और वह नाटक को ग्रहण करने के बजाय तत्काल मूल कृति और नाटकों में हुए परिवर्तनों में उलझ जाएगा। शायद रूपान्तर से ऐसी अपेक्षा उचित हो, लेकिन फिर रूपान्तर किया ही क्यों जाए?

मैंने जब रेणु जी की कहानी को आधार बनाकर नाटक लिखने का सोचा तब मेरे सामने एक आदर्श उदाहरण था बर्तोल्त ब्रेख़्त का 'मदर'। यह नाटक गोर्की के 'मदर' उपन्यास पर आधारित है। वह गोर्की के उपन्यास का रूपान्तरण नहीं है। उपन्यास की अनेक महत्त्वपूर्ण घटनाएँ इस नाटक में भी आती हैं, लेकिन इसके बावजूद वह एक स्वतंत्र नाटक है। ब्रेख़्त का एकदम अपना नाटक। 'अच्छे आदमी' में इस तुलना में, मैंने कम स्वतंत्रता ही ली है।

रेणुजी की यह कहानी वस्तुत: एक प्रेम कथा है। इस कहानी में लेकिन दो महत्त्वपूर्ण बिन्दु हैं, एक ओर नई सड़क का खुलना और दूसरी ओर जीवन-मूल्यों का विघटन। मूल्यों के ह्रास के बावजूद वे प्रेम को बचाना चाहते हैं। कहानी में नाटकीय स्थितियों के लिए बहुत गुंजाइश है और हमारे समय की विसंगतियों को अधिक-से-अधिक समेट लेने की सुविधा भी उन स्थितियों में मौजूद है।

नाटक लिखने के दौरान कई नई स्थितियों और कई ऐसे पात्रों को भी रचने की ज़रूरत हुई जो मूल कथा में नहीं हैं। कहानी में समय को लिख देना आसान है लेकिन नाटक में इस लम्बी अवधि को, वर्ष और मास बीतने को, मात्र कह देने

भर से काम नहीं चल सकता। इसलिए फार्म के स्तर पर भी बहुत सारी कठिनाइयाँ दरपेश आईं।

नाटक लिखने के दौरान विशेष रूप से नाटक के फार्म को तय करने के लिए बंसी कौल के सहयोग का उल्लेख बहुत ज़रूरी है। बंसी कौल के अलावा श्री नेमिचन्द जैन, श्री सतीश आलेकर, श्री श्यामानन्द जालान, श्री राजेन्द्र नाथ और श्रीराम सेंटर की रेपेटरी के कलाकारों के सुझावों ने भी इस नाटक में मेरी बहुत मदद की है। मैं उन सबके प्रति आभारी हूँ।

—राजेश जोशी

पात्र

निर्माता	:	एस. आर. सी. थिएटर रेपेटरी
लेखक	:	राजेश जोशी
निर्देशन	:	बंसी कौल

मंच पर

उजागिर	:	विजय कुमार शुक्ला/ मुकेश एम. नाथानी
सीता	:	नीलिमा / सुमन अग्रवाल
सहुआइन	:	मीना जोशी
ड्राइवर	:	चन्द्र मोहन
कंडक्टर	:	कैलाश कौशिक
क्लीनर	:	मुकेश एन. सक्सेना
संतोखी सिंघ	:	जफर संजारी
रासोबाबू	:	गनेश मिश्रा
बहुरुपिया	:	संजय शर्मा
प्रदीप कुमार	:	शिरिन
गाँववाले, यात्री, गायक मंडली	:	समूह

[इस नाटक का प्रथम मंचन 5 मई, 1987 को दिल्ली में श्रीराम सेंटर फॉर आर्ट एंड कल्चर के कलाकारों द्वारा किया गया।]

निर्माता	:	इप्टा रायपुर
निर्देशक	:	राजकमल नायक

मंच पर

उजागिर	:	डॉ. निहार रंजन पाढ़ी
बुढ़िया	:	अनीता
सीता	:	दिशी घई
कनक	:	ममता अहार
बहुरुपिया	:	नईम
ड्राइवर	:	एजाज अहमद
क्लीनर	:	पुरुषोत्तम सोनी
संतोखी सिंघ	:	आबिद अली
रासोबाबू	:	डॉ. राकेश चाबा
यात्री और गाँववाले	:	अजीज, संतोष, मनोज मिश्रा, गोरेलाल साहू, शब्बीर।
गायक मंडली	:	आबिद अली, रंजन गुप्ता, नईम खान, राजेश गनोदवाले।

मंच परे

मंच परिकल्पना वेशभूषा	:	जयन्त देशमुख
रूप सज्जा	:	अरुण काठोटे
संगीत	:	द्वारिका प्रसाद, राजकमल नायक
प्रकाश	:	शाहनवाज
सहयोग	:	मिन्हाज असद, मोईज कपासी

[मध्य प्रदेश में इस नाटक का प्रथम मंचन 5 अगस्त, 1987 को भारतीय जन नाट्य संघ 'इप्टा' द्वारा रायपुर में किया गया।]

दृश्य : एक

[पकौड़ी की एक छोटी सी दुकान। नेपथ्य से ग्राहकों की बातचीत। बरतन खनकने की धीमी आवाज़ें। बाहर एक ख़ाली बेंच पर उजागिर बैठा है। सिर झुकाए। ग्राहक दुकान में आते हैं, पकौड़ी खाते हैं और चले जाते हैं। दुकान पर एक बुढ़िया पकौड़ी बनाती है। उजागिर सिर उठाता है। बोलना शुरू करता है। उसका स्वगत ऐसा होगा जैसे अपने अतीत में देख रहा हो। प्रारम्भ और बीच-बीच में संगीत का उपयोग किया जा सकता है।]

उजागिर : *(स्वगत)* मैं उजागिर हूँ! उजागिर चायवाला। बहुत लड़कपन में ही सीख लिया था मैंने यह हुनर। कमलदह की ड्योढ़ी में हर काम के नौकर-चाकर थे।

चायवाला अलग तो चिलम भरनेवाला अलग। मालिशिया अलग तो भाँग का घोंटा लगानेवाला अलग। बड़े लोगों की बड़ी बात। वक़्त और तोते की आँख फिरते कितनी देर लगती है? एक दिन, कमलदह के ज़मींदार की ज़मींदारी चली गई। ज़मीन बिक गई और ड्योढ़ी भी। सारे लोग भी तीन तेरह हो गए। बस! सब कुछ जाता रहा। लेकिन मेरा हुनर कहाँ जाता? हुनर हाथ का हाथ में रहा। कोई हुनर हाथ आ जाए तो समझो, हो गया जनम भर का क़ैदी! एकदम पालतू जानवर की तरह वफादार!

मेरा तो शुरू से बस एक ही सपना था! रहिकपुर की अपनी बपौती ज़मीन पर एक छोटा-सा घर और एक रूपवाली घरनी! बस! कमलदह के छोटे बाबू की दुल्हन जैसी घरवाली मिल जाए तो बस! मैं तो सारी उमर उसका रूप पी-पी कर

ही काट दूँ! बस एक रूपवाली दुल्हन! बलुवाही ज़मीन का कुआँ और गाँव की लड़की का रूप, दोनों ही एक जैसे! बलुवाही ज़मीन के कुएँ का पानी कंचन ठंडा। एक घूँट चख लो तो आत्मा जुड़ा जाए। और गाँव की लड़की ऐसी कि एक बार आँख भर देख लो तो नींद भर आए आँखों में! लेकिन बलुवाही कुएँ की उमर कितनी? साल-दो साल में भथा जाएगा! और गाँव की लड़की का जोबन भी साल बीतते न बीतते ढल जाएगा!

कहाँ-कहाँ नहीं भटका मैं इस चक्कर में। पटना, भागलपुर, दरभंगा सब जगह घूम-घूमकर नौकरी की। पर कहीं रूप की झलक तक न मिली। सब नक़ली! कच्ची कली कचनार की। भला इसे भी रूप कहते हैं! ख़ूब पैसा कमाया। गठरी भर-भर कर लाया। उमर थी कि बढ़ती जाती थी। कभी-कभी लगता, कहीं ऐसा न हो कि इराक से जब तक जहर मोहरा आए, साँप का काटा ही मर जाए! *(हँसता है)* गाँव के घटक दलाल भी एक से एक हरामी। कितना पैसा नहीं ठगा उनने मुझसे! बिरादरी के पंचों ने भी पान-सुपारी के नाम, जाने कितनी रक़म झटक ली पर मन की दुल्हन नहीं मिली!

कहते हैं न, मन हारा तो सब हारा! मैं भला क्यों हारता? मुझे तो कमलदह की छोटी दुल्हन की बात पर पूरा भरोसा था। पक्का भरोसा। कमलदह की छोटी दुल्हन एक दिन बोली—उजागिर! चाय पिलाकर तो तुम इन्द्रासन की परी को भी फुसलाकर मुट्ठी में कर लो, ऐसी चाय है तुम्हारी! गाँठ बाँध ली थी मैंने छोटी दुल्हन की बात! उसी आस के सहारे एक दिन बस घर से निकल पड़ा। किसी चाय की दुकान में ही नौकरी क्यूँ न करनी पड़े, कर लूँगा। पर दुल्हन मन की ढूँढ़कर ही लौटूँगा!

बड़ा शुभ दिन था! भला भूल सकता हूँ उसे! कुरसेला के टेशन पर उतरकर मैंने खीरा खाया और बीज हाथ में लेकर कहा :

[मुट्ठी में बीज लेकर उछालता है।]

बीज जिस ओर छिटकेगा, उधर ही होगी मेरी होनेवाली रूपवती दुल्हन! *(बीज गिरने को देखता है)* उत्तर दिशा की ओर गिरा

बीज और बिना कोई माथापच्ची किए मैं कुरसेला से रानीगंज जानेवाली बस में जा बैठा।

[गायक मंडली का प्रवेश। उजागिर के आगे पाँत बनाकर गाती है।]

दुल्हन ढूँढ़ने का गीत

पूरब छिटके पच्छिम छिटके
उत्तर छिटके दक्खिन छिटके
बीज खीरे के जिधर भी छिटके
उधर दुल्हनियाँ ढूँढ़ेंगे।

इधर दुल्हनियाँ ढूँढ़ेंगे हम
उधर दुल्हनियाँ ढूँढ़ेंगे।

अम्बर छाने, धरती छाने, छाने नदी पताल
गाँव-गाँव में शहर-शहर में
ढूँढ़े रे बैताल।
एक दुल्हनियाँ, रूप कि जिसका
कर डाले बेहाल।

रस्ते-रस्ते डगर-डगर बस
वही दुल्हनियाँ ढूँढ़ेंगे।

इधर दुल्हनियाँ ढूँढ़ेंगे हम
उधर दुल्हनियाँ ढूँढ़ेंगे

[गायक मंडली का प्रस्थान।]

उजागिर : *(स्वगत)* कंडक्टर ने हमसे पूछा—कहाँ जाएगा? भला आप ही कहो, मैं क्या जवाब देता? मैं तो बिना सोचे ही बस में चढ़ गया था। चुप्पी मार गया। तभी बगलगीर मुसाफिर ने बिरौली तक का टिकिट कटाया। बस मैंने भी कह दिया—बिरौली।

बिरौली आकर बस रुकी। दूसरे मुसाफिर उतरे तो साथ-साथ मैं भी उतर गया। सामने ही पकौड़ीवाली सहुआइन की दुकान थी। मैं एक ओर जा बैठा। यात्रियों ने जलपान किया और बस में बैठकर चले गए। सहुआइन ने भी कड़ाही उतार दी।

[बुढ़िया झाँककर बाहर बैठे उजागिर को देखती है।]

बुढ़िया : *(उजागिर से)* ए...तुझे कहाँ जाना है?

उजागिर : कहीं नहीं! एक आने की पकौड़ी हमें भी चाहिए!

बुढ़िया : तो अभी तक मुँह सिये काहे बैठे रहे? कड़ाही उतारने के बाद आए हैं, एक आने की पकौड़ी वाले गाहक! *(झिड़ककर)* पकौड़ी नहीं है अब। बैंगनी खाना हो तो बोलो...चढ़ाऊँ कड़ाही...*(उजागिर 'हाँ' कहता है। बुढ़िया अन्दर आवाज़ देकर)* अरी सितिया! कब तक बैठकर बैंगन काटेगी, एँ? दे जा जितना हुआ है। गाहक बैठा है यहाँ।

सीता : *(अन्दर से)* कल से ऐसा काना कुबड़ा बैंगन नहीं काटूँगी। एक-एक बैंगन में पाँच-पाँच पिल्लू!

बुढ़िया : ओ बैंगन की भूतनी!

[सीता सूप में कटे हुए बैंगन लेकर आती है।]

सीता : कितनी बार कहा है तुझसे मौसी, परदेसी जात्री के सामने गाली मत दिया कर।

[उजागिर सीता को देखता है। सीता सुन्दर और जवान लड़की है। सीता भी उजागिर को देखती है।]

उजागिर : *(स्वगत)* यही है रूप! एकदम यही! *(गला साफ़ करके बुढ़िया से)* माँजी! एक आने की नहीं, चार आने की बैंगनी देना!

बुढ़िया : कैसा आदमी है रे...घड़ी-घड़ी में मन बदलता है। *(उजागिर से)* जो कहना है एक ही बार में क्यूँ नहीं कहते?

सीता : एक बार में बोले कि हज़ार बार में। तू इस तरह गाहक से बात-बात में रगड़ करेगी तो एक पाई की बैंगनी भी नहीं बिकेगी, समझ ले।

बुढ़िया : *(कड़ाही चढ़ाते हुए)* बड़ी आई गाहक वाली। तू सिखाएगी मुझे गाहकी करना?

सीता : तभी न तीन नम्बर की बस वाले ने यहाँ गाड़ी खड़ी करनी बन्द कर दी। जब देखो तब गाहकों से लड़ती रहती है, बात-बेबात मुझे हर किसी के आगे गाली निकालती है, और भी कुछ आता है तुझे?

बुढ़िया : गाली न निकालूँ तो पूजा करूँ तेरी। बहुत कतरनी चलने लगी है तेरी।

उजागिर : *(बीच-बचाव करते हुए)* छी...छी...इस तरह बेवजह लड़ना हो तो रखिए अपनी बैंगनी। कलह वाली बैंगनी नहीं खानी है मुझे!

सीता : ले सुन ले! अब छान बैठकर चार आने की बैंगनी। देखूँ मैं भी कौन खाता है तेरी ये बैंगनी!

बुढ़िया : खाएगा, जिसे सौ बार गरज होगी। तू मर अब यहाँ से।

[सीता उजागिर को देखकर मुँह तक आई बात बिना कहे ही अन्दर चली जाती है। बुढ़िया बैंगनी उतारती है।]

बुढ़िया : अरी ओ सितिया! पत्तल कहाँ है, बैंगनी क्या तेरे कपाल पर परोसूँ?

[पत्तल पर बैंगनी देते हुए, उजागिर से।]

बुरा मत मानना भैया। यह मुँहजली है ही ऐसी। कभी सीधी बात सुनती ही नहीं। ठहरो मैं पानी लाती हूँ!

उजागिर : *(बैंगनी देखकर)* बाप रे, इतनी बैंगनी! अकेले कैसे खाऊँगा? *(स्वगत)* वो तो सीता को देखकर ही मेरे मुँह से एक की जगह चार आना निकल गया। ऐसा रूप हो तो भला किसका होस ठिकाने रह सकता है! इसी को कहते हैं, बग़ल में छोरा और जग में ढिंढोरा! मुझे अगर पहले ही ख़बर होती कि यहाँ बिरौली में ही ऐसा रूप है तो क्यूँ पटना, भागलपुर की खाक छानता फिरता!

सीता : *(उजागिर को पानी देकर, बुढ़िया से)* मैं जानती हूँ, अब गाड़ी आने का वक़्त हुआ तो तू कोई न कोई बहाना बनाकर चूल्हे के पास से उठेगी ही। कड़ाही उठाकर फेंक दूँगी, बताए देती हूँ, मैं नहीं बैठने की चूल्हे पर!

[बुढ़िया बुड़बुड़ाती हुई बैठ जाती है।]

उजागिर : यहाँ एक चाय की दुकान ख़ूब चलेगी माँजी!

बुढ़िया : *(ऊँचा सुनती है)* क्या ख़ूब चलेगी?

उजागिर : चाय की दुकान माँजी।

बुढ़िया : कौन खोलेगा चाय की दुकान?

उजागिर : कोई खोले पर चलेगी ख़ूब।

बुढ़िया : आग लगे चाय की दुकान को। एक पकौड़ी की दुकान में ही मेरी तो हड्डियाँ जलकर छार हो गईं।

[सीता प्यार से उजागिर को देखती है।]

उजागिर : माँजी! चाय की दुकान में अठ गुना नफा है। दो लगाओ सोलह चित्त।

बुढ़िया और सीता : *(आश्चर्य से)* सोलह रुपए!

बुढ़िया : रहने दे बाबा! मुनाफ़ा वुनाफा! यहाँ चाय कौन पिएगा?

सीता : मिलेगी तो सब पिएँगे। पकौड़ी के साथ चाय मिले तो सब टूट पड़ें।

उजागिर : एकदम सही बात कही।

बुढ़िया : *(ग़ुस्से में सीता से)* मैं पूछती हूँ, चाय बनाएगा कौन...तेरा भतार एँ?

सीता : *(भड़ककर)* मेरा नहीं, तेरा भतार।

[सीता की बात पर बुढ़िया हँसती है। सीता भी हँसती है। उजागिर मुस्कुराता है।]

उजागिर : हाँ, चाय की दुकान तो मरद ही चला सकता है।

[बस के आने की आवाज़। ग्राहक आते हैं। ग्राहकों का शोर। ग्राहक पकौड़ी खाते हैं और बुढ़िया से मज़ाक़ करते हैं।]

यात्री-एक : सहुआइन आज तुम्हारी पकौड़ी थोड़ी कच्ची हैं!

यात्री-दो : मौसी थोड़ी और कुरकुरी करो!

बुढ़िया : बड़ा आया है कुरकुरी वाला। ऐसी ही कुरकुरी खाना है तो अपनी घरवाली से बनवा जाकर।

यात्री-दो : अरे घरवाली होती तो तेरी दुकान में झाँकता ही कौन मौसी। कोई लड़की ढूँढ़ दे न मेरे वास्ते...।

यात्री-तीन : *(दारू पिए हुए है)* इस दुकान का तो हिसाब ही ऐसा है। किसी को तो हरी मिरच और अदरक के टुकड़े डालकर कुरकुरी पकौड़ी मिलेगी और किसी को सड़े प्याज़ और बासी बेसन की।

बुढ़िया : ओ दारू कुट्टे! सड़े बेसन की खिलाती होगी तेरी अम्मा। वहाँ कलारी वाले से नहीं कहता जो नौसादर मिला-मिला कर पिलाता है तुझे। कीड़े पड़ेंगे कीड़े...

यात्री तीन : *(भड़ककर)* ए...ए...बुढ़िया, जादा चबर-चबर की तो ठीक कर दूँगा। उठाकर फेंक दूँगा कड़ाही-वड़ाही सब...समझती क्या है...

बुढ़िया : *(उठते हुए)* फेंक तो सही मैं भी देखूँ, कितना दम है तेरे हाथ-पाँव में...जलती लकड़ी घुसेड़ दूँगी मुँह में...आग जले...

यात्री तीन : *(अपनी प्लेट की भजिए फेंक देता है)* क्या कहा तूने, फिर से तो कह...बताता हूँ तुझे अभी लकड़ी घुसेड़ना...।

[लोग बीच-बचाव करते हैं। लोग यात्री तीन को खींच कर एक तरफ़ ले जाते हैं। बुढ़िया लगातार बोलती है, "हरामी के पिल्ले...बड़ा आया है जोर दिखाने वाला।" यात्री तीन भी नशे में चिल्लाता है, "ठीक कर दूँगा साली...अपनी लौंडिया को सँभाल" सबका प्रस्थान। बुढ़िया आँखें पोंछती है।]

उजागिर : *(बुढ़िया से)* तो बोलो माँजी! आप लोगों की मरजी हो तो मैं जाकर ले आऊँ चाय का सामान?

बुढ़िया : देखा नहीं तूने, ऐसे छँटे-छँटे हरामी के पिल्ले आते हैं यहाँ।

उजागिर : अब छोड़ो माँजी उस बात को। दुकान है तो चार तरह के लोग आएँगे ही। मैं ठीक कर लूँगा सबको। तुम फिकर मत करो। तो फिर मैं जाऊँ।

बुढ़िया : तुम हो किधर के, माने कौन गाँव के हो?

उजागिर : रहिकपुर में है मेरा घर!

बुढ़िया : अच्छा, तो उधर के हो। उधर तो हमारी भी रिश्तेदारी है, वो... वो हैं न,...क्या अच्छा सा ही तो नाम है...उनका...

सीता : हरिहर कक्का...!

उजागिर : अरे, वो तो हमारी ही बिरादरी के हैं...सब मामा कहते हैं उन्हें गाँव में। तो ठीक।...तो बात पक्की रही।

[बुढ़िया सिर हिला देती है। बाहर जाते हुए सीता को देखता है। सीता भी झाँक कर देखती है।]

उजागिर : *(दर्शकों से)* तो मैं चला। अभी कुरसेला तक जाना है। चाय का सामान ख़रीदना है। और फिर जल्दी वापस भी लौटना है। बस मन में एक ही शुबहा है, कहीं ऐसा न हो कि मैं सामान ले आऊँ और बाद को बुढ़िया मना कर दे। ख़ैर, जो होगा देखी जाएगी...लेकिन इतना तो पक्का है कि अब मुझे इसी गाँव में टिकना है। कम-से-कम जब तक...मतलब तब तक...जब तक मेरे मन की न हो जाए।

[उजागिर का प्रस्थान।]

सीता : *(बुढ़िया से)* लगता तो भला है! मुझे तो लगता है वो ज़रूर वापस आएगा।

बुढ़िया : बहुत देखे ऐसे वापस आने वाले! ज़बानी जमा ख़र्च में कोई रक़म लगती है। उठाई ज़बान तालू से लगा दी...चाय की दुकान ख़ूब चलेगी, बड़ा आया दुकान चलाने वाला...हुँह...।

सीता : तुझे किसी पर भरोसा भी होता है कभी! जरा अच्छे से बोलती तो तेरा क्या जाता!

बुढ़िया : कौन लगता है तेरा जो बड़ी फनन-फनन कर रही है। तेरे लच्छन अच्छे से जानती हूँ मैं। बहुत पर निकल आए हैं तेरे!

[सीता ग़ुस्से में अन्दर चली जाती है। बुढ़िया पैसे गिनती है। गायक मंडली का प्रवेश।]

अन्तराल का गीत

ऐसे बीता बखत बहुत सा
ऐसे बीता बखत बहुत सा

आए गाहक गए यात्री
ऐसे बीता बखत बहुत सा

आधी शंका आधा भरोसा
मन दोनों का झूले जैसा
ऐसे बीता बखत बहुत सा

पीली पीली हुई दुपहरी
ऐसे बीता बखत बहुत सा

[सीता बाहर आकर देखती है।]

बुढ़िया : नहीं आया तेरा भतार। बड़ा कहके गया था, बात पक्की रही। ऐसी डींग हाँकने वाले कई देखे मैंने।

[सीता दुखी होकर चली जाती है। उजागिर का प्रवेश। चाय का बहुत-सा सामान लिये है।]

बुढ़िया : *(उजागिर से)* अरे! तुम तो सचमुच लौट आए!
उजागिर : क्यूँ, आपको भरोसा नहीं था कि लौटूँगा?
बुढ़िया : मैं तो सोच रही थी कि कोई उठाईगीर आकर ऊन-दून हाँक कर चलता बना। ऐसे बहुत आते हैं यहाँ। किस-किस का भरोसा करो।
सीता : *(अन्दर से)* मौसी! बुढ़ा गई है पर आदमी पहचानना नहीं आया तुझे।

[सीता बाहर आती है। सीता और बुढ़िया चाय का सामान देखती हैं। आश्चर्य से। उजागिर एक साड़ी भी लेकर आता है, उसे बुढ़िया को देता है।]

बुढ़िया और सीता : *(आश्चर्य से)* इतना सामान लगता है चाय की दुकान में?

[सीता और बुढ़िया साड़ी को खोलकर देखती हैं। एक छोर बुढ़िया पकड़ती है। दूसरा उजागिर पकड़ता है। सीता बीच में साड़ी को पकड़कर डोलती है। गायक मंडली दोहराती है।]

आधी शंका आधा भरोसा
मन दोनों का झूले जैसा
ऐसे बीता बखत बहुत सा।

दृश्य : दो

[दूसरा दिन। बुढ़िया की दुकान कुछ और बढ़ गई है। एक तरफ़ उजागिर की चाय की दुकान लग गई है। सुबह का वक़्त।]

उजागिर : *(एक गिलास में चाय भरकर बुढ़िया से)* लो माँजी मेरे हाथ की पहली चाय तुम पियो। *(दूसरा गिलास सीता को देता है)* और यह तुम पियो, जरा बताओ तो कैसी बनी है?

बुढ़िया : *(चाय चख कर)* अच्छी तो गाहक को लगनी चहिए...पर हुनर है तेरे हाथ में!

सीता : बहुत बढ़िया है। ऐसी चाय तो मैंने आज तलक नहीं पी!

बुढ़िया : हूँ...कह दे, मैं तो आज तक तुझे ज़हर पिलाती रही हूँ न!

सीता : और नहीं तो क्या, चाय के नाम पर लाल पानी उबालने के सिवा आता भी है कुछ तुझे?

उजागिर : अब सुबह-सुबह यह झगड़ा-टंटा मत खड़ा करो तुम लोग।

बुढ़िया : क्या मत करो?

सीता : तू कौन होता है रे हमारे बीच बोलने वाला। कल का आया, आज हुकुम चलाने लगा।

उजागिर : ग़लती हो गई बाबा, माफ़ करो। और जितना जी चाहे लड़ो। कहो तो एक-एक डंडा लाकर दे दूँ...?

सीता : *(शरमाकर)* हट बड़ा आया!

[उजागिर हाथ जोड़ता है। सीता मुस्कुराकर, शरमाती हुई अन्दर चली जाती है। बस का हॉर्न बजता है। यात्री आते हैं। कंडक्टर, ड्राइवर, क्लीनर का भी प्रवेश। दुकान में भीड़ हो जाती है 'जल्दी जल्दी' का शोर होता है।]

यात्री एक : अरे वाह मौसी, चाय की दुकान भी शुरू कर दी! लाओ जरा एक चाय दो, देखें कैसी चाय बनाता है यह जवान? *(उजागिर चाय देता है, यात्री चाय का घूँट भरकर)* चाय तो बढ़िया है भाई, पर पहले दिन ही मिलेगी या रोज़ ही ऐसी चाय पिलाओगे?

उजागिर : यह तो बख़त ही बताएगा बाबू, पर भरोसा करो, ऐसी ही मिलेगी हर दिन।

यात्री दो : हमें भी पिलाओ भाई एक चाय।

कंडक्टर : *(चाय पीते हुए)* चाय तो सचमुच बढ़िया है। अब आया मज़ा, पकौड़ी के साथ चाय न मिले तो पूरा मज़ा ही नहीं आता।

ड्राइवर : अब तो हो गई तेरे मन की, पी ले जी भर।

क्लीनर : *(कंडक्टर को कोहनी मारकर)* उस्ताद तुम्हारा रकीब आ गया है सहुआइन की दुकान पर। कहीं चाय चखाकर पकौड़ी पर हाथ न साफ़ कर दे?

कंडक्टर : *(क्लीनर से)* ऐसे ही साफ़ कर देगा साला। अरे कोई रिश्तेदार होगा बुढ़िया का, ऐसी सीधी नहीं है बुढ़िया कि जवान आदमी को अपने यहाँ बिठा ले।

ड्राइवर : तो पूछूँ किसका रिश्तेदार है?

कंडक्टर : *(ड्राइवर को टालकर)* मौसी तूने यह काम किया अक्कल का। चाय भी ख़ूब बनाता है जवान, दुकान ख़ूब चलेगी अब।

बुढ़िया : क्या चलेगी? *(अन्दर से झाँकती सीता को झिड़कती है)* तू अन्दर जा न चुड़ैल!

कंडक्टर : दुकान मौसी...दुकान ख़ूब चलेगी।

बुढ़िया : हरामजादा!

[एक बहुरुपिया का प्रवेश। हर यात्री के सामने जाकर मटकता है। कंडक्टर के सामने जाकर खड़ा हो जाता है।]

बहुरुपिया : *(अकड़कर)* चलो एक चाय और एक पत्तल पकौड़ी खिलाओ फटाफट!

कंडक्टर : अरे वाह रे! एक तो साले को रहिकपुर से यहाँ तक फोकट में ला रहा हूँ, ऊपर से चाय भी पिलाऊँ और पकौड़ी भी खिलाऊँ? फूट यहाँ से, फूट।

[कंडक्टर बहुरुपिये को लात मारता है। सब हँसते हैं। रहिकपुर का नाम सुनकर उजागिर चौंकता है। बहुरुपिये को पहचानने की कोशिश करता है। अपने पास बुलाता है।]

उजागिर : ए...कौन है रे तू? मैं पहचाना नहीं। कई दिन हो गए न गाँव छोड़े। हम भी उधर ही के हैं। वो...

बहुरुपिया : जानता हूँ उजागिर भैया। मैं तो इसलिए चुप था कि देखूँ तुम पहचानते हो कि नहीं। मैं दीनानाथ हूँ...दीनू। बहुत छोटा था उस वक़्त। पहचाने?

उजागिर : ओ...दीनू! तूने भी यह काका वाला पेशा कर लिया?

बहुरुपिया : नहीं भैया। अब इस धन्धे में कोई दम नहीं। बस समझो कि पाट् टाइम है। जब कोई धन्धा नहीं होता तो यह कर लेता हूँ। इस बहाने घूमना-फिरना भी हो जाता है और दो जून का जुगाड़ भी। तुम तो जानते ही हो बचपन से ही मेरे पाँव में चखरी है। एक जगह टिककर रहा ही नहीं जाता मुझसे।

[उजागिर बहुरुपिये को एक पत्तल पकौड़ी और एक चाय देता है।]

बुढ़िया : ए...ऐसे फोकटियों को खिलाना-पिलाना है तो अपनी चाय ही पिलाया कर, कहे देती हूँ, पकौड़ी के मैं पूरे पैसे लूँगी।

उजागिर : मुझसे ले लेना मौसी...वो मेरे गाँव का है।

बुढ़िया : बड़ा आया गाँव का। ऐसे भिखमंगे दिन में पचास आते हैं। सबसे रिश्तेदारी निभाओगे तो चल चुकी दुकान। चले आते हैं जाने कहाँ-कहाँ से...।

[बहुरुपिया नाचता और गाता है।]

बहुरुपिया का गीत

किसका किससे आँख मटक्का
हिय में किसके किसकी नज़र कटार
भटक-भटक कर मैंने देखे
सबके ही घर बार।

बहुरुपिया मुझको कहता है।
बहुरुपिया संसार।
बाबू बहुरुपिया संसार।

चेली से अपनी प्यारे, मास्टर का फिट है कांटा
छुप-छुप कर साली से, जीजा है इश्क़ लड़ाता
छप्पर पर बोले मुर्गी, दड़बे में मुर्गा गाता
सहुआइन खाए पकौड़ी

और बिटिया खाए अचार।
आहें भर-भर कर रह जाए
कंडक्टर अपना यार।

बहुरुपिया मुझको कहता है
बहुरुपिया संसार।

[बुढ़िया बहुरुपिये को मारने को दौड़ती है। सब हँसते हैं। सारे यात्री शोर करते हैं—'चलो कंडक्टर साहब'।]

यात्री एक : आज तो बस पहले ही लेट है। देर हो गई तो कचहरी का बाबू आज फिर टरका देगा। एक नक़ल के लिए बीस चक्कर लगवा चुका है।

यात्री दो : तुमने मुट्ठी गरम नहीं की होगी वरना एक दिन में मिल जाती। बिना इसके तो आजकल मरघट में भी जगह नहीं मिलती। *(कंडक्टर से)* यार आज फिर कहीं बीच में तुम्हारा पहिया बोल गया तो मुझे सारी सब्जियाँ औने-पौने फेंक कर आनी पड़ेंगी।

बहुरुपिया : ऐसा मत बोलो यार वरना मैं बिना मौत मारा जाऊँगा।

यात्री एक : तुम पर कौन-सा पहाड़ टूट रहा है?

कंडक्टर : चलो-चलो। फिकर मत करो। एकदम टनाटन है अपनी अनारकली आजकल। एकदम सही टाइम पर पहुँचेगी।

ड्राइवर : *(कंडक्टर से)* तू हर रोज़ लेट कराता है यार। कल से तेरी सहुआइन की पकौड़ी बन्द।

क्लीनर : ऐसा जुलुम मत करो उस्ताद वरना मर जाएगा अपना यार। बिचारा चाह वाले को देखकर पहले ही अधमरा हो रहा है।

कंडक्टर : *(क्लीनर को धौल लगाकर)* चल बे। चल गाड़ी में पानी डाल।

उजागिर : *(बहुरुपिये से)* आते रहना दीनू। गाँव में सबको मेरी राम-राम कहना। कहना जल्दी ही आऊँगा गाँव।

बहुरुपिया : अभी तो घूमने निकला हूँ भैया। देखो गाँव कब पहुँचता हूँ। लौटते में मिलकर जाऊँगा।

[सबका प्रस्थान। उजागिर अपनी चाय की दुकान से उठकर दिन भर की कमाई के पैसे गिनता है। सीता बाहर आती है और उजागिर को देखती है।]

सीता : बड़ी कमाई हो गई तेरी तो पहले ही दिन?

उजागिर : मेरी तेरी क्यों बोलती है। मेरी कमाई तेरी नहीं क्या?

सीता : तू ठहरा परदेसी। अपनी कमाई अंटी में बाँधकर चल देगा किसी भी दिन। अपनी घरवाली को नहीं भेजेगा क्या कुछ भी?

उजागिर : मेरा तो अभी ब्याह ही नहीं हुआ।

सीता : अभी तक ब्याह नहीं किया तूने? क्यों?

उजागिर : कर लूँगा...पर मुझे परदेसी क्यूँ कहती है?

सीता : परदेसी नहीं तो क्या मौसी का रिश्तेदार है तू?

उजागिर : तू चाहेगी तो रिश्ता भी बना लूँगा। कह तो सही!

सीता : हट...बड़ा आया।

[सीता शरमाकर अन्दर भाग जाती है। उजागिर मुस्कुराता है। गायक मंडली का प्रवेश। इस पद को लय में बोलते हैं।]

उजागिर के बारे में गीत

कौन यह? कौन यह? कौन यह?
हे, सहुआइन का क्या कोई रिश्तेदार?
कानो कान। गाँव गैल। घर घर है बस यही बात।
पहले तो नहीं दिखा, सहुआइन का कभी कोई रिश्तेदार?
कौन यह? कौन यह? कौन यह?

सुनते हैं। कहते हैं। कमलदह की ड्योढ़ी में, चाय यह बनाता था।
चाय ख़ूब बनाता था। चाय ख़ूब बनाता है।
हुनर है कमाल का।
हुनर है कमाल का।

दृश्य : तीन

[सुबह का वक़्त। मुर्गे के बोलने, कुएँ से पानी भरने आदि की आवाज़ें। उजागिर भट्टी सुलगा रहा है। सीता भी उसके पास बैठी कोई काम कर रही है। दोनों बात कर रहे हैं। बीच-बीच में गाँव के लोग गुज़रते हैं। 'राम राम' करते हैं। उजागिर बीच-बीच सबको जवाब देता है।]

सीता : *(उजागिर से)* कब तक मुँह सिये बैठे रहोगे? मौसी को लगता है शक होने लगा है।

उजागिर : कुछ कहा मौसी ने?

सीता : कुछ कहेगी तभी मालूम होगा?

उजागिर : फिकर मत कर। तुझे भरोसा नहीं क्या मुझपे?

सीता : कब तक भरोसा करूँ? भरोसे जैसी कोई बात भी तो हो?

उजागिर : भरोसा तो करने से होता है। मेरा नहीं तो तेरा ही क्या भरोसा है? तेरा कल किसी और से जी जुड़ जाए। तेरी जैसी सुन्दर औरत तो किसी को एक इशारा भी कर दे तो वो जान की बाजी लगाकर भगा ले जाए तुझे।

सीता : ऐसे ही भागना होता किसी के साथ तो तेरे भरोसे नहीं बैठी रहती अब तक। पूरे पाँच महीने हो गए दुकान खुले और मौसी के आगे तेरा मुँह नहीं खुला एक बार भी।

उजागिर : कह दूँगा बाबा, कह दूँगा किसी भी दिन। कहने को क्या है, अब तो बात पक्की ही है।

सीता : किसी पंडित-पुरोहित से मुहरत निकलाना है कहने को भी? कब आएगा तेरा वो कोई दिन, जरा मैं भी तो सुनूँ?

उजागिर : मुहरत-वुहरत नहीं रे! खटका लगता है। मैंने कही और मौसी ने नहीं मानी तो?

सीता : माने न माने मेरी बला से। कह के तो देख। नहीं मानेगी तो वैसी सोचेंगे।

उजागिर : वैसी क्या सोचेगी?

सीता : *(इठलाकर)* सोचूँगी! फिर मौसी जिससे कहेगी उसी से ब्याह कर लूँगी। उमर भर बैठी रहूँगी क्या तेरे भरोसे?

उजागिर : नहीं बैठेगी? तू भले न बैठ, मैं तो अब तेरे सिवा किसी से ब्याह न करूँगा।

सीता : बस-बस, अब ज़्यादा बातें मत बनाओ। मौसी से साफ़ बात करो, नहीं तो...।

उजागिर : भड़क गई और मुझे चलता कर दिया तो?

सीता : ऐसे ही चलता कर देगी। दम नहीं है तुममें बिलकुल?

उजागिर : दम की बात नहीं है पगली। लड़की का मामला है। गाँव पंचायत वाले भी उसी की तरफ़ लेंगे। तू समझती नहीं है। सबर कर। सबर का फल हमेशा मीठा होता है।

सीता : *(कहकर शरमाती है)* मीठा नहीं, मुझे तो खट्टा फल खाना है।

उजागिर : हूँ...। अच्छा मान ले, मौसी, घरजमाई रहने को कहे तब?

सीता : तो रह जाना अभी...।

उजागिर : ना बाबा। तूने वो मिसल सुनी है। *(गाकर)*
दूर जमाई फूल बरोबर, पास जमाई आधा,
घर जमाई गधे बरोबर, जब चाहे तब लादा।

[दोनो हँसते हैं।]

उजागिर : ठीक है, मैं समय देखकर मौसी का मन टटोलूँगा।

[बुढ़िया का प्रवेश। सिर पर टोकरी है। 'सितिया' करके, आवाज़ लगाती है। सीता उजागिर के पास से उठकर दुकान की तरफ़ जाती है। उजागिर दरवाज़े की तरफ़ आकर बुढ़िया की टोकरी उतरवाता है।]

सीता : *(जाते हुए)* आज ही हाँ नहीं तो...।

[सीता का प्रस्थान। उजागिर चाय बनाता है।]

बुढ़िया : *(दर्शकों से)* मुझे आँख से कम टिपता है। कान से भी ऊँचा सुनती हूँ। लेकिन इतनी उमर मैंने भी यूँ ही नहीं काटी है। सब समझती हूँ। मुझे क्या मालूम नहीं कि चाय और पकौड़ी की आड़ में क्या गुल खिल रहे हैं? कल की छोकरी समझती है, जोबन तो बस इसी पर आया है! ये समझते हैं मैं अड़ंगा लगाऊँगी! भला मैं क्यों आड़े आने लगी किसी के? मुझे यही करना होता तो चार दिन में ही चलता न कर देती इस उजागिर को? मैं कौन-सी सौ बरस बैठी रहूँगी? अरे तुम्हारा जी जुड़ गया है तो तुम जानो। मैंने तो पहले ही पूछ लिया था कि कौन जात हो? बिरादरी का न होता तो क्या यूँ रखती मैं उसे घर में? पर इन्हें क्या? ये तो समझते हैं मैं ही सबसे बड़ी दुश्मन हूँ इनकी।

उजागिर : मौसी...एक बात कहनी थी तुमसे!

बुढ़िया : *(स्वगत)* जानती हूँ क्या कहनी है। *(प्रकट)* क्या कहनी थी?

उजागिर : वो मौसी...मतलब यह मौसी कि...मैं और सीता...

बुढ़िया : सौ बार सतुअन और भतार के आगे दतुअन। अब कौन-सी बात बाक़ी बची है करने को? छुतहर कलस पर तो पंडित-पुरोहित भी मंतर नहीं पढ़ता। ख़ूब गरम-गरम चाह पिला-पिला कर मुई को मुट्ठी में तो पहले ही कर लिया। दिन-रात की खुसुरफुसुर समझती नहीं क्या मैं?

उजागिर : लेकिन मौसी...।

बुढ़िया : लेकिन-फेकिन कुछ नहीं। जैसी करनी हो करो और रास्ता नापो दोनों यहाँ से। मेरे पास कोई कारू का ख़ज़ाना नहीं गड़ा है कि ब्याह मंडप सजाऊँ और इन गाँव के मरभुक्खों को फोकट का खाना खिलाऊँ। मुझसे नहीं होने का यह सब...।

उजागिर : तू पैसे की चिन्ता मत कर मौसी, वो मैं सब सँभाल लूँगा। अच्छा अभी तो तू एक चाय पी, बाक़ी सब बैठकर विचार कर लेंगे।

[सीता अन्दर से हँसती है। और बाहर झाँकती है।]

बुढ़िया : चाय-वाय अब उसी को पिला। कैसे खिल-खिल कर रही है चुड़ैल, जैसे राज मिल गया हो!

उजागिर : *(दर्शकों से)* बात तो कड़वी लगी बुढ़िया की, पर बात उसकी सच्ची थी। पहली बार लगा मन की बुरी नहीं है वो। ज़बान की थोड़ी तीखी ज़रूर है। इस उमर में अकेले पड़ जाने का दुख भला किसे न होगा? एकाएक वो ऐसी हो गई जैसे मुझसे तो क्या, सीता से भी उसका जैसे कोई सम्बन्ध न हो! मैं तो सीता को ऐसे भी ले जाता, लेकिन लोग क्या कहते? यही न कि उजागिर चाय वाला बुढ़िया की लड़की को भगा ले गया। ऐसी बात को फैलते भला देर लगती? नमक-मिर्च अपने गिरह की लगा-लगाकर लोग पता नहीं बात का कैसे बतंगड़ बना डालते! अपने गाँव में भी मैं सूरत दिखाने का न बचता! फिर...मेरे मन को भी लगा रहता हरदम कि सीता को मैंने यूँ ही घर बिठा लिया है, वो मेरी घरनी नहीं है। दूल्हा बनने की साध मन की मन में ही रह जाती। बड़े जतन से समझाया मैंने बुढ़िया को। चार गाँव वालों ने भी कहा-सुना तब जाकर तैयार हुई वो।

[गाँव वाले आते हैं मंडप बाँधते हैं।]

उजागिर : किसी ने सोचा भी नहीं था कि इतनी आसानी से हो जाएगा सब कुछ। चट मंगनी पट ब्याह। दूसरे दिन लोग सहुआइन की दुकान पर आए तो भौचक रह गए।

[सीता और उजागिर फेरे लेते हैं। गाँव वाले आते हैं। सब गाते हैं।]

उजागिर के ब्याह का गीत

दुल्हा को मिल गई दुल्हनियाँ
हमको लड्डुआ ख़ाली हाथ।
रहे टापते सब दिल वाले
मलते रह गए अपने हाथ।
ख़ूब पिलाई चाय उजागिर
ख़ूब दिखाए तूने हाथ।

आँख लगी थी जिस पर सबकी
हीरा ले गया अपने साथ।
दुकाँ चाय की उजड़ गई अब
नम है अब सहुआइन की आँख

चला छोड़कर गाँव उजागिर
दुल्हन जाती उसके साथ।
मुड़-मुड़ कर वो तकती घर को
बिछुड़ गया रे इसका साथ।

[बिदाई होती है। सीता बुढ़िया के गले लगकर रोती है। गाँव के बड़े-बूढ़ों के पैर छूती है। उजागिर और सीता का प्रस्थान। गाँव वाले भी उसके पीछे-पीछे चले जाते हैं।]

दृश्य : चार

[उजागिर और सीता का सामान के साथ प्रवेश। ये दोनों इस तरह आएँगे जैसे अभी बस से उतरकर आए हों।]

उजागिर : लो आ गया अपना गाँव! रहिकपुर! बस जरा-सा चलना पड़ेगा गाँव तक पहुँचने को। *(एक ओर दिखाकर)* वो इमली का पेड़ है न? उसी के बाजू है, हमारी बपौती की छोटी-सी ज़मीन। उसी पर बाँधेंगे हम अपना छोटा-सा घर।

[सीता और उजागिर आगे बढ़ते हैं। गाँव का एक आदमी उजागिर को देखता है, पहचानता है और अन्य

गाँववालों को आवाज़ देकर बुलाता है। गाँव की औरतें और आदमियों का प्रवेश।]

गाँववाला एक : आओ भाई आओ! देखो उजागिर आया है अपनी दुल्हन के साथ *(उजागिर से)* आओ उजागिर, कम से कम तुम्हें तो गाँव की याद आई। वो तो कहो कि दीनू से तुम्हारी ख़बर लग जाती थी...पहली दफा तो जब वो ख़बर लेकर आया तो किसी को भरोसा ही नहीं हुआ उसकी बात पर। सब बोले, अरे बहुरुपिया हो गया है तो यूँ ही ऊन-दून हाँकता रहता है हर किसी के बारे में।

उजागिर : अब तो मैं तय करके ही आया हूँ...अब कहीं नहीं जाने का मैं, बस यहीं गाँव में रहकर ही दुकान करूँगा।

गाँववाला दो : अब भटक लिये जितना भटकना था। ज़िन्दगी भर भटकते रहने में भी कोई तंत है? कोई साधू-वाधू हो जाए तो बात अलग, वरना तो सबको ही कहीं न कहीं पाँव टिकाकर रहना ही पड़ता है। तुम्हारे पास तो फिर छोटी ही सही पर अपनी ज़मीन भी है, और एक बात जान लो उजागिर, ज़मीन आँख के सामने न रहे तो ज़मीन हाथ से निकलते देर नहीं लगती।

औरत एक : अब तुम लोग यहीं खड़े-खड़े ही सारी बात करोगे?

सब : हाँ-हाँ, चलो घर चलते हैं।

[गाँववाला एक के साथ उजागिर और औरत एक के साथ सीता का प्रस्थान। बाक़ी गाँववाले पीछे रह जाते हैं।]

गाँववाला दो : देखा उसकी घरवाली को, बड़ी सुन्दर है? खरा कंचन जैसा रंग। हरिहर की बहू से भी इक्कीस ही होगी। कम नहीं। पता नहीं पट्ठा ऐसा नग कहाँ से उड़ा लाया है। है क़िस्मत का धनी पट्ठा!

गाँववाला तीन : इसी को कहते हैं कीमिया बनाने वाला तो मेहनत करके मर गया और बुद्धू को वीराने में ख़ज़ाना मिला।

गाँववाला दो : ढूँढ़ता रह, फिकर मत कर तुझे भी मिल जाएगी, एक न एक दिन। *(चार से)* इसके मन को कसक हो रही है, जल रहा है बिचारा। *(तीन से)* अरे ऐसे नहीं मिलती है रूपवाली घरनी, कितनी खाक छानी है उजागिर ने पता है कुछ?

गाँववाला तीन : अरे अभी नई-नई है। नई-नई तो सभी सुन्दर लगती हैं। चार दिन खटने दो फिर पता चलेगा रूप का! गोबर-गारा करते ही सारा रूप गोबर-गारा हो जाता है। गाँव की लड़की कित्ते दिन पटरानी बनी रहेगी? कनक का रंग भी कोई फीका नहीं है उजागिर की बहू से!

गाँववाला दो : *(मज़ाक़ उड़ाते हुए)* अभी भी उम्मीद है, फाँस गहरी लगी है बिचारे को।

गाँववाला चार : गाँव की तो नहीं लगती यह उजागिर की घरवाली। लगता है किसी शहर की होगी! *(कुछ सोचकर)* पर एकदम शहर की भी नहीं लगती। शहर की होती तो गाँव आने की बात न मानती!

गाँववाला तीन : कितने दिन मानेगी किसे पता? गाँव लौटकर तो सभी कहते हैं अब से यहीं रहूँगा, लेकिन चार दिन भी नहीं टिकते, सब वापस भाग जाते हैं। मुझे तो जरा भी उम्मीद नहीं कि उजागिर गाँव में टिकेगा। एक बार शहर का स्वाद लग जाए तो फिर गाँव में कोई बसता है?

गाँववाला दो : कुछ सोचकर ही लौटा होगा। बहुत सयाना है वो। घाट-घाट का पानी पिया है उसने। *(तीन की ओर इशारा करके चार से)* इसकी तो आँख कई दिन से उसकी ज़मीन पर गड़ी है। यह क्यों चाहेगा कि उजागिर गाँव में बसे?

गाँववाला तीन : ऐसी कोई बीस बीघा ज़मीन नहीं है उसकी कि मेरी नियत ख़राब हो। हो सकता है ज़मीन ही ठिकाने लगाने आया हो!

गाँववाला दो : दस-बीस बीघा ख़रीदने की औकात है तुम्हारी! बात तो ऐसे बढ़-चढ़कर कर रहे हो जैसे कहीं से गड़ा धन मिल गया हो?

गाँववाला तीन : तुम्हारी है औकात?

गाँववाला दो : देख बे औकात-वौकात की बात की न तो ठीक कर दूँगा...

गाँववाला तीन : जरा देखूँ तो कितना दम है तुम्हारे हाथ-पैर में...।

[झगड़ा शुरू हो जाता है। झूमा-झटकी करते और बीच-बचाव करते, चिल्लाते हुए गाँववालों का प्रस्थान। दो औरतों का प्रवेश।]

औरत एक : बड़ी सुन्दर है दुल्हन। पतले-पतले होंठ और मोती जैसे दाँत। नाक भी बड़ी प्यारी है। पर लगता है ग़रीब घर की है। गहना-कपड़ा जादा नहीं है। बता रही थी कि एक मौसी

को छोड़ कोई नहीं है बिचारी का। पकौड़ी की दुकान थी वहाँ...बिरौली में।

औरत दो : चलो उजागिर के मन की हो गई। उसे तो शुरू से एक ही रट थी, दुल्हन रूपवाली हो। अपने गाँव की तो कोई लड़की ही नहीं जँचती थी उसे। लच्छन भी अच्छे हों तो ठीक है...। पैसे-धेले की उजागिर को कौन कमी है। इत्ते दिन शहर में रहा है, कमाई तो की ही होगी। सुन्दर दुल्हन ढूँढ़ लाया है तो गहना-कपड़ा का नखरा भी उठाएगा।

औरत एक : चलो, चलें बहन, पता नहीं किसी ने मेरी बड़िया भी उठाई होंगी कि नहीं...।

औरत दो : चलो, मेरा भी ढेर काम पड़ा है।

[औरतों का प्रस्थान। सीता और उजागिर बैठे हैं। सीता लस्सी बनाती है। उजागिर को देती है। गायक मंडली का प्रवेश।]

अन्तराल का गीत

दिन बीते, रातें बीतीं, बीते सप्ताह मास
समय बीतते वक़्त लगे क्या?
पंख हैं उसके पास।

चट करके दिन उड़ जाता
पट करके उड़ जाती रात
रोज़ कलाएँ बदले चन्दा
समय रचाए निस दिन रास

[गायक मंडली का प्रस्थान।]

उजागिर : कुछ सुना तुमने? इधर भी नई सड़क खुलने वाली है? एक बार नई सड़क खुल जाए तो फिर किसी चीज़ की फिकर नहीं रहेगी। नई सड़क खुलते ही हम दुकान खोल लेंगे। अपनी तो यह जगह भी एकदम मौक़े की है।

सीता : पता नहीं खुलेगी भी कि नहीं। रोज़-रोज़ तो जुलूस-जलसे हो रहे हैं, नई सड़क के ख़िलाफ़। कहते हैं कोई बहुत बड़ा जुलूस निकलने वाला है। सारे गाँववालों को समिति वाले पटना ले

जाने वाले हैं, औरतें-बच्चे सब जाएँगे, तुमसे नहीं बोला किसी ने चलने को?

उजागिर : पटेल ताना कस रहे थे, कि तुम तो रासो बाबू की पाल्टी वाले हो, तुम तो चलोगे नहीं पटना...।

सीता : सड़क के पीछे तुम्हें किसी से बैर पालने की क्या ज़रूरत है?

उजागिर : बैर पालने की क्या बात है। पर पता नहीं लोगों की अक्कल को क्या हो गया है! नई सड़क खुलेगी तो गाँववालों को ही फ़ायदा होगा, नए काम-धन्धे खुलेंगे। जरा बरसात होती है तो गाँव का आने-जाने का रास्ता ही बन्द हो जाता है। पूरे चार महीने कोई काम-धन्धा नहीं हो पाता। गाँव की सारी सब्ज़ी-भाजी गाँव में ही सड़ जाती है। नई सड़क से कितनी सुविधा होगी, लोगों को पता नहीं। जो जैसा समझा देता है उसी के साथ चल देते हैं सब!

सीता : किसी को परवाह नहीं तो तुम ही फटे में काहे टाँग देते फिर रहे हो?

उजागिर : मैं कौन किसी से कहने-सुनने जा रहा हूँ। सबकी चुपचाप सुन लेता हूँ। पर देखना बात आख़िर में रासो बाबू की ही रहेगी।

सीता : नई सड़क जब खुलेगी तब खुलेगी, पर क्या तुम तब तक हाथ पर हाथ धरे ही बैठे रहोगे?

उजागिर : डेरे वाले कक्का क्या कह रहे थे जानती हो? कहते थे, घर में जवान और ख़ूबसूरत बहू है और पलानी पर परदेसी का बासा, यह अच्छी बात नहीं है। मैं तो उनके कहते ही समझ गया कि ठेकेदार जी के लिए कह रहे हैं। हमने अपने घर में टिकाकर उन्हें कहीं...।

सीता : घर में कहाँ, बाहर दालान में पड़े रहते हैं बिचारे!

उजागिर : सो तो ठीक है पर और भी गाँववाले चार बात करते हैं। मुँह पर तो कोई-कोई ही कहता है पर पीठ पीछे तो दस बात होती हैं...।

सीता : नई सड़क के वास्ते आए हैं तो सड़क के आसपास ही तो किसी के घर रहेंगे। गाँव में किसी के घर न रहेंगे तो क्या सड़क पर रहेंगे। मैं समझती हूँ सब, लोग क्यों कुढ़ रहे हैं...?

उजागिर : आदमी तो बिचारे भले हैं, हमें तो कोई दिक़्क़त भी नहीं, पर पता नहीं लोग क्यों कुढ़ते हैं? तू बोल, तुझे क्या लगता है, ऐसी तरह-तरह की बात क्यों करते हैं सारे लोग...?

सीता : कुछ नहीं बस, कभी-कभार ठेकेदार जी कोई न कोई चीज़ ले आते हैं हमारे लिए, यही बात सबकी आँख में खटक रही है।

कोई किसी के घर रहेगा तो कभी न कभी तो कोई छोटी-मोटी चीज़ लाएगा कि नहीं?

उजागिर : फिर कोई हम उनसे रहने-खाने का पैसा तो लेते नहीं!

सीता : पर लोगों को तो लगता है कि वो तो हम पर बड़ा पैसा लुटा रहे हैं। अब तो सभी मन ही मन चाहते हैं कि ठेकेदार जी उन्हीं के यहाँ रहें। दो-चार ने तो सुनी है कि उनसे कहा भी, और हमसे कहते हैं, हम ठेकेदार जी को निकाल दें! नहीं रहने देना था तो पहले ही मना कर देते, वो अपना इन्तज़ाम कर लेते जहाँ उनका जी चाहता। पहले तो मैंने भी तुमसे मना किया था, बोलो, नहीं किया थ़ा?

उजागिर : हाँ, कही तो थी!

सीता : अब किस मुँह से कहोगे कि कहीं और इन्तज़ाम कर लो...?

उजागिर : हाँ, वो तो बात है, पर गाँववालों की भी तो...।

सीता : सोच लो, गाँववालों की सुनोगे या ठेकेदार जी की?

उजागिर : कुछ कह रहे थे ठेकेदार जी?

सीता : हाँ, बोल रहे थे कि चाय-पकौड़ी की दुकान तो तब खोलना जब सड़क खुले। अभी तो यहाँ इतने जन-मजूर काम करते हैं उनके लिए दाल-चावल की दुकान खोल लो। मजूरों को उधार खिलाओ और हफ़्ते के बाद एक के डेढ़ वसूलो। यही मौक़ा है।

उजागिर : *(खुश होकर)* सच? *(कुछ सोचकर)* पर कोई उधार खाकर भाग जाए तब? ऐसे तो गाँठ की सारी रक़म चौपट हो जाएगी।

सीता : भागकर जाएगा कहाँ? उनकी चुटिया तो ठेकेदार जी के हाथ में है। हफ़्ते की मजूरी लेने तो सबको ठेकेदार जी के ही पास आना पड़ेगा!

उजागिर : बात तो तू ठीक कहती है बिरौलीवाली। बहुत अच्छे आदमी हैं ठेकेदार जी। आज आएँगे तो मैं पूरी बात करूँगा उनसे!

सीता : ए...तुम मुझे बिरौलीवाली क्यों कहते हो? मुझे अच्छा नहीं लगता।

उजागिर : तब क्या कहूँ? *(खिलखिलाकर हँसता है)* ओ! तो अब से मैं भी वो ही कहूँगा, जो ठेकेदार जी कहते हैं...माने रेशमबहू! ठीक!...ठेकेदार जी भी कमाल के आदमी हैं!

[उजागिर का प्रस्थान। चौदह-पन्द्रह साल की लड़की कनक का प्रवेश। हाथ में ख़ाली कटोरी लेकर आती है।]

सीता : *(एक गिलास में लस्सी देती है)* आओ कनक, आओ, क्या बात है?

कनक : भौजी, काकी ने थोड़ी शक्कर मँगाई है, परसों परमिट की आएगी तो वापस कर देंगे!

सीता : मुझे जब ज़रूरत होगी, तब ख़ुद आकर ले आऊँगी। *(कटोरी में शक्कर भरती है)* क्या राधे के घरवाले आ रहे हैं बात पक्की करने?

कनक : *(शरमाकर)* हट...वो तो उसकी माँ ही नहीं मानी!

सीता : क्यों...क्यों, पहले तो सब राजी थे?

कनक : अब कहती है कि कुरसेला का कोई रिश्ता आया है, वो उसको दुकान भी खुलाने को तैयार हैं। हम तो कर नहीं सकते...।

सीता : राधे काहे की दुकान खोल रहा है? अपनी खेती-बाड़ी छोड़कर दुकान करेगा?

कनक : पहिया पकाने की दुकान खोल रहा है। मोटर गाड़ी के पहिए पकाएगा, पंचर भी जोड़ेगा। नई सड़क की तरफ़ सुना है नाके के पास वाली जगह भी ले ली है। कहता था, बहुत पैसा लगेगा दुकान में!

सीता : तो उसका भी मन फिर गया। पैसा देखकर तो अच्छे-अच्छों की नीयत डोल जाती है। मैंने तो तुझसे पहले ही कहा था, आदमी की जुबान और गाड़ी का पहिया घूमते देर नहीं लगती।

कनक : पहले तो बड़ी-बड़ी बातें करता था। अब आँख बचाकर निकल जाता है। बात भी नहीं करता मुझसे। घर आना-जाना भी छोड़ दिया है उसने।

सीता : तूने अच्छे से बाँधा नहीं, वरना ऐसे कैसे छूट जाता?

कनक : बस में करने का मंतर अब तुमसे सीखूँगी भौजी!

[दोनों हँसती हैं। कनक का प्रस्थान। उजागिर आता है। घर के दाएँ बाजू से लड़कों की टोली आवाज़ कसती है। भाग जाती है। लड़के आवाज़ कसते हैं, "अरे भई, ठेकेदार जी सचमुच बड़े अच्छे आदमी हैं" "अरे भाई, बस में करने का मंतर कोई हमें भी सिखाओ।" सीता गुस्से में अन्दर जाती है। उजागिर ग़ुस्से में दरवाज़े तक जाता है। वापस पलट आता है।]

उजागिर : *(ग़ुस्से में)* देखो इन लौंडों-लपाड़ों को। न अच्छे-बुरे की तमीज। न छोटे-बड़े का ख़याल। अभी कुछ कहो तो गुंडागर्दी पर आ

जाएँगे। शहर की बीमारी अब गाँव-गाँव में पहुँच गई है। अच्छे आदमी को अच्छा न कहें तो और क्या कहें? गाँववाले तो साले हैं ही जलकुकड़े। इन्हीं की शह पर तो इतराते फिरते हैं ये सारे लौंडे-लपाड़े। वरना एक झापड़ के भी नहीं हैं।

उजागिर की बहू रूपवती है, सुलच्छनवाली है। है किसी और की बहू ऐसी गाँव भर में? इसके तो पाँव पड़ते ही गाँव में नई सड़क खुल गई। लोग तो जलेंगे ही! अंग्रेज़ी में चिट्ठी लिखते हैं ठेकेदार जी। पढ़े-लिखे गुनी आदमी हैं। और भी घर थे गाँव में, पर किसी के यहाँ नहीं टिके। हमारा तो घर भी छोटा था, फिर भी कहा, यहीं ओसारे पर रह लूँगा।

कोई कमी थी उन्हें? रातों-रात ख़ुद का मकान तान लेते। ठीक ही कहती है बिरौलीवाली, काम ऐसा करो कि पड़ोसी जल मरें।

मुझे फिकर नहीं अब किसी साले की। बकते रहो जो बकना हो। अब मैं खोलूँगा दाल-चावल की दुकान...फिर देखना...।

[मध्यान्तर।]

दृश्य : पाँच

[उजागिर की चाय की नई दुकान। दुकान के बग़ल में घर का एक कमरा। दुकान में भट्ठी पर रखी केतली में पानी खौल रहा है। उजागिर दुकान के बाहर पड़ी एक खटिया को कस रहा है। इसके पहले वह दुकान का पानी पीने का मटका धोता है। ज़मीन पर पानी छिड़कता है। खटिया कसते हुए ही बोलता जाता है।]

उजागिर : *(स्वगत)* गाँव में नई सड़क खुली। कोसी की मारी ज़मीन, कोसी की सूखी और बालू से भरी धारा तक ऊबड़-खाबड़ है। कटिहार से जोगबनी तक पक्की सड़क अभी खुली है। जब पहली-पहली बार काग़ज़वाला नक़्शा धरती पर छपा तो ऐसा लगा जैसे मेरे घर तक आने के लिए ही यह सड़क इधर

आई है। लगता है जैसे धरती के गले में चन्द्रहार की तरह पड़ी है—यह नई सड़क।

ठेकेदार जी तो चले गए। उनकी ही मदद से पहले खुली दाल और चावल की छोटी-सी दुकान। उस दुकान की ही बदौलत हमने दस बीघा ज़मीन ख़रीदी। और अब यह नई दुकान भी, समझो कि उसी की बदौलत।

[आवाज़ लगाता है।]

बबुआ! ओ बबुआ! उठो बेटा, बहुत सुबह हो गई!

जब हमारे घर इस बबुआ का जनम हुआ तो ठेकेदार जी ने चमड़े की थैली से निकालकर पूरे पच्चीस रुपए दिए, मुँह दिखाई के। छठी की रात तो मारे ख़ुशी के रात भर बैठकर रमायन बाँचते रहे। और बबुआ का यह जो प्रदीप कुमार नाम है, यह भी उन्हीं ने दिया। गाँव के दुखमोचन पंडित तो बस! पतासू नाम धर दिया था पंडित जी ने तो। पतासू! *(हँसता है)* यह भी भला कोई नाम होता है। पता नहीं ठेकेदार जी आजकल किस इलाक़े में होंगे! कहीं रहें, आदमी भले हैं। प्रदीप कुमार की माय आज भी हर महीने याद करती है उन्हें। बोले थे, बीच-बीच में आया करेंगे प्रदीप कुमार को देखने!

अब इस हरामी को देखो! यह छितनू का रमडोलवा बेटा, यह कहता है कि प्रदीप कुमार का चेहरा-मोहरा एकदम ठेकेदार जी से मिलता है! बदमाश है साला। नम्बर एक का हरामी! पर उसके मुँह लगकर कौन जुबान गंदी करे।

यूँ तो अपनी माटी से किसे लगाव नहीं होता? पर एक ही बात ख़राब है इस गाँव में, बहुत जलकुकड़े हैं यहाँ के लोग। भला नहीं देख सकते किसी का। किसी को जरा बढ़ते देखा नहीं कि नौन-मिर्च लगा-लगाकर बात का बतंगड़ बना डालते हैं। राई का पहाड़ बनाना तो कोई इनसे सीखे!

पर लाख जलें गाँववाले, बड़े से बड़ा आदमी आता है हमारी इस दुकान पे। ख़ुद इस. पी. साहब ने दरोगा से तारीफ़ की हमारी दुकान की पकौड़ियों की। और वो जोगबनी का लाला का बेटा, उसकी तो! पूछो ही मत! उसकी जीभ तो पकौड़ी का नाम सुनते ही पनिया जाती है। प्रदीप कुमार की माय कहती है, एकदम गऊ है लाला का बेटा। जरा दुबला है न, सो पकौड़ी

के साथ चाय की जगह दारू पीता है। दारू भी ऐसी-वैसी नहीं, एकदम बिलायती!

[हँसता है]

एक दिन तो बड़ा ही मज़ा हुआ! प्रदीप की माय की देह में साँझ से ही दर्द हो रहा था। दरोगा जी आए और बोले कि एक गिलास लाओ, एके घूँट पीते ही सारा दर्द छूमंतर हो जाएगा। हुआ एकदम यही। साँझ से ही कुहरती हुई प्रदीप कुमार की माय घड़ी भर में ही टनटनाकर उठ बैठी...अब क्या कहूँ, लछमी है लछमी, यह प्रदीप कुमार की माय!

प्रदीप कुमार : *(सात-आठ साल का लड़का)* बापू...बापू...किससे बात कर रहे हो? सादा गाड़ी का टैम हो रहा है।

उजागिर : *(चौंककर)* अरे हाँ, गाड़ी आने को होगी, बबुआ, माय से कहो हमारे डिपाट का सब काम फिनिस है। जल्दी से पकौड़ियों का लग्गा लगा दे। होली के हुड़दंगिए आ गए तो नाक में दम कर देंगे सबका...कैसी फगुनौटी चल रही है सुबह-सुबह...।

[लड़का अन्दर जाता है। उजागिर अपने कप-प्लेट छन्ना आदि ठीक करता है।]

उजागिर : *(स्वगत)* हमारी दुकान तो इस इलाक़े की ग़ैर-सरकारी बस का अड्डा ही बन गई है। बीस-पच्चीस गाँव के लोग यहीं से बस पर चढ़ते-उतरते हैं। होने को तो दिक़्क़त भी कम नहीं होती। फालतू बैठने वाले भी कम नहीं आते। फिर वो किसनू, हर रोज़ अपनी साइकिल टिका जाता है। दिनभर फोकट में उसकी रखवाली करो। पर कोई बराबरी नहीं पूरी लाइन में हमारी दुकान की...पकौड़ी और चाय की सब तारीफ़ करते हैं। किसी गाड़ी के ड्राइवर, कंडक्टर से पूछ लो! पसींजर भी तारीफ़ करते नहीं थकते!

[सीता बाहर आती है। उजागिर उसे एक गिलास चाय देता है। लड़के को चाय देता है। एक चाय ख़ुद पीता है। सीता और उजागिर एक-दूसरे को देखकर मुस्कुराते हैं।]

सीता : *(सिहरकर)* कैसी फगुनौटी चल रही है, आज तो दुकान बन्द ही रखते तो अच्छा था। जबरन की हुड़दंग मचेगी...।

उजागिर : मैं तो बन्द ही रखता पर सब पीछे पड़ गए, भाँग की पकौड़ी बनवाने को। मना भी किससे करो, फिकर मत कर, अपनी दुकान में कोई हुड़दंग नहीं करेगा। तू जल्दी से भाँग मिलाके बेसन घोल ले...।

सीता : बिना भाँग का भी तो घोलना पड़ेगा, किसी ने सादी पकौड़ी माँगी तब?

उजागिर : आज जिसे खानी होगी भाँग की खाएगा, जिसे न खानी हो न खाए...तू तो बस भाँग का ही बेसन घोल ले।

[नेपथ्य से 'होली है' का शोर। आवारा लड़कों की टोली, नेपथ्य से उजागिर के लिए आवाज़ कसती है, "मस्तराम! मस्तराम, तल गई रे भाँग की पकौड़ी, आज तो खिला दे भाँग की पकौड़ी।" उजागिर ग़ुस्से से चिल्लाता है, "भागो सालों नहीं तो... " टोली भाग जाती है। उनके हँसने की दूर तक आवाज़ें आती हैं। दुकान में एक साथ कई लोगों का प्रवेश। इनमें ड्राइवर, क्लीनर, गाँववाले, संतोखी सिंघ आदि आते हैं। ये सब 'होली है' का शोर करते हुए प्रवेश करते हैं। इस मंडली के साथ ढोलक और मजीरे भी होते हैं। वातावरण बनाने के लिए लम्बी-लम्बी रंग-बिरंगी चिन्दियों को लहराते हुए ये लोग प्रवेश कर सकते हैं।]

सब : लाओ भाई जल्दी से भाँग की पकौड़ी खिलाओ!

[उजागिर सबको पकौड़ी लगाता है।]

गाँववाला एक : बहुत मज़ेदार है भाई...सच...मज़ा आ गया! *(गाँववाले दो से)* तू ज़्यादा मत खा लेना वरना उलट जाएगा तो कौन ढोकर ले जाएगा तुझे? उजागिर ने लगता है आज इसपीसल भाँग पीसी है।

क्लीनर : *(ड्राइवर से)* लो उस्ताद चखो।

ड्राइवर : नहीं यार, मुझे अभी गाड़ी चलाना है...मैंने खा ली तो गाड़ी आसमान में उड़ेगी...पटना की जगह भोपाल पहुँच जाएँ तो फिर मत कहना!

क्लीनर : अरे, दो-चार में कुछ नहीं होगा उस्ताद...ऐसी भी क्या बेरुखी है, इस पकौड़ी का सुवाद उमर भर नहीं भूलोगे। लो तो...कोई नसा नहीं होगा।

ड्राइवर : *(क्लीनर से फुसफुसाकर)* नशा तो अपने को परमानेंट है... *(गाँववाले एक से)* ए...गुलाल तो मत उड़ा, सब पकौड़ी में गिर रही है।

गाँववाला एक : थोड़ा पकौड़ी को भी तो गुलाबी होने दो भाई!

[बहुरुपिये का प्रवेश। सब एक साथ 'हो हो हो' करके शोर करते हैं। बहुरुपिया मटकता है। उसे सब घेर लेते हैं।]

गाँववाला एक : कोई फड़कती फाग सुना दे झटपट तो मज़ा आ जाए।

ड्राइवर : चल बे जल्दी से शुरू हो जा...*(बहुरुपिया चुप रहता है)* अब नखरा मत कर गाड़ी भी ले जाना है। चल, एक पत्तल पकौड़ी मेरी तरफ़ से, शुरू हो जा...।

[बहुरुपिया मटक-मटक कर फाग गाता है। बाक़ी सब भी उसके साथ गाते हैं।]

होली की फाग

रसिया रस लूटो होली में।
राम रंग फिचुकारी प्रेम के, भरो सुरति की झोली में।
हरि गुन गावो ताल बजाओ, खेलो संग हमजोली में॥ टेक॥

मन को रंग लो रंग रंगीले, कोई चित्त चंचल चोली में।
होरी के ई धूमि मची है, बिहरो भक्तन टोली में॥ टेक॥

[इस बीच ड्राइवर अलग खड़ी सीता के पीछे चुपचाप जाता है और उसके गाल पर गुलाल मल देता है। गुलाल मलकर गाल पर एक चिकोटी भी काट लेता है। उजागिर देखता है। ड्राइवर उजागिर को देखकर सकपका जाता है...एक क्षण ठहरकर 'होली है' चिल्लाता हुआ बाक़ी लोगों में मिल जाता है। उजागिर गुस्से में बाल्टी उठाकर सब पर रंग डालता है। 'भागो अब...' कहता हुआ सबको भगा देता है। एकदम सन्नाटा हो जाता है।]

उजागिर : *(स्वगत)* लाल गाड़ी के डिरावर जी इतने अच्छे आदमी होकर भी कभी-कभी कैसा छिछोरपन कर जाते हैं। प्रदीप की माय के

ही गालों पर गुलाल मल दी...रोज़ का दुकान पर आना-जाना है, पर इसका यह मतलब तो नहीं...चलो गुलाल मल दी सो ठीक, होली की बात हो गई, पर गाल पर चिकोटी काटना तो भलमनसाहत न हुई! इतने लोग थे सबने क्या सोची होगी, मन खट्टा कर दिया इनने तो!

[गुमसुम बैठ जाता है। सीता आती है।]

सीता : तुम्हें क्या हो गया अचानक? ऐसे गुमसुम क्यों बैठे हो?
उजागिर : कुछ नहीं, मेरा जी ठीक नहीं है। तू जा।
सीता : जी को क्या हुआ? तुमने भी तो कहीं भाँग नहीं चढ़ा ली है?
उजागिर : मैंने कोई भाँग-वाँग नहीं खाई, तू जा अब!
सीता : *(बात को सँभालते हुए : स्वगत)* डिराइवर जी की बात लग गई लगता है *(प्रकट)* मैंने तो तुमसे पहले ही कहा था, ये भाँग-वाँग की पंचात मत लगाओ, हुड़दंग होगा बेफालतू का, तुमने ही नहीं मानी। अब चलो, उठो और चल के नहा-धो लो...।
उजागिर : नहाने ही जा रहा हूँ।

[उजागिर का प्रस्थान।]

दृश्य : छह

[सुबह का वक़्त। उजागिर चाय बना रहा है। गायक मंडली का प्रवेश।]

अन्तराल का गीत

गई फगुनहट, घाम तपा, फिर झूम के बरखा आई
साज सजाए फिर धरती ने, पहनी चूनर धानी
तोड़ तटों को फिर नदियों ने, चाल चली मस्तानी
मौसम तो बदमाश बहुत रे, मन चाहे मनमानी।

[लय बदलकर।]

मेघा बरसे झम झम भैया, छम छम मेघा बरसे
बिजुरी चमके चम चम भैया, चम चम बिजुरी चमके

पीउ पीउ चिल्लाए पपीहा, छम छम मेघा बरसे
टर्र टर्र टर्राए दादुर, छम छम मेघा बरसे
छम छम मेघा बरसे।

[गायक मंडली का प्रस्थान। सीता का प्रवेश।]

उजागिर : अब तो रेडियो फिट करना पड़ेगा दुकान में!

सीता : कल तक तो तुम दीवार घड़ी फिट करा रहे थे!

उजागिर : रेडियो की तो बात ही और है, उसमें एक नहीं तीन-तीन बात हैं। मन हुआ तो गाना सुना, मन हुआ तो ख़बर सुन ली और बीच में टैम भी मालूम पड़ता रहेगा। फिर क़ीमत में भी ज़्यादा फरक नहीं...।

सीता : लाला का बेटा भी कह रहा था, शाम होते ही बड़ा सन्नाटा लगता है दुकान में, रेडियो बजेगा तो चहल-पहल भी होगी और तुम्हारा भी मन लगा रहेगा...।

उजागिर : मेरा मन तो तुझे देखकर ही लगा रहता है, मन लगाने को मुझे नहीं है रेडियो की ज़रूरत...।

सीता : बस बस...। तुम्हें कोई शरम नहीं, पता है बबुआ की उमर कितनी हो गई है?

उजागिर : तू तो उमर चोर है। पहले से भी जादा खिल गया है तेरा रंग इन दिनों। मेरा बस चले तो बस तेरे सामने ही बैठा रहूँ, कोई काम-धन्धा न करूँ, जरा इधर तो आ...।

सीता : बड़ा जी उमड़ रहा है तुम्हारा आज सुबह-सुबह...उधर देखो रासो बाबू आते हैं। *(उजागिर मन मारकर काम में लगता है। सीता हँसती है)* आज रासो बाबू से भी बात कर लेना...।

[सीता पकौड़ी की कड़ाही चढ़ाती है। बस पर बैठने वाले दो आदमी एक नई दुल्हन के साथ आते हैं। रासो बाबू का प्रवेश।]

रासो बाबू : लाओ भाई चार आने की पकौड़ी और एक गिलास फुल चाह दो। देखो, दूध-चीनी बराबर-बराबर और गिलास को जरा अच्छे से धोकर देना!

[उजागिर चाय-पकौड़ी लगाता है। रासो बाबू खाते हुए तिरछी नज़र से सीता को देखते हैं। ठंडी साँस छोड़ते हैं। सीता आधे घूँघट से रासो बाबू को देखती है।]

रासो बाबू : *(सीता को देखते हुए)* पकौड़ी तो बहुत कुरकुरी है, बड़ा जादू है तेरे हाथ में, लेकिन बहुत तीखी और गरम है...

सीता : *(मुस्कुराकर)* जरा फूँक-फूँक कर खाइए...कहें तो जरा कम मिरच की निकाल दूँ?

उजागिर : *(सुनते हुए)* क्या मिरच ज़्यादा हो गई रासो बाबू?

रासो बाबू : *(चौंककर)* नहीं-नहीं, एकदम ठीक है...जरा थोड़ी पकौड़ी और लगा दे।

[उजागिर और पकौड़ी लगाता है। संतोखी सिंघ का प्रवेश। यह बूढ़ा और ठसकदार आदमी है। पुलिस का रिटायर्ड दफादार है। इसलिए पुलिस की घिसी हुई वर्दी पहने है।]

संतोखी सिंघ : *(ऊँची आवाज़ में)* जै सिरी सीता राम!

दूसरा आदमी : जै राम संतोखी सिंघ जी। आप तो संतोखी सिंघ जी उजागिर के एकदम परमानेंट गाहक हो। जात-बिरादरी का हुक्का-पानी तो आपने छोड़ दिया पर इस दुकान की चाय-पकौड़ी आपसे न छूटी?

संतोखी सिंघ : इसी का तो आसरा बचा है। इसी चाय-पकौड़ी पर तो रहता हूँ अब मैं सारा दिन। मेरे घर में कौन बैठा है जो बनाए? आगे नाथ न पीछे पगहा! रिटायर्ड दफादार हूँ। कई इस. पी. और दरोगाओं के मातहत काम किया, पर अपने मातहत कोई नहीं... अब तो बस सारे गाँव में घूमना और यहाँ आकर बैठना, बस दो ही काम बचा है!

आदमी एक : तभी तो सारे गाँव की ख़बर रहती है आपके पास!

रासो बाबू : संतोखी सिंघ तो अपने गाँव के चलते-फिरते अख़बार हैं...।

[सब हँसते हैं।]

संतोखी सिंघ : इतना सा तो गाँव है, कुछ होगा तो देखने में तो आएगा ही। आँख बन्द करके तो घूमने से रहा मैं?

आदमी एक : बनी बात है यह तो! तो आज क्या कोई नई कहानी नहीं होगी?

संतोखी सिंघ : ऐसे दंदी-फंदी गाँव में नई कहानी न हो किसी दिन, ऐसा हुआ है कभी? यहाँ तो एक क्या कई-कई क़िस्से चलते रहते हैं हर रोज़!

रासो बाबू : तो फिर हो जाए कोई नई-ताजी! पर होनी एकदम नई चहिए, घिसी-पिटी और पुरानी नहीं सुनेंगे!

संतोखी सिंघ : एकदम नई-टटकी, कल रात ही घटी है हमारी तरफ़!

रासो बाबू : *(हरी मिर्च खाकर सी-सी करते हुए।)* अच्छा तो तभी रात उधर इतना हल्ला-गुल्ला हो रहा था? क्या हुआ जरा हम भी तो सुनें? रात मेरी नींद तो टूटी थी, पर कुछ पल्ले नहीं पड़ा...। आप तो मौजूद रहे ही होंगे?

आदमी एक : संतोखी सिंघ जी और ऐसी जगह मौजूद न रहें, कभी हो सकता है ऐसा?

रासो बाबू : अरे भाई, संतोखी सिंघ तो होने से पहले ही सूँघ लेते हैं कि कुछ होने वाला है, तो फिर सुनाओ क्या हुआ रात को?

संतोखी सिंघ : अरे वो ही चमचोरी का क़िस्सा और क्या?

आदमी दो : यह चमचोरी क्या है काका?

संतोखी सिंघ : अरे चमचोरी नहीं समझते, कमाल हो! घरघुस्सी में जो पकड़ा जाए वो चमचोर और...

रासो बाबू : चमचोरी बाद को समझाना इन्हें...पहले बताओ कि हुआ क्या?

संतोखी सिंघ : हो कहाँ पाया रासो बाबू! पहले ही पंचों ने मिल-जुल कर सब रफा-दफा कर दिया, सब छँटे हुए हरामखोर हैं साले! बिचारी साधोसिंघ की बेवा कर भी क्या सकती थी?

रासो बाबू : पर आदमी कौन था?

संतोखी सिंघ : अब यह भी हमीं से पूछेंगे रासो बाबू? जानते तो आप भी हो सब कुछ!

उजागिर : *(स्वगत)* अब रासो बाबू भी जबरन कुरेदेंगे इसे! इस साले बूढ़े को चमचोरी और चोरी-डकैती के किस्सों के अलावा आता ही क्या है? और तो कोई काम है नहीं, जब देखो तब कभी इस घर का क़िस्सा तो कभी उस घर का क़िस्सा! दुकान न होती तो कभी देहरी भी न चढ़ने देता! अरे किसी के घर में क्या हो रहा है, तुम्हें क्या लेना-देना? रिटायर हो गया है फिर भी दफादार बना घूमता रहता है पूरे गाँव में...अब अपने दरोगा जी भी तो हैं...कितने अच्छे आदमी हैं, वो तो कभी नहीं सुनाते फिरते इस-उस के क़िस्से!

रासो बाबू : आज तबियत से नहीं सुना रहे हो संतोखी सिंघ, लगता है दाल में कुछ काला है।

आदमी एक : यह तो चटपटी ख़बरों का ज़माना है, इस तरह नहीं बिकेगा तुम्हारा अख़बार...।

संतोखी सिंघ : साधोसिंघ की बेवा का मामला न होता तो बताता इन पंचों की करतूत, एक-एक के कपड़े उतार देता सड़क पर...।

आदमी दो : पंचों से अब तुम्हें क्या डर है काका?

संतोखी सिंघ : मैं नहीं डरता किसी साले से। लेकिन सच कहूँगा तो लोग कहेंगे कि संतोखी को जात बाहर कर दिया है इसीलिए अंट-शंट बकता फिरता है। वरना किससे छिपा है कि रात कौन था?

रासो बाबू : हाँ...तो क्या सही में वो ही था?

संतोखी सिंघ : आपको कोई शक है रासो बाबू? पिछले साल साधोसिंघ की बेवा जब बनारस गई तो यह हरामी भी पीछे-पीछे बनारस पहुँच गया। जब फजीहत हुई तो बोला, माँजी मरते हुए मानता मान गई थी, मैं तो वो ही पूरी करने गया था, हरामी के पिल्ले, मरों के नाम भी झूठ बोलते नहीं थकते?

आदमी दो : यह पहेली तो अपने पल्ले नहीं पड़ी। कुछ खोलकर बताओ न काका?

[आदमी दो की बग़ल में बैठी दुल्हन आदमी दो को कोहनी मारती है। संतोखी सिंघ देखता है।]

संतोखी सिंघ : दुल्हन से पूछ लेना, वो ही बता देगी सब।

[सब हँसते हैं।]

उजागिर : *(चाय का गिलास संतोखी सिंघ को देता है)* काका पकौड़ी गाड़ी जाने के बाद।

संतोखी सिंघ : *(अकड़कर)* सो क्यों रे?

[सीता उजागिर को इशारा करती है। उजागिर संतोखी सिंघ को पकौड़ी भी देता है।]

संतोखी सिंघ : रासो बाबू, यह ससुरी सड़क जबसे चालू हुई है, साला चोरी-चुहाड़ी और भी बढ़ गई है। पहले तो साला गाँव का आसपास का ही चोर चोरी करता था, अब तो मनिहार घाट का चोर साला जोगबनी आकर चोरी कर जाता है, रातों-रात और बेदाग!

रासो बाबू : इसमें सड़क का क्या कसूर है? बिना सड़क खुले ही कलकत्ता के लोग कटिहार में पाकिट मारते हैं। सड़क बनने से पहले

भी कितने आन्दोलन हुए, तब भी सारे नेता यही राग अलापते थे कि कलकतिया पाकिटमार से लेकर पटनिया ठग तक सब दिन-दहाड़े गाँव में घुसकर उत्पात मचाएँगे। लेकिन सड़क से कितनी सहूलियत भी तो बढ़ी, कितनों को काम मिला! अब यही दुकान लो, सड़क न होती तो खुलती यह?

आदमी एक : और फिर आपको कहाँ मिलती यह चाय और पकौड़ी?

रासो बाबू : *(घड़ी देखकर)* मेरी घड़ी ही बन्द है या आज गाड़ी लेट है?

उजागिर : दोनों ओर की गाड़ी लेट है। रात जोगबनी की ओर सुनते हैं, बहुत पानी गिरा है।

संतोखी सिंघ : पूरब में भी?

उजागिर : पूरब-पश्चिम उत्तर-दक्खिन, चारों तरफ़ पानी है। नदी पर पुल तो इस बार भी नहीं बना रासो बाबू। हर बार बात उठती है और कुछ होता नहीं। पिछले बरस तो रपट से पूरी बस नद्दी में गिर गई थी, तब कितना हल्ला हुआ, पर हुआ तो कुछ नहीं!

रासो बाबू : भोट लेते समय तो सब वादा कर लेते हैं, काम निकला और फिर किसे याद रहता है यह छोटा-सा गाँव! सारा ख़र्चा शहरों पर होता है, वहाँ सड़क पर गढ़ा भी नहीं पड़ना चहिए, यहाँ भले से सारी सड़क ही बह जाए।

उजागिर : सरकार की बात तो सरकार ही जाने रासो बाबू। पर इस बार तो अभी तक हमारे यहाँ बद्दल भी नज़र नहीं आ रहे हैं।

[इस बीच एक ओर एक आदमी प्रदीप कुमार को बीड़ी का कश लगवाता है। उसे खाँसी आती है। संतोखी सिंघ देखता है और झपटकर आदमी को मारने दौड़ता है। उजागिर प्रदीप कुमार को एक तरफ़ खींचता है। संतोखी सिंघ आदमी को डाँटता है, "हरामखोर बच्चे को बीड़ी पीना सिखाता है।" आदमी भाग जाता है।]

रासो बाबू : हाँ, इस बार तो एक भी पानी नहीं गिरा अब तक!

संतोखी सिंघ : इस इलाक़े में पानी गिरेगा? साला दिनदहाड़े चमचोरी होता है यहाँ, यहाँ पानी नहीं गिरेगा, बज्जर गिरेगा।

आदमी एक : क्या गिरेगा?

संतोखी सिंघ : हड़हड़िया बज्जर!

उजागिर : *(बस की आवाज़ सुनकर)* देखो बादल गरजा!

सीता : *(हँसकर)* बादल नहीं बस है।

रासो बाबू : *(उठते हुए)* इधर चार हाथ बढ़ाकर बैठने की जगह क्यों नहीं छवा लेते हो? बरसात में ग्राहकों को बैठने को अच्छा रहेगा!

[सीता उजागिर को इशारा करती है। रासो बाबू सीता को देखते हैं।]

उजागिर : रासो बाबू, एक गाड़ी बाँस के बिना सब रुका है। आपके दरबार में एक दिन इस्दुआ लेकर...।

रासो बाबू : अच्छी बात है। एक दिन आ जाना। एक गाड़ी क्या, दो गाड़ी बाँस ले लेना।

[रासो बाबू का प्रस्थान।]

सीता : *(उजागिर से फुसफुसाकर)* मैं न कहती थी, रासो बाबू मना नहीं करेंगे?

उजागिर : रासो बाबू तो राजा आदमी हैं। मैं समझता नहीं क्या!

संतोखी सिंघ : एक गाड़ी घास भी माँग लेते उजागिर, आज तो रासो बाबू का दिल दरयाव हो रहा था, जो कहते मंजूर हो जाता।

[बस की आवाज़। ड्राइवर दौड़कर आता है।]

उजागिर : आज अकेले डिराइवर जी, क्या बात हो गई?

ड्राइवर : कुछ नहीं जरा जल्दी है, आज गाड़ी बड़ी लेट हो गई है।

उजागिर : तो एक चाह तो पीकर जाओ...।

ड्राइवर : नहीं भाई, कल पियूँगा, मैं तो सिर्फ़ यह देने को रुका था *(ड्राइवर जेब से पावडर का डिब्बा निकालकर देता है)* मैंने तुमसे कहा था न, चूल्हे के पास बैठकर प्रदीप की माय का रंग बादामी हो रहा है। यह पावडर लगाएगी तो रंग एकदम ठीक बना रहेगा। बढ़िया ख़ुशबू वाला पावडर है, पुरनिया साहा की कम्पनी से लाया हूँ।

[सीता ड्राइवर को देखती है। ड्राइवर भी कनखी से सीता को देखता रहता है।]

उजागिर : कितने दाम का होगा...?

ड्राइवर : तुमसे दाम लूँगा, रख लो, मैं अपनी तरफ़ से लाया हूँ।...अच्छा चलता हूँ...।

[ड्राइवर का प्रस्थान। सीता उजागिर के पास आती है। संतोखी सिंघ कनखी से देखता है।]

सीता : जरा देखूँ तो कैसा है? *(हाथ पर थोड़ा पावडर लेकर सूँघती है)* अहा! बड़ी बढ़िया ख़ुशबू है।

संतोखी सिंघ : जरा मैं भी देखूँ?

उजागिर : *(ग़ुस्से में सीता से)* जा, अन्दर जाकर रख दे...।

[सीता अन्दर जाती है। उजागिर सामान ठीक करता है। उजागिर संतोखी सिंघ को देखता है।]

उजागिर : *(चिढ़कर)* अब आपको क्या चाहिए?

संतोखी सिंघ : एक चाय और पिला दे, देख कैसा बद्दल उठ रहा है!

[उजागिर बड़बड़ाते हुए चाय देता है।]

संतोखी सिंघ : *(चाय लेकर)* अभी भिजवाता हूँ यह गिलास...*(प्रदीप कुमार से)* बेटा प्रदीप कुमार आ तो, पीपल के पास से यह गिलास ले आना।

[संतोखी सिंघ और प्रदीप कुमार का प्रस्थान।]

दृश्य : सात

[रात तीन-साढ़े तीन का वक़्त। उजागिर सोकर उठा सा आकर-भट्टी सुलगाता है। दुकान ठीक करता है। चाय का पानी चढ़ाता है।]

उजागिर : *(आवाज़ देकर)* बबुआ! ओ बबुआ! चार बज्जी गाड़ी का वक़्त हो गया। माय से कहो, मेरे डिपाट का काम लेट है। बबुआ प्रदीप कुमार...!

[बीड़ी सुलगाता है। कश खींचता है।]

पता नहीं क्या बात हो गई? प्रदीप की माय अभी तक बाहर क्यों नहीं आई? आजकल बिचारी पर बड़ा बोझ है। एक तरफ़ दुकान का देखो। दूसरी तरफ़ मकान का भी देखो। पक्का मकान बनवाना भी बड़ा बवाल है, जरा आँख चूकी के सब गड़बड़...।

[धीरे-धीरे उजाला होता है।]

अब तो भुरूकवा तारा भी डूब गया। पर प्रदीप की माय कोठरी से बाहर नहीं आई? *(अन्दर झाँकता है)* बर्तन भी वैसे ही पड़े हैं! तब कहाँ गई?

[कमरे में आता है। पेटी खोलकर देखता है। ख़ाली है। सर थामकर बैठ जाता है। प्रदीप को जगाता है।]

उजागिर : *(स्वगत)* पेटी ख़ाली पड़ी है। रेशमी साड़ी और बिलौज भी नहीं है! कहाँ गई होगी? *(प्रदीप कुमार से)* बेटा बबुआ! प्रदीप कुमार! तुम्हारी माय कहाँ गई?

प्रदीप कुमार : *(रोता है)* माय कहाँ गई?

उजागिर : *(अपने को सँभालकर)* मत रो बेटा, मत रो। माय गंगा तीर का मेला गई है। दोपहरवाली गाड़ी से आ जाएगी। *(स्वगत)* गई कहाँ होगी? कहीं काम से गई होगी!

[दुकान पर आकर बैठता है। संतोखी सिंघ आता है।]

संतोखी सिंघ : आज पकौड़ी का चूल्हा नहीं जला, क्या बात है?

उजागिर : प्रदीप कुमार की माय की मौसी का संवाद आया था कि वो लबेजान है, इसलिए रात की ही गाड़ी से चली गई।

प्रदीप कुमार : माय तो गंगा तीर का मेला गई है काका!

संतोखी सिंघ : रात को? रात तो आज सादा गाड़ी लौटी ही नहीं, फिर किस गाड़ी से गई रात में?

[उजागिर जवाब नहीं देता। जल्दी से संतोखी सिंघ को चाय लगा देता है।]

संतोखी सिंघ : *(स्वगत)* आज बिना बोनी किए ही इसने मुझे चाय दे दी। *(प्रकट)* ज़माना बहुत ख़राब है बेटा उजागिर, जनाना जात अकेली रात-बिरात बाहर जाए, यह अच्छी बात नहीं है...।

उजागिर : बात ही ऐसी आ पड़ी कि जाना पड़ा, तुम जल्दी से चाय पी लो, मैं दुकान बन्द करूँगा काका!

[सामान समेटने लगता है।]

संतोखी सिंघ : दुकान बन्द कर रहे हो, क्यों? ऐसी क्या बात हो गई, कुछ कहो तो?

उजागिर : *(चिढ़कर)* कोई बात नहीं है काका, मेरा जी ठीक नहीं है। फिर मकान भी बन रहा है, आज सारा काम-धाम भी मुझे ही देखना पड़ेगा। अच्छा राम राम!

संतोखी सिंघ : *(ग़ुस्से में)* राम राम!

[दुकान बन्द कर देता है। उजागिर कमरे में बैठा है।]

उजागिर : *(स्वगत)* कहाँ गई होगी? इस तरह, बिना कुछ कहे-सुने तो आज तक कहीं नहीं गई! कोई कहा-सुनी भी नहीं हुई, कि ग़ुस्सा होकर ही कहीं चली जाती! दुकान बन्द रहेगी तो लोग भी तरह-तरह की बातें पूछेंगे!

[प्रदीप कुमार का प्रवेश।]

प्रदीप कुमार : बापू बापू तीन बजे की गाड़ी भी निकल गई, माय नहीं आई?

उजागिर : आ जाएगी बेटा। कोई काम आ गया होगा। रात की गाड़ी से आ जाएगी। तुम्हारे लिए बिस्कुट और खिलौना भी लाएगी।

प्रदीप कुमार : तुमसे बोल के गई है कि खिलौना लाएगी?

उजागिर : हाँ बेटा।

प्रदीप कुमार : नहीं लाई तो बापू?

उजागिर : लाएगी बेटा, ज़रूर लाएगी। नहीं लाएगी तो मैं लाकर दूँगा। बस!

प्रदीप कुमार : तो तुम कल भी दुकान बन्द रखोगे बापू?

उजागिर : सादा गाड़ी के डिराइवर जी से मँगा दूँगा बेटा।

प्रदीप कुमार : पक्की बात बापू?

उजागिर : बिलकुल पक्की बात बेटा।

[दो-तीन बच्चे नेपथ्य से प्रदीप को बुलाते हैं।]

बच्चे : आ प्रदीप खेलेगा?

प्रदीप कुमार : मैं जाऊँ बापू?

उजागिर : हाँ जाओ, पर आसपास ही खेलना। सड़क पर मत जाना और जल्दी लौट आना।

(प्रदीप का प्रस्थान।)

उजागिर : सच ही कहते हैं लोग, बिन घरनी घर भूत का डेरा। पर ऐसे गई कहाँ होगी? मैंने तो आज तक उसपे ग़ुस्सा भी नहीं किया कि

रूठकर ही चली जाए। जैसा उसने चाहा वैसा ही करता रहा। उसकी कोई इच्छा अधूरी न रहे इसीलिए तो करता रहा सब कुछ। चाल-चलन भी ऐसी नहीं है। कोई आज से तो जानता नहीं मैं उसे।

[उजागिर का प्रस्थान। बन्द दुकान से बाहर संतोखी सिंघ और गाँववालों का प्रवेश। सब घेरा बनाकर बातें करते हैं।]

गाँववाला एक : आज तो शाम को भी उजागिर ने दुकान नहीं खोली, मुझे तो कुछ गड़बड़ नज़र आता है काका।

संतोखी सिंघ : उजागिर की घरवाली रात अपने गाँव चली गई है। आज सुबह पकौड़ी भी नहीं बनी और दुकान भी जल्दी बन्द हो गई। मुझे तो नहीं लगता कि आज दुकान खुलेगी।

गाँववाला दो : नाके की दुकान पर चाय का वो सुआद नहीं है।

गाँववाला तीन : चाय का कि पकौड़ी का?

गाँववाला दो : पकौड़ी का वो सुआद कहाँ से आएगा?

संतोखी सिंघ : मैंने तो पूछा भी कि रात किस गाड़ी से गई? आज रात तो सादा गाड़ी आई ही नहीं? *(बीच-बीच में गाँववाले 'फिर काका?' करके सवाल पूछते हैं)* पट्ठा मेरी बात सिरे से उड़ा गया। आज तो उसने कमाल ही कर दिया! बिना बोनी के ही उसने मुझे चाह भी पिला दी। पहले तो कभी ऐसा नहीं हुआ। मुझे तो तभी लग गया था कि हो न हो, दाल में कुछ काला है। भाई हम तो उसे कई बार इशारे में समझा भी चुके हैं, पर यह आदमी तो नम्बर एक का बुद्धू है...बुद्धू। समझता ही नहीं।

गाँववाला एक : बुद्धू है या कुछ और बात है काका?

संतोखी सिंघ : अरे नहीं रे, हम उसे बचपन से जानते हैं। हमारे सामने तो चड्डी पहनना सीखा है। वो जिस पर विश्वास कर लेता है, कर लेता है। जो उसे जरा-सा प्यार कर ले, उसका कुछ फ़ायदा-वायदा करा दे, समझो कि वो हो गया उसी का गुलाम। फिर ऐसे आदमी के ख़िलाफ़ एक बात नहीं सुनेगा। अपनी घरवाली से भी उसे कोई शिकायत नहीं होती। परम संतुष्ट आदमी है अपनी घरवाली से।

गाँववाला दो : तो काका क्या तुम दोनों में झगड़ा करवाना चाहते हो?

संतोखी सिंघ : नहीं रे, हम क्यों किसी का घर उजाड़ना चाहेंगे, पर औरत, हर औरत चाहती है, उसका मरद उस पर अधिकार जताए। आगे बढ़कर किसी बात को कहे। ऊँच-नीच से रोके। संतुष्ट मरद से औरत को सुख नहीं मिलता। यह राज की बात है, इसे गाँठ बाँध लो।

गाँववाला एक : तो तुम्हें क्या लगता है काका, किसी के साथ भाग गई, उजागिर की घरवाली?

संतोखी सिंघ : नहीं, ऐसी तो नहीं लगती वो! पर हड्डियों में जब आराम घुसने लगता है और आदमी को पैसे का स्वाद आने लगता है तो आदमी को किसी चीज़ का होश नहीं रहता। ससुरा यह नशा ही ऐसा है। अच्छा-बुरा कुछ नहीं टिपता इस चकाचौंध में। आदमी यह भी नहीं देख पाता कि क्या-क्या गँवा दिया पैसा कमाने के चक्कर में! चलो छोड़ो इस बात को...।

गाँववाला एक : पर काका, तुम्हें औरतों के बारे में यह सब कैसे पता चला?

संतोखी सिंघ : अरे हरामी! शादी नहीं की तो क्या हुआ, बारात में गए हैं सैकड़ों बार।

[सबका प्रस्थान। प्रदीप कुमार का घर में प्रवेश। गायक मंडली आती है।]

अन्तराल का गीत

पंछी लौटे रात हुई
डांगर लौटे रात हुई
संझा बाती हुई घरों में
रात हुई।
समा गई परछाईं देह में
रात हुई।
चूड़ी खनकी रात हुई
खिली कुमुदनी रात हुई।

[सीता का प्रवेश। उजागिर दरवाज़ा खोलता है, प्रदीप आकर सीता से लिपट जाता है। रोता है।]

उजागिर : *(रुँधे गले से)* कहाँ चली गई थीं तुम?

सीता : अरे, क्या हो गया तुम दोनों को?

उजागिर : पर गई कहाँ थीं तुम और किस गाड़ी से चली गईं यूँ चुपचाप?

सीता : काम से ही गई थी, परैनिया तक। और गाड़ी से नहीं टिरक से गई थी।

उजागिर : तो कहकर तो जा सकती थीं! काम से जाने को क्या मैं रोक रहा था।

सीता : काम से पहले बात कही जाती है कहीं?

[प्रदीप को खिलौना निकालकर देती है। वह ख़ुश होकर अलग खेलने लगता है। उजागिर सीता को देखता है। सीता रेशमी साड़ी पहने है।]

उजागिर : *(स्वगत)* इतने साल में भी इसका रूप जरा भी मेला नहीं हुआ! कौन कहता है कि गाँव का रूप साल लौटते ही ढल जाता है!

[सीता अपने आँचल से खोलकर एक पीला-सा काग़ज़ निकालती है।]

सीता : बोलो तो यह क्या है?

उजागिर : भगवान जाने क्या है! देखने से तो कोई सरकारी काग़ज़ लगता है। तुम बोलो?

सीता : *(हँसकर)* ठीक पहचाना तुमने, सरकारी काग़ज़ ही है...परमिट!

उजागिर : परमिट? किस चीज़ का परमिट?

सीता : सिमिट और लोहे का परमिट।

उजागिर : क्या करोगी इस परमिट का?

सीता : गाँव के दुश्मनों को जरा अच्छे से जलाऊँगी!

उजागिर : जलाओगी? माने? ओ हो समझा...अपने नए घर के वास्ते। सच में तुम भी कमाल हो। मैं इतने शहर भटका पर ऐसी बातें मेरी समझ में आज तक न आईं। तुमने कहाँ से सीख लीं इतनी बातें? अच्छा ही किया जो मुझे पहले नहीं कहा, वरना इतनी बड़ी बात मेरे पेट में हरगिज़ न पचती! *(खुश होकर)* कमाल है...कमाल!

सीता : अरे मेरा कमाल नहीं है। यह सब तो लाल गाड़ी के डिराइवर जी की मेहरबानी है। हाकिम के किरानी से उनकी पक्की दोस्ती है और जानते हो इस परमिट से घर बनाने का आधा पैसा भी निकलेगा!

उजागिर : आधा पैसा भी मिलेगा? सो कैसे?

सीता : देखते जाओ, आने दो लाला के बेटे को कल!

उजागिर : सई में हद है। कल साले संतोखी को पाँच गिलास चाय पिलाऊँगा। अब तुमको क्या कहूँ प्रदीप कुमार की माय?

सीता : *(शरारत से)* वो ही...रेशमबहू!

[उजागिर हँसता है।]

दृश्य : आठ

[उजागिर के घर के बाहर बाँस पर एक काली हँडिया लटकी है। यह बुरी नज़र काटने का टोटका है। नेपथ्य में मकान बनने और नींव भरने की आवाज़ें। उजागिर दुकान में बैठा है। कुछ लड़के बाँस की खपच्चियों और रंगीन काग़ज़ से बना टेसु-पुतला लेकर आते हैं। और दुकान के आगे गाते हैं।]

टेसु का गीत

उजागिर की मेढ़ी ऊँची रे
ताला न कूँची
छल्ला बोलो चैन करो रे।

उजागिर लाया लाड़ी रे
नाक कान से बूची
छल्ला बोलो चैन करो रे।

उजागिर : *(हँसते हुए)* अरे नाक-कान से बूची होगी तेरी...मेरी तो लाखों में एक है...हुँह।

[लड़के फिर गाते हैं।]

उजागिर लाया लाड़ी रे
नाक कान से चोखी
छल्ला बोलो चैन करो रे।

उजागिर के हुआ छोरा रे
उसके सूपड़े से कान
छल्ला बोलो चैन करो रे।

उजागिर : चलो भागो यहाँ से...बदमाश कहीं के!

[लड़कों का हँसते हुए प्रस्थान।]

उजागिर : आज नींव भरा गई। गाँववाले मन-ही-मन जल-भुन गए। कैसे-कैसे टेसु सिखाकर भेजते हैं लड़कों को, क्या मैं समझता नहीं! दीवाली के आसपास छत भी डल जाएगी।

[मज़दूर सामान लेकर आते हैं। उजागिर से पूछते हैं 'किधर रखें भैया?' उजागिर सबको पीछे रखने को कहता है। 'राम राम' कहते हुए मज़दूरों का प्रस्थान।]

उजागिर : लाला के बेटे को परमिट देकर ईंट, सीमेंट, लोहा सब मिल गया। पर परमिट लेते-लेते लाला के बेटे ने भी एक ऐसी हरकत कर दी कि मन फट गया उसकी तरफ़ से। परमिट लेते-लेते उसने प्रदीप कुमार की माय की उँगलियाँ टीप दीं, मन में तो आई कि कुछ कर डालूँ...पर मन मसोसकर रह गया। बड़े आदमी का लड़का है, फिर मन का बुरा नहीं, बस थोड़ा शरारती ज़रूर है। पहले तो एकदम गऊ जैसा था पर अब...अब दरोगा जी को ही लो...उस दिन दरोगा जी ने भी दारू की झोंक में प्रदीप कुमार की माय को कबूतरी कह दिया। मुझे तो लगता था दरोगा जी हीरा आदमी हैं, पर *(सिर को झटकता है)* पता नहीं मेरे मन को इधर क्या होता जा रहा है? रातों-रात दुनिया तो बदल नहीं गई होगी! मेरे मन को ही ज़रूर कुछ हो गया है। पहले तो कभी ऐसी बेचैनी नहीं हुई... लगता है जैसे अन्दर-ही-अन्दर कुछ सुलग रहा है...अन्दर की केतली में जैसे पानी खौल रहा है...जिसकी आँख देखो उसी में कुछ काला दिखता है। वासना ही वासना! सारे गाँव का यही हाल है। अब यूँ ही तो हर दिन एक नया क़िस्सा नहीं मिल जाता है संतोखी सिंघ को? चमचोरी का हर दिन एक क़िस्सा! किसी को न छोटे-बड़े का ख़याल है, न ऊँच-नीच का! सारा धरम-करम...सारे रीति-रिवाज...पता नहीं कहाँ बिला गए हैं!

मन तो होता है कि कुछ कर डालो...नहीं तो इस गाँव को ही छोड़कर कहीं चल दूँ...पर ऐसे छोड़ा भी तो नहीं जाता अपना गाँव...इतने दिनों के सम्बन्ध भी किसी से कैसे तोड़ लो... किसी से एकाएक बिगाड़ भी तो नहीं किया जाता। पहले लगता था...ये सब कितने अच्छे आदमी हैं...गाँववाले जबरन ही इन लोगों के बारे में उलटी-सीधी बकते रहते हैं। अब लगता है... कहीं मैं ही तो...!

[केतली में पानी उबल रहा है। सीता बाहर आती है। उजागिर को देखती है। उजागिर खोया हुआ है।]

सीता : ये लो...तुम्हारा ध्यान कहाँ है...होश में तो हो या...?

उजागिर : हाँ-हाँ, ख़ूब होश में हूँ। तू क्या कर रही है, अभी तक तूने कड़ाही नहीं चढ़ाई?

[उजागिर केतली उतारता है। मिस्त्री आता है। सीता को आँख मिचकाकर अन्दर चला जाता है। सीता भी अन्दर जाती है। उजागिर कनखी से देखता है।]

उजागिर : यह छछूँदर मुँहा मिस्त्री बिना कहे-सुने अन्दर क्यों चला गया? जाते-जाते इसने सीता को आँख की मटकी क्यों मारी? सीता भी कैसी मुस्कुराई! वो भी अन्दर उठकर क्यों चली गई? *(पुकारता है)* बबुआ! बेटा प्रदीप कुमार!

प्रदीप कुमार : *(रुआँसा-सा आता है।)* बापू...बापू, मिस्त्री बड़ा बदमाश है, हमको पतासू कहता है!

उजागिर : *(ग़ुस्से से)* उस छछूँदर मुँहे की इतनी मजाल। मेरे बेटे को पतासू कहे! तेरी माय कहाँ है?

प्रदीप कुमार : वहीं बैठी है मिस्त्री के साथ।

[उजागिर अन्दर झाँकता है। नेपथ्य से सीता और मिस्त्री के हँसने की आवाज़।]

उजागिर : *(ग़ुस्से से)* मिस्तरी! दीवार की गँधाई यहीं हो रही है क्या?

[मिस्त्री चौंककर बाहर आता है और दौड़कर दूसरी ओर भाग जाता है। सीता भी डरी-डरी-सी बाहर आती है। उजागिर को देखती है।]

उजागिर : *(सीता से)* तू कुत्ती है। कुत्ती...कुतिया है तू!

सीता : *(ऊँची आवाज़ में)* क्या हो गया है तुम्हें अचानक?

[उजागिर का प्रदीप कुमार के साथ प्रस्थान। बसों का हॉर्न बजता है। संतोखी आता है। आवाज़ लगाता है। कोई नहीं सुनता। बड़बड़ाता है—"कमाल है कोई सुनता ही नहीं... मकान बनवाने में ऐसा मगन है कि रोजी-रोटी ही भूल गया!" सन्नाटा! सीता सुबकती है। उजागिर का प्रवेश।]

उजागिर : *(सीता से)* जा उस छछूँदर मुँहे मिस्तरी के साथ। जाती क्यों नहीं हरामजादी! निकल जा मेरे घर से इसी वक़्त!

सीता : इतनी तेज़ी है तो कल से तुम्हीं देखना इन मजूरों को। खेल नहीं है पक्का मकान बनवाना...।

उजागिर : भाड़ में गया तेरा पक्का मकान साली...।

सीता : और दुकान पर भी हज़ारों के सामने...।

उजागिर : भाड़ में गई तेरी दुकान भी।

[उजागिर दुकान में घुसता है। सारी चीज़ें फेंक देता है। भट्टी में लात मारता है।]

उजागिर : निकल जा पिछवाड़े के रास्ते...नहीं तो आज ख़ून कर दूँगा तेरा!

[प्रदीप कुमार रोता है। उजागिर उसे गोद में लेकर चला जाता है। सन्नाटा। बीच-बीच में सीता की सिसकियों की आवाज!]

सीता : *(आँसू पोंछकर)* एक-न-एक दिन तो यह होना ही था। पहले-पहल जब ठेकेदार जी को ठहराने की बात हुई तो मैंने ही इसे मना किया था। लोगों ने कितनी बार इसे कहा-सुना...आवाज़ें तक कसीं...पर इसे तो होस ही नहीं था। इसे तो सब अच्छे लगते थे...इस पर तो पैसे कमाने का भूत सवार था...इसकी जो मदद करता वो ही इसे अच्छा लगता...इसने कभी सोचा क्यों नहीं कि ये सारे लोग क्यों फोकट में इसकी मदद कर रहे हैं।

[सीता रोती है। गायक मंडली का प्रवेश। गायक मंडली सीता के पीछे से निकलती है। सीता भी उसी में शामिल हो जाती है।]

सीता : *किसे बुरा लगता है, अच्छा कपड़ा अच्छा गहना,*

किसे बुरा लगता है, अच्छा खाना अच्छा रहना,
बचपन काटा मैंने सारा दुख ही दुख में
ब्याह तलक भी सुख न देखा
बुढ़िया मौसी ने मुझको पाला-पोसा

कोरस : *दे दे गाली जी भर कोसा*
बित्तेभर की उस दुकान से जैसे-तैसे घर चलता था
आधा खाया, आधा पहना, बस ऐसे जीवन कटता था

सीता : *तब तो लेकिन मेरे मन को लालच नहीं लगा*
लालच का पहला पाठ पढ़ाया किसने
पैसे का यह स्वाद लगाया किसने
क्या कोई दोश नहीं है इसका?

कोरस : *क्या कोई दोश नहीं है इसका*
होगा, होगा लेकिन खोया तो बस मैंने सब कुछ
खोया तो बस मैंने सब कुछ
यह दुकान, यह मकान, यह ज़मीन, यह सारी लकदक
इसीलिए तो...इसीलिए तो
पर खोया तो मैंने सब कुछ

सीता : *बहुत लोग हैं, पास है, जिनके दौलत कितनी, वैभव कितना*

कोरस : *कितना कितना क्या क्या है लोगों के पास*
उनने भी क्या कभी नहीं कुछ खोया होगा
उनने भी क्या कभी नहीं कुछ खोया होगा?

[गायक मंडली का प्रस्थान। सीता बैठकर फिर रोती है। उजागिर का प्रवेश। सीता की चोटी पकड़कर खींचता है।]

उजागिर : *(ग़ुस्से से)* जा, जाकर मिस्तरी की खाट पर क्यों नहीं सोती? नखरा पसारकर यहाँ ज़मीन पर क्यों पड़ी है? उठ साली... तिरिया-चरित्तर कहीं और जाकर दिखला!

सीता : *(उजागिर के पाँव पकड़ती है)* प्रदीप के बापू, तुम्हारे पैर पड़ती हूँ, मेरा गला घोट दो, मार डालो मुझे।

उजागिर : मार डालूँगा, मार डालूँगा साली, तू समझती क्या है...।

सीता : मार डालो, मैं जीना नहीं चाहती...मार डालो मुझे!

उजागिर : *(गला दबाता है)* मार ही डालूँगा साली...गला टीप दूँगा हरामजादी...।

सीता : *(दबे गले से)* मार डाल...प्रदीप के बा...आक...।

[उजागिर गला छोड़ देता है। सन्नाटा।]

उजागिर : बोल, कल से आँगन में पाँव धरेगी?

सीता : नहीं धरूँगी...क़सम ले लो...मैं बाहर पाँव भी नहीं धरूँगी...।

उजागिर : किसी से हँसी-ठिठोली करेगी...करेगी किसी से?

सीता : नहीं...किसी से भी नहीं...।

उजागिर : किसी से भी नहीं...बोल?

सीता : नहीं, किसी से भी नहीं प्रदीप के बापू, किसी से भी नहीं...।

[उजागिर बैठ जाता है। सीता उसके सीने में मुँह छिपा लेती है। दोनों रोते हैं। एकदम सन्नाटा।]

उजागिर : *(स्वगत)* पता नहीं मरद होने का अहंकार था कि बाप-दादों का संस्कार...वरना ग़लती क्या उस अकेली की ही थी? ग़लती में तो दोनों का साझा था...बुरा हो इस लालच का...इसने तो हमारा सारा सुख-चैन ही चौपट कर डाला...*(प्रकट, सीता से)* जा बिरौलीवाली...मेरे लिए पकौड़ी बना ला। मैं तो बरसों से तेरी पकौड़ी का स्वाद ही भूल गया!

[सीता आँखें पोंछकर मुस्कुराती है। उठकर जाती है। पकौड़ी बनाती है। उजागिर को पकौड़ी देती है। दोनों एक-दूसरे को देखते हैं।]

उजागिर : अब तुम्हें क्या कहूँ प्रदीप कुमार की माय?

सीता : वही...वही...

उजागिर : क्या?

सीता : वही...बिरौलीवाली...।

उजागिर : *(खुश होकर)* हाँ बिरौलीवाली...बिरौलीवाली...।

पाँसे

पूर्वकथन

कौरवों-पांडवों के बीच बचपन में खेले गए कबड्डी के खेल में पैदा हुई स्थितियों और कटुताओं को सारलादास ने अपनी महाभारत में हमेशा केन्द्र में रखा है। इसलिए यह उपाख्यान उनकी महाभारत का बीज-आख्यान कहा जा सकता है। व्यास-महाभारत में कबड्डी की जगह डंडा-डहोरी के खेल का प्रसंग आता है।

सारलादास उड़िया के आदिकवि हैं। उन्हीं से उड़िया कविता का प्रारम्भ होता है। सारलादास ने कविता लिखने के लिए देशज भाषा को तो चुना ही, इसके लिए दांडीवृत्त नाम के एक छंद की भी रचना की। यह अमात्रिक छंद है, लगभग मुक्त छंद। सारलादास लगभग कबीर के समकालीन थे। डॉ. हरेकृष्ण मेहताब के अनुसार सारलादास का समय पन्द्रहवीं शताब्दी के लगभग तीसरे दशक से अन्तिम दशक के बीच रहा होगा। यह महाराज कपिलेंद्र का समय है। 15वीं सदी के आसपास उड़ीसा के सामाजिक-राजनीतिक जीवन में थोड़ी स्थिरता आने लगी थी। लेकिन 14वीं सदी की उथल-पुथल के असर अभी भी बाक़ी थे। माना जाता है कि सारलादास ने शूद्र कुल में जन्म लिया था। कम उम्र में ही वे अनाथ हो गए। बड़े भाई ने ही उनका पालन-पोषण किया। सारलादास मूलतः शाक्त माने जाते हैं और उन पर बौद्धधर्म का भी गहरा प्रभाव रहा है। इन दोनों प्रभावों को उनकी महाभारत और उनकी विलंका रामायण में देखा जा सकता है। उन्होंने कई जगह अपने को जातिस्मर कहा है। उन्होंने अपने बारे में लिखा है कि पहले जन्म में मैंने कालिदास बनकर लीला की। दूसरे जन्म में महाकाल नामक कवि हुआ और अब तीसरे जन्म में सारलादास के रूप में विष्णु लीला का गायन कर रहा हूँ। उनके बारे में यह कथा भी प्रचलित है कि युवावस्था में वे खेती के गीत गा रहे थे। एक दिन सारलादेवी बूढ़ी स्त्री के वेश में कवि के पास आईं और नदी पार कराने का आग्रह किया। कवि ने उन्हें पहले काँख में लिया और फिर कन्धे पर बिठाया और अन्त में सिर पर बिठाकर नदी पार करा दी। माँ सारला ने प्रसन्न होकर कवि को महाभारत लिखने की आज्ञा दी और कहा, तू कोई और गीत गाने की बजाय विष्णुचरित का गायन कर। (हेमंतकुमार दास के लेख में इस तरह की अनेक जानकारियाँ सारलादास के बारे में दी गई हैं।)

सारलादास की महाभारत और वेदव्यास की महाभारत में बहुत सारी समानताएँ हैं लेकिन सारलादास की महाभारत व्यास की महाभारत का अनुवाद नहीं है। अनेक उपाख्यान इसमें एकदम अलग हैं। साथ ही नीति-अनीति की व्याख्याएँ भी समय के साथ परिवर्तित हुई हैं। सारलादास की महाभारत 15वीं सदी के सांस्कृतिक जीवन और उसकी वैचारिक स्थितियों का साक्ष्य प्रस्तुत करती है। इस महाभारत में गीता के लिए कोई जगह नहीं है। यहाँ कृष्ण का चरित भी व्यास से भिन्न है और शकुनी का भी। व्यास की महाभारत में एक लाख श्लोक और अठारह पर्व हैं जबकि सारलादास की महाभारत में एक लाख चालीस हज़ार पद हैं। यह कहानी पहले-पहल प्रभात गांगुली ने मुझे सुनाई थी। उन्होंने बैले के अपने उड़िया कलाकारों से इसे सुना होगा। प्रभात गांगुली उदयशंकर के शिष्य थे और रंगश्री लिटिल बैले ट्रुप के मुख्य कोरियोग्राफर थे। 1987 में उनके लिए मैंने 'चक्रव्यूह' की बैले स्क्रिप्ट की थी। 'झिमिटी खेला' की कथा के कुछ संकेत उसमें जोड़े गए थे। कुछ समय बाद श्री सत्यव्रत राउत केन्द्रीय नाटक अकादमी की युवा निर्देशक योजना के लिए मुझसे एक नाटक लिखवाना चाहते थे। मैंने उन्हें 'झिमिटी खेला' की यह कथा सुनाई और वह इसके लिए तैयार हो गए। समस्या लेकिन यह थी कि यह कथा कहाँ से प्राप्त की जाए। सारलादास की महाभारत का हिन्दी अनुवाद तब तक नहीं हुआ था। शंकरलाल पुरोहित के सम्पादन में निकली सारलादास कथा-सार भी इसके एक वर्ष बाद प्रकाशित हुई। उड़िया में सारलादास की महाभारत भारत भवन के पुस्तकालय में उपलब्ध थी। कवि-अनुवादक पूर्णचन्द्र रथ ने इस कथा और इससे जुड़े दूसरे प्रसंगों का अनुवाद करने का जिम्मा ले लिया। इस तरह इस नाटक को लिखने की शुरुआत हुई।

सारलादास की महाभारत का कथा गायन लगभग उसी अन्दाज़ में किया जाता है जैसे हमारे यहाँ छत्तीसगढ़ी में पंडवानी गाई जाती है। पंडवानी गायन शैली को थोड़ा-सा छूने की कोशिश इसमें है और साथ ही उसके साथ आल्हा की लय का इस्तेमाल भी किया है। इस तरह कथा-गायन की दो लोकशैलियों का मिला-जुला प्रयोग करने की कोशिश की है। यह सम्भव ही नहीं होता अगर श्री बृजबिहारी दीक्षित से सम्पर्क न हुआ होता। छंद लिखने में वे लगभग उस्ताद थे। वे एक दैनिक अख़बार में तात्कालिक राजनीतिक स्थितियों पर प्रतिदिन एक कुंडली लिखा करते थे। उन्होंने आल्हा की लय सिखाने में न केवल मदद की बल्कि बलराम के आह्वान के लिए एक गीत भी इस नाटक में लिखा। इस तरह यह नाटक अनेक मित्रों के सहयोग से ही सम्भव हुआ है।

—राजेश जोशी

पात्र

एक कथा गायक	:	कृष्ण
सहायक गायक : एक	:	बलराम
सहायक गायक : दो	:	युधिष्ठिर
धृतराष्ट्र	:	भीम
भीष्म	:	अर्जुन
विदुर	:	नकुल
शल्य	:	सहदेव
दुर्योधन	:	शकुनी
कर्ण	:	गांधारसेन
दुःशासन	:	भट
दुर्जय	:	चारण : एक और दो
विदूषक	:	कुन्ती
संजय	:	गांधारी
सूर्य	:	पाँच, छह कारीगर
	:	पाँच कंकाल

[इस नाटक का पहला प्रदर्शन केन्द्रीय नाटक अकादमी के थिएटर फेस्टिवल 1988 में किया गया। इसके निर्देशक श्री सत्यव्रत राउत थे।]

दृश्य : एक

नेपथ्य से

नारायणं नमस्कृत्य नरं चैव नरोत्तमम्।
देवीं सरस्वतीं व्यासं ततो जयमुदीरयेत्॥

[तीव्र संगीत। नेपथ्य से हो-हल्ले की आवाज़ें। कौरवों में, दुर्योधन, दुर्जय, दुःशासन, कर्ण और शल्य एक तरफ़ से मंच पर आते हैं। दूसरी ओर से पाँचों पांडव आते हैं। एक-दूसरे के सामने खड़े होकर ग़ुस्से में हो...हो...हो...की आवाज़ें निकालते हैं। एक-दूसरे पर गुर्राते हुए वापस लौट जाते हैं। नेपथ्य से खेल की तीव्र आवाज़ें।]

[मंच एकदम सादा। पीछे केवल पट्टिकाएँ और ध्वज लगे हैं। मंच पर ही पीछे के भाग में मुख्य गायक और दोनों सहायक तथा वाद्य बजाने वाले बैठेंगे।]

कथा गायक : *पहले सुमरूँ वासुदेव को, करूँ पितामा को परनाम!*
प्रजापति को हाथ जोड़कर, वेदव्यास का लेकर नाम!
विघ्नविनायक की यह इच्छा, क़िस्सा आगे करूँ बखान।

(आल्हा की लय में)

सुनो देवियो, सुनो सज्जनो
सुनो कथा यह देकर ध्यान।
राई से पर्वत बन जाता
तिल से बन जाता है ताड़।
माया की करनी मत पूछो
जिसका चाहे करे बिगाड़।

सत्ता वैभव और सम्पदा
जड़ झंझट की इसको मान।
रचा प्रकृति ने ही संग इसके
एक निरन्तर द्वंद्व विधान।
लिपट-लिपट जों अपने धन में
रेशम कीड़ा छोड़े प्रान।
सुनो देवियो, सुनो सज्जनो
सुनो कथा यह देकर ध्यान॥

मुख्य गायक : तो ऋष्य शृंग पर्वत पर ही एक दिन। छोटी रानी माद्री के साथ करते हुए विहार। बिसरा बैठे पांडुराज भी अपना श्राप। और उसी छन उन पर काल की ऐसी गदा गिरी, कि पांडुराज देवधाम को गए सिधार।

सहायक : देवधाम को गए सिधार।

मुख्य गायक : *गिरी गाज जब महाराज पे, देवधाम को गए सिधार।*
सती हो गईं छोटी रानी, कुन्ती को दे सुत का भार॥
तो प्रज्ञा चक्षु महाराज धृतराष्ट्र से कर सोच विचार, महात्मा भीष्म, महारानी कुन्ती और पाँच भाई पांडवों को, हस्तिनापुर लिवा लाए।

सहायक : हओ लिवा लाए।

मुख्य गायक : तो एक ओर सौ भाई कौरव और दूसरी ओर पाँच भाई पांडव! सौ बुराई से सौ भाई कौरव और नीति, बल, कौशल, ज्ञान और सुन्दरता के पाँच गुणों से पाँच भाई पांडव।
गुन अवगुन के बीच द्वंद्व की, अमर कथा का सुनो बखान।
सुनो देवियो, सुनो सज्जनो, सुनो कथा यह देकर ध्यान॥
तो एक ओर दु:शासन दुखी कि गदा अभ्यास में दुर्योधन भीम से तो भिड़ता नहीं। हर दिन मुझे ही खानी पड़ती है मार।
पर बड़े भाई के आदेश से कैसे करूँ इनकार?

सहायक : कैसे करूँ इनकार?

मुख्य गायक : और दूसरी ओर डंडा डहोरी के खेल में, नकुल एक बार बने चोर,
तो हर दिन उन्हीं को पदना पड़ता, देना पड़ता दाम। कौरव हर दिन उन्हें छकाते। दिन-दिन नकुल दुबराते जाते।
तो एक दिन क्या हुआ?

सहायक : क्या हुआ?

मुख्य गायक : दु:शासन ने एक दिन ऐसी चाल चली।
कौरवों और पांडवों के बीच डंडा डहोरी का खेल बद लिया।
तो जब गेड़ी बटी, तो एक ओर पाँच भाई पांडव और दूसरी ओर सौ भाई कौरव और साथ में कर्ण और शल्य भी...।

[मंच पर भीष्म और विदुर का प्रवेश।]

भीष्म : नृपश्रेष्ठ धृतराष्ट्र इन दिनों बहुत चिन्तित दिखाई देते हैं।

विदुर : तात गांगेय। जब से आप पांडवों को यहाँ लाए हैं, हस्तिनापुर का तो सारा वातावरण ही बदल गया है। भीम को लेकर महाराज कुछ अधिक ही चिन्तित हैं...।

[नेपथ्य से आवाज़। महाराज की जय हो...महाराज की जय हो। धृतराष्ट्र, संजय और विदूषक का प्रवेश। अचानक नेपथ्य से लड़ने की बहुत तेज़ आवाज़ें। कराहने, चीख़ने, चिल्लाने की आवाज़ें। धृतराष्ट्र कान बन्द कर लेता है। घबराकर बैठ जाता है।]

[विदुर और भीष्म भी चौंकते हैं।]

धृतराष्ट्र : *(व्याकुल होकर)* संजय! संजय! कहाँ हो तुम संजय?

संजय : आदेश दें महाराज, मैं निकट हूँ आपके।

धृतराष्ट्र : सुनते हो यह आर्तनाद?

भीष्म : विचलित न हों नृपश्रेष्ठ, इस तरह उत्तेजित होना, नहीं है आपकी मर्यादा के अनुकूल।

धृतराष्ट्र : तात गांगेय, मैं करता हूँ प्रणाम। लेकिन यह कैसा स्वर है? परिचित लगती हैं यह चीख़ें, यह आर्तनाद और दम्भ में डूबा यह अट्टाहास भी...!

भीष्म : आयुष्मान हो पुत्र! तुम्हारे और पांडुराज के पुत्रों के बीच डंडा डहोरी का खेल बदा है, यह उसका ही स्वर है। एक ओर पाँच भाई पांडव हैं और दूसरी ओर पौत्र दुर्योधन सहित, हैं कौरव सारे। शल्य और कर्ण भी हैं उनके साथ...।

धृतराष्ट्र : लेकिन ये चीख़ें, यह आर्तनाद?

विदुर : चिन्ता न करें आप। समवयस्क पुत्रों के खेल में...।

धृतराष्ट्र : गांगेय! जानते ही हैं आप। और जानते हो विदुर तुम भी, सह नहीं पाते भीम और दुर्योधन एक-दूसरे को। बचपन से ही नहीं बनती उनमें एक पल भी। बैर ठाने हैं दोनों एक-दूसरे से... शंका मथती है मेरा मन दिन-रात...।

विदुर : स्वाभाविक है, ऐसी प्रतिस्पर्धा, समान बलवालों में। योद्धा हों बराबरी के या हों एक ही व्यवसाय में लगे व्यापारी, एक अव्यक्त होड़ तो होगी ही उनमें और सम्पत्ति और राज शक्ति का वैभव भी हो अगर बीच तो...

भीष्म : विदुर, तुम ज्ञाता हो धर्म और शास्त्र के भी, लेकिन यह द्वंद्व बस बाल सुलभ है। हैं युधिष्ठिर जब तक यहाँ, अनहोनी कोई हो नहीं सकती, समर्थ भी हैं वे और पांडव उनकी अवमानना कभी कर सकते नहीं।

संजय : लेकिन भीम...?

भीष्म : भीम भी नहीं।

विदूषक : *(स्वगत)* सच पूछो तो युधिष्ठिर ही दुर्योधन के सबसे बड़े रक्षक हैं, वरना भीम ने तो कब का उन्हें...।

धृतराष्ट्र : भीम लेकिन बहुत बलवान हैं। जानते हैं न गांगेय, भीम जब बस दस दिन के थे, कुन्ती उन्हें गोद में लिये सरोवर के किनारे जा रही थीं, तभी पास ही एक गुफा से निकलकर एक सिंहराज ने उनका रास्ता रोक लिया। पांडुराज ने शेर को तो तत्काल मार गिराया, लेकिन भय के कारण कुन्ती के हाथ से फिसलकर भीम एक चट्टान पर गिर पड़े...भीम को लेकिन कोई चोट नहीं आई, उलटे चट्टान ही चूर-चूर हो गई...।

भीष्म : कम नहीं लेकिन दुर्योधन भी। द्वैपायन ने छूकर उसकी देह को बना दिया है वज्र-सा कठोर।

धृतराष्ट्र : जानता हूँ...।

भीष्म : फिर यह संशय क्यों?

[नेपथ्य से पुन: कराहने और चीख़ने की तीव्र आवाज़ें। विदूषक दौड़कर देखने जाता है।]

धृतराष्ट्र : *(व्याकुल होकर)* संजय! संजय! देखकर अपने दिव्य चक्षु से, बताओ मुझे, बताओ मुझे, क्या हो रहा है वहाँ?

संजय : *(दूर देखते हुए)* सुनें, महाराज। डंडा डहोरी के खेल में, दु:शासन ने पहले, आहत कर डाला युधिष्ठिर को। युधिष्ठिर की नाक से

बहते हुए रक्त को देख, उत्तेजित हो गए भीम। और तब दाम देने को वे आगे आ गए...।

धृतराष्ट्र : और, और बताओ...?

संजय : फिर कुरुपुत्रों ने डंडा फेंका, वह चौबीस कोस दूर जाकर गिरा। तब सारे कुरुपुत्र पास ही एक विशाल बड़ के पेड़ पर चढ़ गए, तब भीम ने अपना विशाल रूप प्रकट किया...एक-एक कोस का डग भरते भीम डंडा लाने को चले और घड़ी भर में कहीं से डंडा लाकर उन्होंने पेड़ के नीचे धर दिया। कुरुपुत्र यह देख घबरा गए, तब भीम सेन ने उस बड़ के पेड़ को उखाड़कर अपने कन्धे पर रख लिया और लम्बे-लम्बे डग भरते एक काली चट्टान की ओर चल पड़े...।

धृतराष्ट्र : तब, तब क्या हुआ?

संजय : भीम के इस रूप को देख धरती काँपने लगी, लगा जैसे भयंकर बवंडर उठ रहा हो। कुरुपुत्रों की तो साँस ही रुक गई। चट्टान के पास लाकर भीम ने पेड़ को जोर-जोर से हिलाया...महाराज! जैसे आँधी में पके आम गिरते हैं, उसी तरह सारे कुरुपुत्र टप-टप कर चट्टान पर गिर पड़े, कई तो वहीं मूर्च्छित हो गए, लेकिन जिसने भी भागने की कोशिश की, भीम ने उसे हाथ बढ़ाकर धर दबोचा...।

युधिष्ठिर : *(नेपथ्य से)* रुक जाओ भीम, रुक जाओ...।

विदूषक : *(दौड़कर प्रवेश)* अनर्थ हो गया महाराज! अनर्थ...! कुरुराज दुर्योधन मूर्च्छित हो गए, सारे कुरुपुत्र मूर्च्छित हो गए...।

धृतराष्ट्र : दुर्योधन मूर्च्छित हो गए? जानता था मैं पहले ही, भीम उद्दंड है...। निश्चय ही किसी अनर्थ का कारण बनेगा वह...।

विदूषक : सारे कुरुपुत्र लहूलुहान हो गए हैं महाराज।

धृतराष्ट्र : देखा आपने गांगेय। यह तो खेल नहीं है। इतना क्रूर कौन होता है खेल में। आड़ लेकर खेल की बदला लिया है भीम ने, पुत्रों से मेरे। संजय! कोई जाओ वहाँ, महल में ले आओ मेरे अचेत पुत्रों को।

संजय : जो आज्ञा महाराज!

[संजय और भीष्म का प्रस्थान।]

धृतराष्ट्र : विदुर! ज्ञानी हो तुम विदुर, अब तुम कहो मैं क्या करूँ? मन हो रहा उद्विग्न मेरा। बोलो, बोलो मैं क्या करूँ?

विदुर : धीरज रखें राजन्! अज्ञानी होते हैं बच्चे तो। स्थायी नहीं होता बैर-भाव उनका, चिन्ता भीम की भी अब आप छोड़ दें...।

धृतराष्ट्र : नहीं विदुर नहीं! जीवित रहते भीम के, सुख मेरे पुत्रों को मिल सकता नहीं।

विदुर : राजन्! भेद अब आपके मन में आ गया है। तब तो उचित यही है कि कहीं और भेज दिया जाए, पांडवों को।

धृतराष्ट्र : हाँ, यही होगा उचित।

[युधिष्ठिर का प्रवेश।]

युधिष्ठिर : तात! मैं युधिष्ठिर प्रणाम करता हूँ।

धृतराष्ट्र : तुम्हारा कल्याण हो पुत्र! सुनता हूँ, कलह दिनोंदिन बढ़ती ही जा रही है, तुम भाइयों में। भीम सह नहीं पाता दुर्योधन को कभी और है दुर्योधन की भी यही दशा।

युधिष्ठिर : आप ही कहें तात, मैं क्या करूँ?

धृतराष्ट्र : विचार करके कहूँगा!

युधिष्ठिर : तो आज्ञा दें!

[युधिष्ठिर का प्रस्थान। शल्य का प्रवेश।]

शल्य : राजन्! मैं शल्य, प्रणाम करता हूँ।

धृतराष्ट्र : आओ शल्य आओ! देखा तुमने, कैसा उत्पात किया भीम ने आज?

शल्य : भीम बहुत उत्तेजित थे आज। खेल प्रांगण से चले गए वे सीधे व्यायामशाला को।

धृतराष्ट्र : व्यायामशाला को? फिर?

शल्य : कहते हैं, वे वहाँ जाकर तेज़-तेज़ गदा घुमाने लगे। यह देख देवी वसुधा बहुत कुपित हो गईं, लेकिन देवी वसुधा ने फिर भी विनम्रता से पूछा भीम से...क्यों भीम, क्या कोई रसातल में समा सकता है, तुम्हारे इस गदा प्रहार से?

[धृतराष्ट्र और शल्य बात करते रहते हैं।]

मुख्य गायक : *भीम हुए उत्तेजित इतने, सुन देवी वसुधा की बात*
लगे गरजने जोर-जोर से, गदा उठाकर अपने हाथ।
डरकर लगीं भागने नदियाँ, और काँपने लगे पहाड़,

भुजदंडों पर हाय उठाकर, कब धरती पर देंय पछाड़।
थर्राए सब पेड़ वहाँ के, रुकने लगी हवा की साँस,
वक्ष फुलाकर, उठा आँख को, तका भीम ने तब आकाश।
भीमराज के भीम रूप से, गए स्वर्ग में यम भी काँप।

तो यमराज बोले, हे भीम! मेरी गदा की मार, आज तक कोई नहीं सह पाया, लेकिन हे भीमराज, तुम्हारी गदा से, गांधारी पुत्रों की तो क्या बिसात, त्रिलोक में भी कोई टक्कर नहीं ले पाएगा...।

सुनो गरज कर कहा भीम ने
सुनो बात मेरी यमराज।
मन में जो पाले रक्खा है
भेद बताता तुमको आज।
नहीं बचेगा कौरव कोई
मन में ली यह मैंने ठान।
मार गदा को मैं मेटूँगा
कुरुवंश का नाम निशान।

धृतराष्ट्र : कोई है यहाँ?

भट : *(प्रवेश करके)* महाराज की जय हो, जय हो!

धृतराष्ट्र : चारणों से कहो, अभ्यर्थना करें, रेवती रमण बलराम की, दें सन्देशा कि दर्शन करना चाहते हैं, इसी पल!

भट : महाराज की जो आज्ञा।

[भट का प्रस्थान। दो चारण आकर मंच के अग्रभाग में गीत गाते हैं।]

द्वारी धृतराष्ट्र को, प्रणाम करे बलराम
बुद्धि के निधान आप, शक्ति के प्रवाह रहे!
शेषनाग रूप धरे, बृज के हो महाराज
शत्रु दर्प भंग करें, ज्ञान के अथाह रहे।
मल्लयुद्ध, गदा युद्ध, हलधर से कौन करे
बड़े-बड़े वीरों की, उखाड़ तुम बाँह रहे।
हस्तिनापुर अब चलें, कुरुराज संकट में
आप ही निवारें नाथ, धरा यह गवाह रहे।

[बलराम का प्रवेश।]

चारण : हे अम्बा, कदम्बा, प्रलम्बा असुरियों का नाश करने वाले, रेवती रमण आपकी जय हो! हे नन्द के सुत आपकी जय हो! जय हो!

[चारणों का प्रस्थान।]

धृतराष्ट्र : *(प्रणाम करता है)* भगवन् मैं प्रणाम करता हूँ।

बलराम : कल्याण हो राजन्, तुम्हारा कल्याण हो। यह मुँह पर तुम्हारे रेखाएँ चिन्ता की क्यों हैं?

धृतराष्ट्र : हे कामपाल स्वामी, मेरे पुत्रों को देखिए। जब नियम से बस न चला पांडवों का, तो खेल की आड़ ले भीम ने अचेत कर डाला है मेरे सभी पुत्रों को। हे रेवती बन्धु, उबारें, मुझे इस विपत्ति से उबारें!

बलराम : चिन्ता मत करो राजन! इसमें अस्वाभाविक कुछ भी नहीं। अभी अपनी शक्ति से चैतन्य कर दूँगा मैं सभी को, मत करो चिन्ता, कि गदा-युद्ध में पारंगत होने का कौशल भी सिखाऊँगा मैं दुर्योधन को।

धृतराष्ट्र : अनुगृहीत हूँ भगवान्!

[सबका प्रस्थान।]

मुख्य गायक : *कर चैतन्य कुरुपुत्रों को*
मन में लिए विकट संताप।
दे कर लौटे हलधर जोगी
दुर्योधन को आशीर्वाद।
दुर्जय सदा बनो दुर्योधन
तुम को कोई सके न मार।
करो पराजित पांडुपुत्र को
और राज का करो प्रसार।

दृश्य : दो

[बाँसुरी की आवाज़ आती है। बलराम का क्रोध में प्रवेश। जिधर देखते हैं उधर से ही बाँसुरी की आवाज़ आती है।]

बलराम : *(चिल्लाकर)* कृष्ण! कृष्ण इस माया से बाहर आओ। बाहर आओ बात करना है मुझे तुमसे!

(स्वगत) द्वारिका आकर भी छूटता नहीं वृंदावन। रच कर वही स्वप्न; खोया रहता है उसी में चारों पहर यह कृष्ण!

[कुछ पात्र केसरिया यवनिकाएँ लिये आते हैं। हर यवनिका पर मोर पंख लगा है। बलराम के चारों ओर यवनिकाएँ घूमती हैं। इसके पीछे छिपे कृष्ण बीच-बीच में बलराम को देखकर मुस्कुराते हैं।]

बलराम : *(क्रोध में)* बाहर तुम स्वयं आओगे इस माया से, या इस माया को मैं...।

[यवनिकाएँ हट जाती हैं। कृष्ण बाहर आते हैं।]

बलराम : *(क्रोध में)* देखी तुमने पांडवों की करनी? कितने दुखी हैं नृपश्रेष्ठ धृतराष्ट्र, जानते हो? बुलवाया उन्हीं ने पांडवों को हस्तिनापुर, भेद अपने और पांडु पुत्रों के बीच कभी उनने माना नहीं! पर पांडवों ने क्या किया? पांडवों को होना चाहिए, क्या इस तरह कृतघ्न?

कृष्ण : *(मुस्कुराकर)* क्या किया है पांडवों ने? एक ही पक्ष को सुन, लगता है सभी निर्णय कर लिए हैं आपने! कम कुटिल तो नहीं है दुर्योधन भी?

बलराम : समवयस्क पुत्रों में, कहाँ नहीं होती है ईर्ष्या? कहाँ नहीं होता मन-मुटाव? पर अर्थ इसका यह तो नहीं कि भीम, गाहक बन जाएँ कुरुपुत्रों के प्राण के? भीम अब छोटे नहीं हैं। फिर भूल जाना चाहिए, क्या पांडवों को नृपश्रेष्ठ के सभी उपकार? घमंड भीम को हो गया है, बल का। डंडा डहोरी के खेल में, आज अचेत कर डाला उसने सभी कुरुपुत्रों को। मैं न पहुँचता अगर समय पर तो पता नहीं क्या होता आज?

कृष्ण : तो हस्तिनापुर से आ रहे हैं आप?

बलराम : हाँ, चैतन्य कर दिया मैंने सभी को, और गदायुद्ध में पारंगत होने का आशीष भी दे आया हूँ दुर्योधन को।

कृष्ण : और पांडव कहाँ हैं?

बलराम : हस्तिनापुर में अब नहीं रह सकते पांडव। भीम तो वध कर डालना चाहते हैं सभी का। कौन पिता होगा, जो सहन करेगा, ऐसे व्यक्ति को, जो बन जाना चाहता हो उसके ही पुत्रों का काल?

कृष्ण : तब तो दुर्योधन बिना किसी बाधा के...?

बलराम : निश्चय ही जयी होंगे अब दुर्योधन।
स्थापित करेंगे वे अपना विशाल साम्राज्य।

[बलराम का प्रस्थान।]

कृष्ण : *(स्वगत)* बलराम दुर्योधन का साथ दे रहे हैं। खेल-खेल में हुए विवाद की आड़ लेकर धृतराष्ट्र बहुत चतुराई से पांडवों को हस्तिनापुर से हटा देना चाहते हैं। जानता हूँ युधिष्ठिर ने सहर्ष स्वीकार भी कर लिया होगा इसे। वे धर्म के आगे, सदा धर्म संगत अधिकार को भूल जाते हैं...मिलना होगा अब अर्जुन से तत्काल...।

[कृष्ण का प्रस्थान।]

मुख्य गायक : *चतुराई धृतराष्ट्र की*
समझ नहीं पाए बलराम।
पलक झपकते लगा लिया
केशव ने सारा अनुमान।
चिन्तित हुए कृष्ण यह सुनकर
इन्द्रप्रस्थ का हाल हवाल।
बैठ गरुड़ पर उड़े गगन में
इन्द्रप्रस्थ पहुँचे तत्काल।

भीम : *(उद्विग्न, प्रवेश करते हैं।)* तो बलराम भी मानते हैं दोषी मुझे? युधिष्ठिर भी सुनकर चुपचाप चले आए, पक्ष धृतराष्ट्र का? कहते नहीं बना कि प्रहार किया था, दु:शासन ने ही पहले। अगर नकुल हथेली पर न लेते, युधिष्ठिर की नाक से बहता... रुधिर, तब क्या होता? भूल गए हैं क्या युधिष्ठिर यह बात भी, कि जिस दिन, एक बूँद भी रक्त उनका गिरेगा, इस धरा पर, रोक नहीं पाएगा कोई महाविनाश को? रोक नहीं पाएगा कोई सर्वनाश को?
तात और पितामह सबने सम्मति कर हमको ही हस्तिनापुर से हटा दिया। निष्कंटक हो जाए जिससे वह दुष्ट दुर्योधन?
(गरजकर) नहीं, भीम के जीवित रहते, कभी चैन की नींद नहीं, तुम सो पाओगे, दुर्योधन।

[कुन्ती का प्रवेश।]

कुन्ती : भीम! व्यवहार ने तुम्हारे, दुविधा में डाल दिया है, हम सबको। इस तरह तुम्हें क्या अपना आपा खोना था?

भीम : तो दोषी तुम भी मुझी को मानती हो माँ?

कुन्ती : दोष नहीं दे रही हूँ मैं तुम्हें। पर महाराज की है, हम पर कितनी कृपा। जान कर गांधारी, कितनी व्यथित होंगी, जानते हो? ओह! दुखी हूँ कि यह सब तुम्हारे कारण हुआ।
मर्यादा कुल की नष्ट हो जाएगी, इस तरह प्रतिदिन के विवाद से।

[भीम का क्रोध में प्रस्थान।]

कुन्ती : सुनो पुत्र, मेरी बात सुनो।

[कुन्ती का प्रस्थान। युधिष्ठिर, अर्जुन, नकुल, सहदेव आते हैं। आपस में चर्चा करने का अभिनय। कृष्ण का प्रवेश। चारों उन्हें नमस्कार करते हैं। अर्जुन को एक ओर ले जाकर कृष्ण चर्चा करते हैं। तीनों अलग खड़े सुनते हैं।]

कृष्ण : अर्जुन! विवाद तो लगता है बढ़ता ही जा रहा है। पांडवों को लगता है अधिकार से वंचित होना होगा...या फिर युद्ध, हाँ युद्ध करना होगा। छल से अपने पुत्रों को देना चाहते हैं राज्य धृतराष्ट्र। बलराम भी दे रहे हैं उन्हीं का साथ।
सम्भव नहीं अब दुर्योधन पर करना विश्वास। चिन्ता मुझे है एक, कि बलराम भी दे रहे हैं, उन्हीं का साथ।

अर्जुन : केशव! चिन्ता नहीं, मुझे बलराम की, साथ हैं जब आप क्या अनिष्ट कर सकते हैं, हमारा बलराम।

कृष्ण : भरोसा है मुझे बल पर तुम्हारे, पर आवश्यक है अब सतर्क रहना।
कमजोर शत्रु, छल से करता है आघात।
घात हरदम कौरव अब लगाए रहेंगे तुम पर,
रहना होगा अब प्रतिपल सतर्क।

[कृष्ण का प्रस्थान। युधिष्ठिर और अन्य पांडव अर्जुन के निकट आते हैं।]

अर्जुन : केशव कह रहे थे...।

युधिष्ठिर : सुन लिया है मैंने सब। केशव तो जगत मोहन हैं, अन्तर सभी का वे जान लेते हैं। छिप नहीं सकता उनसे किसी का भी पुण्य, किसी का भी पाप। महाराज को, पितातुल्य मानकर पूजा है हमने सदा।

छल हमसे क्यों करेंगे तात।
हृदय में जो रखेगा क्षुद्रता, मारेगा उसे, उसका ही पाप।
सत्य का पथ है जिसे स्वीकार, अहित उसका नहीं होगा।

[कुन्ती का प्रवेश।]

कुन्ती : शीघ्र होकर तुम तैयार। जाओ सभा भवन को।
महाराज को प्रणाम करो, पर याद रहे,
ऐसा कुछ मत करना, जिससे हानि होती हो कुल की!

[सब कुन्ती को प्रणाम करते हैं। सबका प्रस्थान।]

मुख्य गायक : *मन को मार, उठे तब पांडव*
माँ कुन्ती को किया प्रणाम।
बिसरा कर सब बीती बातें
सभा भवन को किया प्रयाण।
नहीं कपट है जिनके मन में
जिनके मन में कोई न पाप।
गाँठ पड़े क्यों उनके मन में
उनको कैसा पश्चात्ताप।

दृश्य : तीन

[सभा भवन का दृश्य। दुर्योधन खड़े हैं। भीष्म, विदुर, शल्य, कर्ण, दुःशासन आदि बैठे हैं। मंच के अग्र भाग में संजय, धृतराष्ट्र और गांधारी खड़े हैं। पांडवों का प्रवेश। पांडव धृतराष्ट्र और गांधारी को प्रणाम करते हैं। दोनों पांडवों को आशीर्वाद देते हैं और सभा भवन में जाने का इशारा करते हैं।]

[पांडव आगे बढ़ते हैं।]

गांधारी : युधिष्ठिर जैसा पुत्र पाकर, कुन्ती की कोख धन्य हो गई।
ऐसा स्वभाव नहीं मिला हमारे किसी भी पुत्र को!

धृतराष्ट्र : धर्म, नीति और व्यवहार का कोई ज्ञाता भी नहीं उनकी तरह। चलो अब हम चलें।

[धृतराष्ट्र और गांधारी का प्रस्थान।]

[पांडवों का सभा भवन में प्रवेश। वे भीष्म और विदुर को प्रणाम करते हैं।]

दुर्योधन : *(आगे आकर)* आइए धर्मसुत, आसन ग्रहण कीजिए।

[कर्ण और दुःशासन मुस्कुराते हैं।]

: *(भीम से)* आइए मारुत पुत्र आसन लीजिए। *(अर्जुन से)* इन्द्र सुत आप भी आइए, ग्रहण कीजिए आसन यहाँ। *(नकुल और सहदेव से)* आओ, अश्विनीकुमार के सुत आसन ग्रहण करो।

[कर्ण, शल्य, दुःशासन हँसते हैं। भीष्म और विदुर चौंकते हैं। पांडव अपमानित से बैठते हैं। भीम उत्तेजित हो खड़े रहते हैं।]

भीम : दुर्योधन! महँगा पड़ेगा, उपहास यह।
(युधिष्ठिर से) उठिए, जिस सभा भवन में किया जाता हो उपहास, किया जाता हो अपमान। उचित नहीं यहाँ ठहरना अब!

युधिष्ठिर : रुको भीम, रुक जाओ। उत्तेजित नहीं होना चाहिए, तुम्हें इस तरह!

दुःशासन : इसमें उत्तेजित होने की है क्या बात?
पिता के नाम से किया जाना सम्बोधित पुत्र को यह तो है एकदम सामान्य-सा व्यवहार।

[कर्ण और दुर्योधन हँसते हैं।]

भीष्म : उचित नहीं, सभा भवन में इस तरह का परिहास।

विदुर : गांगेय ठीक कह रहे हैं।

दुर्योधन : *(क्रोध में)* शास्त्र विरुद्ध तो लेकिन इसमें कुछ भी नहीं। इतने उत्तेजित क्यों हो गए मारुत पुत्र?
क्या नहीं हैं वे मारुत पुत्र?
सुत इन्द्र के क्या नहीं अर्जुन?

विदूषक : *(स्वगत)* शास्त्रों का यही है चमत्कार। जिधर चाहो, पकड़कर घुमावो उसकी नाक।

भीष्म : पौत्र दुर्योधन! प्रश्न लोकाचार का नहीं, उस इच्छा का है, जो छिपी है तुम्हारे व्यवहार के पीछे। उसी से आहत किया है तुमने अपने ही बन्धुओं को।

दुर्योधन : आहत हैं अपने पिता के कुलनाम से भी पुत्र, यह तो आश्चर्य है!

[दुःशासन और कर्ण हँसते हैं।]

भीष्म : *(कर्ण की ओर देखकर)* राजपुत्रों का उपहास करने वालों को, जानना चाहिए अपनी सीमा भी।

कर्ण : *(क्रोध में)* क्या मुझ पर किया जा रहा है यह कटाक्ष? क्या मुझे बताई जा रही है सीमा मेरी?

भीम : *(युधिष्ठिर से)* क्या अब भी अपना अपमान करवाने को बैठे रहेंगे आप?

[युधिष्ठिर और अन्य पांडव बाहर आते हैं। विदूषक भी पांडवों के पीछे-पीछे आता है। दूसरी ओर से सभी कौरवों का प्रस्थान। भीष्म और विदुर भी प्रस्थान करते हैं।]

भीष्म : यह अच्छा नहीं हुआ। यह किसी बड़े अनिष्ट की पूर्व सूचना है।

विदुर : बात अब लेकिन किसी की भी नहीं सुनते महाराज। प्रीति पुत्र के प्रति अब कर चुकी है सीमा पार, सुना तो यहाँ तक है, कि कोष के अधिपति और कोषपाल को भी अपने पक्ष में कर लिया है सुयोधन ने।

भीष्म : नागरिक लेकिन हस्तिनापुर के सहन नहीं कर पाएँगे इसे। रोकना असम्भव हो जाएगा फिर महाविनाश। भारी पड़ेगी कुरु वंश को लोकमत की यह अवहेलना!

[दोनों का प्रस्थान। पांडवों का भी प्रस्थान।]

विदूषक : *(जाते-जाते)* आँख से नहीं कान से चलता है हस्तिनापुर का राजपाट। चाहे नीति हो या शास्त्र, अप्रिय वचन अब किसी का सह नहीं पाते महाराज।

[सबका प्रस्थान।]

मुख्य गायक : तो अपमानित हो पांडव सभा भवन से लौट गए। युधिष्ठिर तो ठहरे अजातशत्रु, सह जाते हैं बड़े से बड़ा अपमान...।
मगर भीम को सहन हुआ न
भरी सभा का वो अपमान।

घूँट ख़ून का पी कर रह लें
भीम नहीं ऐसे बलवान।
बार-बार बस मन मथती थी
दुर्योधन की वो ही बात।
पाँच पिता का नाम लिया क्यों
किया सभा में क्यों उपहास।
मगर भीम को सहन हुआ न
भरी सभा का वो अपमान।
सुनो देवियो, सुनो सज्जनो
सुनो कथा यह देकर ध्यान।

दृश्य : चार

[मंच एकदम ख़ाली है। कुन्ती बैठी है।]

कुन्ती : *(स्वगत)* सभा भवन को गए हैं जब से पाँचों पुत्र, बढ़ती ही जा रही है उद्विग्नता मेरी! पता नहीं कैसी शंका, कुशंका उपजती है मन में मेरे, पूछ सकती हूँ सहदेव से भविष्य, पर भय लगता है, भय लगता है, की अगर कोई ऊँच-नीच फिर से सुयोधन ने। तो शान्त रखना भीम को होगा असम्भव...।
अच्छा है, इससे तो कहीं और चले जाएँ हम कुछ दिनों को, लेकिन तब...तो सुयोधन राजा बन ही जाएगा छल से...।

[पांडवों का प्रवेश। भीम उत्तेजित हैं। अन्य पांडव निकल जाते हैं।]

कुन्ती : *(संशय के साथ भीम से)* क्या हुआ है, क्या हुआ है तुम्हें, लग रहे हो उत्तेजित बहुत, क्या हुआ है आज फिर कोई उत्पात?

भीम : हाँ, अपमान सबका किया दुर्योधन ने आज फिर। हम पाँचों को उसने सम्बोधित किया अलग-अलग पिता के नाम से। क्यों किया, बताओ माँ क्यों किया, दुर्योधन ने इस तरह सम्बोधित हमें?

कुन्ती : उत्तेजित होने की तो नहीं है इसमें कोई बात। पिता के नाम से पुकारे जाने से तो सिद्ध होती है तुम्हारी श्रेष्ठता ही।
यही है धर्म!
पिता के पुण्य से शक्ति मिलती है पुत्र को।

भीम : तो क्या हम नहीं हैं महाराज पांडु की संतान?

कुन्ती : शान्त हो जाओ पुत्र...।

भीम : *(उत्तेजना में)* बात को टालो नहीं माँ!
क्यों किया बतलाओ दुर्योधन ने हमें सम्बोधित इस तरह?
क्यों कर्ण, दुःशासन और शल्य ने भी किया उपहास?
क्या हम नहीं, महाराज पांडु की संतान?

कुन्ती : आत्मा में तुम पाँचों की है पाँच देवताओं का अंश...।

भीम : ओह! याने हम नहीं महाराज पांडु की संतान।

कुन्ती : मनुष्य थे महाराज पांडु तो...।

भीम : आह! अब समझा मैं...।

[भीम और अन्य पांडवों का प्रस्थान।]

[विदूषक का प्रवेश। गायकों से बात करता है।]

विदूषक : पता है सभा में क्या चर्चा चल रही है?

मुख्य गायक : क्या चर्चा चल रही है सभा में?

विदूषक : मुँह पर सभी के बस है एक ही बात, माँ के अविचार का कलंक लगा पुत्रों पर। बड़े मज़े ले-लेकर लोग हँस रहे हैं।

सहायक : अच्छा, कुछ और बताओ।

विदूषक : क्या-क्या बताऊँ, मेरे तो कान पक गए हैं, सुनते-सुनते। कहना है लोगों का, वंश चले या मिट जाए, निपूती ही क्यों न रह जाए कोई नारी पर...अनाचार से पाना कोई संतान, यह तो है पाप...।

सहायक : तो इस तरह हो रहा है पांडवों का उपहास?

विदूषक : हाँ, इस तरह हो रहा है, पांडवों का उपहास। मैं चलूँ...।

[विदूषक का प्रस्थान।]

मुख्य गायक : *जन्मे कैसे सुत कुन्ती ने*
पांडव भी सुन हुए उदास।
जगह जगह थी वो ही चर्चा
जगह जगह वो ही उपहास।

सभा भवन की काना फूसी
बातें पड़ी भीम के कान।
सुनो देवियो, सुनो सज्जनो
सुनो कथा यह देकर ध्यान।

तो उस दिन से भीमराज ने अन्न-जल सब त्याग दिया। इस बात से बड़ी खलबली मची। भीमराज के व्यवहार से चारों भाई और माँ कुन्ती भी चिन्ता में पड़ गईं। कई यत्नों से भीम को समझाया, पर भीम तो भीम ठहरे, किसी बात से टस से मस न हुए...।

कुन्ती : *(स्वगत)* मुझ पर और माद्री पर, अब दुर्योधन लगा रहे हैं, अनाचार का आरोप। अब दुर्योधन बताएँगे, कि धर्म क्या है? नीति क्या है? पांडवों को देना होगा अब कुल वंश का प्रमाण? राज्य पर अधिकार करने को अब रचे जाएँगे ऐसे प्रपंच? कपट को अपने, क्या अच्छा बाना पहनाया है धृतराष्ट्र ने। अन्धे पिता का पुत्र, लोभ में अन्धा नहीं होगा तो फिर होगा कौन! क्या धृतराष्ट्र, अपनी और महाराज पांडु के जन्म की कथा भी गए हैं भूल। विधवा हो चुकी थीं अम्बिका और अम्बालिका तो। पति से आज्ञा भी नहीं मिली थी उन्हें तो नियोग की। फिर भी... द्वैपायन से किया उनने नियोग।
दिया जन्म महाराज पांडु और धृतराष्ट्र को।
भीम आज मुझसे ही करते हैं प्रश्न
पांडवों को कैसे दिया मैंने जन्म।
कर्ण भी कर रहे हैं पांडवों का उपहास।
जानते नहीं हैं कर्ण, कि जाये हैं वे भी मेरी ही कोख से। वो भी जन्मे हैं उसी तरह, जैसे जन्मे हैं पांडव...।
(अतीत में देखती है) दुर्वासा ने सेवा के बदले दिया था मुझे वशीकरण मंत्र, कहा था...मंत्र पढ़कर जिस देवता का आह्वान करोगी, वही वशीभूत हो देगा तुम्हें पुत्र...एक दिन...लड़कपन में ही मैंने सूर्य को अभिमंत्रित कर...बुला लिया...।

[नदी की यवनिकाएँ लिये पात्र आते हैं। कुन्ती नदी से नहाकर निकलने का अभिनय करती है। मंत्र बुदबुदाती है। सूर्य प्रवेश करता है और कुन्ती के चारों ओर नाचता है। कुन्ती उसे विस्मय से देखती है।]

सूर्य : *मैं सूर्य हूँ।*
तुमने किया मेरा आह्वान
अभिमंत्रित हो, आया हूँ मैं तुम्हारे पास
रची है मैंने ही यह पृथ्वी
रचा है मैंने ही आकाश
दिशाओं को करती प्रकाशित
है यह मेरी ही उजास।
मैं सूर्य हूँ।
मुझसे ही चलता है समय चक्र
नदियों में, सागर में, चर में, अचर में
सबमें है मेरा ही ताप
रचता हूँ मैं ही दिन और रात।
सौंप दो, सौंप दो मुझे अपना सर्वस्व
करो पुत्र, मुझसे तुम प्राप्त।

कुन्ती : *दिग्दिगंत को पल भर में, अपने ज्योति पगों से*
नाप लेने वाले सूर्य।
महर्षि दुर्वासा ने दिया था मुझे यह
देवताओं को अभिमंत्रित कर लेने वाला मंत्र
कौतुकवश ही कर लिया मैंने तुम्हारा आह्वान
जानती हूँ, हुआ है, मुझसे अपराध
पर क्षमा कर दो, क्षमा कर दो नाथ।

सूर्य : *डरो मत! भय मत करो अब शुभे।*
व्यर्थ होगा अगर आह्वान, तो लगेगा दोष
सहना पड़ेगा मुझे भी महर्षि का श्राप!

कुन्ती : *नहीं नहीं...बिन ब्याही माँ के पुत्र का जीवन होगा अभिशाप।*

सूर्य : *सुनो शुचिस्मिते सुनो। कोख से तुम्हारी जन्म लेगा, जो हमारा पुत्र अदिति के दिव्य कुंडल और कवच से सुसज्जित होगा वह। अदेय नहीं होगा, कभी, कुछ भी उसके लिए, कभी कुछ भी उसके लिए...!*

[कुन्ती के चारों ओर नाचता है। यवनिकाओं और सूर्य का प्रस्थान। स्वप्न समाप्त हो जाता है। कुन्ती पुनः सामान्य होती है।]

कुन्ती : *(स्वगत)* इस तरह कर्ण जन्मे और फिर...इसी तरह तो...।

[युधिष्ठिर का प्रवेश।]

युधिष्ठिर : माँ, भीम दरवाज़ा बन्द करके बैठ गए हैं। किसी की भी बात का उत्तर वो देते नहीं। भीम भूखे रहें, और हम अन्न-जल ग्रहण करें, कैसे हो सकता है?

[कुन्ती और फिर अर्जुन, युधिष्ठिर, नकुल और सहदेव दरवाज़ा बजाने का अभिनय करते हैं।]

कुन्ती : अब कृष्ण ही समझा सकते हैं उसे...।

मुख्य गायक : *चिन्ता में सब भाई व्याकुल*
साँसत में कुन्ती के प्रान।
कौन मनाए भीम को भैया
वो बैठे हैं जिद यह ठान।
नहीं छुएँगे रोटी पानी
नहीं बचें ये चाहे प्रान।
सुनो देवियो, सुनो सज्जनो
सुनो कथा यह देकर ध्यान।

सहायक : *तब अर्जुन ने कृष्ण को, भेजा यह संदेश।*
तुरत पधारें नाथ अब, दूर करें सब क्लेश॥

[कुन्ती का प्रस्थान। कृष्ण का प्रवेश।]

कृष्ण : *(स्वगत)* तो दुर्योधन रच रहे हैं अब ऐसे प्रपंच,
सब कंटक ही दूर हो जाएँगे उनके,
पराजित हो गया यदि भीम का मन...।

[चारों पांडव आकर कृष्ण को प्रणाम करते हैं। फिर आपस में बातचीत करने का अभिनय करते हैं।]

नकुल : हमारा नहीं, किया है दुर्योधन ने माँ का ही अपमान, भीम से बलवान, फिर भी रख सके इतना धैर्य, यह कम नहीं है...।

सहदेव : कोई कब तक सह सकता है अपमान?

कृष्ण : *(आवाज़ लगाते हैं)* बाहर आओ, सुनो भीम तुम मेरी बात!

भीम : *(उत्तेजित से बाहर आकर)* पूज्य युधिष्ठिर के कहने से सह लिया बहुत और नहीं लेकिन अब मैं सह पाऊँगा। वध कर

डालूँगा मैं सारे कुरुपुत्रों का। नहीं बचेंगे, भीष्म, शल्य और भूरिश्रवा भी,
मुझे रोकना अब मत केशव...
मैं और नहीं सह पाऊँगा...।

[कृष्ण अन्य पांडवों को चले जाने का संकेत करते हैं। सबका प्रस्थान। भीम को कन्धे पर हाथ रख शान्त करते हैं।]

कृष्ण : सुनो भीम, आपा मत खोओ। समय नहीं आया है इसका। दुर्योधन करते हैं उपहास, तो उत्तर दो तुम भी उनका उपहास से।

भीम : लेकिन कैसे? मैं तो कोई बात नहीं जानता, जिससे वह अपमानित हो।

कृष्ण : मैं बतलाता हूँ। दुर्योधन कहें अगर मारुत पुत्र तो चुपचाप उसे सह लेना।
हँसते-हँसते बस इतना कहना, कहना,
गोलक पुत्र अभी ग्रहण करता हूँ आसन।
बस इतना कहते ही दुर्योधन का गर्व, देखना चूर-चूर हो जाएगा। बल दिखलाने का समय अभी आएगा, अभी न्याय के लिए ज़रूरत होगी उसकी।

भीम : लेकिन इसका रहस्य मुझे बताइए केशव?

कृष्ण : बस, जितना कहता हूँ, उतना कह देना। बाक़ी स्वयं जान जाओगे एक दिन।

[कृष्ण का प्रस्थान। भीम ख़ुश होकर नाचता है।]

भीम : गोलक पुत्र...गोलक पुत्र...।

[चारों पांडव आकर नाचते हुए भीम को देखते हैं और विस्मय से, इशारे से पूछते हैं।]

भीम : अभी नहीं, कल सभा में बताऊँगा...*(बुदबुदाता है)* गोलक पुत्र...।

[मध्यान्तर।]

दृश्य : पाँच

[सभा भवन का दृश्य। दुर्योधन खड़े हैं। भीष्म, विदुर, शल्य, दुर्जय, दु:शासन और कर्ण बैठे हैं। विदूषक एक कोने में बैठा गायकों से बात कर रहा है। पांडवों का प्रवेश।]

भीम : आज मैं सबसे अन्त में सभा भवन में प्रवेश करूँगा!

अर्जुन : क्यों? दुर्योधन फिर कोई अप्रिय बात कहेगा और हमें अपमानित होना पड़ेगा।

भीम : चिन्ता मत करो आज। केशव की इच्छा से सब होगा ठीक। कोई भी अपमानित नहीं कर पाएगा हमें। आज के बाद।

नकुल : क्या सच ही ऐसा होगा?

भीम : हाँ, ऐसा ही होगा।

[पाँचों भीम को पीछे करके प्रवेश करते हैं।]

कर्ण : *(दुर्योधन से)* सहकर इतना बड़ा अपमान, सोचा था मैंने, सभा भवन की ओर अब कभी मुँह भी नहीं करेंगे पांडव...लेकिन ये तो...!

दुर्योधन : जो हो चुके हों ढीठ, अन्तर उन्हें अपमान से पड़ता नहीं।

दु:शासन : मुझे तो कुछ और ही शंका हो रही है। स्वभाव मैं भीम का जानता हूँ, कहीं खड़ा न कर दें फिर कोई उत्पात?

कर्ण : सभा में वे ऐसा साहस नहीं करेंगे।

[पांडवों का प्रवेश।]

दुर्योधन : आइए-आइए धर्म सुत, आइए आसन ग्रहण कीजिए। इन्द्र सुत आप भी आइए।

[कर्ण और दु:शासन जोर से हँसते हैं।]

आसन ग्रहण कीजिए अश्विनी पुत्र आप भी। *(भीम को देखकर)* अरे मारुत पुत्र, आज सबसे पीछे हैं। आइए मारुत पुत्र आसन ग्रहण कीजिए आप भी।

[कर्ण और शल्य हँसते हैं।]

भीम : *(मुस्कुराता है।)* बैठता हूँ गोलक पुत्र, बैठता हूँ...अनुगृहीत हूँ मैं आपका...गोलक पुत्र।

[भीम के बोलते ही नकुल और सहदेव जोर से हँसते हैं। युधिष्ठिर असमंजस में पड़ जाते हैं। भीष्म और विदुर भी चौंकते हैं। दुःशासन और कर्ण भी चौंकते हैं।]

दुर्योधन : *(क्रोध में)* इस सम्बोधन का क्या मतलब है?

भीम : *(मुस्कुराकर)* यह तो तुम्हें माता गांधारी बताएँगी या मामा शकुनी।

दुर्योधन : *(क्रोध में पाँव पटककर)*
(सभा विसर्जित होती है।)

[क्रोध में दुर्योधन का प्रस्थान। पांडव बाहर आते हैं। दूसरी ओर से विदुर और भीष्म निकलते हैं। बाक़ी सबका प्रस्थान।]

युधिष्ठिर : यह तुमने क्या किया भीम?
और भी कटु हो जाएँगे इससे सम्बन्ध। तात सुनेंगे तो क्या सोचेंगे? माँ क्या सोचेंगी?

भीम : अपमान सहने की भी एक सीमा होती है। कहा था, जैसा केशव ने, बस वैसा ही किया, मैंने।

सहदेव : कुछ अशुभ घटने का लक्षण है। हमें अब प्रस्थान करना चाहिए।

[पांडवों का प्रस्थान।]

भीष्म : यह रहस्य भीम ने जाना कहाँ?
केशव के सिवा और कौन बता सकता है उन्हें यह?
नहीं, यह ठीक नहीं हुआ विदुर...।

विदुर : हर दिन अपमानित होकर, क्या चुप बैठे रहेंगे पांडव?
सुयोधन को स्वयं सोचना चाहिए यह बात। उचित-अनुचित, छोटे-बड़े किसी का भी वे नहीं करते विचार।
कोई कब तक सह सकता है, ऐसा व्यवहार!

भीष्म : चलो, चलकर दुर्योधन को देखना होगा।

[प्रस्थान। दुर्योधन का प्रवेश।]

दुर्योधन : *(उत्तेजना में, स्वगत)* क्यों कहा भीम ने गोलक पुत्र मुझे? भीष्म और विदुर भी रह गए कैसे अवाक्। तो है क्या, कोई मेरे भी जन्म का रहस्य?...माँ ने तो आज तक कुछ भी बताया नहीं... मामा ने भी नहीं...किस मुँह से बैठूँगा अब सभा में? कितना अपमानित हुआ आज मैं भरी सभा में।...नहीं, अब मैं किसी के लिए भी नहीं खोलूँगा द्वार...।

[दुर्योधन का प्रस्थान। भीष्म, विदुर, धृतराष्ट्र, गांधारी आकर दरवाज़े को खटखटाने का अभिनय करते हैं।]

धृतराष्ट्र : द्वार खोलो पुत्र, खोलो द्वार।
धरती के पाँच राज्यों के एकाधिपति हो तुम। तुम करोगे अगर ऐसा व्यवहार, तो क्या सोचेंगे जन।
अधिकारीगण उठाएँगे इसका लाभ।

विदुर : यह अविवेक तुम्हें शोभा नहीं देता, द्वार खोलो पुत्र।

गांधारी : कुबुद्धि और कुशय्या से लक्ष्मी रूठ जाती है, द्वार खोलो पुत्र।

भीष्म : द्वार खोलो पौत्र!

गांधारी : आप लोग जाएँ और महाराज को भी ले जाएँ। सुयोधन को अब मैं सँभाल लूँगी...।

[सबका प्रस्थान।]

गांधारी : द्वार खोलो पुत्र और सुनो मेरी बात...।

[दुर्योधन का तीव्रता से प्रवेश।]

दुर्योधन : *(क्रोध में)* क्या सुनूँ अब तेरी बात, सुनने को रह गया है, क्या कुछ और भी अब शेष? जानती हो भीम ने, किस तरह किया मुझे आज अपमानित, जानती हो, सभा में हुआ किस तरह... आज मेरा उपहास?

गांधारी : दोषी इसके लिए तुम स्वयं हो।
इतने दिनों से जो तुम कर रहे थे पांडवों के साथ। तुम्हारे साथ, भीम ने भी किया है बस वही व्यवहार। मना मैंने तुमसे पहले भी किया था, महाराज पांडु छोटे भाई थे तुम्हारे पिता के, अपमान उनका करके, किया है तुमने अपने पिता का भी अपमान।

दुर्योधन : *(क्रोध में)* पापी का मन ही जानता है पाप के बारे में।
कौन है वास्तविक पिता, पुत्र का

जानती है सिर्फ़ माँ ही इसका भेद। बताओ मुझे, बताओ, क्या नहीं हूँ मैं धृतराष्ट्र का पुत्र? कैसे सम्भव है यह, कि दुहिता गांधार सेन की हो चरित्रहीन?
क्यों कहा? क्यों कहा फिर भीम ने गोलक पुत्र मुझे?

गांधारी : *(समझाकर)* जगहँसाई करवाई तुमने अपने ही भाइयों की। बन्द कर दो दूसरों के दोष गिनना। शान्त करो...अपना मन...।

दुर्योधन : *(क्रोध में)* बात मत टालो। बताओ मुझे, भीम ने क्यों कहा, गोलक पुत्र मुझे?
भीष्म और विदुर भी सुनकर हो गए अवाक्।
अपमानित हुआ तुम्हारा पुत्र और तुम कह रही हो शान्त हो जाऊँ।
जग भर में उपहास हो मेरा, और तुम कहती हो शान्त हो जाऊँ।
नहीं! बताना ही होगा तुम्हें यह रहस्य...क्यों कहा भीम ने...।

गांधारी : रहस्य इसमें कुछ भी नहीं, नहीं किया है मैंने कोई पाप, जो तुमसे छिपाऊँ।

दुर्योधन : तो बताओ वह रहस्य। जब तक जान नहीं लूँगा, छुऊँगा नहीं मैं अन्न-जल को।

गांधारी : तो सुनो पुत्र! मैं कृत्तिका नक्षत्र में ज्येष्ठ अमावस्या की दुपहर में पैदा हुई थी। नक्षत्र के अनुसार मैं ब्रह्म असुरी थी। इसीलिए जब मैं बड़ी हुई तो आसपास का कोई भी राजा मुझसे ब्याह करने को तैयार नहीं हुआ...मेरे पिता दिनोंदिन चिन्तित रहने लगे...यह देख मेरे पिता ने दूर देश के राजाओं से मेरा ब्याह करने का निश्चय किया...उड़नसेन ने मेरा वरण किया, लेकिन वरण करते ही उनकी मृत्यु हो गई...। महारथ देश के राजा वीरूपाख ने मेरा वरण किया लेकिन वे भी मारे गए...इस तरह बारह राजा मेरा वरण करते ही काल के ग्रास बन गए...। यह देख मेरे पिता और भाई व्याकुल हो गए। कौन पिता होगा जो चाहेगा कि उसकी बेटी उसी के घर में ऋतु स्नान करे। तब एक दिन महर्षि व्यास गांधार देश में प्रकट हुए...पिता ने उन्हें सब कह सुनाया...।

मुख्य गायक : *सुनी समस्या वेद व्यास ने*
कहा सुनो तुम मेरी बात।
गूलर का है वृक्ष निराला
इसका मुझसे सुनो प्रताप

सुबह सुबह छू जाए टहनी
हर लेती सारे संताप।
ऐसा अमृत बरसे इससे
धो डाले जो सबके श्राप।
महादेव ने सुन नन्दी से
इसकी गाथा करी बखान।
सुनो देवियो, सुनो सज्जनो
सुनो कथा यह देकर ध्यान

गांधारी : तो व्यास जी ने गूलर के एक पेड़ से मेरा ब्याह कराया। पाराशर ऋषि के पुत्र ने मंत्रोच्चार किया...जैसे ही विधि सम्पन्न हुई, वह पेड़ भी सूख गया...। व्यास जी ने बताया कि महाराज धृतराष्ट्र भी ब्रह्मराक्षस योनि में जन्मे हैं उनसे भी जिस कन्या का ब्याह होता था वही काल का ग्रास बन जाती थी...शल्य, अंगसेन और न जाने कितनों की बेटियाँ महाराज का वरण करते ही मरती गईं...इसलिए जब बाधा दूर हो गई तो व्यास जी ने ही तुम्हारे पिता से मेरा ब्याह करवा दिया। यह बात व्यास और कृष्ण जानते हैं...।

दुर्योधन : तो भीम ने जो कहा सच था!
वह जानता था इस रहस्य को, इसीलिए किया उसने मेरा अपमान। भीम फैलाएगा अब इसे सारे राज्य में। *(चिल्लाकर)* पापी है गांधार सेन! अपनी विधवा दुहिता का ब्याह करवाया उसने मेरे पिता से। क्यों नहीं मरवा डाला उसने तुम्हें घर में? ऐसे पापी को क्षमा नहीं कर सकता मैं जीवन भर।

गांधारी : छिपाकर नहीं, जानकारी में हुआ था यह सब, महाराज धृतराष्ट्र की।

दुर्योधन : पाप को किसी तर्क से ढाँपा नहीं जा सकता...।

गांधारी : लांछन लगाते अपनी माँ और नाना पर, गिर क्यों नहीं जाती जिह्वा तुम्हारी!

[गांधारी का प्रस्थान।]

दुर्योधन : नहीं, अब सह नहीं सकता। प्रतिशोध ही करेगा अब इस अग्नि को मेरी शान्त। गांधार सेन और उसके पुत्रों के कारण ही सहना पड़ा है मुझको यह अपमान।

[आवाज़ देता है।]

कोई है यहाँ पर?

भट : *(प्रवेश करके)* युवराज की जय हो।

[दुर्योधन भट को आदेश देता है। भट का प्रस्थान और कारीगरों का डंडों के साथ प्रवेश। कथागायन के साथ-साथ कारीगर पहाड़ में कारागार बनाने का अभिनय करते हैं। डंडों के सहारे कारागार बनाते हैं। दुर्योधन इस सारी प्रक्रिया को देखता है।]

मुख्य गायक : तो हस्तिनापुर के पास ही जंगल में था लोहगिरी नाम का पहाड़। दुर्योधन ने हज़ारों शिल्पियों और कारीगरों को वहाँ इकट्ठा किया। उन्हें अन्न और बहुत-सा धन दिया और पर्वत के भीतर-भीतर, एक विशाल कारागार तैयार करवाया...।

दुर्योधन की विकट सूझ ने
लेकर एक अजब आकार!
लोहगिरी पर्वत के भीतर
बनवाया इक कारागार।
खिड़की एक लगाई उसमें
पत्थर का लगवाया द्वार।
बारह बरस की मेहनत से
बन्दीगृह हुआ तैयार।

दुर्योधन : *(स्वगत)* इस कारागार से किसी का भी जीवित निकलना सम्भव नहीं...।
अब शान्त होगी मेरी प्रतिशोध की आग...।

[दुर्योधन का प्रस्थान। कारीगरों का भी प्रस्थान।]

मुख्य गायक : *बरसों संचित हुई घृणा की*
मन में धधक रही थी आग।
दबा रखा था बरसों जिसको
गई विकट वो इच्छा जाग।
देख देख कर ख़ुश होते थे
दुर्योधन यह कारागार।
मन की कौन थाह ले पाया
मन का कोई पार न वार।
देख भाल कर सबको लगता

क्रोध हो गया उनका शान्त।
भूल गए हैं सब दुर्योधन
मन था उनका मगर अशान्त।
सुनो देवियो, सुनो सज्जनो
सुनो कथा यह देकर ध्यान।

दृश्य : छह

[गांधारी बैठी है। दुर्योधन, दुःशासन और कर्ण का प्रवेश।]

दुर्योधन : माँ, हम गांधार जाना चाहते हैं, सहमति हो अगर तुम्हारी, तो आज ही करना चाहते हैं प्रस्थान।

गांधारी : *(शंकित-सी)* पुत्र! यह अचानक क्यों किया गांधार जाने का विचार?

दुर्योधन : नाना से मिले हो गए कितने वर्ष?
आए नहीं मामा भी बहुत दिन से इधर।

गांधारी : बहुत दिन हुए कोई कुशल समाचार भी नहीं आया।

दुर्योधन : चाहता हूँ देखना किस तरह चलाते हैं, नाना वहाँ राज-काज।
प्रजा का पालन किस तरह करते हैं महाराज।
सीखना चाहता हूँ राज्य का कौशल, रहकर कुछ दिन, उनकी शरण में!

गांधारी : *(स्वगत)* लगता है, सुयोधन भूल चुके हैं, पिछली बातें!
इन वर्षों के अन्तराल में, लगता है, धीरे-धीरे शान्त हो गया है उसका क्रोध। समय बड़े से बड़ा घाव भी भर देता है।
(प्रकट) तुम अवश्य जाओ पुत्र।
नाना और मामाओं से मिल उनकी कुशल पूछना, कुशल यहाँ की भी कहना उनसे।
नाना से कहना मेरा प्रणाम...।

दुर्योधन : तो हम जाते हैं माँ।

[सबका प्रस्थान।]

मुख्य गायक : तो दुर्योधन, दुर्जय, दुःशासन, कर्ण और अश्वत्थामा, माँ की आज्ञा ले चल पड़े गांधार देश की ओर...।

सहायक : हओ!

मुख्य गायक : गांधार देश था, हस्तिनापुर से पूरे पन्द्रह सौ योजन दूर। रथों को पवन वेग से दौड़ाया, तिस पर भी लगे पूरे पच्चीस दिन पहुँचने में गांधार देश।

मामा घर आए दुर्योधन।
उसका आगे करूँ बखान।
सुनो देवियो, सुनो सज्जनो
सुनो कथा यह देकर ध्यान।

[गांधार सेन और शकुनी का प्रवेश। दोनों आपस में चर्चा करते हुए आते हैं। कुछ समय बाद भट का प्रवेश।]

भट : महाराज की जय हो।

गांधार सेन : क्या समाचार है?

भट : महाराज! कुरुराज दुर्योधन, दुःशासन, कर्ण और अश्वत्थामा पधारे हैं।

गांधार सेन : *(प्रसन्न होकर)* सुयोधन आए हैं! उन्हें तत्काल यहाँ ले आओ।

भट : महाराज की जो आज्ञा।

[भट का प्रस्थान।]

शकुनी : *(स्वगत)* दुर्योधन आया है?
बिना किसी पूर्व सूचना के...शंका होती है। क्या कारण हो सकता है!

[दुर्योधन का प्रवेश।]

दुर्योधन : नानाजी, मैं प्रणाम करता हूँ।

गांधार सेन : यशस्वी हो पुत्र! कैसे हैं महाराज धृतराष्ट्र और गांधारी और बन्धु-बान्धव कैसे हैं तुम्हारे?
कष्ट तो नहीं हुआ कोई तुम्हें मार्ग में?
तुम्हारे यूँ अचानक आने से रोमांचित है मेरा मन, लेकिन शंकित भी।

दुर्योधन : सब कुशल है हस्तिनापुर में। आपकी कुशलता की भी कामना की है, माँ और पिताजी ने।
(शकुनी से) मामाजी मैं प्रणाम करता हूँ।

शकुनी : *(गले लगाकर)* यश फैले तुम्हारा चारों दिशाओं में।

दुर्योधन : जानता हूँ, बिना किसी सूचना के मेरे आने ने डाल दिया है संशय में आपको। पर कारण ही ऐसा था कि आना पड़ा अचानक।

गांधार सेन : कारण? कैसा कारण? शीघ्र कहो।

दुर्योधन : जानते ही हैं आप, महाराज पांडु के निधन के बाद पितामह, माँ कुन्ती को और पांडवों को ले आए थे हस्तिनापुर।

गांधार सेन : जानता हूँ वह सारा वृत्तान्त।

दुर्योधन : जब से आए हैं पांडव, ठाने रहते हैं मुझसे बैर।
तनाव दिनों-दिन बढ़ता ही जाता है हस्तिनापुर में।

शकुनी : गांगेय और आचार्य द्रोण का कुछ अधिक ही स्नेह है पांडवों से।

दुर्योधन : इतना ही नहीं। भीम प्रतिदिन करते हैं मेरा अपमान।
और सब यही चाहते हैं मुझसे कि मैं ही रहूँ शान्त।

गांधार सेन : पांडवों को इतना बल देकर अच्छा नहीं किया देवताओं ने...।

शकुनी : ऐसे भी बलशाली नहीं हैं पांडव...।

गांधार सेन : तुम नहीं जानते शकुनी। अर्जुन अकेले ही तीनों लोकों को जीत सकते हैं अपने गांडीव से। पांडवों से लेना शत्रुता मोल...।

शकुनी : *(क्रोध में)* तो मनमानी करने दें पांडवों को? सहते रहें उनका अन्याय? उनकी उद्दंडता ही सहने को अभिशप्त हैं हम?

दुर्योधन : युद्ध नहीं चाहता मैं पांडवों से!

शकुनी : तो फिर...?

दुर्योधन : चाहता हूँ मैं, किसी और ही युक्ति से काँटा निकालना...।

गांधार सेन : किस युक्ति से?

दुर्योधन : प्रबन्ध इसका मैंने कर लिया है।
इसके लिए अपने सभी पुत्रों के साथ, आपको चलना होगा हस्तिनापुर...।

शकुनी : *(स्वगत)* चलना होगा...हस्तिनापुर...?

गांधार सेन : ननिहाल आए हो, इतने दिनों के बाद। कुछ दिन यहाँ ठहरो। शान्त करो अपना मन। मिलजुल हम सब विचारेंगे...निकल ही आएगा कोई मार्ग जो तुम्हारे लिए भी सम्मान का हो...।

दुर्योधन : नहीं, इस समय, न रोकें मुझे आप।
ज्ञात नहीं है आपको, कितनी उद्विग्न हैं माँ,
उद्विग्न कितने हैं महाराज धृतराष्ट्र भी...।
अचानक इतनी विकट न होती स्थिति तो,
यूँ असमय, बिना किसी सूचना के, न चला आया होता मैं...।

गांधार सेन : शंकित हो रहा है अब मेरा भी मन।
(शकुनी से) जाओ कहो अपने भाइयों से, हस्तिनापुर को प्रस्थान करेंगे हम इसी पल।

शकुनी : *(फुसफुसाकर)* इतनी हड़बड़ी में निर्णय करना, क्या उचित होगा?

गांधार सेन : दुर्योधन जिद पर अड़े हैं। नहीं जाएँगे, तो क्या सोचेंगे धृतराष्ट्र। मन दुर्योधन का बहुत अशान्त है। अब चाहे परिणाम कुछ हो, जाना तो होगा ही।
गांधारी पर कोई विपदा आए, यह मैं सह नहीं सकता।
जाओ शीघ्र तैयारी करो।

शकुनी : जो आज्ञा।

दुर्योधन : मैं अनुगृहीत हूँ।

[सबका प्रस्थान।]

मुख्य गायक : तो कृपानिधान! इस तरह दुर्योधन के साथ-साथ गांधार सेन, शकुनी और उनके सौ भाई हस्तिनापुर की ओर चल पड़े...।

सहायक : हओ, चल पड़े।

मुख्य गायक : *बैठ रथों पर चले योद्धा*
दुर्योधन का देते साथ।
चलते-चलते सब जन पहुँचे
लोहगिरी पर्वत के पास।
लोहगिरी पर्वत के भीतर।
बना हुआ था कारागार।
यंत्र घुमाकर दुर्योधन ने
खोला उसका कपट किवार।
मन में क्या है दुर्योधन के
यह न सका कोई भी जान।
सुनो देवियो, सुनो सज्जनो
सुनो कथा यह देकर ध्यान।

[दुर्योधन, शकुनी, गांधार सेन का प्रवेश।]

दुर्योधन : *(मंच के केन्द्र की ओर इशारा करके)* यह लोहगिरी पर्वत है। इस द्वार से अन्दर प्रवेश कीजिए...देखिए...क्या भीम की गदा

इस पर्वत को ध्वस्त कर सकती है? अन्दर चलकर इसकी परख कीजिए...।

[गांधार सेन और शकुनी द्वार में से अन्दर प्रविष्ट होने का अभिनय करके बीच में पहुँचते हैं। विशाल कारागार को अन्दर से देखने का अभिनय करते हैं।]

दुर्योधन : तो गांधार नरेश अब मैं इसका द्वार बन्द कर देता हूँ।

[बाहर से यंत्र घुमाकर द्वार बन्द करने का अभिनय करता है।]

मुख्य गायक : *संकट सूँघा महाराज ने*
शकुनी भी गए संकट ताड़।
दुर्योधन ने लेकिन तब तक
बन्द कर दिया कपट किवाड़।

गांधार सेन : *(कारागार के अन्दर से)* चक्रवर्ती हो तुम सुयोधन।
अद्वितीय है यह तुम्हारे बुद्धिबल से निर्मित हुआ बन्दीगृह भी। शत्रु चाहे बलवान हो कितना भी, तोड़ नहीं पाएगा इसको कभी...।

दुर्योधन : *(कुटिलता से)* अपने सभी पुत्रों के साथ, करें इस पर विचार। बन्द कर दिया है मैंने इसका किवाड़, परामर्श करने आपसे फिर आऊँगा मैं...।

गांधार सेन : *(ख़तरा भाँपते हुए)* सर्वज्ञ हो तुम सुयोधन।
बुद्धिबल तुम्हारी तरह है भला किसके पास!

दुर्योधन : *(गरजकर)* तो सुनें गांधार सेन।
और सुनो गांधार सेन के तुम सभी पुत्रो!
रचा है मैंने तुम्हारे ही लिए यह कारागार।
अपनी विधवा कन्या का रचाया ब्याह तुमने पिता से मेरे, तुम्हारी ही वजह से सहना पड़ा मुझे गोलक पुत्र कहलाने का अपमान। यह उसी का दंड है। रहकर यहाँ करोगे प्रायश्चित्त अपने पाप का तुम।

गांधार सेन : मेरी बात सुनो सुयोधन।

दुर्योधन : विधवा दुहिता का क्यों किया तुमने दान?
समर्पित क्यों नहीं कर दिया अग्नि में उसको?
जानकर इस कलंक कथा को कृष्ण से
भीम ने किया है मेरा अपमान।

भूल पाऊँगा इसे अब मैं,
करके तुम्हारे पूरे वंश का संहार।
तुम्हारे ही लिए रचा है मैंने यह कारागार।
ठंडी, तुम्हारी मृत्यु से ही होगी मेरी प्रतिशोध की यह आग।

[दुर्योधन, शकुनी और गांधार सेन का प्रस्थान। विदूषक चिल्लाता हुआ दौड़कर प्रवेश करता है।]

विदूषक : सुनें महारानी गांधारी, सुनें।
हस्तिनापुर की सम्राज्ञी महारानी सुनें।
अनर्थ...हो गया है अनर्थ...सुनें...।

गांधारी : *(नेपथ्य से)* सुबह-सुबह कौन बोल रहा है यह अशुभ वचन?
कौन-सी विपत्ति ने आ घेरा है इस निष्कंटक राज्य को?

[गांधारी का प्रवेश।]

विदूषक : *(प्रणाम करता है)* महारानी! कुरुराज दुर्योधन ने गांधार सेन और उनके सभी पुत्रों को बन्दी बना लिया है, लोहगिरी के अन्दर बने कारागार में। प्रण किया है कुरुराज ने, बिना अन्न-जल के, तिल-तिलकर वे मारेंगे सभी को...।

गांधारी : *(दुख से)* ओह! यह क्या हुआ? *(स्वगत)* मैं तो समझी थी दुर्योधन सब कुछ भूल गया है। यह मेरा भ्रम था। क्या दुर्योधन के स्वभाव को मैं भूल गई थी?
छली जाती हूँ अपने ही स्वप्न से मैं हर बार!
भीतर, कहीं बहुत भीतर रही है मेरी इच्छा...
युधिष्ठिर की तरह निश्छल...निष्कपट देखना चाहती रही मैं, दुर्योधन को!
नहीं! लेकिन नहीं है शायद यह मेरे भाग्य में।
अन्धत्व से सम्भव नहीं है जन्मना एक ऐसा पुत्र।
घृणा एक अन्तहीन घृणा से...प्रतिशोध सिर्फ़ प्रतिशोध से भरा है,
मेरा पुत्र...क्या सोचा होगा पिता ने...भाइयों ने...।

[दुर्योधन का तेज़ी से प्रवेश। विदूषक का प्रस्थान।]

गांधारी : क्या किया यह तूने, क्या किया पुत्र?

दुर्योधन : अप्रत्याशित तो कुछ भी नहीं...। भूल गईं क्या तुम मेरी प्रतिज्ञा?
किया जाना चाहिए जो ऐसे पापियों के साथ, वही किया मैंने।

अब तो उस दिन होगी आत्मा मेरी शान्त, जिस दिन सुनूँगा कि बिना अन्न-जल के...हड्डियों के एक ढेर में बदल जाएगा गांधार सेन का पूरा वंश...हाँ पूरा वंश...।

गांधारी : नहीं, ऐसा मत कहो, मत कहो सुयोधन। देख, अपनी माँ की तरफ़ देख। वो तेरे नाना और मामा हैं...।

दुर्योधन : समाप्त हो चुके अब सदा-सदा को वो सारे सम्बन्ध। शत्रु हैं अब, सिर्फ़ शत्रु हैं वो, नहीं इससे कुछ भी अधिक...।
रण से हो या छल से...शत्रु से प्रतिशोध ही है,
मेरा धर्म!

गांधारी : कलुषित मत कर अपनी आत्मा को...।

दुर्योधन : कलुषित? आज ही तो निर्मल हुआ है मेरा मन।
बोझ इतने वर्षों से जो मेरी आत्मा पर रखा था, आज उतर गया...।
अब कोई बोझ नहीं...उस कारागार में बच नहीं सकता कोई भी...।

गांधारी : अपने पिता और भाइयों के लिए आँचल फैलाकर मैं भीख माँगती हूँ तुमसे।
मैं माँ हूँ तेरी, पर भीख माँगती हूँ तुझसे...।

दुर्योधन : नहीं, किसी की मुक्ति अब सम्भव नहीं।

गांधारी : मुक्ति के लिए नहीं यह याचना।
बस अन्न-जल का उनके लिए प्रबन्ध कर दो।
बिना अन्न-जल के प्राण त्यागता है जो मनुष्य, उसे मुक्ति नहीं मिलती।
अपने ही स्वजनों की हत्या का पाप क्यों लेना चाहता है, तू अपने ऊपर।

दुर्योधन : यदि तुम चाहती हो, ऐसा ही हो, ऐसा ही होगा!

[गांधारी का प्रस्थान।]

दुर्योधन : कोई है?

भट : आदेश दें युवराज।

दुर्योधन : विदूषक को भेजो।

[भट का प्रस्थान। विदूषक का प्रवेश।]

विदूषक : *(स्वगत)* दुर्योधन किसी को याद करें तो समझना चाहिए कि विपत्ति आने ही वाली है, क्यों याद किया जा रहा है मुझे?

क्या दुर्योधन को हँसने की इच्छा हो रही है? गुरुजी ने पहले ही कहा था, बेटा, ऐसे राज्य में मत रहो, जहाँ का राजा अन्धा हो...जिनके राजा आँधरे...उनकी प्रजा निरंध्र...। उस पर आँधरे राजा का यह पुत्र...। जब किसी घर बच्चा पैदा होता है तो लोग थाली बजाते हैं...बधावे गाते हैं...लेकिन जब यह दुर्योधन पैदा हुआ...तो कौव्वों ने काँव-काँव की...गीदड़ों ने हुआँ-हुआँ का राग अलापा...तभी महात्माओं ने कहा था... यह एक दिन विनाश करेगा...लेकिन अब क्या करूँ गुरुजी, मेरी रक्षा करना...।

[चक्कर लगाकर दुर्योधन के सामने आता है।]

युवराज की जय हो! क्या आदेश है युवराज?

दुर्योधन : प्रतिदिन तुम्हें एक टोकरा भात और एक कलश जल लेकर लोहगिरी के बन्दीगृह में पहुँचाना होगा।

[दुर्योधन का प्रस्थान। विदूषक गायकों के पास आकर बातें करता है।]

मुख्य गायक : तो पहले तो कई दिन तक लोहगिरी की उस कारा में एक सौ एक जन के लिए हर दिन जाता था एक टोकरा भात और एक कलश पानी।

सहायक : तो इसका बँटवारा कैसे होता था?

विदूषक : बँटवारा? शकुनी सबको एक-एक मुट्ठी भात और एक-एक चुल्लू पानी बाँट देते। तब बचता एक मुट्ठी भात...उसे पानी में सानकर बन्दीगृह की दीवार पर कंडे की तरह थाप देते थे...।

मुख्य गायक : इस तरह शकुनी ने बुरे दिनों का प्रबन्ध पहले ही कर रखा था। तो यह सिलसिला छह मास चला...।

सहायक : इसके बाद? इसके बाद क्या हुआ?

विदूषक : इसके बाद दुर्योधन ने मात्रा कम कर दी। एक टोकनी भात और बस एक गिलास भर पानी।

मुख्य गायक : तो ऊपर वाले के यहाँ देर थी। अन्धे राजा के राज में अंधेर थी। एक-एक कर गांधार सेन के पुत्र कृशकाय हो-होकर मरने लगे। अपने पुत्रों को मरते देख विचलित होने लगे गांधार सेन...पर करें तो क्या करें?

तो, सुनो देवियो, सुनो सज्जनो
सुनो कथा यह देकर ध्यान।
घटना ऐसी घटी अचानक
बदले जिसने सब अनुमान।

[विदूषक चक्कर लगाकर, अपनी पोटली उठाए जाने लगता है। गायक, मुख्य गायक और कुछ सामान्य लोग उसे पकड़कर रोकते हैं। विदूषक बार-बार भागने की कोशिश करता है।]

विदूषक : छोड़ दो मुझे...छोड़ दो...अब मैं यहाँ नहीं रहूँगा...
एक पल भी नहीं रहूँगा...बहुत हुआ...।

लोग : लेकिन जाओगे कहाँ?

विदूषक : स्वर्ग में, नरक में, पहाड़ पर, पाताल में,
जहाँ जगह मिलेगी वहाँ चला जाऊँगा।
पर अब यहाँ नहीं रहूँगा...नहीं रहूँगा...।

लोग : पर हुआ क्या, हम भी तो जानें?

गायक : हाँ, कुछ तो बताओ, हुआ क्या?
बोलो बोलो, हुआ क्या?

विदूषक : होने को अब क्या बचा है? जो होना था सब हो चुका है। अब जो होगा, ऐसा होगा, जो कभी नहीं हुआ।
गिद्ध आएँगे, गीदड़ रोएँगे...हुआँ...हुआँ...।

मुख्य गायक : पहेलियाँ मत बुझाओ, कुछ तो बताओ?

विदूषक : तो सुनो...।

लोग : हाँ सुनाओ।

विदूषक : एक दिन ऐसा हुआ कि युवराज दुर्योधन बरगद के पेड़ के नीचे पेशाब कर रहे थे, और मन ही मन मुस्कुरा रहे थे...निवृत्त होकर मन ही मन वे मुस्कुराते हुए चले जा रहे थे...तभी...बुरा था मेरा भाग्य कि मैं उनके सामने पड़ गया।

सहायक : फिर, फिर क्या हुआ?

विदूषक : पूछो क्या नहीं हुआ?

[अन्य पात्रों में से ही एक युवराज की तरह अभिनय करेगा। बाक़ी पात्र श्रोता की तरह उपस्थित रहेंगे।]

एक : *(युवराज की तरह)* क्यों बे तू क्यों मुस्कुराया?

विदूषक : महाराज आप मुस्कुरा रहे थे, यह देखकर ही मैं भी मुस्कुरा दिया!

एक : तो बता मैं क्यों मुस्कुरा रहा था? अगर कल तक तू इसका उत्तर नहीं दे पाएगा तो सोच ले, तू अपने नाक-कान गँवाएगा और तुझे इस राज्य से बाहर फिंकवा दिया जाएगा...।

विदूषक : जानता था, जानता था एक दिन आफत आएगी,
मैं क्या जानूँ कि क्यों मुस्कुरा रहे थे दुर्योधन,
उनके मन की बात, कैसे जानूँ मैं...बुरा हो मेरी अक़्ल का...
किसी नकचढ़े युवराज को देख, मैं मुस्कुराया ही क्यों...?
पर हे सज्जनो! मैं क्या करता, किसके आगे गिड़गिड़ाता।
कौन था, किसमें दम था, जो इस बिगड़ैल युवराज से मुझको बचाता...। मैं कारागार की खिड़की पर जाकर चिल्लाया...।

[चिल्लाने का अभिनय करता है। जैसे कारागार की खिड़की पर चिल्ला रहा हो। अन्य पात्रों में से एक शकुनी का अभिनय करेगा।]

जो भी जीवित बचा हो इस कारागार में सुन ले...तुम्हारे लिए यह अन्तिम भोजन है जो मैं लाया हूँ...कल मैं इस नगर से निकाल दिया जाऊँगा...नाक-कान काट डाले जाएँगे मेरे... ऐसा नकटा, बूचा होकर...मैं जीवित नहीं रह पाऊँगा...कल मेरी मृत्यु निश्चित है...।

[अन्य पात्र अपने हाथों से कारागार और उसकी खिड़की बनाते हैं। एक पात्र उसमें से झाँकता है।]

दो : *(शकुनी का अभिनय करते हुए)* क्या हुआ है भाई, क्यों विलाप कर रहे हो इस तरह? किसने निश्चित की है मृत्यु तुम्हारी? किसने दिया है मृत्यु दंड और किस अपराध में? मुझको बताओ, शायद कुछ सहायता मैं कर सकूँ तुम्हारी!
क्या अपराध किया है तुमने मुझको बताओ?

विदूषक : यह क्या कम अपराध है, कि रहें हम ऐसे मूर्ख राजा के राज में?

दो : जैसा चुनोगे, वैसा ही तो होगा राजा!
फिर भी बताओ तो मुझे अपनी बात?

विदूषक : सुनो भाई, पता नहीं किस कुयोग से मैं यहाँ आने को निकला था कि यह आफत मेरे गले पड़ गई...मार्ग में एक जगह युवराज दुर्योधन बड़ के पेड़ के नीचे पेशाब कर रहे थे...और धरती

की ओर देखकर मन ही मन मुस्कुरा रहे थे...मैंने उन्हें देखा तो मुझे भी हँसी आ गई...बस...।

मुख्य गायक : तुम बस कहते हो...अरे राजा को तो किसी की भी मूर्खता पर मुस्कुराने का हक़ है...लेकिन तुम क्यों मुस्कुराए...हँसी आ रही थी तो भाग खड़े होते वहाँ से...।

दो : *(शकुनी की भूमिका में)* इसके बाद क्या हुआ?

विदूषक : अब दुर्योधन चाहते हैं कि मैं बतलाऊँ कि वे क्यों मुस्कुरा रहे थे? अब यह भी कोई बात है? अब मैं क्या बताऊँ कि वे क्यों मुस्कुरा रहे थे?

दो : अक्कल से काम लो भाई।

विदूषक : मेरी अक्कल तो चली गई है घास चरने। पता नहीं इतनी बुरी हालत में रहकर भी हम लोग क्यों हँसते रहते हैं? क्यों सूझती रहती है हँसी-ठिठोली हमको हरदम?

मुख्य गायक : यही तो हमारी पूँजी है महाराज! इसी के भरोसे तो आधा पेट रहकर भी हम जीवित हैं।

दो : चिन्ता मत करो...मैं तुम्हें दुर्योधन के मुस्कुराने का कारण बताता हूँ...। सुनो...अवश्य...धरती पर बहती पेशाब की धार में बड़ का कोई बीज भी बह रहा होगा...यह देख दुर्योधन को अपने वीर्य पर गर्व हुआ होगा...कि अरे मैं अपनी पेशाब से बड़ जैसे पेड़ को पैदा करने की सामर्थ रखने वाले बीज को बहा सकता हूँ तो दूसरी किसी चीज़ की तो बिसात ही क्या? अब यही सब जाकर दुर्योधन को बता देना...। पूछे किसने बताया तो कहना...बन्दीगृह में शकुनी नाम का एक बन्दी है उसी ने कहा है...।

विदूषक : *(प्रसन्न होकर, नाचता है)* बस यही जाकर मैंने युवराज को बता दिया...।

लोग : तब युवराज ने माना या नहीं?

विदूषक : मान गए और मुझे अभय दान भी दे दिया...शकुनी को मुक्त करके महामंत्री बनाने का भी निर्णय कर लिया...।

लोग : तो फिर?

मुख्य गायक : *निर्णय सुनकर दुर्योधन का*
सब जन वहाँ गए चकराय।
कुरुराज की जिद के आगे
चली मगर किसी की नाय।

तो उस कारा के भीतर का
क़िस्सा आगे करूँ बखान।
सुनो देवियो, सुनो सज्जनो
सुनो कथा यह देकर ध्यान।

दृश्य : सात

[बन्दीगृह का दृश्य। बूढ़े से गांधार सेन और कुछ स्वस्थ से शकुनी। गांधार सेन बैठे हैं और शकुनी खड़े हैं।]

गांधार सेन : *(स्वगत)* मारे गए एक-एक कर सारे पुत्र! बिना किसी अपराध, दुर्योधन ने वध किया है सभी का। मात्र शकुनी बचे हैं...प्रतिशोध का संकल्प ही जीवित रखे है उन्हें। कैसा ताप होता है प्रतिशोध की अग्नि का...। अन्दर ही अन्दर वह खाती जाती है हमें...। मगर अजब...अज्ञात...शक्ति से भी भरती जाती है प्रतिदिन...। कुचले हुए दर्प के साँप का विष...अभी जानते नहीं दुर्योधन। शकुनी में जल रही है वही ज्वाला। वे ही ले सकते हैं कुटिल दुर्योधन से हमारा प्रतिशोध। सब जानते थे शकुनी ही ले सकेंगे हमारा प्रतिशोध। इसलिए तो एक-एक कर सबने छोड़ दिया भोजन करना। सबने कहा, बस शकुनी को ही दो अन्न और सारा जल भी शकुनी ही ग्रहण करें। हम सबका हिस्सा भी। कि वे ही समर्थ हैं, कि वे ही ले सकते हैं प्रतिशोध...।
(आवाज़ लगाता है) शकुनी सुनो मेरी बात...।

शकुनी : पिताजी। प्रतिज्ञा करता हूँ मैं। ध्वंस करके ही दुर्योधन के वंश का, चैन पाएगी मेरी यह बेचैन आत्मा...।

गांधार सेन : धन्य हो तुम, धन्य हो तुम पुत्र! वे जीवित भी मृत हैं, अन्याय के विरुद्ध जिनमें जागे नहीं आक्रोश। मैं अपनी आयु भी देता हूँ तुम्हें, जीवित रहो तुम, पूरी करो अपनी प्रतिज्ञा, पूरा करो संकल्प। जानता हूँ तुम कर सकोगे, तुम्हारी बुद्धि को, तुम्हारे विवेक को जानता हूँ मैं...।
पर कैसे? कैसे करोगे तुम?

शकुनी : साम से, दाम से, दंड से, भेद से

शस्त्र से, शास्त्र से। जैसे भी हो बल से या छल से। प्रतिशोध में प्रवंचना नहीं कुछ भी, अनैतिक नहीं कुछ भी...।

गांधार सेन : ध्यान से सुनो मेरी बात...। जब हंस छोड़कर उड़ जाए मेरी देह...। तब लुका लेना अस्थियाँ मेरी, छू न पाए दुर्योधन उसे। फिर मेरे दाहिने हाथ की हड्डियों से, दो पाँसे बनाना। बाएँ हाथ की हड्डियों से बनाना गोटियाँ...।

[कंकालों का प्रवेश। कंकाल की पोशाक पहने पाँच पात्र आते हैं।]

कंकाल : *(एक स्वर में)* खेलना, फिर खेलना उनसे तीस घरों का चौपड़। जीत नहीं सकता है कोई, त्रिभुवन में भी उनसे। खेलना, फिर खेलना उनसे तीस घरों का चौपड़। कोई पराजित कर पाएगा, नहीं कभी भी तुमको।

[कंकालों का दूसरी दिशा में प्रस्थान।]

गांधार सेन : अब मुझे सब कुछ...सारा भविष्य...दिख रहा है साफ़-साफ़...। दुर्योधन आएगा। एक दिन मंत्री बनाएगा तुम्हें।
तुम विश्वास जीतना दुर्योधन का। युधिष्ठिर और दुर्योधन को राजी करना पाँसे खेलने को...।

[कंकालों का प्रवेश।]

कंकाल : राज्य और सम्पत्ति पाने की कलह सभी कुछ कर देती है सम्भव। सभी कुछ कर देती है सम्भव। तुम जैसा चाहोगे, गिरेगा पाँसा वैसा ही। जीतेंगे दुर्योधन, जीतेंगे दुर्योधन लगातार... हारेंगे युधिष्ठिर...हारेंगे लगातार...पहले अपना राजपाट, वैभव, सम्पत्ति।
फिर पाँचों भाई और द्रौपदी को भी जाएँगे वे हार...। तब अपने मद में मदमत्त बौरा जाएँगे...दुर्योधन, दुर्जय, दुःशासन...भरी सभा में लाई जाएगी द्रुपद सुता। अपमानित होगी द्रुपद सुता...। तब द्रुपद सुता के मन में सोई, धधक उठेगी प्रतिशोध की आग। फिर महासमर होगा...फिर महासमर होगा...फिर महासमर होगा...।

[कंकालों का प्रस्थान।]

शकुनी : पिताजी! आपके हाथों ने लेकिन द्यूत कर्म का यह पुण्य कमाया कैसे?

गांधार सेन : शस्त्र और शास्त्र में, मैं कभी हारा नहीं। पाँसों के खेल में लेकिन पराजित होता रहा मैं हर बार...तब मैंने पाँच वर्ष तक तपस्या की...और एक दिन आदिदेवी गंगा ने मुझे तीन वर्ष के लिए अजेय पाँसे दिए...इन पाँसों से मैंने अपार सम्पदा पाई...। एक दिन जब मैं उन पाँसों को लौटाने वापस देवी गंगा के पास गया...तब गंगा ने मुझे एक वर दिया...उन्होंने कहा... आज तक जिन हाथों से ये पाँसे गिरा करते थे...उन हाथों की हड्डियों से, जो भी मेरी मृत्यु के बाद पाँसे बनाएगा...। उसे त्रिभुवन में भी...पाँसों के खेल में कोई हरा नहीं पाएगा... आज मैं तुम्हें अपनी अस्थियाँ सौंपता हूँ...ये पाँसे जब धरा पर गिरेंगे...धरती के लिए होगा पहला युद्ध...युग करवट बदलेगा उस दिन...।

[कंकालों का प्रवेश।]

कंकाल : अपने निरअपराध पिता और निर्दोष भाइयों के वध का बदला लेना। धूल में मिलाकर कौरवों का वंश, करना हमारा श्राद्ध। तभी, हाँ तभी हमें जलांजली देना...बदला लेना...बदला लेना... बदला लेना...।

[गांधार सेन और कंकालों का प्रस्थान। शकुनी हड्डियाँ घिस-घिस कर पाँसे बनाता है।]

शकुनी : *(स्वगत)* रोक नहीं सकता इतिहास की इस नियति को कोई... स्वयं पांडव भी नहीं...क्योंकि काल से नहीं, कर्म से...बल से निर्धारित होगी वह, इस करवट में मनुष्य को करना है हस्तक्षेप...देवताओं के दिन गए...नष्ट होंगे नैतिकता के, धर्म के, अधर्म के सारे प्रतिमान। हस्तिनापुर को उजड़ना ही होगा...निजी सम्पत्ति की इस कलह में हस्तक्षेप करेंगे मेरे पाँसे...इतिहास चक्र ने ही पहुँचा दिया है हमें यहाँ...रोक नहीं सकता...गति के इस चक्र को...। दूर कुरुपर्वत की चट्टानें टूट रही हैं...श्रेष्ठिजनों की शासन व्यवस्था में अनिवार्य है युद्ध। अनिवार्य है युद्ध...अपरिहार्य है युद्ध...। अन्धे नहीं कर सकते शासन हमेशा...अन्धों को पराजित होना ही होता है...

देखो, दूर उजाला हो रहा है...उजाला हो रहा है...अँधेरे युग का यह आख़िरी अध्याय है...।

[कंकालों का प्रवेश।]

कंकाल : प्रतिज्ञा थी जिसकी वर्षों से, लो आ पहुँचा है वह क्षण। फेंको पाँसे, फेंको पाँसे, आ पहुँचा है वह क्षण...प्रतिशोध लो... प्रतिशोध लो...प्रतिशोध लो...।

[कंकालों का प्रस्थान। दुर्योधन, भीष्म और कर्ण का प्रवेश।]

दुर्योधन : उठो शकुनी मामा, तुम मुक्त हो, मैं तुम्हें लेने आया हूँ।

भीष्म : उठिए गांधारराज, पौत्र दुर्योधन ने आपको हस्तिनापुर का महामंत्री बनाने का निश्चय किया है।

शकुनी : *(कुटिलता से हँसता है। स्वगत)* तो आ ही पहुँचा वह क्षण...।

[पाँसे ज़मीन पर फेंकता है।]

[नेपथ्य में युद्ध का संगीत। और उसी के साथ शकुनी का अट्टहास गूँजता है। मुख्य गायक, सहायक और सारे पात्र मिलकर गाते हैं।]

पाँसों का यह खेल रे भैया, बने कपट के पाँसे।
चाहे जिसका ठाट उलट दें, चाहे जिसको फाँसे।

घुघ्घुर कीट फँसा शकुनी ने, ऐसे फेंके पाँसे
महाकुलों के बीच ठन गई, बजे ढोल और ताशे
दुल्हन से फिर दूल्हा बिछुड़ा, बिछुड़ा बेटा माँ से
इन पाँसों की बात न पूछो, बड़े विकट ये पाँसे।

दुःशासन के रक्त से धोए, द्रुपद सुता ने बाल
अम्बा रख कर रूप शिखंडी, बनी भीष्म का काल
सूर्य पुत्र को दान ने मारा, छल ने मारा द्रोण
दुर्योधन की जंघा टूटी, हुई धरा सब लाल।
पाँसों की बस बात न पूछो, पाँसों का जंजाल।

सामंतों ने पाँसे खेले, चढ़ा शस्त्र पर सान
जान गँवाई जनता ने फिर, युद्ध हुआ घमसान
महाजनों का खेल कपट का, जिसमें नहीं ईमान
ऐसे पाँसे खेले उनने, जिसका नहीं बखान।

दो-दो युद्ध ठने दुनिया में, दुनिया बनी मसान
पाँसों का यह करतब भैया, कैसे करें बखान।

जहाँ-जहाँ सम्पत्ति होगी, वहाँ पे होंगे पाँसे
वहाँ कपट का खेल यह होगा, होंगे ऐसे झाँसे
युद्ध ठनेगा, लोग मरेंगे, होंगे विकट तमाशे
इन पाँसों से मुक्ति की, अब कोई राह तलाशें

हम भी सोचें आप भी सोचें, कोई राह तलाशें
महाजनों का ठाट उलट कर, मिलजुल खाएँ बताशे।

सपना मेरा यही सखी

पूर्वकथन

मध्यकाल में पुरुष कवियों के समानान्तर स्त्री कवियों की एक ज़्यादा महत्त्वपूर्ण विद्रोही परम्परा मौजूद रही है। पुरुष कवियों की कविता में, फिर वे चाहे कबीर हों या तुलसीदास अपने समय के प्रतिगामी मूल्यों के प्रभाव कहीं न कहीं लक्षित किए ही जा सकते हैं। स्त्री कवियों की कविता इस अर्थ में अधिक विद्रोही कविता है। कवयित्रियों की कविता पुरुष कवियों की कविता के बनिस्बत अपने समय में अधिक हस्तक्षेप करती है और उसका अधिक अतिक्रमण भी करती कविता है। दमित समूहों का रचनाकार वर्चस्वशाली वर्ण, वर्ग, जाति या लिंग समूहों के रचनाकारों की तुलना में, अपनी रचना में अधिक आत्मकथात्मक होता है। मध्यकाल की कवयित्रियों में भी ललद्यद, अक्का महादेवी, आंडाल, सुक्खो बाई या महादेवी की कविता अधिक आत्मकथात्मक है। लेकिन इन कवयित्रियों की कविता में आए प्रताड़ना के विवरणों को मात्र आत्मकथात्मक विवरण मान लेना उनका अवमूल्यन करना होगा। यह वस्तुतः सामान्य का विशेषीकरण है। वह मध्यकाल में स्त्री के जीवन का वृहत आख्यान है। उसमें पुरुषसत्तात्मक समाज की प्रताड़नाओं के निरे ब्योरे नहीं हैं उनके प्रति मुखर प्रतिरोध की ओजस्वी आवाज़ भी है। मुझे कई बार लगता है कि वैष्णव परम्पराओं की तुलना में शैव परम्परा दैहिक विद्रोह की आत्यंतिकताओं तक जाती है। ललद्यद हों या अक्का महादेवी दोनों निर्वसना होने की आत्यंतिकता तक जाती हैं। उनकी कविता में अनेक बार इसके साक्ष्य मिलते हैं।

ललद्यद की एक कविता है :

खुद की खोज में मैंने
ओढ़ा मैंने ख़ुद को
खोजे से कब मिलता है
चित्त से चीज़ जो बाहर हो

छोड़ आवरण सारे बाहर
मैं नाची निर्वसना होकर
नाची मैं निर्वसना होकर।

अक्का महादेवी के जीवन के भी इसी तरह के अनेक प्रसंग हैं। मीरा भी लोक-लाज तजकर नाचती है। यह नृत्य उत्सव नहीं है, इसमें समय की गतियों के विरुद्ध एक विद्रोही गति है जो उसका विपरीत वलय बनाती है।

बंसी कौल के साथ एक दिन यह योजना बनी थी कि एक एक-पात्रीय नाटक लिखा जाए जिसमें एक ही स्त्री पात्र चारों कवयित्रियों का अभिनय करे। अभी तक मैंने कोई ऐसा नाटक नहीं लिखा था जो एक-पात्रीय हो। यह कठिन था। इसे ठीक-ठीक अर्थ में मोनोलाग भी नहीं कहा जा सकता था। इसमें एक ही पात्र को चार कवयित्रियों का भी अभिनय करना था और उसी को सूत्रधार की भूमिका भी निभानी थी। मीरा के अलावा तीनों कवयित्रियों—अक्का महादेवी, आंडाल और ललद्यद की कविता अनुवाद में ही रखी जा सकती थी। जिन छंदों का उपयोग उन्होंने अपनी भाषा में किया था, उसका हिन्दी के किसी नजदीकी छंद में अनुवाद भी न तो सम्भव था, न उपलब्ध था। कुछ अनुवाद श्रीमती मीनाक्षी पुरी ने और कुछ अंजना पुरी ने किए थे, इनमें लय तो थी चाहे छंद न हो। उनके अनुवाद के बिना यह नाटक सम्भव न होता।

नाटक लिखने की प्रक्रिया के दौरान ही यह भी हुआ कि इसे सिर्फ़ मध्यकाल की इन कवयित्रियों तक सीमित नहीं रखा जाए, इसे लगभग वर्तमान से जोड़ा जाए। मीरा बहन और उत्तराखंड में स्त्रियों द्वारा चलाए गए चिपको आन्दोलन से जोड़ा जाए। प्रकृति और स्त्री के सम्बन्ध का एक व्यापक बिम्ब शायद इससे बन सके। बहुत कुछ जुड़ता और घटता रहा। नाटक की स्क्रिप्ट मैंने नेमिजी को भेज दी थी। नेमिजी अस्वस्थ थे और उस बीच दिल्ली जाना भी नहीं हो सका। शायद नेमिजी इस नाटक को प्रकाशित करने की स्वीकृति दे चुके होंगे। लेकिन इसी बीच नेमिजी का निधन हो गया। नेमिजी के अत्यंत मूल्यवान सुझाव मुझे अक्सर ही मेरे नाटकों के लिए मिलते रहे थे। 'जादू जंगल और अच्छे आदमी' नाटक में उनके सुझावों ने मेरी बहुत मदद की थी। यह नाटक उनके मूल्यवान सुझावों से वंचित रह गया।

नेमिजी का स्मरण करते हुए...

यह नाटक नेमिजी की पावन स्मृति को समर्पित।

—राजेश जोशी

[मंच पर कपड़े के कई स्क्रोल्स लटके हैं जिन पर अलग-अलग वृक्षों के चित्र हैं। पीछे नदी का एक स्क्रोल। मंच पर ही एक जगह अलग-अलग रंग के कपड़े, माला और एकतारा जैसी चीजें हैं। स्त्री ललद्यद की भूमिका में एक रंग का कपड़ा ओढ़ती है। अक्का महादेवी के समय दूसरे रंग के कपड़े का इस्तेमाल करती है। आंडाल की भूमिका में माला का और मीरा की भूमिका में एकतारे का उपयोग करती है।

पृष्ठभूमि से ललद्यद का एक गीत गाया जाता है।

एक स्त्री का प्रवेश। यही स्त्री अलग-अलग भूमिकाएँ निभाती है।]

नेपथ्य से ललद्यद की कविता

मैं सीधे पथ से ही आई
पर उस पथ से लौट न पाई
चलते-चलते इस सेतु पर दिवस ढला
जेब टटोली तो मुझको यह पता चला
कानी कौड़ी भी पास नहीं थी मेरे
नदिया पार उतरने को
अब कहो तरावा दूँ तो क्या

स्त्री : *(लय में बोलते हुए)*
उन्होंने छीन लिए छीन लिए मुझसे मेरे वृक्ष
नीम छीन लिया, बड़ छीन लिया, छीन लिया सागौन

उन्होंने मुझसे मेरे वृक्ष छीन लिए
उन्होंने परिन्दों से उनके घर छीन लिए
आँखों से उड़ानें छीन लीं
उड़ने के स्वप्न छीन लिए
तितलियाँ छीन लीं
तितलियों के रंग छीन लिए
उन्होंने नदियों से छीन लिया उनका जल
मछलियों से उनके घर छीन लिए
घड़ियालों से छीन ली उनकी नींद, उनके सपने
साँपों से छीन लिया लहरों के साथ लहराना

पहले चार क़दम पर थी नदी
अब चार कोस तक नहीं उसका पता
जलती धरती को धाँगते
सिर पर ख़ाली घड़ा लिए
दूर-दूर तक भटकते हैं पाँव
पानी को ढूँढ़ते दूर-दूर तक भटकते हैं पाँव
छाँव को ढूँढ़ते भटकते जलते हैं मेरे पाँव
बादलों को ढूँढ़ते भटकते हैं मेरे पाँव

तिस पर वो सन्देह करते हैं, पूछते हैं
कहाँ-कहाँ भटकते हैं तेरे पाँव

दूरियों और समय के बीच वो मेरी गति का
हिसाब माँगते हैं
मुझसे मेरी थकान का, मेरी नींद का,
मेरे सपनों का हिसाब माँगते हैं।

[हिसाब की बात कहते-कहते वह अवाक् हो जाती है। जैसे कि उसकी आवाज़ ही न निकल रही हो। चुप्पी तोड़ती पृष्ठभूमि से 'सहस्रधारा' की धीमी आवाज़।

जैसे ही आवाज़ बढ़ती है, स्त्री की आवाज़ भी उसमें जुड़ जाती है। इसका अगला संवाद एक पुकार बन जाती है। पुकार समाप्त होते-होते 'सहस्रधारा' की ध्वनि भी समाप्त हो जाती है।]

पागल पृथ्वी की तरह
सूरज के इर्द-गिर्द चक्कर काटती
तेज़ी से घूमती अपनी ही धुरी पर
मैं खोजती हूँ अपना चेहरा।
मैं खोजती हूँ अपना चेहरा!
दूर सरकती छायाओं में खोजती हूँ जैसे अपने दरख्त
फैलती जाती रेत में जैसे ढूँढ़ती हूँ अपनी नदी
खोजती हूँ मैं अपना चेहरा

वो बार-बार छीन लेते हैं मुझसे मेरा चेहरा!

[संवाद को एक हूक की तरह बोलती है। शब्दों को पुकार का रूप देकर उसका समन्वय आंगिक गतियों के साथ होता है। धीरे-धीरे अंगों की गति अगली रचना में परिवर्तित होती जाती है। 'बार-बार ढूँढ़ा है मैंने अपना चेहरा' को गेयता के साथ बोला जाता है।]

शताब्दियों के आर-पार आते-जाते
समय के न जाने कितने अँधेरे वर्तुलों से गुज़रते
गाँवों, शहरों, वनों, वीरानों में
बस्तियों और बाज़ारों में
बार-बार ढूँढ़ा है मैंने अपना चेहरा
बार-बार ढूँढ़ा है मैंने अपना चेहरा

मेरा चेहरा मेरा विद्रोह है
मेरे पाँव मेरा विद्रोह हैं
मेरा नृत्य मेरा विद्रोह है
लोक लाज तज
मैं नाचती हूँ बार-बार
यही मेरी अवज्ञा है
सविनय कहो या अविनय
अवज्ञा है यह मेरी
मेरा सत्याग्रह है यह
यह मेरा सत्याग्रह है।

[गीत के अन्त में सहस्त्रधारा की अगली कड़ी की शुरुआत होती है। उसी ध्वनि के दौरान ललद्यद को पुकारा जाता है। स्त्री एक दरवाज़े को खटखटाती है। सोचते हुए रुकती है।

'उसके कई नाम हैं...कुछ उसे ललद्यद कहते हैं, कुछ लल्लेश्वरी और ललारिफा भी उसी का नाम है, किस नाम से पुकारूँ? पुकारती है।']

ओ ललद्यद...ओ लला
ओ लल्लेश्वरी...
ओ ललारिफा...
चौदहवीं सदी के जर्जर दरवाज़े को खटखटाती
बार-बार दुख की भारी साँकलों को बजाती
पुकारती हूँ, बुलाती हूँ तुम्हें...

ओ ललद्यद...ओ लला...

ललद्यद की कविता

खुद की खोज में मैंने
ओढ़ा मैंने ख़ुद को
खोजे से कब मिलता है
चित्त से चीज़ जो बाहर हो

छोड़ आवरण सारे बाहर
मैं नाची निर्वसना होकर
नाची मैं निर्वसना होकर

[हँसती है।]

ललद्यद : एक बार पांपोर में केसर के सुनहरे खेतों के बीच बहुत लोग जमा थे और मैं वहाँ खड़ी थी निर्वसना। मेरा ससुर भी वहाँ आया। उसने मुझे देखा तो चिल्लाया *(पुरुष की आवाज़ निकाल कर)* निर्लज्ज, इतने पुरुषों के बीच निर्वस्त्र खड़ी है। जा घर जाकर कपड़े पहन!

स्त्री : लला ने उसे एक बार देखा और कहा...*(ललद्यद की तरह बोलती है)* यहाँ...यहाँ तो कोई भी पुरुष नहीं, फिर से देख, कहाँ...कहाँ है पुरुष?

स्त्री : ससुर ने जब पलटकर देखा तो अवाक् रह गया, पता है क्या देखा? वहाँ सचमुच कोई नहीं था बस भेड़ और बकरियों का झुंड था वहाँ। जिसके मन पर लालच का परदा पड़ा हो, वह पशु या काठ के टुकड़े से ज़्यादा क्या है?

[ललद्यद की कविता को लय में पढ़ती है।]

एक राज्य ले लो और राज करो
पर शान्त नहीं होता मन
छोड़ दो, त्याग दो उसे
पर शान्त नहीं होता मन

बिना लोभ के जीव मरता नहीं
जीते जी मर जाए मनुष्य
मार दे अपनी इच्छाएँ
यही असल ज्ञान है।

स्त्री : उधर देखो, उधर...उस अक्का महादेवी को...बारहवीं सदी के अँधेरों में अपना चेहरा तलाशती जूझती है वह कवयित्री।

अक्का महादेवी : मैं अक्का महादेवी...मेरे पिता उदुतादी गाँव के एक शिव भक्त थे। मैं जल्दी ही वीर शैव मत के आन्दोलन से जुड़ गई। वहाँ का एक शासक था—कौशिक। वो मुझ पर मोहित हो गया...मैं क्या करती? मैं तो शादी जैसे बन्धन के ही विरुद्ध थी। मैं तो शिव को ही अपना सर्वस्व मान चुकी थी...।

[अक्का महादेवी की कविता का पाठ करती है।]

पति भीतर प्रेमी बाहर
नहीं सँभाल सकती मैं दोनों को
भीतर पति और प्रेमी बाहर
नहीं सँभाल सकती दोनों को

स्त्री : इसी द्वंद्व में उसने कौशिक को छोड़ दिया और सारे आवरण उतारकर मुक्त हो गई।

निर्वस्त्र होकर वह बाहर निकल आई और अपने बहुत लम्बे और घने केशों से अपने को ढक लिया...एक आध्यात्मिक सभा में एक व्यक्ति ने उससे पूछा—
जरा अपने पति का वर्णन तो करो?

अक्का महादेवी : चेन्नामलिकार्जुन ही मेरा पति है...वह शिव है...वह जूही के फूलों की तरह श्वेत है। मेरा किसी अन्य पुरुष से इस संसार में कोई सम्बन्ध नहीं...।

[तब उसी सभा में दूसरे व्यक्ति ने पूछा।]

तो फिर अपने केशों से अपनी देह को क्यों ढाँकती हो, जबकि तुम निर्वस्त्र हो?

[अक्का अपनी कविता पढ़ती है।]

फल पूरी तरह न पका हो
तो छिलके पर पक जाने का रंग नहीं आता।
देखो कि यौन इच्छाओं को जगाने वाले कारण क्या हैं?
तो तुम आहत महसूस करोगे।
तो सोचो मैं इसे ढाँप लेती हूँ
उसके लिए परेशान क्यों होना
बन्धु मेरे लिए ज़्यादा फ़िक्र मत करो
कौन प्रविष्ट हो सकता है ईश्वरों के ईश्वर में
देवता जो उतना ही श्वेत है जैसे जूही के फूल

स्त्री : जब-जब मैंने अपना चेहरा तलाश करने की कोशिश की
जब-जब आवरणों को हटाकर मैंने चाहा मुक्त होना
उन्होंने प्रश्न पर प्रश्न दागे मुझ पर
उन्होंने निर्वासित किया मुझे
वे नहीं चाहते मैं अपने मन के साथ रहूँ
रहूँ अपने अन्तःकरण के साथ
वे छीन लेना चाहते हैं मुझसे मेरी आत्मा
वे चाहते हैं मैं उनके सोचने को ही मानूँ अपना सोचना
वे चाहते हैं मेरी इच्छाएँ हों पुरुष की इच्छाएँ

[अचानक रुकती है, सोचते हुए बोलती है।]

सेमन्द बोवा ने कहा है न—कि औरत पैदा नहीं होती, बनाई जाती है...।

[मुस्कुराती है।]

हर बार एक आंडाल आती है और उनकी इच्छाओं से इनकार कर देती है।
हर बार एक मीरा देहरी लाँघकर निकल पड़ती है बाहर बावरी होकर नाचती है...

गीत

बाँध घूँघरा प्रेम का, हूँ हरि आगे नाची
एक निरखत है, एक परखत है, एक करत मोरी हाँसी
और लोग म्हाँसे काँई करसी, हूँ हरिजी की दासी।

[स्त्री पत्थर पर बैठ जाती है। अपना चश्मा उतारती है, कुछ पढ़ती है।]

यही झगड़ा है। जब-जब वह इस बनाए जाने का विरोध करती है बनाए जाने से विद्रोह करती है, सारी आफत वहीं से शुरू होती है।
वो मीरा को बनाना चाहते हैं, वह बनाए जाने से इनकार करती है। मीरा ने तो कहा ही है न—

[गीत गाती है।]

मेरे राणाजी मैं गोविन्द गुण गाणा

राजा रूठे नगरी राखे, हरि रूठ्या कहाँ जाणा
राणा भेजयो ज़हर पियाला, अमरित कहि पी जाणा
डिबिया में काला नाग भेजियो, सालिगराम कर जाना
मीरा बाई प्रेम दीवानी, साँवरिया वर पाणा।

स्त्री : वो आंडाल को बनाना चाहते हैं। वो अक्का महादेवी को बनाना चाहते हैं। वो ललद्यद को बनाना चाहते हैं। जो भी उनके बनाए ढाँचे से बाहर जाता है, विद्रोह करता है, वे उसे अपने मन के अनुकूल बना लेना चाहते हैं। वे उसकी कथाएँ बना देते हैं, वे

उसे रहस्य बना देते हैं। वे उसे व्यक्ति की तरह स्वीकार करना नहीं चाहते। इसलिए वो उसे देवी बना देते हैं या वेश्या।
जब ऐसा नहीं होता तो वो उसे प्रताड़ित करते हैं। उसे पीटते हैं। बलात्कार करते हैं और उसकी आत्मा को कुचल देते हैं। वो उसे जला डालते हैं।
वो एक स्त्री को ही दूसरी स्त्री के विरुद्ध उपयोग करते हैं। फिर कहते हैं कि देखो एक स्त्री दूसरी स्त्री को पीट रही है।
तुम्हें याद है वह उपन्यास क्या तो नाम था उसका...हाँ, स्पार्टाकस। उसमें गोरे शासक एक खेल रचते हैं और गुलामों को आपस में युद्ध करने को बाध्य करते हैं। खेल के अन्त में एक का दूसरे को मार डालना अनिवार्य है...।
पितृसत्तात्मक समाज का यह खेल भी ऐसा ही खेल है। जहाँ सास और बहुएँ लड़ती हुई नज़र आती हैं। एक स्त्री दूसरी स्त्री को पीटती है।
वो नहीं चाहते कि वह स्वतंत्र हो...*जिमि स्वतंत्र होइ बिगरहिं नारी*...वह उसकी स्वतंत्रता के विरुद्ध है।
एक बार जरथुस्त्र एक बुढ़िया से पूछता है कि बताओ स्त्री के बारे में सच्चाई क्या है?
वह कहती है कि...बहुत-सी सच्चाइयाँ ऐसी हैं कि जिनके बारे में चुप रहना ही बेहतर है। हाँ, अगर तुम औरत के पास जा रहे हो तो अपना कोड़ा साथ ले जाना मत भूलना...।
वे अपना कोड़ा साथ ले जाना कभी नहीं भूलते
वे जब भी स्त्री के पास जाते हैं
अपना कोड़ा साथ ले जाना कभी नहीं भूलते
क्यों लला मैं ठीक कह रही हूँ न?
बोलो ललद्यद

ललद्यद : तुम ठीक कह रही हो शायद...बल्कि एकदम ठीक। मैंने तो जीवन में बहुत उलाहने सुने। मैं बहुत महीन सूत कातती पर मेरी सास हर बार मुझे ताने देती।
कैसा सूत कातती है ये ही सिखाया है तेरे मायके वालों ने? मेरी सास मेरे पति के कान भरती रहती। पर मैं चुपचाप सहती।

[ललद्यद की कविता पढ़ती है।]

अपने ही अन्दर जला डाला

मैंने अपना सारा मैल
और मन को मार डाला
मन को मार डाला
और उसकी देहरी पर बैठ गई
आँचल पसार कर
तब मेरा नाम
फैला चारों ओर।

[हँसती है।]

मैं क्या बताऊँ तुम्हें...मैं खाना खाने बैठती तो सास एक बड़ा-सा पत्थर...सिल-बट्टे का बट्टा...मेरी थाली पर रख देती और ऊपर से थोड़ा-सा भात डाल देती। देखने में ऐसा लगता कि कितना सारा भात परोसा है। मैं चुपचाप खा लेती और लुढ़िया को धोकर चुपचाप रसोई में रख आती।

स्त्री : तभी न वह कहावत बनी...घर में भेड़ कटे या बकरा, लला के भाग्य में तो पत्थर ही लिखा है।

[लल हँसती है।]

ललद्यद : मैं सुबह-सुबह पानी भरने चली जाती और कई बार लौटने में बहुत देर हो जाती।
इसे लेकर बड़ा बतंगड़ होता। मैं नदी में पैर डुबाकर बैठती और न जाने कहाँ खो जाती।...धीरे-धीरे वो मुझ पर शक करने लगे। एक दिन तो अजीब घटना हुई।

[ललद्यद की कविता पढ़ती है।]

पिया को खोजने मैं निकली
सुध न रही कब दिन बीत गया
कब यह रात ढली
मिले अन्त में घर में ही वो
मेरे कन्त छली
मेरे उनके नेह मिलन की
थी वो घड़ी भली।

स्त्री : जब लल पानी लेकर लौटी तो पतिदेव का सब्र का बाँध टूट चुका था...उन्होंने आव देखा न ताव और घुमाकर मटके पर एक डंडा मारा तो मटका फूट गया...

पर यह क्या? मटका तो फूट गया पर पानी ज्यों का त्यों लल के सिर पर टिका रहा...जैसे पानी का ही मटका हो...उससे उसने रसोईघर के सारे बरतन भरे और बाक़ी बचा पानी बाहर फेंक दिया। उस पानी से एक कुंड बन गया...लल त्राग...
बस इसके बाद लल ने सारे बन्धन तोड़ दिए। वह घर छोड़कर बाहर आ गई...और इधर-उधर डोलने लगी।

[ललद्यद की कविता पढ़ती है।]

कहा गुरु ने मेरे ऐसा
बाहर से तू भीतर जा
छू गई मुझको बात गुरु की
बाहर से तू भीतर जा।

स्त्री : उसकी कविता में शैव मत के त्रिक् दर्शन और सूफीमत का समन्वय हुआ। वह एक फक्कड़ कवि थी। वह एक अँधेरे समय का साक्ष्य लिख रही थी। वह सदियों से चलती एक स्त्री गाथा है। स्त्री की यातना की महागाथा। जो उसके दुख और विद्रोह से बनी है।

[ललद्यद की कविता पढ़ती है।]

मैं लल बताती हूँ तुम्हें
इस रंगारंग संसार में
मैं कपास के एक फूल की तरह खिली
उमंग और उम्मीद से भरी
तभी आए बेलने पर रगड़ने
और धुनकने वाले पिंजारे

उन्होंने पीटा मुझे, धुनका मुझे
एक स्त्री ने फिर चरखे पर काता मुझे
महीन सूत की तरह
फिर टाँग दी गई निस्सहाय मैं जुलाहे के करघे पर
जुलाहे ने प्रहार किए मुझ पर अपनी बुहारी से
बार-बार!

[हँसती है। कपड़ों के स्क्रोल्स के बीच गुज़रती है, उन्हें देखती है।]

फिर मैं एक कपड़े में बदल गई।
तब धोबी ने पत्थर पर बार-बार पछीटा मुझे
साबुन और सज्जी से रगड़-रगड़ कर धोया मुझे

तब आया दरजी और उसने कैंची चलाई
और बहुत एहतियात से टुकड़े किए मेरे
इस तरह हुआ सब कुछ
और मैं...लल
इस तरह पहुँची ईश्वर के क़रीब!

[इधर-उधर दौड़ती है। पीछे से बच्चों की आवाज़ें। 'पगली लला, पगली लला' कहकर चिढ़ाते हैं। बच्चों को भगाने का अभिनय करती है।]

बच्चे इसी तरह मुझे चिढ़ाते...तंग करते। कुछ लोगों को जिनका पुरुष दम्भ मेरी वजह से आहत होता, उन्हें बच्चों के चिढ़ाने से मज़ा आता। मेरे विद्रोह को पागलपन बना देने में उन्हें मज़ा आता। उनमें बहुत से तो एकदम भोले थे। वे ख़ुद भी नहीं जानते थे कि वे ऐसा क्यों करते हैं...उनका संस्कार ही उनसे ऐसा करवाता...एक दिन ऐसा हुआ कि एक कपड़े की दुकान के व्यापारी ने बच्चों को फटकार लगाकर भगा दिया... फिर मैंने दुकानदार से कहा, जरा एक लम्बा-सा कपड़ा दो मुझे...।

[विंग्स से लम्बा-सा कपड़ा खींचती है, उसके दो टुकड़े करके कन्धे पर लटकाती है और चल देती है।]

ललद्यद : जब भक्त लोग मिलते, मुझे प्रणाम करते तो मैं एक कपड़े में गाँठें लगाती जाती...और जब लोग फब्तियाँ कसते...मेरा मज़ाक़ उड़ाते तो मैं दूसरे कपड़े में गाँठें लगाती जाती...इस तरह एक दिन सारा कपड़ा गाँठों से भर गया। जब उसमें गाँठ लगाने की कोई गुंजाइश नहीं बची तब एक दिन मैं उसी दुकानदार के पास गई और उससे कहा, जरा इन दोनों कपड़ों का भार करके तो बताओ भाई!

दुकानदार ने दोनों कपड़ों को अलग-अलग तोला। दोनों ही कपड़ों का भार बराबर था...गाँठें कम या ज़्यादा होने से कोई फ़र्क़ ही नहीं पड़ा...

[मुस्कुराती है।]

तभी मैंने तय कर लिया कि अब कोई मुझे हज़ार गालियाँ दे, मैं मन में किसी का बुरा नहीं मानूँगी...।

स्त्री : और ऐसा ही कुछ तो तुमने भी कहा था न अक्का...क्या था वो तुम्हारा वचन...? मन की यह कैसी अवस्था है, जब न प्रशंसा का कोई असर होता है न गालियों का...क्या यह एक क़िस्म का निर्वासन है...बाहर से भीतर जाना...पर प्रतिरोध और निर्वासन एक साथ कैसे रह सकते हैं? क्या आत्म निर्वासन भी एक प्रतिरोध है? क्या तुम्हारी भक्ति...बन्धनों से निर्मुक्त हो जाना...तुम्हारा प्रतिरोध है? तुमने भी तो कहा था न डर मत मन...मत डर मन...

[अक्का महादेवी की कविता पढ़ती है।]

मत डर मन, डर मत मन
फल पाने को
फल वाले पेड़ों पर ही तो लोग मारते पत्थर
देखा नहीं किसी को
सेमल के पेड़ों पर कभी मारते पत्थर
जो समर्पित हैं
देते लोग गालियाँ उनको।
नहीं समर्पण जिनमें
उन्हें गालियाँ कोई नहीं देता।

[स्त्री कपड़े के स्क्रोल के बीच दौड़ती है जैसे किसी के पीछे दौड़ रही हो।]

मीरा! ओ मीरा! जरा सुनो...जरा अपना पद सुनाती जाओ न...तुमने तो दुरजन को अँगीठी में जल जाने की बद्दुआ दे डाली...तुम्हें सुनकर कभी-कभी कबीर की याद आती है... वैसी ही फटकार...वैसा ही विद्रोह...और वह भी स्त्री होकर... क्या कुछ न सहा होगा तुमने...कबीर से कहीं कठिन रहा होगा यह सब...।

तुम तो एक राजघराने की बेड़ियाँ काट कर आई थीं बाहर...
जरा सुनाओ न...।

मीरा : लो सुनो!

[गाती है।]

गीत

राणाजी म्हाने या बदनामी लगे मीठी
कोई निन्दी कोई बिन्दी, मैं चलूँगी चाल अपूठी
साँकडली सेरयाँ जन मिलियाँ क्यूँ कर फिरूँ अपूठी
सत संगति मा ग्यान सुणैं छी, दुरजन लोगों ने दीठी
मीरा री प्रभु गिरधर नागर, दुरजन जली जा अँगीठी

स्त्री : सोलहवीं सदी तक आते-आते बहुत-सी बातें बदल गई थीं। आत्मिक भक्ति के रूप में विकसित हुआ प्रतिरोध सक्रिय हस्तक्षेप की भाषा बोलने लगा...जात-पाँत पर, धार्मिक पाखंड पर और हुकूमत के चरित्र पर भी प्रहार करने लगा...मीरा ने तो सीधे-सीधे कह दिया...मूर्ख सिंहासन पर बैठे हैं, विद्वान दर-दर भटक रहे हैं और राणा भक्तों का संहार कर रहा है...।
कैसा लगता है यह पद...जैसे कोई आज की बात कर रहा हो...।

गीत

मुरख जण सिंघ, सण राजा, पंडित फिरताँ द्वाराँ
मीरा रे प्रभु गिरधर नागर राणा भगत संधारा

स्त्री : मेरा यह चेहरा उन्हें पसन्द नहीं
उनकी बनाई मर्यादाओं को तोड़ता
उनकी खींची सीमाओं को लाँघता
मेरा चेहरा उन्हें पसन्द नहीं
वे स्त्री को सिर्फ़ पत्नी की तरह देखना चाहते हैं
या एक वेश्या की तरह

लेकिन न मीरा ने पुत्र को जन्म दिया
न कोई शिष्य बनाया

वे मेरे इस चेहरे को पहचानना नहीं चाहते
वे मेरे इस चेहरे से डरते हैं

वे अन्तरमन से मेरा एकाकार होने से डरते हैं
वे अधिकार चाहते हैं मेरे मन पर
मेरी देह पर
वे मेरे सपनों पर अधिकार चाहते हैं
वे मेरी इच्छाओं पर अपना अधिकार चाहते हैं
वे मेरी गति पर अधिकार चाहते हैं

वे पालतू बना लेना चाहते हैं सब कुछ को
वे चाहते हैं समुद्र उतना ही उछले जितना उन्हें पसन्द हो
वे चाहते हैं पहाड़ उतने ही ऊँचे हों जितनी उनकी इच्छा हो
वे पहाड़ों से कहकर जाते हैं कि उनके लौटने तक वे झुके रहें
और फिर उस रास्ते पर कभी नहीं लौटते

वे चाहते हैं मेरी आँखें झुकी रहें
वे चाहते हैं मैं सिर्फ़ उनकी आवाज़ की प्रतिध्वनि बनी रहूँ
भक्ति हो या मुक्ति का कोई भी आन्दोलन
वे हर जगह अपना ही वर्चस्व चाहते हैं...।

वो भक्ति का पहला आन्दोलन था...वैष्णव भक्ति का...उसमें बारह अल्वार थे और इनमें सिर्फ़ एक ही कवयित्री थी... आंडाल...वह सिर्फ़ सोलह बरस जीवित रही।
अल्वारों में जो सबसे बड़े थे और मन्दिर के पुजारी थे, क्या नाम था उनका...क्यों आंडाल क्या नाम था उनका?

आंडाल : पेरियाल्वार...हाँ, वो मन्दिर के पुजारी थे। जब मैं बहुत छोटी थी, अप्पा ने मुझे विष्णु के लिए माला गूँथने को कहा...हर सुबह मैं विष्णु के लिए माला गूँथती।
फूल बहुत सुन्दर होते, मैं उनकी गुप्त बातें सुनती और उन्हें मन में रख लेती।

[माला पहनती है और उसे गहरी साँस लेकर सूँघती है।]

और उन गुप्त रहस्यों के बारे में मैं विष्णु से बतियाती, वो ही तो मेरी दैवीय गुड़िया था। उसे सारे रहस्य पता थे। मैं जानती हूँ उसे पँखुड़ियों में बिंधी सारी कहानियाँ पता थीं। वह मेरा

बचपन का सखा था...हम घर-घर खेलते, *(हँसती है)* कभी-कभी मैं उस पर ख़ूब ग़ुस्सा हो जाती। उसे डाँट देती...। एक दिन अप्पा ने मुझे माला पहने और आईने में देखते हुए देख लिया...वे चिल्लाए—कोडाई!
हाँ...कोडाई ही मेरा नाम था। जो उन्हीं ने मुझे दिया था। उन्हीं ने एक दिन मुझे तुलसी की झाड़ियों के बीच से उठाया था... मैं तो यह भी नहीं जानती कि मेरे माता-पिता कौन थे?
अप्पा चिल्ला रहे थे...तुमने पूजा की माला के फूलों को सूँघ लिया...सब बर्बाद कर दिया। अब मैं कैसे पूजा करूँगा पता नहीं...? अप्पा ने उस दिन बिना माला के ही पूजा की...बेचारा विष्णु...उस दिन उसे मेरी कोई कहानी नहीं मिली...कोई रहस्य नहीं मिला और खेलने को भी उसे कोई नहीं मिला...मैंने वादा किया, मैं ज़रूर कोई रास्ता निकालूँगी...।

[एक छोटी बच्ची की तरह गाती है।
आंडाल की कविता पढ़ती है।]

इन्द्र सभा के सभी देवता
सभी पधारे सपने में
जादू फेरा सपनों का
बरमाला भी जादू की
सपना मेरा यही सखी
यही अकेला सपना मेरा
सपना मेरा यही सखी।

[आँखें झुकाए विष्णु को देखती रहती है। स्टेचू का खेल खेलती है।]

दूसरे दिन फिर अप्पा ने मुझे एक नई ताजी माला पहने देखा... लेकिन अप्पा ने आगे बढ़कर मुझे हाथों में उठा लिया और अंक में भींच लिया, यह क्या हुआ? अप्पा की आँखें आँसुओं से भरी थीं!
उन्होंने मेरी गरदन से माला उतारी और पूजा की थाली में रख ली। पता है क्यों? तुम्हें पता है मेरे विष्णु ने क्या किया? वह अप्पा के सपने में आया और उसने अप्पा को आदेश दिया... मुझे कोडाई वाली माला लाकर दो। मैं कोई दूसरी माला नहीं

पहनूँगा...मेरी दैवीय गुड़िया...सच बताऊँ। मुझे लगता है कि मैं उसी से शादी करूँगी...किसी और से नहीं और मेरे सारे दोस्त आएँगे...।

[अपने को दुल्हन मानकर गाती है।
आंडाल की कविता पढ़ती है।]

ढोल डमरू शंखनाद
विबाह उत्सव विवाह रीति
मधुसूदन पास मेरे
कन्यादान किया था मैंने
अपना ही था कन्यादान
मधुसूदन को दिया था दान
सपना मेरा यही सखी
सपना मेरा यही सखी।

स्त्री : बस उसी दिन से उसका नाम आंडाल हो गया। आंडाल के दो काव्य संग्रह हैं। पहला तिरूप्पावई, जिसमें एक छोटी लड़की की तरह वह अपनी इच्छाओं को बताती है। पर दूसरा तिरोमोजाई...जवान आंडाल की उन कविताओं को सुनते ही कुछ लोग तो अपने कान बन्द कर लेते हैं।

मैं अपने ये पीन पयोधर ईश्वर को सौंपती हूँ...।
मैं अपने ये उन्नत स्तन ईश्वर को सौंपती हूँ...।

[स्त्री अपने मुँह पर हाथ रखती है।]

ठीक है मैं नहीं कहूँगी...इसे

[वह नेपथ्य की तरफ़ देखकर ऊँची आवाज़ में चिल्लाती है और दर्शकों से आत्मविश्वास के साथ कहती है।]

लेकिन मैं कहूँगी ज़रूर...
मैं अपने उन्नत स्तन उस ईश्वर को सौंपती हूँ...
जिसके हाथ थामे हैं
समुद्री सुगन्ध से भरे शंख को...
काला साँड़ हो, बारिश के काले मेघ या गहरे नीले फूल

सब मुझे उसी की याद दिलाते हैं
मैं अपने उन्नत स्तन उसी को सौंपती हूँ।

[स्त्री एक गहरा नीला कपड़ा ओढ़ती है। नाचते हुए निकल जाती है।]

स्त्री : औरत...वामा...स्त्री...सृष्टि एक स्त्री ही तो है। यह उसी की गृहस्थी है। न जाने किसने कहा था एक दिन कि किसी समाज में पर्यावरण और पारिस्थितिकी की हालत को जानना हो तो उस समाज में स्त्री की हालत को समझने की कोशिश करो...इससे उलट भी उतना ही सच है...तुम नदियों को देखो, उनके साथ तुमने क्या किया? तुम नदियों के साथ जो करते हो, उसी से स्त्रियों के साथ तुम्हारे व्यवहार का अनुमान लगाया जा सकता है...
सामन्तों की दुनिया में पृथ्वी माँ नहीं है...वीर भोग्या वसुन्धरा है...पृथ्वी के बारे में जैसा सोचते हैं वैसा ही वे स्त्री के बारे में भी सोचते हैं...
और इस नए बाज़ार के सामने...दोनों ही जिन्स हैं...बेचने की चीज़ हैं...
ए स्त्री तुम्हीं बताओ यह साबुन का विज्ञापन है या तुम्हारी देह का?
यह पावडर का विज्ञापन है या तुम्हारी देह का?
यह वस्त्रों का विज्ञापन है या तुम्हारी देह का?
यह सिगरेट...शराब...टीवी...टेलीफ़ोन...चप्पल...परफ्यूम... का विज्ञापन है या तुम्हारी देह का?

बाज़ार है चारों ओर बाज़ार
रोशनियाँ हैं चकाचौंध करती रोशनियाँ
... ...।

स्त्री : लेकिन मुझसे ही तो सारे रंग हैं, मुझसे ही तो हैं सारे उत्सव... ये सारा मेला मैंने ही तो रचा है...।

[उत्सव गीत की एक धुन बजती है। स्त्री थककर बैठ जाती है और क़िस्सा सुनाने के अन्दाज़ में बात करना शुरू करती है।]

मीरा बहन को जानती हो न? वह थी तो विदेशी, ब्रिटिश जल सेनाध्यक्ष की बेटी। मेडेलने नाम था उसका...। आज़ादी की लड़ाई के दौरान वह आई और बापू की शिष्या हो गई...बापू ने उसका नाम रखा मीरा बेन।

जब आज़ादी मिल गई तो उन्होंने हिमालय की तराई में अपना एक आश्रम बनाया और ऋषिकेश में बनाया अपना पशुलोक... एक दिन अचानक क्या हुआ कि गंगा में बाढ़ आ गई...सबको पालने वाली गंगा अचानक इतनी नाराज़ हो गई कि उसने सारी दूर उथल-पुथल मचा डाली...।

[अचानक जैसे पाँव के पास पानी चला आया हो, चौंक कर उठती है। बाढ़ का शोर।]

स्त्री : मीरा बहन अपने घोड़े माना पर बैठकर बाढ़ का कारण जानने गंगा के उद्गम की ओर निकल पड़ीं...दूर-दूर तक तबाही फैली थी। बड़े पैमाने पर जंगल काटे जा चुके थे और लगातार काटे जा रहे थे। यह कोई साधारण कटाई नहीं थी। वन कट रहे थे, उनका कारोबार हो रहा था...।

[घोड़े की टापों की आवाज़ आती रहती है।]

इस बात को एक अर्सा हुआ...।
मैं सिर्फ़ एक स्त्री की आवाज़ नहीं हूँ
मुझमें हज़ारों...लाखों स्त्रियों के बोलने की आवाज़ है

मीरा की आवाज़ हो
ललद्यद की अक्का महादेवी की या आंडाल की
वह सिर्फ़, एक स्त्री की आवाज़ नहीं
लाखों स्त्रियों के ग़ुस्से और सिसकियों से बनी है
वह आवाज़।
मैं सिर्फ़ एक स्त्री की आवाज़ नहीं हूँ...

उत्तराखंड से एक ललकार उठी
(नारा लगाने के अन्दाज़ में)—दारू बन्द करे सरकार...दारू बन्द करे सरकार...
देखते ही देखते चारों ओर यह आन्दोलन फैल गया...इसके कुछ ही दिनों बाद।

लगभग सत्तर के दशक में चिपको आन्दोलन शुरू हुआ। चारों ओर ढोल-नगाड़ों की आवाज़ गूँज उठी...*(नेपथ्य से ढोल बजने की आवाज़ें)*...स्त्रियों ने कहा...अगर कोई कुल्हाड़ा पेड़ की तरफ़ उठेगा तो वे पेड़ से चिपक जाएँगी।

[स्त्री एक दिशा की ओर देखकर पत्रकार की तरह पूछती है।]

आप लोगों ने पेड़ों को बचाने का यह ढंग क्यों चुना?

ग्रामीण स्त्री : सोचो, अगर जंगल में एक माँ और बेटा जा रहे हों और एकाएक सामने से बाघ या भालू आ जाए, तो माँ क्या करेगी, क्या करेगी बोलो?
अपने बच्चे को छाती से चिपका लेगी...उसके ऊपर लेट जाएगी...करेगी कि नहीं? हमने भी वो ही किया...।

स्त्री : गौरा देवी बोली तो सारी स्त्रियाँ बोलीं—
जंगल हमारा मायका है।
काटने के लिए जिन पेड़ों पर निशान लगे थे उन पर औरतों ने राखियाँ बाँध दीं...

[स्क्रोल्स पर बने पेड़ों पर राखी बाँधने का उपक्रम करती है।]

एक ठेकेदार ने देखा तो औरतों से झल्लाकर बोला :
क्या हैं जंगल के उपकार
लीसा लकड़ी और व्यापार
तब बचनी देवी ने पलटकर जवाब दिया :
क्या हैं जंगल के उपकार
मिट्टी पानी और बयार
मिट्टी पानी और बयार
जिन्दा रहने के अधिकार।

पुलिस आ गई...

[नेपथ्य से सीटियाँ गूँजती हैं।]

और ठेकेदार के पेड़ काटने वाले मज़दूर भी जंगलों में आ गए... रात के अँधेरे में पेड़ गिराए जाने लगे। औरतों ने भी जंगल में

अपना डेरा डाल दिया।
और जैसे ही कोई पेड़ काटा जाने को होता स्त्रियाँ उस पेड़ से जाकर चिपक जातीं...कुल्हाड़े उठाए हाथ रुक जाते...सारे जंगल में एक ही गीत गूँज रहा था...

आज हिमालय जागेगा
क्रूर कुल्हाड़ा भागेगा
पेड़ गिराने वालो सोचो
धरती माँ की खाल न नोचो
अगर कुल्हाड़े चमकेंगे
हम पेड़ों पर चिपकेंगे
लाठी गोली खाएँगे
अपने पेड़ बचाएँगे।

स्त्री : *धूलिया हो या श्रीकाकूलम*
छत्तीसगढ़ की आदिवासी महिलाएँ हों या
केरल की मछुआरनें
मैं सिर्फ़ चुपचाप सब कुछ सहती, पिटती स्त्री की नहीं
एक लड़ाकू स्त्री की कथा हूँ

मेरी आवाज़ सिर्फ़ एक स्त्री की आवाज़ नहीं।
जैसे एक नदी की आवाज़ में होती है
कई और अनजान नदियों की आवाज़ें
जैसे हवा में होती हैं न जाने कितने फूलों की गन्ध

मैं भी सिर्फ़ एक स्त्री की आवाज़ नहीं
मेरी आवाज़ में हैं हज़ारों...लाखों स्त्रियों की आवाज़ें!

तुम सआदत हसन मंटो हो

पूर्वकथन

सआदत हसन मंटो की चार कहानियाँ—'धुआँ', 'काली शलवार', 'बू' और 'ठंडा गोश्त' पर अश्लीलता और अन्य आरोपों के लिए मुक़दमे चलाए गए। मंटो ने उन मुक़दमों, उनमें सेशन कोर्ट और हाईकोर्ट में हुए फ़ैसलों आदि के बारे में तफ़सील से टिप्पणियाँ लिखी हैं। यह नाटक इन कहानियों और उन पर हिन्दुस्तान और पाकिस्तान में चलाए गए मुक़दमों, मुक़दमों में हुई बहसों और फ़ैसलों को केन्द्र में रखकर लिखा गया है। इसमें पाँचवीं कहानी 'ऊपर, नीचे और दरमियान' और पाँचवें मुक़दमे की तफ़सीलों को छोड़ दिया गया है। ऐसा करने के पीछे कोई ख़ास कारण नहीं था। एक कहानी को और बढ़ाने के बजाय मंटो के बारे में और उसकी उस दौर की मनोदशा के बारे में, उसी के लेखन से कुछ बातों को जोड़ना ज़्यादा ज़रूरी लग रहा था। और यही किया गया। तय है कि इन सब हालातों और कहानियों को जोड़ने के लिए एक कड़ी की ज़रूरत थी और इसके लिए 'टोबा टेकसिंह' से बेहतर कहानी क्या हो सकती थी। मंटो ने पूरे विभाजन को एक पागलख़ाने की तरह देखा था। मंटो की कहानियों पर अश्लीलता की बहसें और उन पर लगाए गए आरोप और चलाए गए मुक़दमे भी एक बड़े पागलख़ाने के रूपक का ही हिस्सा लगते हैं। इसलिए ये सारी कहानियाँ और इन पर लगाए गए आरोप और अदालती कार्यवाहियों को अभिनीत करने के लिए पागलख़ाने के रूपक से बेहतर क्या हो सकता था। इसलिए सारा नाटक टोबा टेकसिंह के उस पागलख़ाने में ही खेला जाता है, जहाँ विभाजन के बाद पागलों की अदला-बदली हो रही है। और विभाजन की सारी राजनीति को बीच से चीरता हुआ वह सवाल जैसे आज भी भारतीय उपमहाद्वीप में गूँजता रहता है कि टोबा टेकसिंह कहाँ है...?

यह नाटक एक तरह का संयोजन भर ही है। इसमें सारे शब्द और वाक्य सआदत हसन मंटो के ही हैं। कहा जा सकता है कि पूरा नाटक कैंची और गोंद की मदद से लिखा गया है। काटने और चिपकाने के कौशल से। बहुत ज़रूरी होने पर ही, कहीं-कहीं स्थितियों या संवादों को जोड़ने के लिए, एक-दो शब्दों का इस्तेमाल अलग से किया गया है। बलराज मेनरा और शरद दत्त ने 'सआदत हसन मंटो : दस्तावेज़' का पाँच खंडों में सम्पादन और संकलन किया है। यह सारी

सामग्री इन्हीं दस्तावेज़ों से ली गई है। पूर्वाभ्यास के दौरान रंगमंडल, भारत भवन, भोपाल के अनेक कलाकारों, निर्देशक श्री एम.के. रैना तथा इस दौरान आने वाले मित्रों के समवेत और सहकारी उद्यम से ही यह नाटक तैयार हुआ है। मंटो उर्दू के कहानीकार थे। इसलिए कहीं-कहीं कुछ कठिन शब्दों का इस्तेमाल उन्होंने किया है। उन शब्दों के हिन्दी अर्थ दे दिए गए हैं। नाटक खेलते समय कठिन अल्फाज़ की जगह आसान बोलचाल के शब्द रखे जा सकते हैं। यह स्क्रिप्ट इसलिए तैयार हो सकी कि नाटक के खेले जाने के दौरान जयंत देशमुख लगातार स्क्रिप्ट पर निर्देशों को नोट करते रहे थे। यह स्क्रिप्ट जयंत की स्क्रिप्ट के आधार पर ही प्रकाशन के लिए तैयार की जा सकी।

इस नाटक का प्रथम प्रदर्शन रंगमंडल, भारत भवन, भोपाल के कलाकारों द्वारा श्री एम.के. रैना के निर्देशन में किया गया। इस नाटक की मंच परिकल्पना राम रहमान ने की थी।

—राजेश जोशी

मंच का अग्रभाग पागलख़ाने का खुला हिस्सा है। इस स्पेस का अलग-अलग दृश्य में अलग-अलग तरह से इस्तेमाल होगा। इसमें एक लेम्पपोस्ट लगा है। पीछे के हिस्से में पागलों को बन्द रखने के लिए एक बैरक है। इसमें जेल की तरह सीखचों वाले दरवाज़े हैं। मंच के दाएँ हिस्से में एक घर है। इसमें एक तखत रखा है। दीवार पर एक आईना लगा है। कमरे के अन्दर एक और कमरा है। मंच के बाईं तरफ़ एक दीवार है, जिस पर फ़िल्मों के पोस्टर लगे हैं।

पात्र

दस या बारह पुरुष पात्र। चार-पाँच महिला पात्र।

सारे पात्र पागलों की तरह आएँगे। ये ही पात्र अलग-अलग भूमिकाएँ निभाएँगे।

कहानी सुनाने वाले : तीन। बिशन सिंह। जज। मंटो। मसऊद। अम्मी। बहन (कुलसूम)। नौकर। सी.आई.डी. अफ़सर। अदालत का दरबान। सुल्ताना। अंग्रेज़ अफ़सर। ख़ुदाबख़्श। अनवरी। आदमी (शंकर)। तीन वेश्याएँ। मुख़्तार। रनधीर। घाटन लड़की। रनधीर की पत्नी। तीन-चार पत्रकार। वकील। कुलवन्त। ईशर सिंह। गवाह : चार। फजलदीन। लेखक।

पूर्वरंग

[लेखक का प्रवेश।]

लेखक : *(स्वगत)* यहाँ सआदत हसन मंटो दफ़्न है। वह अब भी मनो मिट्टी के नीचे सोच रहा है कि वह बड़ा अफ़साना निगार है या ख़ुदा!

[लेखक का प्रस्थान।]

[सारे पागल बैरक से निकलकर आते हैं। पागलों जैसी हरकतें करते हैं। आपस में बातचीत करते हैं।]

दृश्य : एक

[पागलख़ाना]

[पागल आपस में बोलते हैं।]

एक : आज की ताज़ा ख़बर सुनी आपने?

दो : कोरिया की?

एक : जी नहीं।

तीन : बेगम जूनागढ़ की?

एक : जी नहीं।

दो : क़त्लो-ग़ारत की किसी नई वारदात की?

एक : जी नहीं...सआदत हसन मंटो की।

तीन : क्यों...? मर गया?

एक : जी नहीं। कल गिरफ़्तार कर लिया गया।

तीन : फ़हाशी[1] के सिलसिले में?

एक : जी हाँ...पुलिस ने उसकी ख़ाना-तलाशी भी ली।

चार : कोकीन या नाजाइज़ शराब वग़ैरह निकली?

एक : नहीं...अख़बारों में लिखा था कि उसके मकान में कोई नाजाइज़ चीज़ बरामद नहीं हुई।

छह : लेकिन उसका वुजूद बज़ाते-ख़ुद[2] नाजाइज़ है।

एक : जी हाँ...कम-अज़-कम हुकूमत तो यही समझती है।

तीन : फिर उसे बरामद क्यों न किया गया?

एक : यह बरामद और दरामद का मामला हुकूमत के अपने हाथों में है, जिसे चाहे बरामद करे, जिसे चाहे दरामद करे! सच पूछिए तो यह काम हुकूमतों ही के हाथ में होना चाहिए। वो इसका सलीक़ा जानती है।

चार : इसमें क्या शक है...।

एक : तो क्या ख़याल है आपका...? इस मर्तबा तो मंटो को फ़ाँसी की सज़ा ज़रूर मिलनी चाहिए...।

दो : मिल जाए तो अच्छा है। रोज़ का टंटा ख़त्म हो।

एक : जी हाँ, ऐसे सैकड़ों शरीफ़ाना काम हैं। मगर वह परले दर्जे का हठधर्मी है। लिखेगा और ज़रूर लिखेगा।

सात : मालूम है आपको, इसका अंज़ाम क्या होगा?

एक : कुछ बुरा ही नज़र आता है।

चार : छह मुक़दमे उस पर पंजाब में चल रहे होंगे, दस सिंध में, चार सूबा सरहद में, तीन मशारिक़ी पाकिस्तान में...वह इनकी ताब न लाकर पागल हो जाएगा।

एक : दो मर्तबा तो पागल हो चुका है।

दो : यह उसकी दूरअन्देशी थी...वह रिहर्सल कर रहा था, ताकि सचमुच पागल हो जाए तो पागलख़ाने में आराम से रहे।

एक : पागल होकर क्या करेगा?

दो : पागलों को होशमंद बनाने की कोशिश करेगा।

तीन : यह भी जुर्म है?

बिशन सिंह : औपड़ दि गड़ गड़ दि अनैक्स दि बेध्यानाँ दि मुंग दि दाल आफ़ दी लालटेन...

[पागल आपस में।]

छह : लेकिन हज़रत, मैं सोचता हूँ, अगर मंटो सचमुच पागल हो गया तो उसके बीवी-बच्चों का क्या होगा?

सात : उसके बीवी-बच्चे जाएँ जहन्नम में। क़ानून को उनसे क्या वास्ता।

आठ : दुरुस्त है, लेकिन हुकूमत क्या उनकी मदद नहीं करेगी?

नौ : हाँ, हुकूमत...हुकूमत की बात जुदा है। मेरा ख़याल है उसे मदद करनी चाहिए। और कुछ नहीं तो अख़बारों में इस बात का ऐलान कर देना चाहिए कि वह इसके मुताल्लिक़ ग़ौर कर रही है।

दो : जब तक ग़ौर होगा, तब तक मामला साफ़ हो जाएगा।

दस : ज़ाहिर है, अब तक होता तो ऐसा ही रहा है।

ग्यारह : लानत भेजिए मंटो और उसके बीवी-बच्चों पर। आप यह बताइए, हाईकोर्ट के फ़ैसले का उर्दू अदब पर क्या असर होगा?

पाँच : उर्दू अदब पर भी लानत भेजिए।

तीन : नहीं साहिब, ऐसा न कहिए...सुना है कि अदब[3] क़ौम का बहुत बड़ा सरमाया होता है।

ग्यारह : होगा भाई...हम तो उसे सरमाया कहते हैं, जो नक़दी की सूरत में बैंक में पड़ा हो।

तीन : लाख रुपए की बात कही आपने...तो मोमिन, मीर, अहसन, शौक़, सादी, हाफ़िज़ वग़ैरह सब दफ़ा 292 साफ़ कर देगी?

दृश्य : दो

[अदालत का दृश्य]

[पागलख़ाने में एक पागल जज की भूमिका निभाएगा और एक पागल मंटो की भूमिका करेगा।]

जज : आर्डर...आर्डर...।

मंटो : मैं साक़ी बुक डिपो, देहली की मत्बूआ क़िताब बउनवान 'धुआँ' का मुसन्निफ़[4] हूँ। यह क़िताब मैंने 1941 ई. में, जबकि मैं ऑल इंडिया रेडियो का मुलाज़िम था, साक़ी

बुक डिपो के मालिक मियाँ शाहिद अहमद साहिब के पास ग़ालिबन तीन सौ साढ़े तीन सौ रुपए में फ़रोख़्त[5] की थी। इसके जुमला हक़ूक़े-इसाअत[6] अब साक़ी बुक डिपो के पास हैं।

इस क़िताब के जो नुस्ख़े मैंने अदालत में देखे हैं, उनके मुलाहिज़े से पता चलता है कि यह क़िताब का दूसरा एडिशन है।

चौबीस अफ़सानों के इस मजमूए में जो इंसानी ज़िन्दगी के मुख़्तलिफ शोबों[7] से मुताल्लिक़ हैं, दो अफ़साने बउनवान 'धुआँ' और 'काली शलवार' फ़हश हैं—मुझे इससे इख़्तिलाफ़ है, क्योंकि ये दोनों कहानियाँ उर्यां[8] और फ़हश नहीं हैं।

मेरा ख़याल है, कोई भी चीज़ फ़हश नहीं, लेकिन घर की कुर्सी और हाँडी भी फ़हश हो सकती है, अगर उनको फ़हश तरीक़े से पेश किया जाए - फ़हश चीज़ें बनाई जाती हैं किसी ख़ास ग़रज़ के मातहत।

औरत और मर्द का रिश्ता फ़हश नहीं। उनका ज़िक्र भी फ़हश नहीं, लेकिन जब इस रिश्ते को चौरासी आसनों या जोड़दार ख़ुफ़िया तसवीरों में तब्दील कर दिया जाए और लोगों को तरग़ीब दी जाए कि वो तख़लिए[9] में इस रिश्ते को ग़लत ज़ाविए से देखें तो मैं इस फ़ेल को सिर्फ़ फ़हश ही नहीं, बल्कि निहायत घिनावना, मक्रूह[10] और ग़ैरसेहतमंद कहूँगा।

तहरीरो-तक़रीर में, शेरो-शाइरी में, संग-साजी-ओ-सनम-तराशी में फ़हाशी तलाश करने के लिए सबसे पहले उसकी तरग़ीब टटोलनी चाहिए। अगर यह तरग़ीब मौजूद है, अगर उसकी नीयत का एक शायबा भी नज़र आ रहा है तो वह तहरीर, वह तक़रीर, वह शेर, वह बुत क़तई तौर पर फ़हश है।

अब हमें देखना है कि यह तरग़ीब[11] 'धुआँ' में मौजूद है या नहीं?

[मंटो और अन्य पागलों का प्रस्थान।]

दृश्य : तीन

[धुआँ]

कहानी सुनाने वाला एक : वह जब स्कूल रवाना हुआ तो उसने रास्ते में एक क़साई देखा, जिसके सिर पर बहुत बड़ा टोकरा था। उसमें दो ताज़ा ज़िब्ह किए हुए बकरे थे। उनकी खालें उतरी हुई थीं और उनके नंगे गोश्त में से धुआँ उठ रहा था। जगह-जगह पर यह गोश्त, जिसको देखकर मसऊद के ठंडे गालों पर गर्मी की लहरें-सी दौड़ जाती थीं, फड़क रहा था जैसे कभी-कभी उसकी आँख फड़का करती थी।

मसऊद बग़ल में बस्ता दबाए स्कूल जा रहा था। उसकी चाल भी सुस्त थी। जब उसने बेखाल के ताज़ा ज़िब्ह किए हुए बकरों के गोश्त से सफ़ेद-सफ़ेद धुआँ उठते देखा तो उसे राहत महसूस हुई।

मसऊद जब स्कूल पहुँचा तो उसे अपने साथियों से यह मालूम करके क़तई तौर पर ख़ुशी न हुई कि स्कूल सिकत्तर साहिब की मौत के बायस बन्द कर दिया गया है। सब लड़के ख़ुश थे, जिसका सुबूत यह था कि वह अपने बस्ते एक जगह पर रखकर स्कूल के सहन में ऊटपटाँग खेलों में मशग़ूल थे। कुछ छुट्टी का पता मालूम करते ही घर चले गए थे। कुछ आ रहे थे और कुछ नोटिस-बोर्ड के पास जमा थे और बार-बार एक ही इबारत पढ़ रहे थे।

मसऊद ने यह ख़बर सुनकर सीधा अपनी क्लास का रुख़ किया। कमरे में पहुँचकर उसने अपने डेस्क का ताला खोला। दो-तीन क़िताबें, जो कि उसे दूसरे रोज़ फिर लानी थीं, रखीं और बाक़ी बस्ता उठाकर घर की जानिब[12] चल पड़ा।

[कहानी और दृश्य साथ-साथ।]

कहानी सुनाने वाला एक : रास्ते में उसने फिर वही दो ताज़ा ज़िब्ह किए हुए बकरे देखे। उनमें से एक को अब क़साई ने लटका दिया था। दूसरा तख़्ते पर पड़ा था। जब मसऊद दुकान पर से गुज़रा तो उसके दिल

में ख़्वाहिश पैदा हुई कि वह गोश्त को, जिसमें से धुआँ उठ रहा था, छूकर देखें। चुनांचे उसने आगे बढ़कर उँगली से बकरे के उस हिस्से को छूकर देखा, जो अभी तक फड़क रहा था। गोश्त गर्म था। मसऊद की ठंडी उँगली को यह हरारत बहुत भली मालूम हुई। क़साई दुकान के अन्दर छुरियाँ तेज़ करने में मसरूफ था। चुनांचे मसऊद ने एक बार फिर गोश्त को छूकर देखा और वहाँ से चल पड़ा।

[एक औरत इस बीच एक मटकी और चूल्हा लेकर मंच पर आती है।]

घर पहुँचकर उसने जब अपनी माँ को सिकत्तर साहिब की मौत की ख़बर सुनाई तो उसे मालूम हुआ कि उसके अब्बा जी उन्हीं के जनाज़े के साथ गए हैं। अब घर में सिर्फ़ दो आदमी थे—माँ और बड़ी बहन। माँ बावरचीख़ाने में बैठी सालन पका रही थी और बड़ी बहन कुलसूम पास की एक काँगड़ी लिए दरबारी की सरगम याद कर रही थी।

[गाने की आवाज़।]

बस्ता अपनी जगह पर रखने और कोट उतारने के बाद वह बावरचीख़ाने में अपनी माँ के पास बैठ गया और दरबारी की सरगम सुनता रहा, जिसमें कई दफ़ा सा रे गा मा आता था। उसकी माँ पालक काट रही थी। पालक काटने के बाद उसने सब्ज़-सब्ज़ पत्तों का गीला-गीला ढेर उठाकर हँडिया में डाल दिया। थोड़ी देर के बाद जब पालक को आँच लगी तो उसमें से सफ़ेद-सफ़ेद धुआँ उठने लगा। उस धुएँ को देखकर मसऊद को बकरे का गोश्त याद आ गया।

[इस बीच अम्मी पालक कादने आदि काम और बहन सरगम का अभ्यास करती है।]

मसऊद : *(अम्मी से)* अम्मी जान, आज मैंने क़साई की दुकान पर दो बकरे देखे। उनकी खाल उतरी हुई थी और उनमें से धुआँ निकल रहा था, बिलकुल वैसे ही जैसा कि सुबह-सवेरे मेरे मुँह से निकला करता है।

अम्मी : अच्छा...! *(यह कहकर उसकी माँ चूल्हे में लकड़ियों के कोयले झाड़ने लगी।)*

मसऊद : हाँ...और मैंने गोश्त को अपनी उँगली से छूकर देखा तो वह गर्म था।

अम्मी : अच्छा...! *(यह कहकर उसकी माँ ने वह बरतन उठाया, जिसमें उसने पालक का साग धोया था और बावरचीख़ाने से बाहर चली गई।)*

मसऊद : ...और वह गोश्त कई जगह पर फड़कता भी था।

बहन : अच्छा...! *(मसऊद की बड़ी बहन ने दरबारी सरगम याद करना छोड़ दी और उसकी तरफ़ देखा।)* कैसे फड़कता था...?

मसऊद : यूँ...यूँ। *(मसऊद ने उँगलियों से फड़कन पैदा करके अपनी बहन को दिखाई।)*

बहन : फिर क्या हुआ?

मसऊद : फिर क्या होना था। मैंने ऐसे ही आपसे बात की थी कि क़साई के दुकान पर गोश्त फड़क रहा था। मैंने उँगली से छूकर भी देखा था। गरम था!

बहन : गरम था...! अच्छा, मसऊद यह बताओ, तुम मेरा एक काम करोगे?

मसऊद : बताइए।

बहन : आओ, मेरे साथ आओ।

मसऊद : नहीं, आप पहले बताइए, काम क्या है?

बहन : तुम आओ तो सही मेरे साथ।

मसऊद : जी नहीं...आप पहले काम बताइए।

बहन : देखो, मेरी कमर में बड़ा दर्द हो रहा है...मैं पलंग पर लेटती हूँ, तुम ज़रा पाँव से दबा देना...अच्छे भाई जो हुए, अल्लाह की क़सम, बड़ा दर्द हो रहा है। *(यह कहकर मसऊद की बहन ने अपनी कमर पर मुक्कियाँ मारना शुरू कर दीं।)*

मसऊद : यह आपकी कमर को क्या हो जाता है। जब देखो, दर्द हो रहा है, और फिर आप दबवाती भी मुझी से हैं। क्यों नहीं अपनी सहेलियों से कहतीं...? *(मसऊद उठ खड़ा हुआ और राज़ी हो गया।)* चलिए, लेकिन आपसे यह कहे देता हूँ कि दस मिनट से ज़्यादा मैं बिलकुल नहीं दबाऊँगा।

बहन : शाबाश! शाबाश! *(उसकी बहन उठ खड़ी हुई और सरगमों की कॉपी सामने ताक़ में रख दी। आसमान की तरफ़ देखती*

है। कमर सीधी करती है। और एक तरफ़ बिछे पलंग के पास जाती है।)

बहन : मसऊद, आज ज़रूर बारिश होगी।

मसऊद : *(कुलसूम पलंग पर औंधे मुँह लेट गई तो मसऊद ने उठकर घड़ी में वक़्त देखा।)* देखिए बाजी, ग्यारह बजने में दस मिनट बाक़ी हैं, मैं पूरे ग्यारह बजे आपकी कमर दाबना छोड़ दूँगा।

बहन : *(डाँटते हुए)* बहुत अच्छा, लेकिन तुम अब ख़ुदा के लिए ज़्यादा नख़रे न बघारो...इधर मेरे पलंग पर आकर जल्दी कमर दबाओ, वरना याद रखो, बड़े ज़ोर से कान ऐंठूँगी।

[मसऊद ने अपनी बड़ी बहन के हुक्म की तामील की और दीवार का सहारा लेकर पाँव से उसकी कमर दबाना शुरू कर दी। जब उसने पैरों से दबाना शुरू किया, ठीक उसी तरह जिस तरह मज़दूर मिट्टी गूँधते हैं तो कुलसूम ने मज़ा लेने की ख़ातिर हौले-हौले हाय-हाय करना शुरू कर दिया।]

कहानी सुनाने वाला एक : कुलसूम के कूल्हों पर गोश्त ज़्यादा था। जब मसऊद का पाँव उस हिस्से पर पड़ा तो उसे ऐसा महसूस हुआ कि वह उस बकरे के गोश्त को दबा रहा है, जो उसने क़साई की दुकान में अपनी उँगली से छूकर देखा था। इस एहसास ने चन्द लम्हात के लिए उसके दिलो-दिमाग़ में ऐसे ख़यालात पैदा किए जिनका कोई सिर था न पैर। वह उनका मतलब न समझ सका। और समझता भी कैसे, जबकि कोई ख़याल मुकम्मल ही न था।

एक-दो बार मसऊद ने यह भी महसूस किया कि उसके पैरों के नीचे गोश्त के लोथड़ों में हरकत पैदा हुई है, उसी क़िस्म की हरकत जो उसने बकरे के गर्म-गर्म गोश्त में देखी थी...उसने बड़ी बददिली से कमर दबाना शुरू की थी, मगर अब उसे इस काम में लज़्ज़त महसूस होने लगी। उसके वज़न के नीचे कुलसूम हौले-हौले कराह रही थी। यह भिंची-भिंची आवाज़, जो कि मसऊद के पैरों की हरकत का साथ दे रही थी, उस गुमनाम-सी लज़्ज़त में इज़ाफ़ा कर रही थी।

टाइमपीस में ग्यारह बज गए मगर मसऊद अपनी बहन कुलसूम की कमर दबाता रहा।

बहन : शाबाश मसऊद! शाबाश! लो, अब लगे हाथों टाँगें भी दबा दो, बिलकुल इसी तरह...शाबाश मेरे भाई...।

[मसऊद ने दीवार का सहारा लेकर कुलसूम की रानों पर जब अपना पूरा वज़न डाला तो बेइख़्तियार वह हँस पड़ी और दोहरी हो गई। मसऊद गिरते-गिरते बचा।]

मसऊद : यह आपने हँसना क्यों शुरू कर दिया। सीधी लेट जाइए कि मैं आपकी टाँगें दबा दूँ...।

[कुलसूम सीधी लेट गई। बीच-बीच में हँसती है।]

बहन : ना भाई, मेरे गुदगुदी होती है। तुम बहशियों की तरह दबाते हो...।

मसऊद : नहीं, अब की दफ़ा मैं पूरा बोझ आप पर नहीं डालूँगा...आप इत्मीनान रखिए, अब ऐसी अच्छी तरह दबाऊँगा कि आपको कोई तकलीफ़ न होगी...।

कहानी सुनाने वाला एक : दीवार का सहारा लेकर मसऊद ने अपने जिस्म को तोला और इस अन्दाज़ से आहिस्ता-आहिस्ता कुलसूम की रानों पर पैर जमाए कि उसका आधा बोझ कहीं ग़ायब हो गया। हौले-हौले बड़ी होशियारी से उसने पैर चलाने शुरू किए। कुलसूम की रानों में अकड़ी हुई मछलियाँ उसके पैरों के नीचे दब-दब कर इधर-उधर फिसलने लगीं—मसऊद ने एक बार स्कूल में तने हुए रस्से पर एक बाज़ीगर को चलते देखा था। उसने सोचा कि बाज़ीगर के पैरों के नीचे तना हुआ रस्सा इसी तरह फिसलता होगा।

इससे पहले कई बार उसने अपनी बहन कुलसूम की टाँगें दबाई थीं, मगर वह लज़्ज़त, जो कि उसे अब महसूस हो रही थी, पहले कभी महसूस नहीं हुई थी। बकरे के गर्म-गर्म गोश्त का उसे बार-बार ख़याल आता था। एक-दो मर्तबा उसने सोचा—

मसऊद : *(स्वगत)* कुलसूम को अगर ज़िब्ह किया जाए तो खाल उतर जाने पर क्या इसके गोश्त से भी धुआँ निकलेगा?

बहन : बस-बस...*(कुलसूम थक गई)* बस-बस...।

[कहानी कहने वाला एक का प्रस्थान।]

कहानी सुनाने वाला दो : जब वह सहन में दाख़िल हुआ तो उसने देखा कि हल्की-हल्की बूँदाबूँदी हो रही है। बादल और भी झुक आए थे। पानी के नन्हे-नन्हे क़तरे आवाज़ पैदा किए बग़ैर सहन की ईंटों में आहिस्ता-आहिस्ता जज़्ब हो रहे थे। मसऊद का ज़िस्म एक दिलनवाज़ हरारत महसूस कर रहा था। जब हवा का ठंडा-ठंडा झोंका उसके गालों के साथ मस[13] हुआ।

मसऊद ऐसी बातें सोचने लगा, जिनका मतलब उसकी समझ में नहीं आता था। वह उन बातों को छूकर देख सकता था, मगर उनका मतलब उसकी गिरफ़्त से बाहर था। फिर भी एक गुमनाम-सा मज़ा इस सोच-विचार में उसे आ रहा था। बारिश में कुछ देख खड़े रहने के बायस जब मसऊद के हाथ बिलकुल यख़[14] हो गए और दबाने से उन पर सफ़ेद धब्बे पड़ने लगे तो उसने मुट्ठियाँ कस लीं और उनको मुँह की भाप से गर्म करना शुरू किया। हाथों को इस अमल से कुछ गर्मी तो पहुँची, मगर वह नम-आलूद हो गए। चुनांचे आग तापने के लिए वह बावरचीख़ाने में चला गया। खाना तैयार था। अभी उसने पहला लुक़मा[15] ही उठाया था कि उसका बाप क़ब्रिस्तान से वापिस आ गया। बाप-बेटे में कोई बात न हुई। मसऊद की माँ उठकर फ़ौरन एक दूसरे कमरे में चली गई और वहाँ देर तक अपने ख़ाविंद के साथ बातें करती रही।

[मसऊद का पिता आता है। और पिता तथा माँ का प्रस्थान।]

कहानी सुनाने वाला दो : खाने से फ़ारिग़ होकर मसऊद बैठक में चला गया और खिड़की खोलकर फ़र्श पर लेट गया। बारिश की वजह से सर्दी की शिद्दत बढ़ गई थी, क्योंकि अब हवा भी चल रही थी। मगर यह सर्दी नाख़ुशगवार मालूम नहीं होती थी। तालाब के पानी की तरह यह ऊपर ठंडी और अन्दर गर्म थी। मसऊद जब फ़र्श पर लेटा तो उसके दिल में ख़्वाहिश पैदा हुई कि वह उस सर्दी के अन्दर धँस जाए जहाँ उसके ज़िस्म को राहतअंगेज़ गर्मी पहुँचे। देर तक वह ऐसी शीर गर्म बातों के मुताल्लिक़ सोचता रहा,

फिर जिसके बायस उसके पट्ठों में हल्की-हल्की दुखन पैदा हो गई। एक-दो बार उसने अँगड़ाई ली तो उसे मज़ा आया। उसके ज़िस्म के किसी हिस्से में, यह उसको मालूम नहीं था कि कहाँ, कोई चीज़ अटक-सी गई थी। यह चीज़ क्या थी, उसके मुताल्लिक़ भी मसऊद को इल्म नहीं था। अलबत्ता इस अटकाव ने उसके सारे ज़िस्म में इज़्तिराब,[16] एक दबे हुए इज़्तिराब की कैफ़ियत पैदा कर दी थी। उसका सारा ज़िस्म खिंचकर लम्बा हो जाने का इरादा बन गया था।

[देर तक गुदगुदे कलीन पर करवटें बदलने के बाद वह उठा। बारिश अब रुक गई थी। मसऊद ने हाकी और गेंद निकाली और सहन में खेलना शुरू कर दिया। एक बार जब उसने ज़ोर से हिट लगाई तो गेंद सहन के दाएँ हाथ वाले कमरे के दरवाज़े पर लगी। अन्दर से मसऊद के बाप की आवाज़ आई।]

बाप : *(अन्दर से)* कौन?

मसऊद : जी, मैं हूँ मसऊद!

बाप : *(अन्दर से)* क्या कर रहे हो?

मसऊद : जी, खेल रहा हूँ!

बाप : खेलो...। *(थोड़े से अन्तराल के बाद)* तुम्हारी माँ मेरा सिर दबा रही है, ज़्यादा शोर न मचाना।

[यह सुनकर मसऊद ने गेंद वहीं पड़ी रहने दी और हाकी हाथ में लिए सामने वाले कमरे का रुख़ किया। उसका एक दरवाज़ा बन्द था और दूसरा नीमबाज़... मसऊद को एक शरारत सूझी। दबे पाँव वह नीमबाज़ दरवाज़े की तरफ़ बढ़ा और धमाके के साथ उसने दोनों पट खोल दिए। दो चीख़ें बुलन्द हुईं।]

कहानी सुनाने वाला दो : विमला के ब्लाउज़ के बटन खुले हुए थे और कुलसूम उसके उरियाँ सीने को घूर रही थी।

मसऊद कुछ समझ न सका। उसके दिमाग़ पर धुआँ-सा छा गया। वहाँ से उलटे क़दम लौटकर जब बैठक की तरफ़ रवाना हुआ तो उसने मअन[17] अपने अन्दर एक अथाह ताक़त का

एहसास हुआ, जिसने कुछ देर के लिए उसकी सोचने-समझने की कुव्वत बिलकुल कमज़ोर कर दी।

[अदालत का दृश्य।]

जज : आर्डर...आर्डर! दोनों अफ़साने फ़हश करार...दो सौ रुपये जुर्माना...अदम अदाएगी-ए-जुर्माना की सूरत में...क़ैदे बा मशक़्क़त...।

[मंटो जेब से दो सौ रुपये निकालकर जमा करता है। जज मुस्कुराता है।]

जज : ऐसा मालूम होता है कि आप कील-काँटे से लैस होकर आए हैं...।

[मंटो कोई जवाब नहीं देता। अदालत बर्ख़ास्त होती है।]

दृश्य : चार

[पागलख़ाना]

[दरवाज़े पर दस्तक।]

मंटो : *(नौकर से)* पूछो, कौन है?

नौकर : सी.आई.डी. का आदमी है।

मंटो : *(सी.आई.डी. से : स्वगत)* ज़ाहिर है, मैंने सोचा, लाहौर से गिरफ़्तारी का वारंट है, *(प्रकट)* फ़रमाइए, अब की बार मेरी किस कहानी पर इताब नाज़िल[18] हुआ है...?

सी.आई.डी. : इधर हम तपास[19] करने आया है...तुम्हारा नाम उधर कम्युनिस्ट पार्टी के ऑफ़िस में चोपड़ी में लिखा है...बोलो, तुम्हारा क्या ताल्लुक़ है उससे...?

मंटो : *(तसल्ली से साँस लेकर। मज़ाक़ करते हुए)* चोपड़ी से या कम्युनिस्ट पार्टी से?

सी.आई.डी. : कम्युनिस्ट पार्टी से...?

मंटो : ताल्लुक़ है मगर नाजाइज़ ताल्लुक़ है...।

सी.आई.डी. : क्यों है...?

मंटो : ...इसलिए कि तुम्हारी हुकूमत यही समझती है, वरना तुम यहाँ तपास करने क्यों आते?

बिशन सिंह : ओपड़ दी गड़गड़...।

[पागल अदालत का दृश्य बना लेते हैं।]

जज : आर्डर...आर्डर...।

अदालत का दरबान : सआदत हसन मंटो हाजिर हो...।

मंटो : महावार रिसाला 'अदबे-लतीफ़' लाहौर के सालनामा 1942 में मेरा एक अफ़साना बउनवान 'काली शलवार' शाया हुआ था, जिसे लोग फ़हश समझते हैं। यह सफ़ेद झूठ है।

अफ़सानानिगारी मेरा पेशा है। मैं इसके तमाम आदाब से वाक़िफ़ हूँ। इससे पेशतर इसी मौज़ूँ पर मैं कई अफ़साने लिख चुका हूँ। इनमें से कोई भी अफ़साना फ़हश नहीं। मैं आइन्दा भी इस मौज़ूँ पर अफ़साने लिखूँगा जो फ़हश नहीं होंगे।

क़िस्सागोई हबूते-आजम से जारी है और मेरा ख़याल है, क़यामत तक जारी रहेगी। इसकी शक्लें बदलती जाएँगी, लेकिन इंसान अपने एहसासात दूसरे अज़्हान[20] तक पहुँचाने का सिलसिला जारी रखेगा।

'काली शलवार' का पसमंज़र एक वेश्या का घर है। यह घर बये के घर की तरह हैरतअंगेज़ नहीं, जिसके मुताल्लिक़ अजीबो-ग़रीब बातें मशहूर हैं। देहली में ऐसी औरतों के लिए एक मक़ाम मुंतख़ब करके बेशुमार घर बनाए गए हैं। मेरी सुल्ताना ऐसे ही एक बने-बनाए घर में रहती थी।

वेश्या के कोठे पर हम नमाज़ या दुरूद पढ़ने नहीं जाते। वहाँ हम जिस ग़र्ज़ से जाते हैं, ज़ाहिर है, वहाँ हम इसलिए जाते हैं कि वहाँ हम जा सकते हैं। वहाँ जाकर हम अपनी मत्लूदा जिंस बेरोक-टोक ख़रीद सकते हैं। जब वहाँ जाने की हमें खुली इजाज़त है, जब हर औरत अपनी मर्ज़ी पर वेश्या बन सकती है और एक लाइसेंस लेकर जिस्म फरोशी कर सकती है, जब यह तिजारत क़ानूनन जाइज़ तस्लीम की जाती है तो उसके मुताल्लिक़ हम क्यों बातचीत नहीं कर सकते?

अगर वेश्या का ज़िक्र फ़हश है तो उसका वुजूद भी फ़हश है। अगर उसका ज़िक्र मम्नूअ[21] है, तो उसका पेशा भी मम्नूअ होना चाहिए। वेश्या को मिटाइए, उसका ज़िक्र ख़ुद-ब-ख़ुद मिट जाएगा। वेश्या का मकान ख़ुद एक जनाज़ा है, जो समाज अपने कन्धों पर उठाए हुए है। वह उसे जब तक कहीं दफन नहीं करेगा, उसके मुताल्लिक़ बातें होती ही रहेंगी। यह लाश गली-सड़ी सही, बदबूदार सही, मुतअफ़्फ़िन[22] सही, भयानक सही, घिनावनी सही, लेकिन इसका मुँह देखने में क्या हर्ज़ है? क्या यह हमारी कुछ नहीं लगती? क्या हम इसके अज़ीज़ो-अक़ारिब[23] नहीं? हम कभी-कभी कफ़न हटाकर उसका मुँह देखते रहेंगे और दूसरों को दिखाते रहेंगे।
मैंने 'काली शलवार' में ऐसी ही एक लाश का मुँह दिखाया है। मुलाहिज़ा हो : हर औरत वेश्या नहीं होती, लेकिर हर वेश्या औरत होती है!

दृश्य : पाँच

[काली शलवार]

[कोठे का दृश्य। सुल्ताना एक आईने के सामने कंघी कर रही है।]

कहानी सुनाने वाला तीन : देहली आने से पहले वह अम्बाला छावनी में थी, जहाँ कई गोरे उसके ग्राहक थे। उन गोरों से मिलने-जुलने के बायस वह अंग्रेज़ी के दस-पन्द्रह जुमले सीख गई थी। उनको वह आम गुफ़्तगू में इस्तेमाल नहीं करती थी, लेकिन जब वह देहली में आई और उसका कारोबार न चला तो एक दिन उसने अपनी पड़ोसन तमंचाजान से कहा।

[तमंचाजान का प्रवेश।]

सुल्ताना : दिस लैफ वेरी बैड...यानी यह ज़िन्दगी बहुत बुरी है, जबकि खाने हीं को कुछ नहीं मिलता।

कहानी सुनाने वाला तीन : अम्बाला छावनी में उसका धन्धा बहुत अच्छी तरह चलता था। छावनी के गोरे शराब पीकर उसके पास आते थे और वह तीन-चार घंटों ही में आठ-दस गोरों को निबटाकर बीस-तीस रुपये पैदा कर लिया करती थी। ये गोरे उसके हमवतनों के मुक़ाबले में बहुत अच्छे थे। इसमें कोई शक नहीं कि वह ऐसी ज़बान बोलते थे, जिसका मतलब सुल्ताना की समझ में नहीं आता था, मगर उसी ज़बान से यह लाइल्मी उसके हक़ में बहुत अच्छी साबित होती थी। अगर वे उससे कुछ रिआयत चाहते तो वह सिर हिलाकर कह दिया करती थी।

[एक गोरा आता है।]

सुल्ताना : साहब, हमारी समझ में तुम्हारी बात नहीं आता।

कहानी सुनाने वाला तीन : और अगर वे उससे ज़रूरत से ज़्यादा छेड़छाड़ करते तो वह उनको अपनी ज़बान में गालियाँ देना शुरू कर देती थी। वह हैरत में उसके मुँह की तरफ़ देखते तो वह उनसे कहती :

सुल्ताना : साहब, तुम एकदम उल्लू का पट्ठा है, हरामजादा है... समझा!

कहानी सुनाने वाला तीन : यह कहते वक़्त वह अपने लहजे में सख़्ती पैदा न करती, बल्कि बड़े प्यार के साथ उनसे बातें करती—गोरे हँस देते और हँसते वक़्त वह सुल्ताना को बिलकुल उल्लू के पट्ठे दिखाई देते।
मगर यहाँ दिल्ली में वह जब से आई थी, एक गोरा भी उसके यहाँ नहीं आया था। तीन महीने उसको हिन्दुस्तान के इस शहर में रहते हो गए थे, जहाँ उसने सुना था कि बड़े लाट साहब रहते हैं, जो गर्मियों में शिमले चले जाते हैं—उसके पास सिर्फ़ छह आदमी आए थे। सिर्फ़ छह, यानी महीने में दो और उन छह ग्राहकों से उसने, ख़ुदा झूठ न बुलवाए, साढ़े अट्ठारह रुपये वसूल किए थे। तीन रुपये से ज़्यादा पर कोई मानता ही नहीं था। सुल्ताना ने उनमें से पाँच आदमियों को अपना रेट दस रुपया बताया था, मगर ताज्जुब की बात है कि उनमें से हर एक ने यही कहा था, 'भई, हम तीन रुपये से ज़्यादा एक कौड़ी नहीं देंगे...' जाने क्या बात थी कि उनमें से हर एक

ने उसे सिर्फ़ तीन रुपये के क़ाबिल समझा, चुनांचे जब छठा आया तो उसने ख़ुद उससे कहा :

[ग्राहक आता है।]

सुल्ताना : देखो, मैं तीन रुपये एक टेम के लूँगी। इससे एक धेला तुम कम कहो तो न होगा। अब तुम्हारी मर्ज़ी हो तो रहो वरना जाओ।

कहानी सुनाने वाला तीन : छठे आदमी ने यह बात सुनकर तकरार न की और उसके यहाँ ठहर गया। जब दूसरे कमरे में दरवाज़े-वरवाज़े बन्द करके वह अपना कोट उतारने लगा तो सुल्ताना ने कहा : 'लाइए एक रुपया दूध का'। उसने एक रुपया तो न दिया लेकिन नए बादशाह की चमकती हुई अठन्नी जेब से निकालकर उसको दे दी और सुल्ताना ने भी चुपके से ले ली कि चलो जो आया है, गनीमत है।

साढ़े अट्ठारह रुपये तीन महीनों में—बीस रुपये माहवार तो उस कोठे का किराया था, जिसको मालिक मकान अंग्रेज़ी ज़बान में फ़्लैट कहता था। उस फ़्लैट में ऐसा पाखाना था, जिसमें ज़ंजीर खींचने से सारी गन्दगी पानी के ज़ोर से एकदम नीचे नल में ग़ायब हो जाती थी और बड़ा शोर होता था। शुरू-शुरू में तो उस शोर ने उसे बहुत डराया था। पहले दिन जब वह रफा-हाजत[24] के लिए उस पाखाने में गई तो उसकी कमर में शिद्दत का दर्द हो रहा था। फ़ारिग़ होकर जब वह उठने लगी तो उसने लटकी हुई ज़ंजीर का सहारा ले लिया। उस ज़ंजीर को देखकर उसने ख़याल किया, चूँकि यह मकान ख़ास हम लोगों की रिहाइश के लिए तैयार किए गए हैं, यह ज़ंजीर इसीलिए लगाई गई है कि उठते वक़्त तकलीफ़ न हो और सहारा मिल जाया करे। मगर ज्यों ही उसने ज़ंजीर को पकड़कर उठना चाहा।

[चीख़ सुनाई देती है। ख़ुदाबख़्श भागकर बाहर आता है। सुल्ताना की चीख़।]

ख़ुदाबख़्श : क्या हुआ...? यह चीख़ तुम्हारी थी...?

सुल्ताना : यह मुआ पैख़ाना है या क्या है? बीच में यह रेलगाड़ियों की तरह ज़ंजीर क्या लटका रखी है? मेरी कमर में दर्द था, मैंने

कहा, चलो इसका सहारा ले लूँगी, पर इस मुई ज़ंजीर को छेड़ना था कि वह धमाका हुआ कि मैं तुमसे क्या कहूँ...

[ख़ुदाबख़्श ज़ोर-ज़ोर से हँसता है।]

कहानी सुनाने वाला तीन : ख़ुदाबख़्श और सुल्ताना का आपस में कैसे सम्बन्ध हुआ, यह एक लम्बी कहानी है। ख़ुदाबख़्श रावलपिंडी का था। इंटरेंस पास करने के बाद उसने लारी चलाना सीखी। चुनांचे चार बरस तक वह रावलपिंडी और कश्मीर के दरमियान लारी चलाने का काम करता था। उसके बाद कश्मीर में उसकी दोस्ती एक औरत से हो गई। उसको भगाकर वह साथ ले आया। लाहौर में चूँकि उसको कोई काम न मिला, इसलिए उसने औरत को पेशे पर बिठा दिया। दो-तीन बरस तक यह सिलसिला जारी रहा। फिर वह औरत किसी और के साथ भाग गई। ख़ुदाबख़्श को मालूम हुआ कि वह अम्बाला में है, वह उसकी तलाश में आया, जहाँ उसको सुल्ताना मिल गई। सुल्ताना ने उसको पसन्द किया। चुनांचे दोनों का सम्बन्ध हो गया।

ख़ुदाबख़्श के आने से एकदम सुल्ताना का कारोबार चमक उठा। औरत चूँकि ज़ईफुल-एतिक़ाद[25] थी, इसलिए उसने समझा कि ख़ुदाबख़्श बड़ा भागवान है, जिसके आने से इतनी तरक़्क़ी हो गई है। चुनांचे उस खुश-एतिक़ादी[26] ने ख़ुदाबख़्श की वक़अत उसकी नज़रों में और भी बढ़ा दी।

ख़ुदाबख़्श आदमी मेहनती था। सारा दिन हाथ पर हाथ धरकर बैठना पसन्द नहीं करता था। चुनांचे उसने एक फ़ोटोग्राफर से दोस्ती पैदा की, जो रेलवे स्टेशन के बाहर मिनट कैमरे से फ़ोटो खींचा करता था। उससे उसने फ़ोटो खींचना सीखा। फिर सुल्ताना से साठ रुपये लेकर कैमरा भी ख़रीद लिया। आहिस्ता-आहिस्ता एक परदा बनवाया, दो कुर्सियाँ ख़रीदीं और फ़ोटो धोने का सब सामान लेकर उसने अपना काम शुरू कर दिया।

कहानी सुनाने वाला तीन : काम चल निकला। चुनांचे उसने थोड़ी ही देर के बाद अपना अड्डा अम्बाले छावनी में कायम कर दिया। यहाँ वह गोरों के फ़ोटो खींचता। एक महीने के अन्दर-अन्दर उसकी छावनी के

मुताद्दिद[27] गोरों से वाक़िफ़ियत हो गई। चुनांचे वह सुल्ताना को वहीं ले गया। यहाँ छावनी में ख़ुदाबख़्श के ज़रिए से कई गोरे सुल्ताना के मुस्तक़िल[28] ग्राहक बन गए।

सुल्ताना ने कानों के लिए बुंदे ख़रीदे, साढ़े पाँच तोले की आठ कंगनियाँ भी बनवाईं, दस-पन्द्रह अच्छी-अच्छी साड़ियाँ भी जमा कर लीं। घर में फ़र्नीचर वग़ैरह भी आ गया। क़िस्सा मुख़्तसर यह कि अम्बाला छावनी में वह बड़ी ख़ुशहाल थी, मगर एकाएकी जाने ख़ुदाबख़्श के दिल में क्या समाई कि उसने देहली जाने की ठान ली। सुल्ताना इनकार कैसे करती, जबकि ख़ुदाबख़्श को अपने लिए बहुत मुबारक ख़याल करती थी। उसने ख़ुशी-ख़ुशी देहली जाना क़बूल कर लिया। बल्कि उसने यह भी सोचा कि इतने बड़े शहर में जहाँ लाट साहब रहते हैं, उसका धन्धा और भी अच्छा चलेगा। अपनी सहेलियों से वह देहली की तारीफ़ सुन चुकी थी। फिर वहाँ हज़रत निज़ामुद्दीन औलिया की ख़ानक़ाह[29] भी थी, जिससे उसे बेहद अक़ीदत थी। चुनांचे जल्दी-जल्दी घर का भारी सामान बेच-बाचकर वह ख़ुदाबख़्श के साथ देहली आ गई। यहाँ पहुँचकर ख़ुदाबख़्श ने बीस रुपये माहवार पर यह फ़्लैट लिया, जिसमें दोनों रहने लगे।

सुल्ताना : क्या बात है ख़ुदाबख़्श, पूरे दो महीने हो गए हैं हमें यहाँ आए हुए, पर किसी ने इधर का रुख़ भी नहीं किया...मानती हूँ, आजकल बाज़ार बहुत मंदा है, पर इतना मंदा भी तो नहीं कि महीने भर में कोई शक्ल देखने ही में न आए...।

ख़ुदाबख़्श : मैं कई दिनों से इसकी बाबत सोच रहा हूँ। एक बात समझ में आती है, वह यह कि जंग की वजह से लोग-बाग दूसरे धन्धों में पड़कर इधर का रास्ता भूल गए हैं...या फिर यह हो सकता है कि...।

[दरवाज़े पर दस्तक की आवाज़।]

कहानी सुनाने वाला तीन : बीस रुपये माहवार तो फ़्लैट के किराये में चले जाते थे, पानी का टैक्स और बिजली का बिल जुदा। इसके अलावा घर के दूसरे ख़र्च, खाना-पीना, कपड़े-लत्ते, दवा-दारू—और आमदन कुछ भी नहीं थी। साढ़े अट्ठारह रुपये तीन महीने में आए तो

उसे आमदन तो नहीं कह सकते। सुल्ताना परेशान हो गई। साढ़े पाँच तोले की आठ कंगनियाँ, जो उसने अम्बाले में बनवाई थीं, आहिस्ता-आहिस्ता बिक गईं। आख़िरी कंगनी की जब बारी आई तो उसने ख़ुदाबख़्श से कहा :

सुल्ताना : तुम मेरी सुनो और चलो वापिस अम्बाले...यहाँ क्या धरा है...? भई होगा, पर हमें तो यह शहर रास नहीं आया। तुम्हारा काम भी वहाँ ख़ूब चलता था, चलो, वहीं चलते हैं। जो नुक़सान हुआ है, उसको अपना सिर सदक़ा समझो। इस कंगनी को बेचकर आओ। मैं असबाब वग़ैरह बाँधकर तैयार रखती हूँ। आज रात की गाड़ी से यहाँ से चल देंगे...।

ख़ुदाबख़्श : *(कंगनी सुल्ताना के हाथ से लेता है)* 'नहीं जानेमन, अम्बाले नहीं जाएँगे। यहीं देहली में रहकर कमाएँगे। यह तुम्हारी चूड़ियाँ सबकी-सब यहीं वापिस आएँगी। अल्लाह पर भरोसा रखो। वह बड़ा कारसाज़ है। यहाँ भी वह कोई न कोई असबाब बना ही देगा!

कहानी सुनाने वाला तीन : सुल्ताना चुप हो रही। चुनांचे आख़िरी कंगनी भी हाथ से उतर गई। बुच्चे हाथ देखकर उसको बहुत दुख होता था, पर क्या करती, पेट भी तो आख़िर किसी हीले से भरना था।

कभी छालिया काटती रहती, कभी अपने पुराने और फटे हुए कपड़ों को सीती रहती और कभी बाहर बालकनी में आकर जँगले के साथ लगकर खड़ी हो जाती और सामने रेलवे शेड में साकित[30] और मुतहर्रिक[31] इंजनों की तरफ़ घंटों बेमतलब देखती रहती।

उन इंजनों और गाड़ियों की छक-छक फक-फक सदा गूँजती रहती थी।

सुल्ताना : *(ख़ुदाबख़्श से)* देखो, मेरे हाल पर रहम करो। यहाँ घर में रहा करो। मैं सारा दिन यहाँ बीमारों की तरह पड़ी रहती हूँ।

ख़ुदाबख़्श : जानेमन! मैं बाहर कुछ कमाने की फ़िक्र कर रहा हूँ। अल्लाह ने चाहा तो चन्द दिनों में ही बेड़ा पार हो जाएगा...।

[पाग़ल गाते हैं—मोहब्बत की झूठी कहानी पे रोए...। ख़ुदाबख़्श पत्थर मारता है। पागल चुप होते हैं। ख़ुदाबख़्श का प्रस्थान।]

कहानी सुनाने वाला तीन : मुहर्रम का महीना सिर पर आ रहा था, मगर सुल्ताना के पास काले कपड़े बनवाने के लिए कुछ भी न था। मुख़्तार ने लेडी हैमिलटन की एक नई वज़अ की क़मीज़ बनवाई थी, जिसकी आस्तीनें काली जार्जेट की थीं। उसके साथ मैच करने के लिए उसके पास काली साटन की शलवार थी, जो काजल की तरह चमकती थी।

अनवरी : *(सुल्ताना से। एक काली जार्जेट की साड़ी दिखाती है।)* इस साड़ी के नीचे सफ़ेद बोसकी का पेटीकोट पहनूँगी, क्योंकि यह नया फ़ैशन है।

कहानी सुनाने वाला तीन : अनवरी और मुख़्तार के पास यह लिबास देखकर जब वह घर आई तो उसका दिल बहुत मगमूम[32] था। वह बाहर बालकनी में चली गई ताकि ग़म अफ़्ज़ा[33] ख़यालात को अपने दिमाग़ से निकाल दे।

[एक आदमी दूर से सुल्ताना को देखता है। सुल्ताना मुस्कुराती है। वह इधर-उधर देखने लगती है। फिर उस आदमी की तरफ़ देखती है। सुल्ताना हाथ से इशारा करती है। घर में आने का रास्ता बताती है। वह फुर्ती से ऊपर आता है।]

सुल्ताना : *(सुल्ताना ने उसे दरी पर बिठाया। वह बैठ गया।)* आप ऊपर आते डर क्यों रहे थे?

आदमी : *(मुस्कुराता है।)* तुम्हें कैसे मालूम हुआ...डरने की बात ही क्या थी?

सुल्ताना : यह मैंने इसलिए कहा कि आप देर तक वहीं खड़े रहे और फिर कुछ सोचकर इधर आए।

आदमी : *(मुस्कुराता है।)* तुम्हें ग़लतफ़हमी हुई है...मैं तुम्हारे ऊपर वाले फ़्लैट की तरफ़ देख रहा था। वहाँ कोई औरत खड़ी एक मर्द को ठेंगा दिखा रही थी। मुझे यह मंज़र पसन्द आया। फिर बालकनी में सब्ज़ बल्ब रोशन हुआ तो मैं कुछ देर के लिए ठहर गया। सब्ज़ रोशनी मुझे पसन्द है। आँखों को बहुत अच्छी लगती है...।

[उसने कमरे का जाइज़ा लेना शुरू कर दिया। फिर वह उठ खड़ा हुआ।]

सुल्ताना : आप जा रहे हैं?

आदमी : नहीं, मैं तुम्हारे इस मकान को देखना चाहता हूँ...चलो, मुझे तमाम कमरे दिखाओ...।

[अन्दर जाकर वापस आते हैं।]

आदमी : मेरा नाम शंकर है...।

सुल्ताना : फ़रमाइए...?

आदमी : *(शंकर बैठा था, यह सुनकर लेट गया।)* मैं क्या फ़रमाऊँ, कुछ तुम ही फ़रमाओ। बुलाया तुम्हीं ने है मुझे...।

[जब सुल्ताना कुछ न बोली तो वह उठ बैठा।]

मैं समझा...लो अब मुझसे सुनो। जो कुछ तुमने समझा है, ग़लत है। मैं उन लोगों में से नहीं हूँ, जो कुछ देकर जाते हैं। डॉक्टरों की तरह मेरी भी फ़ीस है। मुझे जब बुलाया जाए तो फ़ीस देना ही पड़ती है...।

[सुल्ताना यह सुनकर चकरा गई, मगर इसके बावजूद उसे बेइख़्तियार हँसी आ गई।]

सुल्ताना : आप काम क्या करते हैं?

आदमी : यही जो तुम लोग करते हो!

सुल्ताना : क्या?

आदमी : तुम क्या करती हो?

सुल्ताना : मैं...मैं...मैं कुछ भी नहीं करती।

आदमी : मैं भी कुछ नहीं करता।

सुल्ताना : *(भिन्नाकर)* यह तो कोई बात न हुई...आप कुछ न कुछ तो ज़रूर करते होंगे?

आदमी : तुम भी कुछ न कुछ ज़रूर करती होगी?

सुल्ताना : मैं झख मारती हूँ...।

आदमी : मैं भी झख मारता हूँ...।

सुल्ताना : तो आओ दोनों झख मारें...।

आदमी : हाज़िर हूँ, मगर झख मारने के दाम मैं कभी नहीं दिया करता।

सुल्ताना : होश की दवा करो...यह लंगरख़ाना नहीं!...

आदमी : और मैं भी वालंटियर नहीं...।

सुल्ताना : *(सुल्ताना अब रुक गई।)* यह वालंटियर कौन होते हैं?

आदमी : उल्लू के पट्ठे...।

सुल्ताना : मैं उल्लू की पट्ठी नहीं...।

आदमी : मगर वह आदमी ख़ुदाबख़्श जो तुम्हारे साथ रहता है, ज़रूर उल्लू का पट्ठा है।

सुल्ताना : क्यों?

आदमी : इसलिए कि वह कई दिनों से एक ऐसे ख़ुदारसीदा[34] फ़क़ीर के पास अपनी क़िस्मत खुलवाने की ख़ातिर जा रहा है, जिसकी अपनी क़िस्मत ज़ंग लगे ताले की तरह बन्द है...।

[यह कहकर शंकर हँसा।]

सुल्ताना : तुम हिन्दू हो, इसीलिए हमारे उन बुज़ुर्गों का मज़ाक़ उड़ाते हो...।

आदमी : *(शंकर मुस्कुराया)* ऐसी जगहों पर हिन्दू-मुस्लिम सवाल पैदा नहीं हुआ करते। बड़े-बड़े पंडित और मौलवी भी यहाँ आएँ तो शरीफ़ आदमी बन जाएँ।

सुल्ताना : जाने क्या ऊटपटाँग बातें करते हो...बोलो, रहोगे?

आदमी : उसी शर्त पर जो पहले बता चुका हूँ...।

सुल्ताना : *(उठकर खड़ी होती है।)* तो जाओ, रास्ता पकड़ो...।

आदमी : *(आराम से उठा, पतलून की जेबों में अपने दोनों हाथ ठूँसे और जाते हुए कहा—)* मैं कभी-कभी इस बाज़ार से गुज़रा करता हूँ। जब भी मेरी ज़रूरत हो, बुला लेना...बहुत काम का आदमी हूँ।

[शंकर चला गया और सुल्ताना काले लिबास को भूलकर देर तक उससे मुताल्लिक़ सोचती रही।]

[ख़ुदाबख़्श का प्रवेश।]

सुल्ताना : तुम आज सारा दिन किधर ग़ायब रहे हो?

ख़ुदाबख़्श : *(थककर चूर-चूर हो रहा था।)* पुराने क़िले के पास से आ रहा हूँ। वहाँ एक बुज़ुर्ग कुछ दिनों से ठहरे हुए हैं। उन्हीं के पास हर रोज़ जाता हूँ कि हमारे दिन फिर जाएँ...।

सुल्ताना : कुछ उन्होंने तुमसे कहा?

ख़ुदाबख़्श : नहीं, अभी वह मेहरबान नहीं हुए...पर सुल्ताना, मैं जो उनकी ख़िदमत कर रहा हूँ, वह अकारथ कभी नहीं जाएगी।

अल्लाह का फ़ज़्ल शामिले-हाल रहा तो ज़रूर वारे-न्यारे हो जाएँगे।

सुल्ताना : *(रोनी सी आवाज़ में)* तुम सारा-सारा दिन बाहर ग़ायब रहते हो...मैं यहाँ पिंजरे में क़ैद रहती हूँ। कहीं जा सकती हूँ, न आ सकती हूँ। मुहर्रम सिर पर आ गया है। कुछ तुमने इसकी भी फ़िक्र की कि मुझे काले कपड़े चाहिए। घर में फूटी कौड़ी तक नहीं। कंगनियाँ थीं सो वो एक-एक करके बिक गईं। अब तुम्हीं बताओ, क्या होगा...यूँ फ़क़ीरों के पीछे कब तक मारे-मारे फिरा करोगे। मुझे तो ऐसा दिखाई देता है कि यहाँ देहली में ख़ुदा ने भी हमसे मुँह मोड़ लिया है। मेरी सुनो तो अपना काम शुरू कर दो। कुछ तो सहारा हो ही जाएगा...।

ख़ुदाबख़्श : *(दरी पर लेटता है।)* पर यह काम शुरू करने के लिए भी तो थोड़ा-बहुत सरमाया चाहिए...ख़ुदा के लिए अब ऐसी दुख भरी बातें न करो। मुझसे अब यह बर्दाश्त नहीं हो सकतीं। मैंने सचमुच अम्बाला छोड़ने में सख़्त ग़लती की, पर जो करता है, अल्लाह ही करता है और हमारी बेहतरी ही के लिए करता है। क्या पता है, कुछ देर और तकलीफ़ें बर्दाश्त करने के बाद हम...।

सुल्ताना : *(बात काटकर)* तुम ख़ुदा के लिए कुछ करो। चोरी करो या डाका डालो, पर मुझे एक शलवार का कपड़ा ज़रूर ला दो। मेरे पास सफ़ेद बोसकी की क़मीज़ पड़ी है, उसको मैं रँगवा लूँगी। सफ़ेद नेनून का एक नया दुपट्टा भी मेरे पास मौजूद है, वही जो तुमने मुझे दीवाली पर लाकर दिया था। यह भी क़मीज़ के साथ ही रँगवा लिया जाएगा। एक सिर्फ़ शलवार की कसर है, सो वो तुम किसी न किसी तरह पैदा कर दो...देखो, तुम्हें मेरी जान की क़सम! किसी न किसी तरह ज़रूर ला दो...मेरी भत्ती[35] खाओ, अगर न लाओ...।

ख़ुदाबख़्श : *(उठकर बैठता है)* अब तुम ख़्वाहमख़्वाह ज़ोर दिए चली जा रही हो...मैं कहाँ से लाऊँगा...अफ़ीम खाने के लिए तो मेरे पास एक पैसा तक नहीं...।

सुल्ताना : कुछ भी करो, मगर मुझे साढ़े चार गज़ काली साटन ला दो।

ख़ुदाबख़्श : दुआ करो कि आज रात ही अल्लाह दो-तीन आदमी भेज दे...।

सुल्ताना : तुम कुछ नहीं करोगे...तुम अगर चाहो तो ज़रूर इतने पैसे पैदा कर सकते हो...ज़ंग से पहले यह साटन बारह-चौदह आने

गज़ मिल जाती थी, अब सवा रुपये गज़ के हिसाब से मिलती है। साढ़े चार गज़ों पर कितने रुपये ख़र्च हो जाएँगे?

ख़ुदाबख़्श : अब तुम कहती हो तो मैं कोई हीला करूँगा। *(उठकर खड़ा होता है।)* लो, अब इन बातों को भूल जाओ। मैं होटल से खाना ले आऊँ।

कहानी सुनाने वाला तीन : होटल से खाना आया। दोनों ने मिलकर ज़हर-मार[36] किया और सो गए। सुबह हुई तो ख़ुदाबख़्श पुराने क़िले वाले फ़क़ीर के पास चला गया और सुल्ताना अकेली रह गई। कुछ देर लेटी रही, कुछ देर सोई रही। कुछ देर इधर-उधर कमरों में टहलती रही - दोपहर का खाना खाने के बाद उसने अपना सफ़ेद नेनून का दुपट्टा और सफ़ेद बोसकी की क़मीज़ निकाली और नीचे लाण्ड्रीवाले को रँगने के लिए दे आई। कपड़े धोने के अलावा वहाँ रँगने का काम भी होता था। यह काम करने के बाद उसने वापस आकर फ़िल्मों की क़िताबें पढ़ीं, जिनमें उसके देखे हुए फ़िल्मों की कहानी और गीत छपे हुए थे। ये क़िताबें पढ़ते-पढ़ते वह सो गई। जब उठी तो चार बज चुके थे। क्योंकि धूप आँगन में से मोरी के पास पहुँच चुकी थी। नहा-धोकर फ़ारिग़ हुई तो गर्म चादर ओढ़कर बालकनी में आ खड़ी हुई। क़रीब एक घंटा सुल्ताना बालकनी में खड़ी रही—अब शाम हो गई थी। बत्तियाँ रोशन हो रही थीं।

नीचे सड़क में रौनक़ के आसार नज़र आने लगे। सर्दी में थोड़ी-सी शिद्दत हो गई, मगर सुल्ताना को यह नागवार मालूम न हुई। वह सड़क पर आते-जाते ताँगों और मोटरों की तरफ़ एक अर्से से देख रही थी। दफ्अतन[37] उसे शंकर नज़र आया। मकान के नीचे पहुँचकर उसने गर्दन ऊँची की और सुल्ताना की तरफ़ देखकर मुस्करा दिया। सुल्ताना ने ग़ैर-इरादी-तौर पर हाथ का इशारा किया और उसे ऊपर बुला लिया।

जब शंकर ऊपर आ गया तो सुल्ताना बहुत परेशान हुई कि उससे क्या कहे। दरअसल, उसने ऐसे ही बिला सोचे-समझे उसे इशारा कर दिया था।

[आदमी ऊपर आता है। और आराम से तखत पर लेट जाता है।]

आदमी : *(शंकर : सुल्ताना देर तक चुप रहती है।)* तुम मुझे सौ दफा बुला सकती हो और सौ दफ़ा ही कह सकती हो कि चले जाओ...मैं ऐसी बातों पर कभी नाराज़ नहीं हुआ करता।

सुल्ताना : *(शशोपंज में)* नहीं बैठो, तुम्हें जाने को कौन कहता है...।

आदमी : *(मुस्कुराकर)* तो मेरी शर्तें तुम्हें मंज़ूर हैं?

सुल्ताना : कैसी शर्तें? *(हँसकर)* क्या निकाह कर रहे हो मुझसे?

आदमी : निकाह और शादी कैसी? न तुम उम्र भर किसी से निकाह करोगी, न मैं। यह रस्में हम लोगों के लिए नहीं...छोड़ो इन फ़ज़ूलियात को, कोई काम की बात करो...।

सुल्ताना : बोलो, क्या बात करूँ?

आदमी : तुम औरत हो, कोई ऐसी बात शुरू करो, जिससे दो घड़ी दिल बहल जाए। इस दुनिया में सिर्फ़ दुकानदारी ही दुकानदारी नहीं, कुछ और भी है...।

सुल्ताना : *(सुल्ताना ज़ेहनी तौर पर अब शंकर को क़बूल कर चुकी थी, कहने लगी)* —साफ़-साफ़ कहो, तुम मुझसे क्या चाहते हो?...

आदमी : जो दूसरे चाहते हैं। *(बैठता है।)*

सुल्ताना : तुममें और दूसरों में फिर फ़र्क़ ही क्या रहा?...

आदमी : तुममें और मुझमें कोई फ़र्क़ नहीं। उनमें और मुझमें ज़मीन-आसमान का फ़र्क़ है, ऐसी बहुत-सी बातें होती हैं जो पूछना नहीं चाहिए, ख़ुद समझना चाहिए।

[थोड़ी देर तक एक-दूसरे को समझाने की कोशिश करते हैं।]

सुल्ताना : मैं समझ गई...।

आदमी : तो कहो, क्या इरादा है?...

सुल्ताना : तुम जीते, मैं हारी। पर मैं कहती हूँ, आज तक किसी ने ऐसी बात क़बूल न की होगी।

आदमी : तुम ग़लत कहती हो...इसी महल्ले में तुम्हें ऐसी सादा लौह औरतें भी मिल जाएँगी, जो कभी यक़ीन नहीं करेंगी कि औरत ऐसी ज़िल्लत क़बूल कर सकती है, जो तुम बग़ैर किसी एहसास के क़बूल करती रही हो। लेकिन उनके न यक़ीन करने के बावजूद तुम हज़ारों की तादाद में मौजूद हो...तुम्हारा नाम सुल्ताना है न?

सुल्ताना : सुल्ताना ही है...।

आदमी : *(उठ खड़ा हुआ और हँसने लगा।)* मेरा नाम शंकर है... ये नाम भी अजीब ऊटपटाँग होते हैं। चलो आओ, अन्दर चलें...।

[दोनों का प्रस्थान।]

[बाज़ार में तीन वेश्याएँ बातें करती हैं।]

एक : लोग मुझे बाहर खेतों में ले जाते हैं...मैं लेटी रहती हूँ बिलकुल बेहिस व बेहरकत, लेकिन मेरी आँखें खुली रहती हैं। मैं दूर उन दरख़्तों को देखती रहती हूँ। जिनकी छाँव में बकरियाँ आपस में लड़-झगड़ रही होती हैं। कितना प्यारा मंज़र होता है...मैं बकरियाँ गिनना शुरू कर देती हूँ या पेड़ों की टहनियों पर कव्वों को शुमार करने लगती हूँ। 19, 20, 21, 22...और मुझे मालूम भी नहीं होता कि मेरा साथी अपने काम से फ़ारिग़ होकर एक तरफ़ हाँफ रहा है...।

दो : ज़िस्म दागा जा सकता है, मगर रूह नहीं दागी जा सकती - वेश्या अपनी तारीक तिजारत के बावजूद रोशन रूह की मालिक हो सकती है। वह अपने ज़िस्म की क़ीमत बड़ी बेदर्दी से वसूल करती हो तो हो, मगर वह ग़रीब की मसी पैमाने पर मदद भी कर सकती है।

तीन : हमारे यहाँ मशहूर तवायफ़ इस वक़्त भी मौजूद है जिसके इश्क़ में एक नवाब मुद्दतों लट्टू बना रहा, मगर वह निहायत ही मामूली आदमी के इश्क़ में गिरफ़्तार रही। तवायफ़ नवाब के इश्क़ का मज़हका उड़ाती थी और उधर उसके अपने इश्क़ का मज़हका उड़ाया जाता था। नवाब तवायफ़ के इश्क़ में रुसवा हुआ और तवायफ़ इस मामूली आदमी के इश्क़ में बदनाम हुई।

[शंकर और सुल्ताना वापस बाहर के कमरे में आते हैं। दोनों हँसते हैं।]

सुल्ताना : शंकर, मेरी एक बात मानोगे?

आदमी : पहले बात बताओ?

सुल्ताना : *(झेंपते हुए)* तुम कहोगे कि मैं दाम वसूल करना चाहती हूँ, मगर...।

आदमी : कहो-कहो...रुक क्यों गई हो?

सुल्ताना : बात यह है कि मुहर्रम आ रहा है और मेरे पास इतने पैसे नहीं कि मैं काली शलवार बनवा सकूँ...यहाँ के सारे दुखड़े तो तुम मुझसे सुन ही चुके हो। क़मीज़ और दुपट्टा मेरे पास मौजूद था, जो मैंने आज रँगवाने के लिए दे दिया है।

आदमी : तुम चाहती हो कि मैं तुम्हें कुछ रुपये दे दूँ, जो तुम काली शलवार बनवा सको।

सुल्ताना : नहीं, मेरा मतलब यह है कि अगर हो सके तो तुम मुझे एक काली शलवार ला दो।

आदमी : *(मुस्कुराया)* मेरी जेब में तो इत्तिफ़ाक़ ही से कभी कुछ होता है। बहरहाल, मैं कोशिश करूँगा। मुहर्रम की पहली तारीख़ को तुम्हें यह शलवार मिल जाएगी...लो, बस अब ख़ुश हो गई ना। *(फिर सुल्ताना के बुंदों की तरफ़ देखकर उसने पूछा—)* क्या यह बुंदे तुम मुझे दे सकती हो?

सुल्ताना : *(हँसकर कहा)* तुम इनका क्या करोगे? चाँदी के मामूली बुंदे हैं। ज़्यादा से ज़्यादा पाँच रुपये के होंगे।

आदमी : मैंने तुमसे बुंदे माँगे हैं, इनकी क़ीमत नहीं पूछी। बोलो, देती हो?

सुल्ताना : *(बुंदे उतारकर देती है)* ले लो...।

[शंकर का प्रस्थान। संगीत।]

आदमी : *(प्रवेश)* साटन की काली शलवार है...देख लेना शायद लम्बी हो...अब मैं चलता हूँ...।

[शंकर का प्रस्थान।]

[मुहर्रम का दृश्य। शोर होता है। ताजिया निकलता है। सुल्ताना कपड़े बदलकर आती है। सुल्ताना दरवाज़ा खोलती है। मुख़्तार अन्दर दाख़िल होती है। सुल्ताना के कपड़ों की तरफ़ देखती है।]

मुख़्तार : क़मीज़ और दुपट्टा तो रँगा हुआ मालूम होता है। पर यह शलवार नई है...कब बनवाई?

सुल्ताना : आज ही दर्ज़ी लाया है...*(यह कहते हुए उसकी नज़रें मुख़्तार के कानों पर पड़ीं)* यह बुंदे तुमने कहाँ से लिए?

मुख़्तार : आज ही मँगवाए हैं...।

[ख़ामोशी। शेर नाच वाला अन्य लड़कियों को डराता है। लड़कियाँ भागती हैं।]

दृश्य : छह

[पागलख़ाना]

[पागल आपस में।]

एक : ज़मीन शक़[38] हो रही है, आसमान काँप रहा है, हर तरफ़ धुआँ है, आग के शोलों में दुनिया उबल रही है, ज़लज़ले आ रहे हैं...यह क्या हो रहा है?

दो : तुम्हें मालूम नहीं?

तीन : नहीं तो!

दो : लो सुनो...दुनिया भर को मालूम है।

एक : क्या?

दो : वही ज़मानी बेगम...वही मुई चड्डो...।

तीन : हाँ-हाँ, क्या हुआ उसे?

दो : वही जो होता आया है...लेकिन इस उम्र में...? शर्म नहीं आई बदबख़्त को।

एक : यह बदबख़्त ज़मानी बेगम है कौन?

दो : हाएँ...वही सिकन्दर की होती-सोती...मुई टख़याई चंगेज़ के पास रही, हलाकू की दाश्ता[39] बनी, कुछ दिन उस लँगड़े तैमूर के साथ मुँह काला करती रही...वहाँ से निकली तो नेपोलियन की बग़ल में जा घुसी...अब यह मुवा हिटलर बाक़ी रह गया था!

तीन : तो अब क्या हिटलर के घर है?

दो : बुआ, घर-घाट कैसा...निबाह हो सकता है कभी ऐसी औरत का!

एक : तलाक़ हो गई क्या?

दो : तुम कैसी बातें करती हो बुवा...! तलाक़ तो तब हो, जो सहरे-जलवों की ब्याही हो...और फिर ऐसे मर्दों का भी क्या एतिबार है...दो दिन मज़े किए और चलो छुट्टी हुई।

[बिजली कड़कती है। बारिश की आवाज़ें।]

दृश्य : सात

[बू]

[रनधीर का प्रवेश। सामने एक घाटन लड़की पेड़ के नीचे पानी से बचने की कोशिश करती खड़ी है।]

कहानी सुनाने वाला एक : रनधीर ने महज दिल ही दिल में हैज़ल से उसकी ताज़ा-ताज़ा पैदा शुदारुऊनत[40] का बदला लेने की ख़ातिर उस घाटन लड़की को इशारे से ऊपर बुलाया था। हैज़ल उसके फ़्लैट के नीचे रहती थी और हर रोज़ सुबह को वर्दी पहनकर और अपने कटे हुए बालों पर खाकी रंग टोपी तिरछे ज़ाविए पर जमाकर बाहर निकलती थी और इस अन्दाज़ से चलती थी गोया फुटपाथ पर तमाम जाने वाले उसके क़दमों के आगे टाट की तरह बिछते चले जाएँगे।

[कहानी का पाठ और दृश्य साथ-साथ चलते हैं।]

रनधीर : *(स्वगत)* आख़िर वह क्यों उन क्रिश्चियन छोकरियों की तरफ़ इतना राग़िब[41] है। इसमें कोई शक नहीं कि वह अपने ज़िस्म की तमाम क़ाबिले-नुमाइश चीज़ों की अच्छी तरह नुमाइश करती है। किसी क़िस्म की झिझक महसूस किए बग़ैर अपने अय्याम की बेतरतीबी का ज़िक्र कर देती है। अपने पुराने मुआशक़ों का हाल सुनाती है। जब डांस की धुन सुनती है तो अपनी टाँगें थिरकाना शुरू कर देती है—यह सब ठीक है, लेकिन कोई भी औरत इन तमाम ख़ूबियों की हामिल[42] हो सकती है।

कहानी सुनाने वाला एक : रनधीर ने जब घाटन लड़की को इशारे से ऊपर बुलाया था तो उसे हरगिज़-हरगिज़ यक़ीन नहीं था कि वह उसको अपने साथ सुला सकेगा, लेकिन थोड़ी ही देर के बाद जब उसने उसके भीगे हुए कपड़े देखकर यह ख़याल किया था, कहीं ऐसा न हो, बेचारी को निमोनिया हो जाए तो रनधीर ने उससे कहा था—

रनधीर : *(घाटन लड़की से)* यह कपड़े उतार दो, सर्दी लग जाएगी...।

कहानी सुनाने वाला एक : वह उसका मतलब समझ गई थी, क्योंकि उसकी आँखों में शर्म के लाल डोरे तैर गए थे, मगर बाद में जब रनधीर ने उसे अपनी सफ़ेद धोती निकालकर दी तो उसने कुछ देर सोचकर अपना काशटा[43] खोला, जिसका मैल भीगने के बायस और ज़्यादा उभर आया था - काशटा खोलकर उसने एक तरफ़ रख दिया और जल्दी से सफ़ेद धोती अपनी रानों पर डाल दी। फिर उसने अपनी फँसी-फँसी चोली उतारने की कोशिश शुरू की, जिसके दोनों किनारों को मिलाकर उसने एक गाँठ दे रखी थी। यह गाँठ उसके तन्दुरुस्त सीने के नन्हे, मगर मैले गढ़े में जज़्ब-सी हो गई थी।

देर तक वह अपने घिसे हुए नाख़ूनों की मदद से चोली की गिरह खोलने की कोशिश करती रही, जो बारिश के पानी से बहुत ज़्यादा मज़बूत हो गई थी। जब थककर हार गई तो उसने मरहठी ज़बान में रनधीर से कुछ कहा, जिसका मतलब यह था—

घाटन लड़की : मैं क्या करूँ, नहीं खुलती...।

[रनधीर उसके पास बैठ गया और गिरह खोलने लगा।]

कहानी सुनाने वाला एक : बरसात के यही दिन थे। खिड़की के बाहर पीपल के पत्ते कँपकँपा रहे थे। उस घाटन लड़की के दोनों कपड़े, जो पानी से सराबोर हो चुके थे, एक ग़लीज़ ढेरी की शक्ल में फ़र्श पर पड़े थे और वह रनधीर के साथ चिमटी हुई थी। उसके नंगे और मैले बदन की गर्मी रनधीर के जिस्म में वह कैफ़ियत पैदा कर रही थी, जो सख़्त सर्दियों में नाइयों के ग़लीज़ मगर गर्म हम्माम में नहाते वक़्त महसूस हुआ करती है।

लेकिन हैरत है कि उसने कई बार, हाँ, कई बार उस घाटन लड़की की बालों भरी बग़लों को चूमा और उसे बिलकुल घिन न आई, बल्कि उसे अजीब तरह की लज़्ज़त महसूस हुई। उसकी बग़लों के नर्म-नर्म बाल पसीने के बायस गीले हो रहे थे। उनसे भी वही बू निकली थी, जो ग़ायत दर्जा[44] क़ाबिले-फ़हम[45] होने के बावजूद नाक़ाबिले-फ़हम थी। रनधीर को ऐसा लगा था कि वह उस बू को जानता है, पहचानता है, उसका मतलब भी समझता है, लेकिन किसी और को यह मतलब समझा नहीं सकता।

बरसात के यही दिन थे...जब रनधीर के इसी कमरे में सागवान का सिर्फ़ एक पलंग होता था।

[एक लड़की पलंग से उठती है।]

मगर अब उसके साथ ही एक दूसरा भी पड़ा था और कोने में एक नई ड्रेसिंग टेबिल भी मौजूद थी। दिन यही बरसात के थे, मौसम भी बिलकुल ऐसा ही था, बारिश के क़तरों के साथ तारों की थोड़ी-थोड़ी रोशनी भी उतर रही थी, मगर फज़ा में हिना के इत्र की तेज़ ख़ुशबू बसी हुई थी।

एक गोरी-चिट्टी लड़की अपने सत्र को नंगे ज़िस्म से छुपाने की नाकाम कोशिश करते-करते ग़ालिबन सो गई थी...उसकी लाल रेशमी शलवार दूसरे पलंग पर पड़ी थी। उसके गहरे सुर्ख़ ईज़ारबन्द का एक फुँदना नीचे लटक रहा था। उस पलंग पर उसके दूसरे उतरे हुए कपड़े भी पड़े थे। उसकी सुनहरे फूलों वाली कमीज़, अँगिया, जाँघिया और दुपट्टा...सबका रंग सुर्ख़ था, बेहद सुर्ख़। यह सब कपड़े हिना के इत्र की तेज़ ख़ुशबू में बसे हुए थे।

रनधीर : *(स्वगत: लड़की की तरफ़ देखकर)* क्या ऐसा नहीं लगता, जैसे मैंने अभी-अभी कीलें उखाड़कर उसे लकड़ी के बन्द बक्स में से निकाला है, क़िताबों और चीनी के बर्तनों की तरह, क्योंकि जिस तरह क़िताबों पर दाब के निशान होते हैं और चीनी के बर्तनों पर हिलने-डुलने से खराशें आ जाती हैं, ठीक इसी तरह इस लड़की के बदन पर कई जगह ऐसे निशान थे।

कहानी सुनाने वाला एक : रनधीर सलाखों वाली खिड़की से बाहर देख रहा था, जहाँ उसे मटमैले बादलों में एक अजीब क़िस्म की धुँधली रौशनी घुली

हुई दिखाई देती थी, जैसे उस घाटन लड़की के सीने में उसे नज़र आई थी, ऐसी रौशनी जो राज़ की बात की तरह छुपी हुई मगर ज़ाहिर थी।

रनधीर के पहलू में एक गोरी-चिट्टी लड़की, जिसका ज़िस्म दूध और घी मिले आटे की तरह मुलायम था, लेटी थी, उसके सोए हुए ज़िस्म से हिना के इत्र की ख़ुशबू आ रही थी, जो अब थकी-थकी मालूम होती थी। रनधीर को यह दम तोड़ती ख़ुशबू बहुत नागवार मालूम हुई। उसमें कुछ खटास-सी थी, एक अजीब क़िस्म की खटास जो बदहज़्मी की डकारों में होती है, उदास, बेरंग, बेकैफ।

रनधीर ने आख़िरी कोशिश करते हुए उस लड़की के दुधियाले ज़िस्म पर हाथ फेरा, मगर उसे कोई कँपकँपाहट महसूस न हुई। उसकी नई-नवेली बीवी, जो फ़र्स्ट क्लास मैजिस्ट्रेट की लड़की थी, जिसने बी.ए. तक तालीम पाई थी और जो अपने कालिज में सैकड़ों लड़कों के दिल की धड़कन थी, रनधीर की नब्ज़ तेज़ न कर सकी...वह हिना की मरती हुई ख़ुशबू में उस बू की जुस्तजू करता रहा, जो बरसात के इन्हीं दिनों में, जब खिड़की के बाहर पीपल के पत्ते बारिश में नहा रहे थे, उसे घाटन लड़की के मैले ज़िस्म से आई थी।

[पागलख़ाना।]

[चार पागल अख़बारनवीस की तरह अख़बार लेकर ज़ोर-ज़ोर से ख़बरें पढ़ते हैं।]

पत्रकार एक : लाहौर के एक रुसवाए-आलम रिसाले में, जो फ़हाशी और बेहूदगी की इशाअत[46] को अपना पैदाइशी हक़ समझता है, एक अफ़साना शाया हुआ है, जिनका उनवान है 'बू', और इसके मुसन्निफ़[47] हैं मि. सआदत हसन मंटो—इस अफ़साने में फ़ौजी ईसाई लड़कियों का करेक्टर इस दर्जा गंदा बताया गया है कि कोई शरीफ़ आदमी बर्दाश्त नहीं कर सकता।

पत्रकार दो : प्रेस ब्रांच के इंचार्ज चौधरी मुहम्मद हुसैन बहुत नेक ख़याल के बुज़ुर्ग हैं। इस क़िस्म के अफ़साने पढ़कर उनकी रूह यकीनन काँप उठती होगी। उनके हाथ में क़ानून है और वह उसे निहायत सख़्ती से इस्तेमाल कर सकते हैं। क्या उनके लिए यह मुमकिन नहीं था कि जिस तरह काबिले-एतिराज़ मज़हबी मज़ामीन[48]

लिखने वालों के ख़िलाफ़ गवर्नमेंट की मशीनरी हरकत में आती है, उसी तरह वह इन गंदे अफ़सानों को लिखने वाले सआदत हसन मंटो वग़ैरह, बेचने वाले पब्लिशरों जो रिसाले की फ़रोख़्त से हज़ारों रुपये कमाते हैं और छापने वाले प्रेस के मालिकों को फ़ौरन गिरफ़्तार कर लेते और उनमें से एक-एक को तीन-तीन साल के लिए जेलों में बन्द करा देते—हमें यक़ीन है कि कोई भी अदालत उन अफ़सानों को क़ानून की रू से नहीं बचने देगी।

पत्रकार तीन : 'अदबे-लतीफ़', इस नाम का एक रिसाला लाहौर से शाया होता है। यह कहने को तो एक अदबी-माहनामा है, लेकिन अगर इसे अदबे-कसीफ़[49] कहें तो बजा है। इसका सालाना नंबर इस वक़्त हमारे पेशे-नज़र है, जिसमें एक लचर और फ़हश अफ़साना अज़-क़लम फ़हशनिगार सआदत हसन मंटो शाया हुआ है, जिसके ख़िलाफ़ हम निहायत पुरजोर एहतिजाज करते हैं।

पत्रकार चार : एक मक़ामी महानामा ने सआदत हसन मंटो का एक फ़हश अफ़साना 'बू' शाया किया था। 'ख़ैयाम' में उस अख़लाक़ सोज़ हरकत के ख़िलाफ़ आवाज़ उठाई गई थी जो हुकूमते-पंजाब के कानों तक पहुँचे बग़ैर न रह सकी, चुनांचे मालूम हुआ है कि जिस पर्चे में 'बू' शाया हुआ था, वह ज़ब्त कर लिया गया था। यह ज़ब्ती 392/98 दफा के मातहत अमल में आई है—हम इस फ़ैसले पर हुकूमते-पंजाब को मुस्तहिक़े-तबरीक[50] समझते हैं और उम्मीद करते हैं कि वह इस क़िस्म की फ़हाशी को मुस्तक़िल तौर पर रोकने के लिए कोई मुअस्सर[51] क़दम उठाएगी।

दृश्य : आठ

[पागलख़ाने में अदालत का दृश्य]

[एक पागल जज की तरह अभिनय करता है।]

जज : आर्डर...आर्डर...।
ज़ेरे-नज़र मुक़दमा दफ़ा-292 ताज़ीराते-हिन्द के तहत है, जिसमें बरकत अली और नज़ीर अहमद को साठ रुपये जुर्माना और

अद्म-अदायगी की सूरत में एक माह क़ैदे-बा-मशक़्क़त की सज़ा दी गई है—इस सज़ा के ख़िलाफ़ मुझसे अपील की गई है। मातहत, अदालते-फ़ाज़िला ने अपने फ़ैसले में यह रिमार्क किया है कि मज़मून 'बू' का मुसन्निफ़ सोयायटी की नज़रों में सख़्त तरीन सज़ा का मुस्तहिक़ था और यह कि वही सही आदमी था जिसे क़ानूनी गिरफ़्त में लेना चाहिए था, मगर पेशरौ फ़ाज़िल जज मि. बनवारी लाल ने उसे बरी कर दिया।

मौजूदा मुलज़िमों में से एक पब्लिशर है और दूसरा एडिटर है, जिसने मज़मून छापा—क़ाबिले-ग़ौर अम्र[52] है कि ऐसे अश्खास मुल्ज़िमीन की सफ़ाई में पेश हुए जो उर्दू ज़बान के आलिम होने की हैसियत में बहुत मशहूर हैं। मिसाल के तौर पर ख़ान बहादुर अब्दुर्रहमान चुग़ताई, मि. के.एल. कपूर, प्रो. डी.ए.वी. कॉलेज, राजेन्द्र सिंह बेदी और डॉ. आई.एल. लतीफ़, प्रो. एफ.सी. कॉलेज़ जो बतौर गवाहाने-सफ़ाई पेश हुए। इन सबकी राय है कि मज़मून 'बू' में ऐसी कोई चीज़ नहीं है जो शहवानी[53] हिस्सियात[54] पैदा करे, बल्कि इन लोगों का यह कहना है कि मज़मून तरक़्क़ीपसन्द है और उर्दू अदब के मॉडर्न रुजहान से ताल्लुक़ रखता है। हत्ता कि इस्तिग़ासा के गवाह नंबर-4 बशीर ने भी दौराने-जिरह में तस्लीम किया कि मज़मून इंसान के अख़लाक़ पर बुरा असर नहीं डालता। जब मुल्क के मशहूरो-मारूफ़ आर्टिस्टों और अदीबों ने मुल्ज़िमीन के हक़ में कहा है तो सारा फ़ैसला यहीं हो जाता है—ज़ेरे-बहस मज़मून ऐसा मज़मून नहीं कि जिस पर किसी क़ानूनी अदालत में नुक्ताचीनी की जाए, इसलिए मुझे अपील मंज़ूर करने में कोई पसोपेश नहीं। जुर्माना अगर अदा किया गया है तो वापस किया जाए—मैं अपील करने वालों को बरी करता हूँ।

[सब मंटो को घेरकर मुबारकबाद देते हैं।]

एक पागल : सर खुजाता है जहाँ ज़ख़्मे-सर अच्छा हो जाए
लज़्ज़ते संग ब अन्दाज़ा-ए-तक़रीर नहीं।

सारे पागल : वाह...वाह...।

बिशन सिंह : *(गुस्से में)* औपड़ दि गड़गड़ द अनैक्स दि बेध्याना दि मुंग दि दाल ऑफ़ वाहे गुरुजी दा खालसा वाहे गुरुजी दि फतह...।

[दंगा होता रहता है।]

[ईशर सिंह और कहानी सुनाने वाला दंगे से निकलकर भागते हैं। हाँफते हुए अगले दृश्य में प्रवेश करते हैं।]

दृश्य : दस

[ठंडा गोश्त]

[कुलवंत कौर और ईशर सिंह का प्रवेश।]

कहानी सुनाने वाला एक : ईशर सिंह ज्यों ही होटल के कमरे में दाख़िल हुआ, कुलवंत कौर पलंग पर से उठी। अपनी तेज़-तेज़ आँखों से उसकी तरफ़ घूर के देखा और दरवाज़े की चटखनी बन्द कर दी। रात के बारह बज चुके थे, शहर का मुज़ाफ़ात[63] एक अजीब पुरअसरार ख़ामोशी में ग़र्क़ था।

कुलवंत कौर पलंग पर आलथी-पालथी मारकर बैठ गई। ईशर सिंह जो ग़ालिबन अपने परागंदा[64] ख़यालात के उलझे हुए धागे खोल रहा था, हाथ में किरपान लिए एक कोने में खड़ा था। चन्द लम्हात इसी तरह ख़ामोशी में गुज़र गए। कुलवंत कौर को थोड़ी देर के बाद अपना आसन पसन्द न आया, और वह दोनों टाँगें पलंग से नीचे लटकाकर हिलाने लगी। ईशर सिंह फिर भी कुछ न बोला। कुलवंत कौर भरे-भरे हाथ-पैरों वाली औरत थी। चौड़े-चकले कूल्हे थुल-थुल करने वाले गोश्त से भरपूर, कुछ बहुत ही ज़्यादा ऊपर को उठा हुआ सीना, तेज़ आँखें, बलाई[65] होंठ पर बालों का सुरमई गुबार। ठोड़ी की साख़्त[66] से पता चलता था कि बड़े धड़ल्ले की औरत है।

ईशर सिंह न्योढ़ाए एक कोने में चुपचाप खड़ा था। सिर पर उसकी कसकर बाँधी हुई पगड़ी ढीली हो रही थी। उसके हाथ जो किरपान थामे हुए थे, थोड़े-थोड़े लरज़ाँ थे, मगर उसके

क़दो-क़ामत और ख़द्दो-ख़ाल से पता चलता था कि वह कुलवंत कौर जैसी औरत के लिए मौज़ूँतरीन[67] मर्द है।

[चन्द और लम्हात इसी तरह ख़ामोशी में गुज़र गए।]

कुलवंत : ईशर सियाँ...।

[ईशर सिंह ने गरदन उठाकर कुलवंत कौर की तरफ़ देखा, मगर उसकी निग़ाहों की गोलियों की ताब न लाकर मुँह दूसरी तरफ़ मोड़ लिया।]

कुलवंत : *(चिल्लाकर)* ईशर सियाँ...*(लेकिन फ़ौरन ही आवाज़ भींच ली और पलंग पर से उठकर उसकी जानिब जाते हुए बोली)* कहाँ रहे तुम इतने दिन?

ईशर सिंह : *(ख़ुश्क होंठों पर ज़ुबान फेरी)* मुझे मालूम नहीं।

कुलवंत : *(भिन्ना गई)* यह भी कोई माँया जवाब है!

[ईशर सिंह ने किरपान एक तरफ़ फेंक दी और पलंग पर लेट गया। ऐसा मालूम होता था कि वह कई दिनों का बीमार है। कुलवंत कौर ने पलंग की तरफ़ देखा, जो अब ईशर सिंह से लबालब भरा था। उसके दिल में हमदर्दी का जज़्बा पैदा हो गया। चुनांचे उसके माथे पर हाथ रखकर उसने बड़े प्यार से पूछा।]

कुलवंत : जानी, क्या हुआ है तुम्हें?

ईशर सिंह : *(छत की तरफ़ देखता है। फिर कुलवंत को देखकर)* कुलवंत! *(उसकी आवाज़ में दर्द था।)*

कुलवंत : हाँ जानी! *(वह उसको दाँतों से काटने लगी।)*

ईशर सिंह : *(ईशर सिंह ने पगड़ी उतार दी। कुलवंत कौर की तरफ़ सहारा लेने वाली निग़ाहों से देखा, उसके गोश्त भरे कूल्हे पर ज़ोर से धप्पा मारा और सिर को झटका देकर अपने आपसे कहा।)* यह कुड़िया दिमाग़ ही ख़राब है...।

कुलवंत : *(झटका देने से उसके केश खुल गए। कुलवंत कौर उँगलियों से उनमें कंघी करने लगी। ऐसा करते हुए उसने बड़े प्यार से पूछा।)* ईशर सियाँ, कहाँ रहे तुम इतने दिन?

ईशर सिंह : बुरे की माँ के घर...*(कुलवंत कौर को घूर के देखा)* क़सम वाहेगुरु की, बड़ी जानदार औरत हो!

कुलवंत : *(हाथ झटककर)* तुम्हें मेरी क़सम, बताओ, कहाँ रहे...? शहर गए थे...?

ईशर सिंह : *(बालों का जूड़ा बनाते हुए)* नहीं।

कुलवंत : *(चिढ़कर)* नहीं, तुम ज़रूर शहर गए थे...और तुमने बहुत-सा रुपया लूटा है, जो तुम मुझसे छुपा रहे हो।

ईशर सिंह : वह अपने बाप का तुख़्म[68] न हो जो तुमसे झूठ बोले...।

कुलवंत : *(कुलवंत कौर थोड़ी देर के लिए ख़ामोश हो गई, लेकिन फ़ौरन ही भड़क उठी)* लेकिन मेरी समझ में नहीं आता, उस रात तुम्हें हुआ क्या...? अच्छे-भले मेरे साथ लेटे थे, मुझे तुमने वह तमाम गहने पहना रखे थे जो तुम शहर से लूट के लाए थे। मेरी भप्पियाँ ले रहे थे, पर जाने एकदम तुम्हें क्या हुआ, उठे और कपड़े पहनकर बाहर निकल गए...?' *(ईशर सिंह का रंग ज़र्द हो गया। कुलवंत कौर ने यह तब्दीली देखते ही कहा)* 'देखा, कैसे रंग पीला पड़ गया...ईशर सियाँ, क़सम वाहेगुरु की, ज़रूर कुछ दाल में काला है?

ईशर सिंह : तेरी जान की क़सम, कुछ भी नहीं।

कुलवंत : *(ईशर सिंह की आवाज़ बेजान थी। कुलवंत कौर का शुब्हा और ज़्यादा मज़बूत हो गया। बालाई होंठ भींचकर उसने एक-एक लफ़्ज़ पर ज़ोर देते हुए कहा)* ईशर सियाँ, क्या बात है, तुम वह नहीं हो, जो आज से आठ रोज़ पहले थे?

ईशर सिंह : *(उठकर बैठता है। कुलवंत को बाँहों में घेरता है।)* जानी, मैं वही हूँ...घुट-घुट पा जफ्फियाँ, तेरी निकले हड्डाँ दी गर्मी...।

कुलवंत : *(शिकायती लहजे में)* तुम्हें उस रात हो क्या गया था?

ईशर सिंह : बुरे की माँ का वह हो गया था।

कुलवंत : बताओगे नहीं?

ईशर सिंह : कोई बात हो तो बताऊँ!

कुलवंत : मुझे अपने हाथों से जलाओ, अगर झूठ बोलो।

[मूँछों के बाल कुलवंत कौर के नथुनों में घुसे तो उसे छींक आ गई—दोनों हँसने लगे।]

ईशर सिंह : *(अपनी सदरी उतार दी और कुलवंत कौर को देखकर कहा)* आ जाओ, एक बाज़ी ताश की हो जाए।

कुलवंत : *(एक अदा के साथ उसने अपनी आँखों की पुतलियाँ घुमाईं और कहा)* चल दफ़ान हो...*(ईशर सिंह ने उसके उभरे हुए*

कूल्हे पर ज़ोर की चुटकी भरी। कुलवंत कौर तड़पकर एक तरफ़ हट गई) न कर ईशर सियाँ, मेरे दर्द होता है...।

ईशर सिंह : *(कुलवंत कौर बिलकुल पिघल गई। ईशर सिंह ने अपना कुर्ता उतार के फेंक दिया और कहा)* तो, फिर हो जाए तुरप चाल...। कुलवंत, क़सम वाहेगुरु की, बड़ी करारी औरत है तू...।

कुलवंत : *(बाजू पर उभरते हुए लाल धब्बे को देखते हुए)* बड़ा ज़ालिम है तू, ईशर सियाँ!

ईशर सिंह : *(मुस्कुराते हुए)* होने दे आज ज़ुल्म?

कहानी सुनाने वाला एक : और यह कहकर उसने मज़ीद[69] ज़ुल्म ढाने शुरू किए...कुलवंत कौर का बालाई होंठ दाँतों तले किचकिचाया, कान की लौओं को काटा, उभरे हुए सीने को भँभोड़ा, भरे हुए कूल्हों पर आवाज़ पैदा करने वाले चाँटे मारे, गालों के मुँह भर-भर के बोसे लिए, चूस-चूसकर उसका सारा सीना थूकों से लथेड़ दिया...कुलवंत कौर तेज़ आँच पर चढ़ी हुई हाँडी की तरह उबलने लगी, लेकिन ईशर सिंह इन तमाम हीलों के बावजूद ख़ुद में हरारत पैदा न कर सका। जितने गुर और जितने दाँव उसे याद थे, सबके सब उसने पिट जाने वाले पहलवान की तरह इस्तेमाल कर दिए, पर कोई कारगर न हुआ। कुलवंत कौर ने, जिसके बदन के सारे तान तनकर ख़ुद-ब-ख़ुद बज रहे थे, ग़ैर-ज़रूरी छेड़छाड़ से तंग आकर कहा—

कुलवंत : ईशर सियाँ, काफ़ी फेंट चुका है, अब पत्ता फेंक!

कहानी सुनाने वाला एक : यह सुनते ही ईशर सिंह के हाथ से जैसे ताश की सारी गड्डी नीचे फिसल गई। हाँफता हुआ वह कुलवंत कौर के पहलू में लेट गया और उसके माथे पर सर्द पसीने के लेप होने लगे। कुलवंत कौर ने उसे गरमाने की बहुत कोशिश की, मगर नाकाम रही। अब तक सब कुछ मुँह के कहे बग़ैर होता रहा था, लेकिन जब कुलवंत कौर के मुंतज़िर-ए-अमल आज़ा[70] को सख़्त नाउम्मीदी हुई तो वह झल्लाकर पलंग से नीचे उतर गई। सामने खूँटी पर चादर पड़ी थी, उसको उतारकर उसने जल्दी-जल्दी ओढ़कर और नथुने फुलाकर, बिफरे हुए लहज़े में कहा—

कुलवंत : ईशर सियाँ, वह कौन हरामज़ादी है जिसके पास तू इतने दिन रहकर आया है, और जिसने तुझे निचोड़ डाला है?

[ईशर सिंह लेटा हुआ हाँफता रहा और उसने जवाब नहीं दिया।]

कुलवंत : *(ग़ुस्से में)* 'मैं पूछती हूँ, कौन है वह चड्डो...कौन है वह उलफ़ती...कौन है वह चोर पत्ता?'

ईशर सिंह : *(थके हुए लहज़े में)* कोई भी नहीं कुलवंत, कोई भी नहीं...।

कुलवंत : *(अपने भरे हुए कूल्हों पर हाथ रखकर)* ईशर सियाँ, मैं आज झूठ-सच जान के रहूँगी...खा वाहेगुरु जी की क़सम...क्या इसकी तह में कोई औरत नहीं?

कुलवंत : *(ईशर सिंह ने कुछ कहना चाहा, मगर कुलवंत कौर ने इसकी इजाज़त न दी।)* क़सम खाने से पहले सोच ले कि मैं सरदार निहाल सिंह की बेटी हूँ...तिक्का बोटी कर दूँगी, अगर तूने झूठ बोला...ले अब खा वाहेगुरु जी की क़सम...क्या इसकी तह में कोई औरत नहीं...?

[ईशर सिंह ने बड़े दुख के साथ सिर हिलाया। कुलवंत कौर बिलकुल दीवानी हो गई। उसने लपककर कोने में से किरपान उठाई, मियान को केले के छिलके की तरह उतारकर एक तरफ़ फेंका और ईशर सिंह पर वार कर दिया।]

[आन की आन में लहू के फव्वारे छूट पड़े। कुलवंत कौर की इससे भी तसल्ली न हुई तो उसने बहशी बिल्लियों की तरह ईशर सिंह के केश नोचने शुरू कर दिए। साथ ही साथ वह अपनी नामालूम सौत को मोटी-मोटी गालियाँ देती रही।]

ईशर सिंह : *(इल्तिजा करते हुए)* जाने दे अब कुलवंत, जाने दे...*(उसकी आवाज़ में दर्द था। कुलवंत कौर पीछे हट गई।)*

[ख़ून ईशर सिंह के गले से उड़-उड़कर उसकी मूँछों पर गिर रहा था। उसने अपने लरजाँ होंठ खोले और कुलवंत कौर की तरफ़ शुक्रिए और गिले की मिली-जुली निग़ाहों से देखा।]

ईशर सिंह : मेरी जान तुमने बहुत जल्दी की...लेकिन जो हुआ, ठीक है...।

कुलवंत : *(ग़ुस्से में)* मगर वह कौन है तुम्हारी माँ?

ईशर सिंह : और मैं...और मैं...भैणया छह आदमियों को क़त्ल कर चुका हूँ...इसी किरपान से...।

कुलवंत : *(दिमाग़ में सिर्फ़ दूसरी औरत थी)* मैं पूछती हूँ, कौन है वह हरामज़ादी?

ईशर सिंह : गाली न दे उस भड़वी को...।

कुलवंत : *(चिल्लाकर)* मैं पूछती हूँ, वह है कौन?

ईशर सिंह : *(गले में आवाज़ रुँध गई)* बताता हूँ...*(यह कहकर उसने अपनी गर्दन पर हाथ फेरा और उस पर अपना जीता-बीता ख़ून देखकर मुस्कराया)* *इंसान* माँया भी एक अजीब चीज़ है...।

कुलवंत : ईशर सियाँ, तू मतलब की बात कर...।

ईशर सिंह : *(मुस्कराहट उसकी भरी मूँछों में और ज़्यादा फैल गई)* मतलब ही की बात कर रहा हूँ। गला चिरा है माँया मेरा...अब धीरे-धीरे ही सारी बात बताऊँगा...*(और जब वह बताने लगा तो उसके माथे पर ठंडे पसीने के लेप होने लगे)* कुलवंत मेरी जान! मैं तुम्हें नहीं बता सकता, मेरे साथ क्या हुआ...? इंसान कुडीया भी एक अजीब चीज़ है...शहर में लूट मची तो सबकी तरह मैंने भी उसमें हिस्सा लिया.. गहने-पाते और रुपये-पैसे जो भी हाथ लगे, वह मैंने तुम्हें दे दिए...लेकिन एक बात तुम्हें न बताई...।

कुलवंत : *(ईशर सिंह ने घाव में दर्द महसूस किया और कराहने लगा। कुलवंत कौर ने उसकी तरफ़ तवज्जोह न दी और बड़ी बेरहमी से पूछा)* कौन-सी बात?

ईशर सिंह : *(ईशर सिंह ने मूँछों पर जमते हुए लहू को फूँक के ज़रिये से उड़ाते हुए कहा)* जिस मकान पर...मैंने धावा बोला था...उसमें सात आदमी थे...छह मैंने क़त्ल कर दिए...इसी किरपान से जिससे तूने मुझे...छोड़ इसे...सुन...एक लड़की थी बहुत ही सुन्दर...उसको उठाकर मैं अपने साथ ले आया...।

[कुलवंत ख़ामोश सुनती रही। ईशर सिंह ने एक बार फिर फूँक मारके मूँछों पर से लहू उड़ाया।]

कुलवंत जानी, मैं तुमसे क्या कहूँ, कितनी सुन्दर थी...मैं उसे भी मार डालता, पर मैंने कहा, नहीं ईशर सिंह, कुलवंत कौर के तो हर रोज़ मज़े लेता है, यह मेवा भी चख देख...।

कुलवंत : हूँ...।

ईशर सिंह : ...और मैं उसे कन्धे पर डालकर चल दिया...रास्ते में...क्या कह रहा था मैं...? हाँ रास्ते में...नहर की पटरी के पास थोहर की झाड़ियों तले मैंने उसे लिटा दिया...पहले सोचा कि फेटूँ लेकिन फिर ख़याल आया कि नहीं...*(यह कहते-कहते ईशर सिंह की ज़ुबान सूख गई।)*

कुलवंत : *(थूक निगलकर अपना हलक तर किया और पूछा)* फिर क्या हुआ?

ईशर सिंह : *(हलक़ से बमुश्किल यह अल्फ़ाज़ निकले)* मैंने...मैंने पत्ता फेंका...लेकिन...लेकिन...*(उसकी आवाज़ डूब गई।)*

कुलवंत : *(उसे झँझोड़ा)* फिर क्या हुआ?

ईशर सिंह : *(ईशर सिंह ने अपनी बन्द होती हुई आँखें खोलीं और कुलवंत कौर के ज़िस्म की तरफ़ देखा, जिसकी बोटी-बोटी थिरक रही थी)* वह...वह मरी हुई थी...लाश थी...बिलकुल ठंडा गोश्त... जानी, मुझे अपना हाथ दे...।

[कुलवंत कौर ने अपना हाथ ईशर सिंह के हाथ पर रखा, जो बर्फ़ से ज़्यादा ठंडा था।]

दृश्य : ग्यारह

[पागलों का एक समूह पुलिस की तरह प्रेस पर धावा बोलता है। अख़बार ज़ब्त करता है।]

पागल एक : छापा पड़ा है और पुलिस 'जावेद' के ख़ास नंबर के पर्चे उठाकर ले गई है।

पागल दो : अजी हटाइए, ये जावेद वालों का पब्लिसिटी स्टंट है।

[बाक़ी पागल मीटिंग करते हैं। पहले नहीं समझ में आने वाले वाक्य बोलते हैं। ज़ोर-ज़ोर से बोलने का शोर।]

पागल एक : ठंडा गोश्त ग़ैर फ़हश है।

पागल दो : नहीं-नहीं, अब ऐसा अदब पाकिस्तान में नहीं चलेगा।

पागल तीन : इस कहानी की थीम यह है कि हम मुसलमान इतने बेग़ैरत हैं कि सिक्खों ने हमारी मुर्दा लड़की तक नहीं छोड़ी...।

दृश्य : बारह

[पागलख़ाने में अदालत बनती है। एक पागल जज की तरह। दूसरा पागल वकील की तरह भूमिका निभाता है।]

जज : आप पर इल्ज़ाम है कि आपने ब-हैसियते-मुसन्निफ़ मज़मून 'ठंडा गोश्त' जो कि रिसाला 'जावेद' के ख़ास नंबर में ब-गर्ज़े-इशाअत नसीर अनवर प्रिंटर और पब्लिशर मुल्ज़िम हमराही और आरिफ़ अब्दुल मतीन और नसीर अनवर एडिटर रिसाला मज़कूर[71] को जो कि फ़हश था, दिया। यह जुर्म ज़ेरे-दफ़ा 292 ताज़ीराते-हिन्द की तारीफ़ में आता है। क्यों न आपको इस जुर्म की सज़ा दी जाए?

वकील : *(मंटो का वकील)* जनाब यह अफ़साना 'ठंडा गोश्त' जो 'जावेद' में ब-ग़र्ज़े-इशाअत दिया लेकिन वह फ़हश नहीं था और न मैं उसे फ़हश तसव्वुर करता हूँ। अफ़साना इस्लाही[72] है।

जज : मुक़दमा क्यों चलाया गया?

वकील : पुलिस बेहतर जानती है। उसका नुक्ता-ए-अख़लाक़ो-इस्लाह हमसे मुख़्तलिफ है।

जज : कुछ और कहना चाहते हैं?

वकील : इस मौक़े पर नहीं।

जज : गवाहों को पेश किया जाए!

पागल तीन : मेरे दोस्त शेख़ सलीम की हालत क़ाबिले-रहम थी। सुबह-शाम पीने का आदी, सारा वक़्त जमाहियाँ लेता रहता था। आख़िर उससे यह अज़ीयत[73] बर्दाश्त न की गई—वह छोटी-सी बोतल में व्हिस्की भर के ले आता और थोड़े-थोड़े वक़्फ़े के बाद पीता रहता। अदब से उसका दूर का भी वास्ता नहीं, लेकिन जब वह दूसरों से बातें करता तो यही कहता।

पागल चार

शराबी : आख़िर फ़हाशी है क्या? मंटो का अफ़साना 'ठंडा गोश्त' मैंने पढ़ा नहीं, लेकिन यह फ़हश नहीं हो सकता...मंटो आर्टिस्ट है।

गवाह एक : मैंने रिसाला 'जावेद' में 'ठंडा गोश्त' पढ़ा है। यह एक अदबपारा[74] है...मंटो साहिब की मैंने तमाम तसानीफ पढ़ी हैं। प्रेमचन्द के बाद जो मुख़्तसर अफ़सानानिगार मशहूर हुए हैं, उनमें सआदत हसन मंटो को एक ख़ास मक़ाम हासिल है...इस अफ़साने से ईशर सिंह के किरदार का नुमायाँ तरीन असर यह है कि उसने जो नारवा हरकत की, उसकी सज़ा उसे फ़ितरत की तरफ़ से नफ़सियाती नामर्दी की सूरत में मिल गई...।

पागल पाँच : इस्तिग़ासे की तरफ़ से सवाल किया गया : अदब मक़सूद-बिज़्ज़ात[75] है?

मैं पहले कह चुका हूँ कि अदब तनक़ीदे-हयात[76] है और उसमें इस सवाल का जवाब शामिल है। हर माक़ूल इंसान के क़ौल और फल का मतलब होता है लेकिन तमाम इंसान माक़ूल नहीं होते। हर क़ौल या फेल सोसायटी की नज़रों में अच्छा या बुरा हो सकता है। अच्छे और बुरे फेल जाँचने के लिए बेशुमार मेयार होते हैं...।

यह अफ़साना मेरे सब बच्चों और बच्चियों ने पढ़ा है...मेरी एक लड़की जो फ़ोर्थ इयर में पढ़ती है, उससे कई बार सेक्स पर इल्मी बहस हो चुकी है जो उसके निसाब का जुज़[77] है...।

ख़ास आदमियों से, जो कि अदीब हैं, इस अफ़साने के बारे में मेरा तबादला-ए-ख़यालात हुआ है, सबने इसको बहुत सराहा है...।

गवाह दो : 'ठंडा गोश्त' फ़हश नहीं है। इसमें एक बहुत बड़ा जिंसी मसला है—फ़हश[78] लफ़्ज़[79] की कोई बुनियाद ही नहीं—दूसरे अल्फ़ाज़ में फ़हाशी एक इज़ाफ़ी[80] चीज़ है। ज़ेहनी तौर पर बीमार अशख़ास[81] पर 'ठंडा गोश्त' पढ़ने से बुरा असर हो सकता है।

गवाह तीन : इंसानी नफ़सियात[82] के अन्दर जो ख़ैरो-शर[83] है, अदीब का यह काम है, वह उसको इस अन्दाज़ से पेश करे कि जिससे इंसानी ज़िन्दगी के हक़ाइक़[84] समझने में मदद मिल सके...बुरे किरदार को इस अन्दाज़ से पेश करे कि उसकी बुराई देखकर नफ़रत पैदा हो...।

गवाह चार : ज़ेरे-बहस अफ़साने के किरदार ईशर सिंह से शदीद कराहत[85] और नफ़रत पैदा होती है। यह किरदार बिलकुल सही है। ऐसे किरदारों पर ख़ास कैफ़ियतों के मातहत जिस्मानी हालत दुरुस्त होने के बावजूद नफ़सियाती नामर्दी तारी हो सकती है...।

कहानी सुनाने वाला एक : इन तीन गवाहों के बयान एक पेशी में हुए। चूँकि यह खासे तवील थे और एक-एक लफ़्ज़ ख़ुद मजिस्ट्रेट साहिब को लिखना पड़ता था, इसलिए वह झुँझला-झुँझला जाते थे। कई बार तंग आकर कहा।

जज : मैं मजिस्ट्रेट हूँ या मुहर्रिर...

[तीन नौजवान वकीलों का प्रवेश।]

जज : *(वकीलों से)* आप कौन?

वकील : *(मुस्कुराकर)* हुज़ूर, मैं इनका वकील हूँ। क्यों मंटो साहिब?

[मंटो स्वीकृति में सिर हिलाता है।]

जज : *(चिढ़कर)* आप हज़रात क्यों बीच में बोल रहे हैं।

वकील : हुज़ूर, हम मुल्ज़िमों के वकील हैं, क्यों मंटो साहिब?

[मंटो स्वीकृति में सिर हिलाता है।]

गवाह पाँच : *(आपने रिसाला एक तरफ़ रखा और कहना शुरू किया)* मैंने 'ठंडा गोश्त' अभी-अभी पढ़ा है। यह एक ग़लत रिसाले से छपा है। मेरा मतलब है, यह अफ़साना एक पापुलर रिसाले में नहीं छपना चाहिए था। अगर यह किसी साइंटिफ़िक रिसाले में केस हिस्ट्री के तौर पर, मर्दुमी और नामर्दुमी की ताईद या तर्दीद[86] में छपता तो इस पर फ़हाशी का इल्ज़ाम आयद नहीं हो सकता था...जिन अल्फाज़ की तरफ़ इशारा किया गया है, बोलने में मैं उनको बुरा समझता हूँ लेकिन केस हिस्ट्री में यह अल्फ़ाज़ बड़ी अहमियत रखेंगे।

पागल दो : मि. मंटो कौन हैं...?

मंटो : जनाब, यह ख़ाकसार है।

वकील : मंटो साहिब, आपका यह गवाह तो होस्टाइल हो गया है। अब आप इस पर जिरह कर सकते हैं।

मंटो : हटाइए...।

वकील : क्यों हज़रत, यह बताइए, क्या इसी अदालत में आपके ख़िलाफ़ इज़ाला हैसियते-उर्फ़ी[87] का मुक़दमा चल रहा है...।

गवाह पाँच : जी हाँ...।

जज : मेरी अदालत में?

गवाह पाँच : जी हाँ...।

जज : *(मंटो से)* आपको कुछ कहना है?

मंटो : मैं अफ़साना 'ठंडा गोश्त', मत्बूआ[88] माहनामा 'जावेद' लाहौर का मुसन्निफ़ हूँ, जो इस्तिग़ासे के नज़दीक उर्यां और फ़हश है। मुझे इससे इख़्तिलाफ़ है। यह अफ़साना किसी भी नुक्ताए नज़र से ऐसा नहीं है।

इससे पहले तीन मर्तबा मेरे अफ़सानों के बारे में शुब्ह हुआ था कि वो फ़हश है। चुनांचे मुझ पर मुक़दमे चले, सज़ाएँ हुईं, लेकिन अपील करने पर हर बार सेशन कोर्ट में मुझे और मेरे अफ़सानों को फ़हाशी के इल्ज़ाम से बरी कर दिया गया।

मंटो : 'ठंडा गोश्त' जैसा कि ज़ाहिर है, एक अफ़साना है जिसका अकबी मंज़र यूँ तो गुज़िश्ता फसादात है, लेकिन असल में जिसकी बुनियाद इंसानी नफ़्सियात पर काइम है...और इंसानी नफ़्सियात का जिंस से चोली-दामन का साथ है।

अफ़साने में दो किरदार हैं—ईशर सिंह और उसकी दाश्ता या बीवी कुलवंत कौर।

इस्तिग़ासे के फ़ाज़िल वकील ने ख़ासतौर पर इस बात पर ज़ोर दिया है कि ईशर सिंह के मुकालमों[89] में गालियाँ इस्तेमाल की गई हैं। मैं यहाँ गाली की नफ़्सियात पर बहस नहीं करूँगा, मगर यह एक खुली हुई हक़ीक़त है कि वो अल्फ़ाज़ जो इस्तिग़ासे के वकील के नज़दीक गाली है, असल में गाली नहीं है।

माँ-बहन की गाली यू.पी. और पंजाब में गुफ़्तगू में आम इस्तेमाल होती है और किसी के कान खड़े नहीं होते। ख़ास-ख़ास गाली अक्सर लोगों का तकियाकलाम भी बन जाती है—ईशर सिंह भी चन्द गालियों को तकियाकलाम के तौर पर ही इस्तेमाल करता है। इसलिए इस्तिग़ासे के फ़ाज़िल वकील का इस नुक़्ते पर ज़ोर देना बिलकुल बेकार है।

मुझे अफ़सोस है कि वह तहरीर, जो इंसानों को बताती है कि वो इंसान से हैवान बनकर भी इंसानियत से अलहदा नहीं हो सकते, फ़हश और शहवत को उभारने वाली समझी जा रही

है, लतीफ़ा तो यह है कि अफ़साने में एक इंसान को उसकी रही-सही इंसानियत एक बहुत बड़ी सज़ा देती है।
मैं अपने मुताल्लिक़ सिर्फ़ इतना कह सकता हूँ कि मैं एक शरीफ़ ख़ानदान का फ़र्द हूँ। इत्तिफ़ाक़ से मेरा पेशा तस्नीफ़ो-तालीफ़[90] है। अपनी फ़ितरत, और जो तालीम और तर्बियत मुझे मिली है, उसकी बदौलत मैंने आज तक सस्ता और सूक़ियाना[91] अदब पेश नहीं किया। उर्दू के जदीद अदब से जो लोग ज़रा-सा भी वास्ता रखते हैं, उनको मेरे अदबी मक़ाम का इल्म है—'ठंडा गोश्त' में फ़्लाबेयर की फ़ितरत की बेइंतिहा संगीनी और शदीद संजीदगी शायद न हो, लेकिन इससे इनकार नहीं किया जा सकता कि यह बेपनाह मलाल से भरा पड़ा है।
अब अफ़साने को इस पहलू से भी देखा जाए कि मुसन्निफ़ की नीयत क्या है।
'ठंडा गोश्त' पढ़कर अगर किसी साहिब के जज़्बात पर बरअंगेख़्ता[92] हों तो उन्हें किसी ज़ेहनी मुआलिज[93] से रूजू करना चाहिए—'धुआँ' ही की सफ़ाई के सिलसिले में मैंने अपने बयान में कहा था : एक मरीज़ जिस्म, एक बीमार ज़ेहन ही ऐसा ग़लत असर ले सकता है। मैं तो यहाँ मुल्ज़िमों के कटहरे में खड़ा हूँ और एक निहायत ही घिनावने इल्ज़ाम का मुँह देख रहा हूँ कि मैंने अपनी तस्नीफ़ के ज़रिए से लोगों के शहवानी जज़्बात उभारे हैं—इस इल्ज़ाम के ख़िलाफ़ मेरे दिल से एहतिजाज के सिवा और क्या चीज़ निकल सकती है।
हैरत है कि 'ठंडा गोश्त' पढ़कर क़ारी का ज़ेहन ख़ौफ़ो-नफ़रत में मलफ़ूफ़[94] होने की बजाय शहवत से मुलव्वस[95] हो सकता है।
और भी हैरत है कि ईशर सिंह को जो हौलनाक सज़ा मिली, वो पढ़ने वाले के दिल और दिमाग़ में शाहवानी जज़्बात बेदार कर सकती है।

जज : यह बयान ही मुल्ज़िम को सज़ा देने के लिए काफ़ी है...
मैं मुल्ज़िम सआदत हसन मंटो को एक फ़हश तहरीर पेश करने का ज़िम्मेदार ठहराता हूँ और उसे ज़ेरे-दफ़ा 292, पी.पी.सी. तीन माह क़ैदे-बा-मशक़्क़त और तीन सौ रुपये जुर्माने की सज़ा देता हूँ। अदम अदायगी-ए-जुर्माना की सूरत में उसको मज़ीद इक्कीस यौम की सज़ा भुगतनी पड़ेगी।
मुल्ज़िमीन आरिफ अब्दुल मतीन और नसीर अनवर जो वाज़ेह तौर पर जरीदे के मुर्दार और नाशिर है जिसमें मज़्कूरा कहानी

शाया हुई है, ये दोनों भी मुज़रिम हैं और वो भी इसी दफ़ा के तहत आते हैं।

वकील : आपका इर्शाद दुरुस्त। मुल्ज़िम ने जुर्माना अदा कर दिया है जो अपील मंज़ूर होने की सूरत में यकीनन वापस मिल जाएगा। लेकिन वो दो-तीन दिन जो ज़मानत होने से पहले मेरा मुवक्किल जेल में काटेगा, अपील मंज़ूर होने पर क्या उसे वापस मिल जाएँगे...?

जज : *(चिढ़कर)* ज़मानत मंज़ूर की जाती है।

पागल शराबी : नसीर साहिब की ज़मानत मैं देता हूँ...।

मंटो : मेरा दिल धड़कने लगा—अगर अदालत को मालूम हो गया कि शेख़ साहिब पिए हुए हैं तो उनकी ज़मानत कौन देगा? मुझे यक़ीन था कि वो ज़रूर धर लिए जाएँगे और सारा मामला चौपट हो जाएगा...मैं इसी ख़ौफ़ के मारे कमरे से बाहर चला गया। मैं बार-बार अन्दर झाँककर देखता कि शेख़ सलीम गिरफ़्तार हुए हैं या कि नहीं, लेकिन ख़ैरियत गुज़री, नसीर अनवर की ज़मानत हो गई...शेख़ साहिब झूमते हुए बाहर निकले और मुझे गले लगाकर रोने लगे :

शराबी पागल : अल्लाह मियाँ ने मेरे भाई को बचा लिया। चलो भई चलें, कहीं दुकान बन्द न हो जाए...।

[अदालत के बाहर।]

पागल एक : ठीक है। चुनांचे दलाइल के लिए 10 जुलाई की तारीख़ मुकर्रर हो गई।

वकील : अच्छा है, इस दौरान में मैं भी ख़ूब तैयारी कर लूँगा। हमारा केस ग़लत आदमी के पास गया है, जो बड़ा तंग ख़याल है, दाढ़ी रखता है, नमाज़-रोज़े का पाबन्द है।

मंटो : हटाइए, यहाँ नहीं तो हाईकोर्ट में देखा जाएगा...।

दृश्य : तेरह

[पागलख़ाना]

कहानी सुनाने वाला एक : ऊँचे टीले पर गड़रिए का लड़का खड़ा, दूर जंगलों की तरफ़ मुँह किए चिल्ला रहा था 'शेर आया, शेर आया, दौड़ना!'

बहुत देर तक वह अपना गला फाड़ता रहा। उसकी जवान बुलंद आवाज़ बहुत देर तक फ़ज़ाओं में गूँजती रही—जब चिल्ला-चिल्लाकर उसका हलक सूख गया तो बस्ती से दो-तीन बूढ़े लाठियाँ टेकते हुए आए और गड़रिए के लड़के को कान से पकड़कर ले गए।

पंचायत बुलाई गई—बस्ती के सारे अक़्लमंद जमा हुए और गड़रिए के लड़के का मुक़दमा शुरू हुआ।

फ़र्द जुर्म यही थी कि उसने ग़लत ख़बर दी और बस्ती के अमन में ख़लल डाला।

पागल एक : मेरे बुज़ुर्गो, तुम ग़लत समझते हो...शेर आया नहीं था, लेकिन इसका यह मतलब नहीं है कि आ नहीं सकता।

दो : वह नहीं आ सकता।

एक : क्यों?

तीन : महकमा-ए-जंगलात के अफ़सर ने हमें चिट्ठी भेजी थी कि शेर बूढ़ा हो चुका है।

एक : लेकिन तुम्हें यह मालूम नहीं कि उसने, थोड़े ही रोज़ हुए, कायाकल्प कराई है।

चार : यह अफ़वाह है...हमने महकमा-ए-जंगलात से पूछा था और हमें यह जवाब मिला था कि कायाकल्प कराने के बजाय शेर ने तो अपने सारे दाँत निकलवा दिए हैं, क्योंकि वह अपनी ज़िन्दगी के बक़ाया दिन अहिंसा से गुज़ारना चाहता है।

एक : मेरे बुज़ुर्गो, क्या यह जवाब झूठा नहीं हो सकता?

सब : हमें महकमा-ए-जंगलात के अफ़सर पर पूरा भरोसा है, इसलिए कि वह सच बोलने का हलफ़ उठा चुका है।

एक : क्या यह हलफ़ झूठा नहीं हो सकता?

दो : हरगिज़ नहीं...तुम साज़िशी हो, फ़िफ़्थ कालमिस्ट हो, कम्युनिस्ट हो, गद्दार हो, तरक़्क़ीपसन्द हो...सआदत हसन मंटो हो।

बाक़ी पागल : *(चिल्लाकर)* तुम सआदत हसन मंटो हो...।

पागल एक : *(झाँककर देखता है)* बाज़ लोग उसे शैतान कहते हैं, बाज़ गंजा फ़रिश्ता...ज़रा ठहरिए, मैं देख लूँ, कहीं वह कमबख़्त सुन तो नहीं रहा...नहीं-नहीं, ठीक है, मुझे याद आ गया कि यह वह वक़्त है जब वह पिया करता है...उसको शाम के छह के बाद कड़वा शर्बत पीने की आदत है।

पागल दो : यूँ तो मंटो को मैं उसकी पैदाइश ही से जानता हूँ...हम दोनों इकट्ठे एक ही वक़्त ग्यारह मई सन् 1912 ई. को पैदा हुए... लेकिन उसने हमेशा यह कोशिश की है कि ख़ुद को कछुआ बनाए रखे, जो एक दफ़ा अपना सिर और गर्दन छुपा ले तो आप लाख ढूँढ़ते रहें, उसका सुराग़ न मिले...लेकिन मैं भी आख़िर उसका हमज़ाद हूँ, मैंने उसकी हर जुंबिश का मुताला कर ही लिया है।

लीजिए, अब मैं आपको बताता हूँ कि यह ख़रज़ात अफ़सानानिगार कैसे बना...

मंटो की अफ़सानानिगारी दो मुतज़ाद अनासिर[96] के तसादुम[97] का नतीजा है...उसके वालिद, ख़ुदा उन्हें बख़्शे, बड़े सख़्तगीर थे और उसकी वालिदा बेहद नर्मदिल...इन दो पाटों के अन्दर पिसकर यह दाना-ए-गंदुम किस शक्ल में बाहर निकला होगा, इसका अन्दाज़ा आप कर सकते हैं।

पागल तीन : अच्छा, अब उसकी अफ़सानानिगारी के मुताल्लिक़ सुनिए... वह अव्वल दर्जे का फ्रॉड है...पहला अफ़साना उसने बउनवान 'तमाशा' लिखा जो जलियाँवाले बाग़ के ख़ूनी हादिसे से मुताल्लिक़ था। यह अफ़साना उसने अपने नाम से न छपवाया। यही वजह है कि वह पुलिस की दस्तबुर्द[98] से बच गया।

पागल चार : मैं आपको पूरे वुसूक के साथ कह सकता हूँ कि मंटो, जिस पर फ़हशनिगारी के सिलसिले में कई मुक़दमे चल चुके हैं, तहारत पसन्द[99] है, लेकिन मैं यह भी कहे बग़ैर नहीं रह सकता कि वह एक ऐसा पाअन्दाज़ है जो ख़ुद को झाड़ता-फटकता रहता है।

मंटो : *(उदास-सा)* मैं आज बहुत अफसुर्दा हूँ—पहले मुझे तरक़्क़ीपसन्द तस्लीम किया जाता था, बाद में एकदम मुझे रजअतपसन्द बना दिया गया। और अब फ़तवे देने वाले सोच रहे हैं और फिर से यह तस्लीम करने के लिए आमादा हो रहे हैं कि मैं तरक़्क़ीपसन्द हूँ।

और फ़तवों पर अपने फ़तवे देने वाली सरकार मुझे तरक़्क़ीपसन्द यक़ीन करती है, यानी एक 'सुर्खा', एक कम्युनिस्ट। यह कभी-कभी झुँझलाकर मुझ पर फ़हशनिगारी का इल्ज़ाम लगा देती है और मुक़दमा चला देती है। दूसरी तरफ़ यही सरकार अपनी मत्बूआत में यह इश्तिहार देती है : 'सआदत हसन मंटो हमारे

मुल्क का बहुत बड़ा अदीब और अफ़सानानिगार है, जिसका क़लम गुज़िश्ता हंगामी दौर में भी रवाँ-दवाँ रहा।

यह तकलीफ़देह एहसास हर वक़्त मुझे दीमक की तरह चाटता रहता है कि अगर आज मैंने आँखें मींच लीं तो मेरी बीवी और तीन कमसिन बच्चियों की देखभाल कौन करेगा? मैं फ़हशनवीस, दहशतपसन्द, सनकी, लतीफ़ाबाज़ और रजअतपसन्द सही, लेकिन मैं एक बीवी का ख़ाविंद और तीन लड़कियों का बाप हूँ—उनमें से अगर कोई बीमार हो जाए और मौज़ूँ व मुनासिब इलाज के लिए मुझे दर-दर की भीख माँगनी पड़े तो मुझे बहुत कोफ़्त होती है। मेरे दोस्त भी हैं, जो मुझसे ज़्यादा मफ़लूकुलहाल[100] हैं : बरवक़्त अगर मैं उनकी मदद न कर सकूँ तो मुझे तकलीफ़ होती है। दीनवी मामलात में अगर मैं किसी का या अपना सर झुका हुआ देखूँ तो ख़ुदा की क़सम मुझे दुख होता है।

लेकिन जब मैं सोचता हूँ, अगर मेरी मौत के बाद मेरी तहरीरों पर रेडियो और लाइब्रेरियों के दरवाज़े खोल दिए गए और मेरे अफ़सानों को वही रुत्बा दिया गया जो इक़बाल मरहूम के शेरों को दिया जा रहा है तो मेरी रूह सख़्त बेचैन होगी। मैं उस बेचैनी के पेशे-नज़र इस सुलूक से बेहद मुतमइन हूँ, जो अब तक मुझसे रवा रखा गया है—ख़ुदा मुझे उस दीमक से महफ़ूज़ रखे जो क़ब्र में मेरी सूखी हड्डियाँ चाटेगी।

दृश्य : चौदह

[अदालत]

जज : आर्डर...आर्डर...।

तीन नौजवानों, आरिफ़ अब्दुल मतीन, नसीर अनवर और सआदत हसन मंटो की तरफ़ से यह एक अपील है। अव्वलुज़्ज़िक[101] दोनों एक उर्दू रिसाला 'जावेद' के अलत्तर्तीब मुदीर और नाशिर हैं। तीसरा एक अदब है जिसने मज़्कूरा रिसाले के मार्च, 1949 ई. में शायाशुदा एक ख़ास नंबर में अपनी एक कहानी जिसका नाम 'ठंडा गोश्त' है, छपने के लिए दी।

मैंने फरीकैन के फ़ाज़िल मुशीराने-क़ानून को सुना है और मिसल को मुताला किया है—मेरा ख़याल है कि मुल्ज़िमीन के ख़िलाफ़ ज़ुर्म साबित नहीं किया जा सका, इसलिए सज़ा बरकरार नहीं रह सकती। मेरा ख़याल है कि मज़मून ज़ेरे-बहस को फ़हश और ख़ासतौर पर ख़िलाफ़े-क़ानून करार नहीं दिया जा सकता।

दृश्य : पन्द्रह

[पागलख़ाना]

[बिशन सिंह से एक मिलने वाला आता है।]

कहानी सुनाने वाला एक : तबादले से कुछ दिन पहले टोबा टेक सिंह का एक मुसलमान जो बिशन सिंह का दोस्त था, मुलाकात के लिए आया, मुसलमान दोस्त पहले कभी नहीं आया था। जब बिशन सिंह ने उसे देखा तो एक तरफ़ हट गया, फिर वापिस जाने लगा, मगर सिपाहियों ने उसे रोका :

सिपाही : यह तुमसे मिलने आया है...तुम्हारा दोस्त फ़ज़लदीन है...।

[बिशन सिंह ने फ़ज़लदीन को एक नज़र देखा और कुछ बड़बड़ाने लगा।]

फ़ज़लदीन : *(फ़ज़लदीन ने आगे बढ़कर उसके कन्धे पर हाथ रखा)* मैं बहुत दिनों से सोच रहा था कि तुमसे मिलूँ लेकिन फुरसत न मिली...तुम्हारे सब आदमी ख़ैरियत से हिन्दुस्तान चले गए थे... मुझसे जितनी मदद हो सकी, मैंने की...तुम्हारी बेटी रूपकौर... वह कहते-कहते रुक गया।

बिशन सिंह : *(याद करते हुए)* बेटी रूपकौर...

फ़ज़लदीन : *(रुक-रुककर कहा)* हाँ...वह...वह भी ठीक-ठाक है...उनके साथ ही चली गई थी...!

[बिशन सिंह ख़ामोश रहा।]

(फ़ज़लदीन ने फिर कहना शुरू किया) उन्होंने मुझे कहा था कि तुम्हारी ख़ैर-ख़ैरियत पूछता रहूँ...अब मैंने सुना है कि तुम हिन्दुस्तान जा रहे हो...भाई बलबीर सिंह और भाई वधावा सिंह से मेरा सलाम कहना और बहन अमृतकौर से भी...भाई बलबीर से कहना कि फ़ज़लदीन राज़ीख़ुशी है... दो भूरी भैंसें, जो वह छोड़ गए थे, उनमें से एक ने कट्टा दिया है...दूसरी के कट्टी हुई थी, पर वह छह दिन की होके मर गई...और...मेरे लायक जो ख़िदमत हो, कहना, मैं हर वक़्त तैयार हूँ...और यह तुम्हारे लिए थोड़े-से मरोंडे लाया हूँ...!

बिशन सिंह : *(बिशन सिंह ने मरोंडों की पोटली लेकर पास खड़े सिपाही के हवाले कर दी और फ़ज़लदीन से पूछा)* टोबा टेक सिंह कहाँ है...?

फ़ज़लदीन : *(हैरत से)* कहाँ है...? वहीं है, जहाँ था...!

बिशन सिंह : पाकिस्तान में है या हिन्दुस्तान में...?

फ़ज़लदीन : हिन्दुस्तान में...नहीं, नहीं पाकिस्तान में...!

बिशन सिंह : *(बड़बड़ाता हुआ)* औपड़ दि गड़ गड़ दि अनैक्स दि बेध्यानाँ दि मुंग दि दाल ऑफ़ दी पाकिस्तान एंड हिन्दुस्तान ऑफ़ दी दुर फिटे मुँह...!

[प्रस्थान।]

[संवाद और पागलों के तबादले की स्थितियों का नाट्य साथ-साथ चलता है।]

कहानी सुनाने वाला एक : पागलों को लारियों से निकालना और उनको दूसरे अफ़सरों के हवाले करना बड़ा कठिन काम था; बाज़ तो बाहर निकलते ही नहीं थे, जो निकलने पर रज़ामंद होते थे, उनको सँभालना मुश्किल हो जाता था, क्योंकि वह इधर-उधर भाग उठते थे; जो नंगे थे, उनको कपड़े पहनाए जाते थे तो वह उन्हें फाड़कर अपने तन से जुदा कर देते—कोई गालियाँ बक रहा है...कोई गा रहा है...कुछ आपस में झगड़ रहे हैं...कुछ रो रहे हैं, बिलख रहे हैं—कान पड़ी आवाज़ सुनाई नहीं देती थी—पागल औरतों का शोरो-ग़ोग़ा[102] अलग था, और सर्दी इतनी कड़ाके की थी कि दाँत से दाँत बज रहे थे।

पागलों की अक्सरीयत इस तबादले के हक़ में नहीं थी, इसलिए कि उनकी समझ में नहीं आ रहा था कि उन्हें अपनी जगह से उखाड़कर कहाँ फेंका जा रहा है; वह चन्द जो कुछ सोच-समझ सकते थे, 'पाकिस्तान : ज़िन्दाबाद' और 'पाकिस्तान : मुर्दाबाद' के नारे लगा रहे थे; दो-तीन मर्तबा फ़साद होते-होते बचा, क्योंकि बाज़ मुसलमानों और सिखों को यह नारे सुनकर तैश आ गया था।

बिशन सिंह : *(जब बिशन सिंह की बारी आई और अफ़सर उसका नाम रजिस्टर में दर्ज करने लगा तो उसने पूछा।)* टोबा टेक सिंह कहाँ है...पाकिस्तान में या हिन्दुस्तान में...?

सिपाही : *(अफ़सर हँसा)* पाकिस्तान में...!

[यह सुनकर बिशन सिंह उछलकर एक तरफ़ हटा और दौड़कर अपने बाक़ी साथियों के पास पहुँच गया।]

[पाकिस्तानी सिपाहियों ने उसे पकड़ लिया और दूसरी तरफ़ ले जाने लगे, मगर उसने चलने से इनकार कर दिया।]

बिशन सिंह : टोबा टेक सिंह यहाँ है...! *(और ज़ोर-ज़ोर से चिल्लाने लगा)* औपड़ दि गड़ गड़ दि अनैक्स दि बेध्यानाँ दि मुंग दि दाल ऑफ़ दी टोबा टेक सिंह एंड पाकिस्तान...!

कहानी सुनाने वाला एक : उसे बहुत समझाया गया कि देखो, अब टोबा टेक सिंह हिन्दुस्तान में चला गया है...अगर नहीं गया है तो उसे फ़ौरन वहाँ भेज दिया जाएगा, मगर वह न माना! जब उसको ज़बर्दस्ती दूसरी तरफ़ ले जाने की कोशिश की गई तो वह दरमियान में एक जगह इस अन्दाज़ में अपनी सूजी हुई टाँगों पर खड़ा हो गया जैसे अब उसे कोई ताक़त नहीं हिला सकेगी...आदमी चूँकि बे-ज़रर था, इसलिए उससे मज़ीद[103] ज़बर्दस्ती न की गई; उसको वहीं खड़ा रहने दिया गया, और तबादले का बाक़ी काम होता रहा।

[बिशन सिंह की चीख़। ख़ामोशी। बिशन सिंह गिरता है।]

कहानी कहने वाला एक : इधर-उधर से कई अफ़सर दौड़े आए थे और उन्होंने देखा कि वह आदमी, जो पन्द्रह बरस तक दिन-रात अपनी टाँगों पर खड़ा रहा था, औंधे मुँह लेटा है—उधर ख़ारदार तारों के पीछे हिन्दुस्तान था, इधर वैसे ही तारों के पीछे पाकिस्तान; दरमियान में ज़मीन के उस टुकड़े पर, जिसका कोई नाम नहीं था, टोबा टेक सिंह पड़ा था।

शब्दार्थ

1. अश्लील, 2. अपने आप में, 3. साहित्य, 4. लेखक, 5. बिक्री, 6. कॉपीराइट, 7. हिस्सों, 8. नंगी, 9. अकेले में, 10. बदनुमा, 11. आकर्षण, 12, तरफ़, 13. चूसना, 14. जम जाना, 15. कौल, 16. व्यग्रता, 17. अचानक, 18. आफत, 19. तलाश, 20. मस्तिष्क, 21. वर्जित, 22. बदबूदार, 23. सम्बन्धी, 24. शौच, 25. भोली, 26. विश्वास, 27. असंख्य, 28. स्थायी, 29. दरगाह, 30. खड़े हुए, 31. चलते-फिरते, 32. उदास, 33. बढ़ाने वाले, 34. अल्लाह वाला, 35. मृतक की स्मृति में खाया जाने वाला खाना, 36. ज़बर्दस्ती खाना, 37. अचानक, 38. फट रही है, 39. रखैल, 40. घमंड, 41. आकर्षित, 42. धारण करने वाली, 43. एक क़िस्म का लिबास, 44. अत्यधिक, 45. समझ में आने लायक, 46. प्रचार, 47. लेखक, 48. धार्मिक लेख, 49. गंदा साहित्य, 50. मुबारकबाद के क़ाबिल, 51. असरदार, 52. बात, 53. कामुकता, 54. ऐन्द्रिकता, 55. सामाजिक, 56. सम्बन्धी, 57. बहुतायत, 58. भौगोलिक स्थिति, 59. बिगड़ा हुआ, 60. ज़बर्दस्ती खाना, 61. क़तई भी, 62. निकट सम्बन्धी, 63. बस्तियाँ, 64. गंदे, 65. ऊपर का, 66. बनावट, 67. बहुत सही, 68. बीज, 69. और अधिक, 70. स्वीकारोक्ति, 71. वर्णित, 72. सही, 73. तकलीफ़, 74. साहित्यिक कृति, 75. अस्तित्व की अभिव्यक्ति उद्देश्य, 76. जीवन समीक्षा, 77. हिस्सा, 78. अश्लील, 79. शब्द, 80. अतिरिक्त, 81. जनता, 82. मनोविज्ञान, 83. अच्छा-बुरा, 84. पात्र चरित्र, 85. घृणा, 86. खंडन, 87. जनता के मानसिक स्तर को बिगाड़ना, 88. मासिक प्रकाशन, 89. संवाद, 90. लेखन-सम्पादन, 91. बाज़ारू, 92. भड़कना, 93. चिकित्सक, 94. भरा हुआ, 95. जुड़ना, 96. परस्पर विरोधी स्वभाव वाले व्यक्तियों, 97. विरोधाभास, 98. हत्थे चढ़ना, 99. सफ़ाईपसन्द, 100. खस्ताहाल, 101. प्रथम वर्णित, 102. व्यापारिक, 103. ज़्यादा।

हमें जवाब चाहिए

[नुक्कड़ नाटक]

पात्र

भोपाल, यूनियन कार्बाइड, मौत, नेता, पागल, अफ़सर तथा
पाँच अन्य जो समय-समय पर अलग-अलग
भूमिकाएँ निभाएँगे।

वस्तुएँ

4 दिसम्बर, 84 के पाँच अख़बार, पाँच रंग-बिरंगी टोपियाँ।

[सारे पात्र लाइन बनाकर आते हैं। एक गोल में घूमते हैं। बुदबुदाते हैं। "हमें जवाब चाहिए, हमें जवाब चाहिए, साँस-साँस का हिसाब चाहिए।" इसके साथ ही एक किनारे पर यू. का. और उसके पीछे छिपकर मौत खड़े होते हैं। अफ़सर, नेता उसके बाजू में। पाँच पात्र गोल बनाकर दूसरे किनारे पर तथा बीच में भोपाल खड़ा होता है।]

भोपाल : मैं भोपाल हूँ! आपका जाना-पहचाना भोपाल। गोंड राजा भूपाल का बसाया हुआ भोपाल। मेरी स्मृतियों में गूँजती हैं आज भी दोस्त मोहम्मद के घोड़ों की टापें। रानी कमलापती का हाथ हिलता है आज भी मेरे सपनों में। कुदसिया बेगम, शाहजहाँ बेगम, बेगम सुल्तानजहाँ और कितनी बेगमों और कितने नवाबों की सल्तनतों के क़िस्से-कहानियाँ। उनके ज़ुल्म, उनकी मेहरबानियाँ, आज़ादी की लड़ाई। विलीनीकरण आन्दोलन की जुझारू आवाज़ें। शेरे भोपाल की दहाड़। अजान के साथ गूँजते हैं पहाड़। छँटता है अँधेरा, होती है सहर। अपने-अपने तरन्नुम में गाते हैं इकबाल, ताज़ और जिगर। मैं हूँ ताल तलैयों का शहर।

पाँच पात्र : *(एक स्वर में)* ताल तो भोपाल ताल बाक़ी सब तलैयाँ।
रानी तो कमलापती बाक़ी सब रनैया।

भोपाल : मैं हूँ पटियों का शहर। पटिएबाजों का शहर। हाकी का शहर। शतरंज का शहर। मेहनतकशों का शहर। काहिलों का शहर। सबसे महफूज शहर रहा हूँ मैं। अलहदा हैं मेरी दिक़्क़तें। अलहदा हैं मेरी परेशानियाँ। कभी नहीं देखी मैंने बाढ़। कभी नहीं देखा तूफान। अकाल ने मुझे कभी उजाड़ा नहीं। भूकम्प ने कभी

उखाड़ा नहीं। डसा नहीं कभी किसी काले नाग ने। मारा नहीं कभी किसी मोहर्रम ने, फाग ने।
पर आज लाशों से पटा हूँ मैं।

पाँच पात्र : क्यों-क्यों-क्यों? क्यों-क्यों-क्यों?

भोपाल : धू-धू कर जलती हैं चिताएँ। क़ब्रिस्तान भर गए हैं ताजी क़ब्रों से। रोती हैं औरतें। बिलखते हैं बच्चे। सुबकते हैं मर्द। एक दहशत की तरह मेरा नाम लिया जा रहा है दुनिया-जहान में। काला ज़हर तना है मेरे पूरे आसमान में। मेरे सीने पर थे दो परेड मैदान। लाल परेड पर नवाबी दौर में होता था कसास। क़त्ल किए जाते थे विद्रोही। आज पुलिस करती है कवायत वहाँ। दूसरा था, काली परेड मैदान। गोरे अमरीकियों के काले मंसूबों ने लगाई यहाँ कीड़े मारने की दवा बनाने की फैक्ट्री।

पाँच पात्र : यूनियन कार्बाइड। यूनियन कार्बाइड। यूनियन कार्बाइड इंडिया लिमिटेड। हिदुस्तानी सुन्दरी का अमरीकी बेड। हिन्दुस्तानी बाज़ार में साम्राज्यवादी व्योपार। बहुराष्ट्रीय कम्पनी का हत्यारा कारोबार।

भोपाल : बीच आबादी में लगाया गया कारख़ाना। बनना शुरू हुआ यहाँ 1980 में ज़हर। जिसने पहले भी ढाया इस शहर पर कहर। पर सब रहे चुप। सब ख़ामोश। सब ख़ामोश। मंत्री चुप संत्री चुप। अफ़सर चुप। दफ़्तर चुप। चुप सब अख़बार। पर चीख़ा एक छोटा-सा पत्रकार।

पत्रकार : *(जोर से गोल चक्कर लगाकर)* बचाइए हुजूर इस शहर को, बचाइए। ज्वालामुखी के मुहाने पर बैठा है यह शहर। नहीं समझोगे तो मिट जाओगे। रातों-रात ख़त्म हो जाएगा यह शहर। इसके सीने से इस हत्यारी फैक्ट्री को हटाइए। बचाइए हुजूर इस शहर को बचाइए।

[नेता कान में उँगली ठूँस लेता है। अफ़सर आँख बन्द करता है। यू. का. मुँह बन्द करता है।]

पाँच पात्र : बकवास...सब बकवास...सब बकवास...।

भोपाल : किसी ने नहीं सुनी बात। सच ने खाई मात। क्या कर सकता था एक अदना सा पत्रकार। मंत्रियों के, अफ़सरों के भाई-भतीजे थे कारख़ाने के अलम्बरदार। नेताओं को, पत्रकारों को, बड़े-बड़े अफ़सरों को बँटते थे नित नए उपहार। बहती थीं शराबें। उड़ते

थे मुर्गे। बँटते थे विज्ञापन। जो भी था असरदार। उसके चारों ओर बिखरी थी बहार। फिर कोई क्यों सुनता यह फालतू की चीख़-पुकार।

[इस बीच यू.का., नेता, अफ़सर और अन्य पात्र गलबहियाँ डालकर नाचते हैं। मुँह से 'हम होंगे कामयाब, एक दिन' की धुन निकालते हैं।]

भोपाल : विधान सभा में भी उठाया गया सवाल। पर हर सवाल को कर दिया गया हलाल। किसी को नहीं था मलाल। एक ही नीति थी टाल-टाल। हर सवाल को टाल। हर समस्या को टाल। राष्ट्रीय नीति का चरित्र था...हर समस्या को टाल।

[नेता और पाँच अन्य मिलकर विधान सभा का दृश्य बनाते हैं। रंग-बिरंगी टोपियाँ पहनते हैं।]

एक : क्या मंत्री महोदय बताने का कष्ट करेंगे कि यूनियन कार्बाइड को जिस जहरीली गैस को बनाने की इजाज़त दी गई है उस बारे में क्या तहकीकात की गई हैं? इस कारख़ाने से ख़तरा हो सकता है। इसके आस-पास के इलाक़े में आबादी काफ़ी सघन है।

नेता : हमने सारी तहकीकात की है। कारख़ाने में सुरक्षा के पूरे इन्तज़ामात हैं और इससे किसी तरह का कोई ख़तरा नहीं है।

दो : लेकिन नियम के अनुसार इतनी सघन आबादी में ऐसे ख़तरनाक कारख़ाने को नहीं लगाया जाना चाहिए था। मैं ध्यान दिलाना चाहूँगा कि कारख़ाना काफ़ी ख़तरनाक है और इससे किसी भी दिन शहर को काफ़ी बड़ा ख़तरा हो सकता है इसलिए इस कारख़ाने को तत्काल वर्तमान स्थान से हटाया जाना चाहिए।

नेता : यह पचीस करोड़ की लागत का कारख़ाना है कोई छोटा सा पत्थर नहीं है कि मैं इसे उठाकर कहीं और रख दूँ।

सब : *(फुसफुसाते हुए वापस जाते हैं)* ठीक...ठीक...ठीक...

भोपाल : सबको टिका दिया गया टका सा जवाब। बन्द कर दी गई हर आवाज़। ख़तरे की आशंका पर सब बुदबुदाए...बकवास... बकवास...। फिर, आई दो दिसम्बर उन्नीस सौ चौरासी की रात। वह काली रात।

पाँच पात्र : काली रात। काली रात। काली रात। काली रात।

भोपाल : यूनियन कार्बाइड के परदे में छिपी मौत ने निकाले अपने पंजे, अपने हाथ।

एक : डालर जैसे आड़े-तिरछे विषैले दाँत।

दो : शुरू हुआ फिर मृत्यु का खेल। ख़तरनाक। ख़तरनाक। आ दबोचा उसने शहर को। जहरीला कर डाला उसने हर ताल को, नहर को। डस लिया उसने रात को, सहर को।

[मौत यू. का., के पीछे से निकलकर भोपाल के चारों तरफ़ नाचती है, और फिर उसे दबोच लेती है। पाँच पात्र भाग-दौड़ करते हैं। चीख़ते हैं। चिल्लाते हैं—'भागो... भागो...यूनियन कार्बाइड की टंकी फट गई आदि' गिरते हैं। खाँसते हैं। आँखें मलते हैं। भोपाल घायल सा बीच में पड़ा रहता है। मौत वापस जाती है। पाँच पात्र भोपाल के आस-पास घेरा बनाकर अख़बार पढ़ते हैं। सबके हाथों में अख़बार।]

एक : भोपाल में हाहाकार। यूनियन कार्बाइड से जहरीली गैस मिथाइल आइसो साइनाइड रिसी। पाँच सौ से ज़्यादा लोग मृत। दो लाख प्रभावित। चारों तरफ़ भगदड़।

आवाज़ : *(पीछे से)* यह आकाशवाणी है। भोपाल स्थित एक कीटनाशक कारख़ाने से जहरीली गैस रिसने से सड़सठ लोगों की मौत।

दो : चालीस वर्ग किलोमीटर में ज़हर ही ज़हर। भोपाल पर जहरीली गैस का कहर। पहले आँखों में जलन हुई। फिर दम घुटने लगा। सैकड़ों लोग मारे गए।

आवाज़ : अधिकृत जानकारी के अनुसार गैस रिसने से 67 लोगों की मृत्यु हो गई है। काफ़ी बड़ी तादाद में लोग अस्पतालों में भर्ती किए गए हैं। सरकार ने दुर्घटना की जाँच की घोषणा की है।

तीन : भोपाल लाशों से पट गया। पाँच सौ पचास लाशें मिलीं। एक हज़ार के मरने की आशंका। पुलिस तथा प्रशासन निष्क्रिय। मंत्री और वरिष्ठ अधिकारी सरकारी गाड़ियाँ लेकर शहर के बाहरी इलाक़ों और आसपास के नगरों में भाग गए।

चार : स्टेशन पर कार्यरत कई कर्मचारी, कुली तथा भिखारी मारे गए। पशु, पक्षी, गाय, भैंसें, बैल और बकरियाँ भी भारी तादाद में मरीं। जयप्रकाश नगर, छोला कैंची और स्टेशन

इलाक़े में सबसे ज़्यादा मौतें। प्रशासन ठप्प। पुलिस ग़ायब। बड़े अधिकारी, मंत्री और मुख्यमंत्री भी शहर छोड़कर भाग गए।

पाँच : मौत का सिलसिला जारी। श्मशान और क़ब्रिस्तान छोटे पड़। लकड़ी मिली न कफ़न। पेट्रोल-केरोसिन से लाशें जलाई गईं। एक-एक क़ब्र में तीन-तीन लाशें दफनाई गईं। मरने वालों की संख्या 1600 से भी ऊपर पहुँची।

पाँच पात्र : *(एक साथ फुसफुसाते हुए)* मौत मौत मौत मौत मौत। ठप्प, ठप्प ठप्प। ग़ायब ग़ायब ग़ायब। मौत मौत मौत मौत।

[नेताजी आते हैं हड़बड़ाते हुए। पाँचों पात्र पत्रकारों की तरह उन्हें घेरते हैं। पत्रकार वार्ता का दृश्य। नेता के साथ पत्रकार बातचीत करते हैं। अफ़सर नेता के पीछे से ब्रीफ करता जाता है। पत्रकारों को बाद में अलग ले जाकर भी बतियाता है।]

एक : मुख्यमंत्री जी सरकार अभी भी मरने वालों का जो आँकड़ा बता रही है वह अन्य संचार एजेन्सियों द्वारा दी गई और हमारे द्वारा इकट्ठी की गई जानकारी से बहुत कम है, क्या इस समय भी सरकार सही जानकारी नहीं दे सकती?

नेता : हमारी जानकारी के अनुसार मरने वालों की संख्या सड़सठ है...

दो : पर अख़बारों द्वारा कहा गया है कि 1600 से ज़्यादा लोग मरे हैं...

नेता : अधिकृत जानकारी के अनुसार 67 लोग मरे हैं पर मैं अन्य जानकारी का भी खंडन नहीं कर रहा हूँ।

तीन : आपका मतलब है कि एजेन्सीज़ की जानकारी ग़लत है या एक्जाग्रेटेड है?

नेता : नहीं, मैं इस पर कोई टिप्पणी नहीं करूँगा। इसका खंडन भी नहीं करूँगा।

अफ़सर : सही जानकारियाँ इकट्ठी की जा रही हैं।

चार : हमें जानकारी मिली है कि दुर्घटना की रात अधिकांश मंत्री और अफ़सर सरकारी गाड़ियाँ लेकर बाहर भाग गए थे।

नेता : मैं शहर में ही था।

पाँच : पर अन्य आई. ए. एस. अधिकारी और मंत्रीगण...

अफ़सर : देखिए, अभी मुख्यमंत्री जी बहुत व्यस्त हैं, उन्हें अभी ही बाहर जाना है। कोई बहुत ज़रूरी सवाल ही आप लोग करें तो बेहतर है।

एक : कारख़ाने से कभी भी बड़ी दुर्घटना हो सकती है इस ओर पहले भी ध्यान दिलाया गया था पर सरकार ने कोई क़दम क्यों नहीं उठाया? गैस रिसना भी तक़रीबन ग्यारह बजे रात ही शुरू हो गई थी पर कारख़ाने द्वारा कोई अलार्म नहीं बजाया गया और न ही प्रशासन ने...

नेता : हमने जाँच के आदेश दे दिए हैं। सी. बी. आई. द्वारा जाँच की जाएगी। जाँच कमीशन की भी घोषणा की जा रही है सारी रिपोर्ट आने के बाद ही कुछ कहा जा सकेगा। बहरहाल हमारी अधिकृत जानकारी...

[नेता और अफ़सर निकल जाते हैं। शोर होने लगता है। पत्रकार बुड़बुड़ाते बातचीत करते बाहर निकल जाते हैं।]

[पुनः सब अख़बार हाथ में लेकर आते हैं।]

पागल : *(उछलते हुए आता है)* सब मर गए...मर गए...क़िस्सा ख़तम पैसा हजम...चट मँगनी पट मौत...बच्चे पटाक बुड्ढे खटाक...औरतें चटाक...फटाक खटाक चटाक। चटाक खटाक फटाक।

आवाज़ : यह आकाशवाणी है। शासकीय प्रवक्ता के अनुसार गैस रिसने से मरने वालों की संख्या दो सौ ग्यारह हो गई है। मुख्यमंत्री ने कहा है कि दुर्घटना की जाँच सी. बी. आई. द्वारा की जाएगी। प्रधानमंत्री सहित अन्य कई नेताओं ने अपने शोक सन्देश भेजे हैं। मुख्यमंत्री ने आज चुनाव अभियान पर जाने से पूर्व लोगों से अनुरोध किया है कि वे अफ़वाहें न फैलाएँ। अब कोई ख़तरा नहीं है।

एक : अस्पताल मरीजों से भर गए हैं। मैदानों में भी मरीज पड़े हैं। डाक्टरों को अभी तक इस ज़हर के इलाज का पता नहीं है। यूनियन कार्बाइड ने इस सम्बन्ध में कोई भी जानकारी देने से इनकार कर दिया है। डाक्टरों में थायोसल्फेट के इंजेक्शन पर विवाद। यूनियन कार्बाइड के सलाहकार डाक्टर का कहना है कि यह इंजेक्शन देना फ़िज़ूल है। जबकि बड़े अस्पताल के

डाक्टर का कहना है कि थायोसल्फेट के इंजेक्शन समय रहते दे दिए जाते तो कई जानें बचाई जा सकती थीं।

दो : कई मुर्दे जी उठे। ऐसे कई लोग जिन्हें मृत मानकर मुर्दों के साथ रख दिया गया था कि साँस वापस लौट आई है। मरने वालों की संख्या 2000 से ज़्यादा हुई। हज़ारों सामाजिक कार्यकर्ता, समाजसेवी संगठन, छात्रों तथा युवा डाक्टरों द्वारा प्रभावित लोगों की अनथक सेवा। मोहल्ले-मोहल्ले से रोटियाँ, फल, चाय—आदि सामान लाया जा रहा है। मवेशी उठाए जा रहे हैं। तारों का, चिट्ठियों का अम्बार लग गया है। प्रशासन ठप्प है।

आवाज़ : मुख्यमंत्री ने अनुरोध किया है कि लोग घरों को लौट जाएँ। अब ख़तरा नहीं है। अफ़वाहों से सावधान रहें।

पागल : कोई ख़तरा नहीं...ख़तरा ख़तम...माँ ख़तम...बाप ख़तम... बच्चे ख़तम...बीवी ख़तम...सब खतम...*(मुँह से सायरन की आवाज़ निकालता है। दौड़ता है।)* भागो...भागो...अमरीका आ रहा है...भागो...

तीन : मरने वालों की संख्या ढाई हज़ार से ज़्यादा। अमरीकी अधिकारियों के कारख़ाने में प्रवेश पर बन्दिश। मुख्यमंत्री ने कहा, अब कारख़ाना इस स्थान पर शुरू नहीं होगा। अफ़वाहों का बाज़ार गर्म। रेल की सीटी सुनकर पूरे स्टेशन इलाक़े में भगदड़। सरकार द्वारा राहत की घोषणा। मृतकों के परिवार वालों को दस हज़ार। प्रभावितों को दो हज़ार। एक हज़ार। और पाँच सौ की तत्काल राहत का आश्वासन।

पागल : लाश लाओ, पैसा ले जाओ। एक लाश दस हज़ार...दस हज़ार एक। दस हज़ार दो। दस हज़ार तीन। चक्कर लगाओ, चक्कर लगाओ, पैसा—दो...पैसा ले जाओ।

[पाँचों पात्र अख़बार नीचे डालकर। फुसफुसाते हैं। पहले धीमी आवाज़ में फिर तेज़ आवाज़ में।]

हा हा हा
तुमने मार डाले लोग
तुमने मार डाले लोग
हा हा हा
तुमने मार डाले लोग।

पागल : मार डाले लोग। मार डाले लोग। जियो रीगन जी जियो... मुख्यमंत्री जी जियो...प्रधानमंत्री जी जियो...कीड़े मारो...कीड़े-मकोड़े मारो...*(माचिस जलाने का अभिनय करता है। तीलियाँ यू. का. की तरफ़ फेंकता है।)* नहीं जलता साला...जल साले... जल मादर...जल...खाक कर दूँगा...खाक...जल...*(रोता है)* नहीं जलता...पेट्रोल लाओ...लाओ...पेट्रोल...

पाँच पात्र : जिम्मेदारी किसकी है यह
कौन है इसका जिम्मेदार
ये अमरीकी। ये सरकार
साँठ-गाँठ का यह व्यापार
कौन है इसका जिम्मेदार
कौन है इसका जिम्मेदार?

अफ़सर : हटिए-हटिए...कारख़ाने के अमरीकी मालिक एंडरसन जी आ रहे हैं। हटिए...हटिए एक तरफ़ हो जाइए...

[एंडरसन आता है। गर्दन घुमा-घुमाकर चारों ओर देखता है। कारख़ाने से हाथ मिलाने को बढ़ाता है। यू. का. मुस्कुराता है। दुम हिलाता है। हाथ फैलाकर स्वागत करता है। नेता तथा दो पुलिस वाले लपक कर आते हैं।]

नेता तथा पुलिस : *(एक स्वर में)* सर, आप कारख़ाने में नहीं जा सकते। सर, आप गिरफ़्तार कर लिए गए हैं सर। सर ऐसा ही हुक्म है सर। सर, आपको कोई तकलीफ़ नहीं होगी। सर, उधर मत जाइए सर।

एंडरसन : टीक है...टीक है...ये हाथ दूर रखिए, आप जानटा है मेरी किटना फेक्ट्री हय। किटना पैसा लगा हय इस मुल्क में।

पुलिस : जी सर, पर सर सर आप गिरफ़्तार हैं।

नेता : *(पुलिस से)* ए साहब को उधर रेस्ट हाउस में ले जाओ, देखो कोई तकलीफ़ न हो। साहब थक गए होंगे...वहीं रहेंगे, वहीं गिरफ़्तार रहेंगे। *(एंडरसन से)* सर आपका इन्तज़ाम हमने कारख़ाने के ही रेस्ट हाउस में किया है...आपको कोई तकलीफ़ नहीं होगी सर।

[सब यू. का. के पीछे जाते हैं। नेता बार-बार फ़ोन पर बतियाने का अभिनय करता है।]

नेता : हाँ दिल्ली, जरा बात कराइए...हाँ हाँ। सर मैं बोल रहा हूँ। हाँ भोपाल से। नहीं। सर...हाँ...हाँ, सर हाँ सर सब हो जाएगा... मैं अभी उन्हें वहीं भिजवा देता हूँ। आप ही सब तय कर लें सर हाँ हाँ।

एक : *(अख़बार लेकर)* यूनियन कार्बाइड के अमरीकी मालिक श्री एंडरसन गिरफ़्तार और 25000 के व्यक्तिगत मुचलके पर रिहा।

दो : एंडरसन राज्य शासन के हवाई जहाज से दिल्ली भेजे गए। वहाँ से एंडरसन अमेरिका जाएँगे।

पागल : एंडरसन आए एंडरसन गए...हमारा क्या ले गए...तुम्हें क्या दे गए। चुनाव होगा अब शानदार...पइसा ही पइसा...अमरीकी पइसा...एंडरसन गए...एंडरसन की लू लू लू लू...*(चारों ओर दौड़ता है।)*

[नेता, यू. का. और अफ़सर एक-दूसरे के हाथों में हाथ डालकर। एक पंक्ति में खड़े होकर दोहराते हैं "विश्वास का अभियान। विश्वास का अभियान। विश्वास का अभियान" "आपरेशन फेथ। आपरेशन फेथ" इसी के साथ-साथ पागल भी बोलता है "अविश्वास का अभियान" "आपरेशन फेक।" इसके साथ ही पाँच पात्र पुनः एक-दूसरे पर गिरते-पड़ते भागने का दृश्य बनाते हैं। सब भागते हैं।]

आवाज़ : सरकार ने बताया है कि सभी गैस पीड़ितों को मुफ़्त राशन का वितरण किया जाएगा। राशन कार्ड बनाए जाएँगे। सरकार ने बताया है कि विश्वास का अभियान के तहत कारख़ाने में बची हुई गैस का पूरी सावधानी से उपयोग कर लिया जाएगा। सरकार ने कहा है कि इस काम में कोई ख़तरा नहीं है।

एक : *(अख़बार लेकर)* सरकार ने सभी स्कूलों, कॉलेजों और कार्यालयों की छुट्टी कर दी है। स्कूलों में शिविर लगाए गए हैं। सरकार ने कहा है कि जो लोग कारख़ाने के आसपास के इलाक़ों से बाहर जाना चाहते हैं वे इन शिविरों में जा सकते हैं।

दो : सरकार ने कहा है कि किसी को बाहर जाने की ज़रूरत नहीं है। कोई ख़तरा नहीं है। जो लोग बाहर जाना चाहते हैं उनके लिए सरकार ने मुफ़्त बसों का प्रबन्ध किया है।

तीन : मुख्यमंत्री ने कहा है कि मैं पूरे अभियान के दौरान कारख़ाने में उपस्थित रहूँगा। आप मेरे लिए ईश्वर से प्रार्थना करें। मुख्यमंत्री ने कहा है कि कोई ख़तरा नहीं है। बाहर जाने को इच्छुक लोगों के लिए सरकार ने विशेष रेलगाड़ियों का भी इंतजाम किया है।

पाँचों पात्र : *(बहुत तेज़ी से दुहराते हैं)* बाहर मत जाइए। बाहर जाने के लिए पूरी व्यवस्था है। बाहर मत जाइए। बाहर जा सकते हैं। बाहर मत जाइए। बाहर जाने की पूरी व्यवस्था है। बाहर मत जाइए, बाहर जाना चाहते हैं तो पूरी व्यवस्था है।

पागल : भागो...भागो...देखो सब भाग रहे हैं...सारा शहर भाग गया... भागो, मत भागो, मत भागो,भागो भागो...

चार : सारा शहर तेज़ी से ख़ाली हो रहा है। राहत कार्ड के लिए लोग दर-दर भटक रहे हैं। राहत का पैसा अभी पाँच सौ को भी नहीं बँटा। तीन लाख से ज़्यादा लोग शहर छोड़कर भाग गए।

पाँच : शहर में तालों की कमी। लोग खुले मकान छोड़कर भाग गए। कारख़ाने के आसपास के इलाक़े में एक दिन में साठ चोरियाँ। गैस पीड़ित संघर्ष की राह पर। मुख्यमंत्री निवास पर धरना। चक्का जाम। बाज़ार बन्द। कई गिरफ़्तार।

पाँच पात्र : कौन है इसका जिम्मेदार
कौन है इसका जिम्मेदार
मारे गए जो ढाई हज़ार
कौन है इसका जिम्मेदार
एक लाख जो हैं बीमार
कौन है इसका जिम्मेदार?
न राहत है, ना है काम
लें तो बोलो किसका नाम?
नहीं दवा है नहीं इलाज
माँगें किससे आज जवाब
चुप है मंत्री, चुप है संत्री
चुप है अफ़सर चुप सरकार
कौन है इसका जिम्मेदार?

[पाँचों पात्र रंगीन टोपियाँ लगाते हैं। नेता और अफ़सर भी शामिल होते हैं। सब एक-दूसरे को गाली बकते हैं। एक-दूसरे पर आरोप लगाते हैं। सारी बात एक निरर्थक और ऊलजलूल शोर बन जाती है।]

सब : *(एक-दूसरे से)* तू तू तू। तुम्हारी सरकार। तुम्हारी सरकार। नहीं केन्द्र सरकार। नहीं प्रदेश सरकार। तुमने लाइसेंस दिया। तुमने दिया। दिया दिया। नहीं। नहीं। नहीं दिया। दिया। तुम चोर। तुम चोर। तुम तुम। तुम्हारा बाप चोर। तुम दलाल। तुम दलाल। तुम तुम। हो हो हो। भों भों भों भों।

[सब एक-दूसरे पर कुत्ते की तरह भौंकते हैं। यू. का. सबकी पीठ सहलाता है। रोटी खिलाता है। पैसे की थैलियाँ देता है। प्यार करता है।]

भोपाल : *(उठकर खड़ा होता है)* ये तो सब लड़ते ही रहेंगे। इनका काम ही यह है। ये सब आपस में दोस्त हैं। ये सब आपस में दुश्मन हैं। ये कुत्तों की लड़ाई है। एक ही सेठ के अलग-अलग कुत्तों की। पर मेरे लोगो, मेरे अपने लोगो, तुम कब तक इन्हीं का मुँह तकते रहोगे। कब उठाओगे तुम सवाल। कब तक होते रहेंगे तुम्हारे हक़ यूँ ही हलाल। उठो और उठाओ सवाल। क्या यही है हमारी तरक़्क़ी। यही है तकनीकी विकास। क्या यही है हमारा इक्कीसवीं सदी का ख्वाब। क्या इसी तरह भरोसा करते रहेंगे हम साम्राज्यवादी लुटेरों पर, बदमाशों पर। क्या इक्कीसवीं सदी का रास्ता बनेगा इसी तरह मेहनतकशों की लाशों पर। क्यों, क्यों घिरी हुई है सारे मुल्क पर एक काली रात। क्यों, क्यों कर रहे हैं हम दूसरे दर्जे की टेक्नोलाजी का आयात। पूछो, पूछो यह सवाल। क्या रिश्ता है हमारा साम्राज्यवाद से। हाथ, इजारेदारों का मिल रहा है किस हाथ से। सुलग रही हैं सारी सीमाएँ, सुलग रहा है देश। एक रास्ता है सिर्फ़ एक।

[सब मिलकर गाते हैं।]

नफस नफस, क़दम क़दम
बस एक फ़िक्र दम ब दम

घिरे हैं हम सवाल से हमें जवाब चाहिए
जवाब दर सवाल है कि इंक़लाब चाहिए

इंक़लाब ज़िन्दाबाद!
ज़िन्दाबाद इंक़लाब!

जहाँ अवाम के ख़िलाफ़ साजिशें हों शान से
जहाँ पे बेगुनाह हाथ धो रहे हों जान से
जहाँ पे लफ़्ज़े अम्न एक ख़ौफ़नाक राज हो
जहाँ कबूतरों का सरपरस्त एक बाज हो

वहाँ न चुप रहेंगे हम
कहेंगे, हाँ कहेंगे हम

हमारा हक़ हमारा हक़ हमें जनाब चाहिए
घिरे हैं हम सवाल से हमें जवाब चाहिए
जवाब दर सवाल है कि इंक़लाब चाहिए

इंक़लाब ज़िन्दाबाद!
ज़िन्दाबाद इंक़लाब!

तसल्लियों के इतने साल बाद अपने हाल पर
निगाह डाल, सोच और सोच कर सवाल कर
किधर गए वो वायदे सुखों के ख़्वाब क्या हुए
तुझे था जिनका इन्तज़ार वो जवाब क्या हुए

तू इनकी झूठी बात पर
न और ऐतबार कर

कि तुझको साँस साँस का सही हिसाब चाहिए
घिरे हैं हम सवाल से हमें जवाब चाहिए
जवाब दर सवाल हैं कि इंक़लाब चाहिए

इंक़लाब ज़िन्दाबाद!
ज़िन्दाबाद इंक़लाब!

इस नाटक में श्री रघुवीर सहाय की एक पंक्ति 'तुमने मार डाले लोग' तथा शलभ श्री राम सिंह के गीत के दो छन्द नाटक के अन्त में लिये हैं। मैं उनका आभारी हूँ। —लेखक।

ब्रह्मराक्षस का नाई

[आर.के. रामानुजन द्वारा संकलित भारत की लोककथाएँ में संकलित बांग्ला लोककथा पर आधारित]

(बच्चों के लिए नाटक)

पात्र

नाई	:	एक आलसी व्यक्ति
बूढ़ी	:	माँ
राक्षस		
दूसरा राक्षस		
गायक दल		

दृश्य : एक

[एक सोलह-सत्रह साल का लड़का एक पुराने से आईने के सामने खड़े होकर लगातार एक टूटे से कंघे से अपने बाल सँवार रहा है। अलग-अलग एंगल से अपने को निहार रहा है। आईने के सामने तरह-तरह के मुँह बना रहा है। तभी एक मुख्य गायक और बच्चों की एक टोली का प्रवेश।]

मुख्य गायक : *हज्जाम एक था कभी अपने गाम में*
लगता नहीं था मन जिसका किसी भी काम में।
मन लगता नहीं था जिसका किसी भी काम में
गिनती करेगा कोई क्या उसकी कौड़ी छदाम में।
हज्जाम एक था कभी अपने गाम में।

बच्चों की टोली : *काम का न काज का*
दुश्मन अनाज का
उस पर उधार था
पैसा बजाज का
हजामत का हुनर न
न हुनर मसाज का
काम का न काज का
दुश्मन अनाज का।

मुख्य गायक : बूढ़ी माँ थी एक जो दिन-रात कलपती रहती थी
डाँटती-फटकारती फिर भी इस निकम्मे के वास्ते
दिन भर खटती रहती थी।

जूँ तक न रेंगती थी कभी उसके कान पे
आफत न आने देता था कभी अपनी जान पे

हज्जाम ऐसा एक था कभी अपने गाम में
लगता नहीं था मन जिसका किसी भी काम में

[बच्चे इस गाने के बीच नाई के पास जा-जाकर गाते हैं।]

[नाई अपना आईना और कंघा लेकर जगह बदलता रहता है। और उपेक्षा से उन लोगों के गाने को अनसुना करने का स्वाँग करता है।]

[मुख्य गायक और बच्चों की टोली का प्रस्थान। एक बूढ़ी का हाथ में झाड़ू लेकर प्रवेश।]

बूढ़ी : निकम्मे, निखट्टू निकल यहाँ से...आज से तुझे न रोटी मिलेगी न पानी। निकल घर से। काम करता है न काज...चार धेले का सहारा नहीं...मैं कब तक खट-खटकर तुझे रोटी खिलाती रहूँगी? जा और बाहर जाकर काम कर...*(झाड़ू से मारती है)* आज के बाद जब तक काम न करे मुँह मत दिखाना...।

[झाड़ू से मारती है।]

नाई : देख...बहुत हो गया...अब रुक जा वरना...।

बूढ़ी : वरना, वरना क्या करेगा?

[एक झाड़ू और मारती है।]

नाई : अब मारेगी तो सचमुच चला जाऊँगा...।

बूढ़ी : जा न...निकल यहाँ से...।

नाई : मैं सचमुच चला जाऊँगा...फिर वापस नहीं आऊँगा...।

[नाई का प्रस्थान।]

बूढ़ी : मत आना...समझ लूँगी कि मैं निपूती ही थी...ऐसे निखट्टू के होने से तो बेऔलाद होना ही अच्छा...।

[बूढ़ी का बड़बड़ाते हुए प्रस्थान। नाई का प्रवेश।]

नाई : *(बड़बड़ाता है)* इतना अपमान...अब इस घर में नहीं रहूँगा...जब तक धन नहीं कमाऊँगा इस घर में लौटकर नहीं आऊँगा...रोटी खाऊँगा न पानो पिऊँगा...इस घर की देहरी भी नहीं छुऊँगा। *(जोर से चिल्लाकर)* जा रहा हूँ...अब लौटकर नहीं आऊँगा...।

[प्रस्थान।]

दृश्य : दो

[जंगल का दृश्य। चाँदनी रात का समय। रंग-बिरंगे वृक्षों के कटआउट लेकर बच्चे आते हैं। कुछ बच्चे हिरनों के मुखौटे लगाए जंगल के बीच कुलाँचे भरते हैं। कुछ पक्षियों के मुखौटे लगाए उड़ने का अभिनय करते हैं। नाई इस दृश्य को थोड़ा घबराकर और बीच-बीच में मुग्ध भाव से देखता है। तभी एक ब्रह्मराक्षस का प्रवेश। नाई डरता है। पर डर को छिपाने की कोशिश करता है। ब्रह्मराक्षस नाई को देखकर ख़ुश होता है और जोर-जोर से नाचने लगता है। नाई अपने डर को छिपाने के लिए राक्षस की ही तरह ख़ुद भी नाचता है। दोनों एक-दूसरे को आश्चर्य से देखते हैं।]

नाई : तुम कौन हो?

राक्षस : मैं ब्रह्मराक्षस हूँ...ब्रह्मराक्षस।

नाई : *(डरता है, पर डर को छिपाकर।)* ब्रह्मराक्षस! कमाल है! तो ब्रह्मराक्षस ऐसे होते हैं?

राक्षस : ऐसे होते हैं से क्या मतलब है तुम्हारा?

नाई : मतलब ऐसे, जैसे तुम हो।

राक्षस : *(डाँटकर)* मैं कैसा हूँ?

नाई : ठीक हो...पर तुम पूरे कपड़े क्यों नहीं पहनते? तुम्हारे पास हैं नहीं या तुम ऐसे ही रहते हो?

राक्षस : *(ग़ुस्से में)* मैं ऐसे ही रहता हूँ।

नाई : ओह, तो तुम्हारे यहाँ यही फ़ैशन है...चलो छोड़ो...तुम तो यह बताओ कि तुम ब्रह्मराक्षस कैसे बन गए?

राक्षस : वो हुआ यूँ कि पहले मैं एक ब्राह्मण था...। बहुत ज्ञानी था। मेरे पिता ने मुझे दूर-दूर तक अध्ययन करने भेजा। मैंने हर केन्द्र में जाकर मन लगाकर अध्ययन किया। और ज्ञानी हो गया। लेकिन लोग कहते हैं मैंने विद्या का असली मर्म नहीं सीखा।

[नाई बीच-बीच में 'अच्छा' कहकर हुँकारा भरता है।]

नाई : असली मर्म! वह क्या होता है?

राक्षस : विद्या का असली मर्म है विनय...वह मैंने नहीं सीखा।

नाई : हूँ, वह तो तुममें अभी भी नहीं है...।

राक्षस : *(गुस्से में)* चुप रहो, तुम बहुत बीच-बीच में बोलते हो। अब बोलोगे तो मैं कुछ नहीं बताऊँगा...समझे...।

नाई : ठीक है...ठीक है...बोलो...तुम बहुत जल्दी भड़क जाते हो।

राक्षस : तो ज्ञान का दम्भ मुझमें आ गया और मैं बाक़ी सबको मूर्ख समझने लगा। किसी को भी ज्ञान का पात्र नहीं मानता था। मैं एक योग्य शिष्य ढूँढ़ता रहा। पर मेरी अक़्ल पर तो दम्भ का पर्दा पड़ा था, मुझे भला योग्य शिष्य कैसे मिलता...? मैंने अपना ज्ञान किसी को नहीं दिया और एक दिन मैं वैसे ही मर गया...इसलिए मैं पिशाच बना...*(हँसता है)* पर अब मैं एक राक्षस हूँ...ब्रह्मराक्षस।

नाई : पर तुम इतने ख़ुश क्यों हो रहे हो और नाच क्यों रहे हो?

राक्षस : तुम तो लगता है निरे काठ के उल्लू हो...तुम इतना भी नहीं समझ सकते...एक राक्षस के लिए इस चाँदनी रात में इससे ज़्यादा ख़ुशी की बात क्या हो सकती है कि उसे नरम-नरम मांस खाने को मिले...अब मैं तुम्हारा मांस खाऊँगा...मैं सोच भी नहीं सकता था कि इस जंगल में...इतनी रात गए किसी मनुष्य का मांस खाने को मिलेगा, मैंने कई दिन से किसी मनुष्य का मांस नहीं खाया...*(हँसता है और फिर झूमकर नाचता है।)*

नाई : *(हँसी उड़ाते हुए)* तुम सचमुच बुद्धू हो...तुम्हारा ज्ञान न पिछले जन्म में तुम्हारे काम आया और न इस जन्म में...तुममें तो रत्ती भर भी कॉमनसेन्स नहीं है...।

राक्षस : यह कॉमनसेन्स क्या होता है?

नाई : *(स्वगत)* अब इसे छकाना चाहिए। *(प्रकट)* कॉमनसेन्स! अरे कॉमनसेन्स कॉमनसेन्स होता है।

राक्षस : लेकिन होता क्या है?

नाई : *(मुस्कुराता है)* ओह! तुम्हें ज्ञान के इस सबसे सुन्दर फल के बारे में ही नहीं पता है तो तुम्हें फिर पता क्या है!...यह ज्ञान का सबसे ख़ास फल है। तुम्हारे गुरुओं ने तुम्हें इस फल के बारे में ही नहीं बताया...कमाल है! लगता है तुम किसी के प्यारे शिष्य नहीं रहे। वरना ऐसा कैसे हो सकता है कि ज्ञान के इस फल के बारे में तुम्हें मालूम तक न होता। होता है, ऐसा

भी होता है, हर गुरु एक न एक गुर अपने चेले से ज़रूर छिपा लेता है। बिल्ली ने जैसे शेर को पेड़ पर चढ़ना नहीं सिखाया... तुम्हारे गुरु ने तुमसे इस मुख्य ज्ञान को छिपा लिया। ख़ैर...अब क्या हो सकता है...!

राक्षस : लेकिन तुम इतने ख़ुश क्यों हो रहे हो?

नाई : अब यही तो बात है, तुममें कॉमनसेन्स होता तो तुम जान लेते।

राक्षस : फिर कॉमनसेन्स!

नाई : मेरा मतलब है तुम्हें ख़ुश होने से पहले सोचना चाहिए था कि एक मनुष्य इतनी रात गए इस घने जंगल में...अकेला और निहत्था क्यों घूम रहा है...इसके बाद तुम्हें यह सोचना चाहिए था कि एक मनुष्य राक्षस को सामने देखकर भी डर क्यों नहीं रहा है? पर तुम सचमुच अकल से पैदल हो। तुमने एक मनुष्य देखा और सोच लिया कि तुम्हारे खाने का इन्तज़ाम हो गया। ब्राह्मण हो न इसलिए खाने के अलावा कुछ सोच भी नहीं सकते। पेटू आदमी ज्ञानी हो या ज्ञानी आदमी पेटू दोनों ही बेकार...।

[बीच-बीच में राक्षस हुँकारा भरता है और मुंडी हिलाता है।]

राक्षस : पहेलियाँ मत बुझाओ...देखो, अब मुझे ग़ुस्सा आ रहा है। सीधे-सीधे बताओ वरना...।

नाई : वरना क्या? वरना तुम मुझे खा जाओगे...?

राक्षस : हाँ...।

नाई : चलो बता ही देता हूँ तुम भी क्या याद रखोगे कि एक मनुष्य से पाला पड़ा था, तो तुम यह जानना चाहते हो कि मैं क्यों ख़ुश हो रहा था?

राक्षस : *(ग़ुस्से में चीख़कर)* हाँ, मैं जानना चाहता हूँ।

नाई : तो सुनो, मैं भी नहीं चाहता कि आगे भी तुम प्रेतयोनि में ही भटकते रहो। सच बात यह है कि हमारे देश का राजकुमार सख़्त बीमार है। तरह-तरह के इलाज किए पर कोई फ़ायदा नहीं। दूर-दूर से हकीम आए, वैद्य आए। लेकिन महीनों गुज़र गए, रोग किसी की पकड़ में ही नहीं आता था...।

राक्षस : *(ग़ुस्से में)* ओह! बकवास बन्द करो, इसमें और तुम्हारे नाचने में क्या सम्बन्ध है?

नाई : तुम भी यार कितने बेसब्र क़िस्म के राक्षस हो, पूरी बात सुनते नहीं और चीख़ने लगते हो। दूर-दूर से आए चिकित्सकों ने राजकुमार को देखा और एक ही नतीजे पर पहुँचे...।

राक्षस : किस नतीजे पर?

नाई : इस नतीजे पर कि अगर राजकुमार को एक सौ एक ब्रह्मराक्षसों के हृदय का रक्त पिलाया जाए तो वह ठीक हो सकता है...।

[नाई क़िस्से सुना रहा है। राक्षस सुन रहा है और सोच भी रहा है। तभी मुख्य गायक और बच्चों की टोली का प्रवेश होता है।]

मुख्य गायक और टोली : *क़िस्से गढ़ने में हज्जाम बहुत उस्ताद था*
बचपन में सुना हर क़िस्सा उसे ज़बानी याद था
अक़्ल घूमती थी उसकी फिरकनी की तरह
और ज़बान चलती थी कतरनी की तरह
और राक्षस उसकी बातों में क़ैद हुआ जाता था
मन-ही-मन मगर उसको ग़ुस्सा भी बहुत आता था।

रात तारों के बिछौने पे अभी सोती थी
बात हज्जाम की मगर ख़त्म नहीं होती थी।

टोली : फिर...फिर क्या हुआ?

राक्षस : *(ग़ुस्से में)* तो?

नाई : राजा ने सारे राज्य में मुनादी पिटवाई है कि...।

मुख्य गायक : हर खासो आम को। सुबह को और शाम को। यह इत्तिला दी जाती है कि जो भी शख़्स एक सौ एक ब्रह्मराक्षसों के हृदय का रक्त लाकर राजकुमार की दवा के लिए देगा उसे राजा आधा राज्य दे देगा और अपनी सुन्दर राजकुमारी से उसका विवाह कर देगा...।

नाई : *(राक्षस से)* यक़ीन करो, मैंने सौ ब्रह्मराक्षसों को पकड़ लिया है बस एक की कमी है...तुम्हें मिलाकर एक सौ एक की गिनती पूरी हो जाएगी...।

राक्षस : *(जोर-जोर से हँसता है)* तुम्हें क्या लगता है कि तुम मुझे पकड़ लोगे?

नाई : *(स्वगत)* अरे, मेरा वह छोटा-सा आईना कहाँ है?

[बार-बार अपनी अलग-अलग जेबों में हाथ डालकर तलाश करता है। फिर एक जेब से एक छोटा-सा आईना निकालकर उसे अपनी मुट्ठी में ले लेता है।]

(प्रकट) हाँ...पकड़ लूँगा नहीं, मैंने तो तुम्हें पहले ही पकड़ लिया है। तुम्हारी आत्मा को मैंने क़ैद कर लिया है। अब तुम्हारी आत्मा मेरी मुट्ठी में है। विश्वास नहीं हो रहा है तो बताऊँ...?

राक्षस : *(डरकर)* बताओ?

[नाई मुट्ठी में बन्द आईने में राक्षस को दिखाता है। राक्षस उसमें अपना प्रतिबिम्ब देखकर घबरा जाता है।]

राक्षस : *(घबराकर)* यह तो मैं हूँ। यह तुमने कैसे किया? तुम बहुत धूर्त हो...मुझे बातों में लगाकर तुमने मेरी आत्मा को चुरा लिया है। यह ग़लत बात है, मेरी आत्मा मुझे वापस करो।

नाई : अच्छा! जिससे तुम मुझे खा जाओ। अब तुम कुछ नहीं कर सकते। अब मैं तुम्हें ले जाकर राजा को सौंप दूँगा और इनाम पाऊँगा।

राक्षस : *(डरता है। गिड़गिड़ाता है।)* देखो, मुझे माफ़ कर दो। मैं क़सम खाता हूँ, मैं तुम्हें कोई नुक़सान नहीं पहुँचाऊँगा...मैं तो यूँ ही तुम्हें डरा रहा था...मेरा तो पेट पहले से ही भरा हुआ है। मैं तो पहले ही तय कर चुका हूँ कि मैं कभी मनुष्य का मांस नहीं खाऊँगा...

नाई : यह नहीं हो सकता...तुम्हें छोड़ दूँगा तो मेरा तो बहुत नुक़सान हो जाएगा। मैं एक ग़रीब आदमी हूँ...इतना अच्छा मौक़ा, भला मैं कैसे छोड़ दूँ, तुम्हीं सोचो?

राक्षस : तुम्हारा कोई नुक़सान नहीं होगा। राजा तुम्हें क्या देगा, सिर्फ़ आधा राज्य न?...मैं तुम्हें सात रियासतों के बराबर धन दे सकता हूँ। मुझे छोड़ दो...मैं वादा करता हूँ कि मैं इस जंगल को छोड़कर चला जाऊँगा।

नाई : तुम क्या मुझे बुद्धू समझते हो? इस जंगल में धन कहाँ से आएगा और आ भी गया तो इतने सारे धन को मैं अपने घर तक ले कैसे जाऊँगा?

राक्षस : इसकी फ़िक्र मत करो। ख़ज़ाना तो यहीं तुम्हारे पीछे जो पेड़ है उसी के नीचे दबा हुआ है। आओ मैं तुम्हें दिखाता हूँ...।

[पीछे खड़े पेड़ को धक्का देकर हटाता है। उसके नीचे से धन से भरा कलश निकलता है। नाई धन देखकर ख़ुश होता है।]

नाई : इसे मेरे घर कैसे पहुँचाओगे?

राक्षस : मेरी शक्ति में विश्वास करो, मैं पलक झपकते ही इसे तुम्हारे घर पहुँचा दूँगा...।

[बच्चों की टोली का प्रवेश। राक्षस धन का घड़ा उठाता है और बच्चों की टोली उड़नेवाले विमान की आकृति बनाती है। राक्षस और नाई उसमें सवार होते हैं। उड़ने का अभिनय करते हुए मंच पर एक-दो चक्कर लगाकर सबका प्रस्थान।]

दृश्य : तीन

[मुख्य गायक और टोली का प्रवेश।]

मुख्य गायक : *धन सारा राक्षस ने उसके घर पहुँचाया*
हज्जाम ने उससे एक नया घर बनवाया
फिर एक दिन उसने ब्याह रचाया
सुन्दर सी एक बहू वह घर में लाया।
सुविधा का हर सामान जुटाया
राक्षस था लेकिन अब भी घबराया
बोला मुझको अब मुक्ति दे दो
अब नहीं कोई भी कर्ज़ बकाया

टोली : नाई ने सोचा लेकिन इतनी
जल्दी इसको मुक्ति देना ठीक नहीं है
और बकाया कामों को भी निपटा लेना अच्छा होगा
इतनी जल्दी मुक्ति देना ठीक नहीं है।

[राक्षस नाई के आगे हाथ जोड़कर मुक्ति के लिए विनती करता है।]

नाई : देखो, मेरे खेतों में फसल तैयार खड़ी है और मुझे अभी कई काम हैं। तुम उस फसल को काटकर खलिहान में रख दो इसके बाद ही मैं तुम्हें मुक्त करूँगा...।

राक्षस : लेकिन...?

नाई : लेकिन-वेकिन कुछ नहीं...शुक्र मनाओ कि मैं तुम्हें राजा के हवाले नहीं कर रहा हूँ।

[राक्षस सिर झुकाए जाता है। नाई मुस्कुराता है।]

मुख्य गायक : मरता क्या न करता, राक्षस ने सिर झुकाया और खेत पर काम करने चल दिया। इसी बीच एक दिन क्या हुआ...?

टोली : *क्या हुआ भाई क्या हुआ?*
कैसी थी चौपड़ और कौन-सा जुआ
क्या हुआ भाई क्या हुआ?
क्या बिल्ली को ले गया सुआ
क्या हुआ भाई क्या हुआ?
आगे की कहानी में क्या हुआ
नानी बताए, न बताए बुआ?

चूल्हे में आगी, न आग में धुआँ
क्या हुआ भाई क्या हुआ?

दृश्य : चार

[नाई का घर। अचानक घर के अन्दर से बरतन गिरने और एक औरत के चिल्लाने की आवाज़ें आती हैं।]

नाई : अरे क्या हुआ? इतना शोर क्यों मचा रखा है?

[नाई की पत्नी चिल्लाती हुई और हाथ में एक बड़ी-सी कटार लिये आती है।]

नाई : अरी भागवान, यह तुम किस दुश्मन का सिर काटने जा रही हो?

नाई की पत्नी : तुम जो मछली लाए थे, बिल्ली उसका सिर लेकर भाग गई। मैं इस बिल्ली को नहीं छोड़ूँगी...तंग कर डाला इस काली बिल्ली ने...आज मैं उसे ज़रूर मजा चखाऊँगी...आज उसकी गरदन नहीं बचेगी...।

मुख्य गायक : तो नाई की बीवी कटार लेकर बिल्ली की गरदन नापने के लिए अपने घर की खिड़की पर घात लगाए खड़ी हो गई...।

टोली : फिर...?

दृश्य : पाँच

[खेत का दृश्य। ब्रह्मराक्षस काम करने के लिए हँसिया हाथ में लेकर आगे बढ़ता है।]

ब्रह्मराक्षस : *(स्वगत)* यह मालिक तो साला बहुत लालची है। इतना सारा धन दे दिया तब भी तंग कर रहा है। जी में तो आता है इसका सिर चबा जाऊँ पर पता नहीं कैसे साले ने मेरी आत्मा को अपनी मुट्ठी में बन्द कर लिया...किसी तरह इससे मुक्ति पाऊँ तो फिर इस जंगल में कभी नहीं आऊँगा...। अब इतना बड़ा खेत काटना...उफ मेरे बाप-दादों ने भी कभी खेती का काम नहीं किया...लेकिन इसे तो निपटाना ही पड़ेगा...।

[सामने से एक दूसरा ब्रह्मराक्षस आता है।]

दूसरा राक्षस : *(पहले राक्षस से)* यह तुम क्या कर रहे हो? राक्षसों ने यह खेती-बाड़ी करना कब से शुरू कर दिया?

पहला राक्षस : क्या बताऊँ यार...मैं एक बहुत लालची और शातिर मनुष्य के चक्कर में फँस गया हूँ। उसने पता नहीं कैसे मेरी आत्मा को बन्दी बना लिया और अब मुझे उससे मुक्ति पाने के लिए यह सब करना पड़ रहा है...।

दूसरा राक्षस : *(हँसता है)* तुम कैसे ब्रह्मराक्षस हो! उस मनुष्य ने तुम्हें ज़रूर बुद्धू बना दिया है। अरे, मनुष्य भी कहीं राक्षस से ज़्यादा शक्तिशाली हो सकता है। आदमी की औकात ही क्या है जो हमें पराजित कर सके...मुझे जरा उस आदमी का घर

दिखाओ...मैं देखता हूँ कैसे वह हम राक्षसों से काम करा सकता है...?

पहला राक्षस : दिखा तो दूँगा लेकिन दूर से। यह खेत काटे बिना उसके पास जाने की हिम्मत मुझमें नहीं है। उसने वादा किया है कि खेत कटते ही वह मेरी आत्मा को मुक्त कर देगा...तुम्हारे चक्कर में अगर उसने फिर कोई काम बता दिया तो मैं व्यर्थ ही मारा जाऊँगा।

[पहला राक्षस और दूसरा राक्षस एक चक्कर काटते हैं। पहले वाला दूसरे राक्षस को नाई का घर दिखाता है। नाई के घर की खिड़की खुली हुई है। खिड़की के पीछे छिपकर नाई की पत्नी हाथ में कटार लिये खड़ी है। पहले राक्षस का प्रस्थान। दूसरा राक्षस दबे पाँव खिड़की के पास आता है।]

नाई की पत्नी : *(हाथ में कटार लिये स्वगत)* आज मैं इस बिलइया को नहीं छोड़नेवाली...बस एक बार और अन्दर आ जाए तो आज मैं उसका काम तमाम कर डालूँ...।

[दूसरा राक्षस अपना झबरा सिर धीरे-से खिड़की के अन्दर घुसाता है और पत्नी तेज़ी से कटार से वार करती है। सिर तो बच जाता है पर राक्षस की नाक कट जाती है। लहूलुहान ब्रह्मराक्षस 'मार डाला...मार डाला...' चीख़ते हुआ भागता है। प्रस्थान।]

मुख्य गायक : इस तरह अपनी नाक खोकर भागा यह दूसरा ब्रह्मराक्षस पहले वाले ब्रह्मराक्षस के पास भी नहीं लौटा और दुम दबाकर भाग खड़ा हुआ।

टोली : *अगड़म बगड़म बम्बे बो*
अस्सी नब्बे पूरे सौ
सौ में लगा तागा
वो दुम दबाकर भागा
वो दुम दबाकर भागा
वो दुम दबाकर भागा।

[पहलेवाले राक्षस का प्रवेश।]

राक्षस : मालिक मैंने पूरा काम निपटा दिया है। फसल खलिहान में पहुँचा दी है अब तुम भी अपना वादा पूरा करो और मुझे मुक्ति दे दो।

नाई : *(मुस्कुराता है। जेब से आईना निकालता है।)* तुम भी क्या याद रखोगे कि एक वादे के पक्के आदमी से तुम्हारा पाला पड़ा है।

[आईने को उलटा करके उसकी लाल वाली तरफ़ से राक्षस को दिखाता है।]

देखो, अब इसमें तुम्हारी आत्मा नहीं है। मैंने तुम्हें मुक्त किया।

[राक्षस ख़ुश हो जाता है। प्रस्थान।]

टोली : राक्षस को इस तरह बुद्धू
बनाया हज्जाम ने

मुख्य गायक : *आईना उलटकर दिखला दिया*
शैतान ने
फिर एक बात बोली
धीरे-से उसके कान में
अब भाग यहाँ से
किसी और गाम में।
अब नज़र न आना कभी
इस मुकाम में।

[सब गाते हैं।]

हज्जाम एक था कभी अपने गाम में
लगता नहीं था मन जिसका किसी भी काम में।
क़िस्सा यह बयाँ हमने किया
सबके सामने।
हज्जाम एक था कभी अपने गाम में।

परिशिष्ट

जागो फिर एक बार

कहन कबीर

नाटकों के गीत और कविताएँ

जागो फिर एक बार

[स्वामी विवेकानंद के जीवन पर केन्द्रित संगीत रूपक]

पात्र

टोली
सूत्रधार
नरेन्द्र
लड़कियाँ
विश्वनाथ
मुवक्किल
पठान
माँ
बच्चे
रामकृष्ण
सुरेन्द्र
परमहंस
साधु
सेठ
युवक
विवेकानंद
आदमी
तिलक
महिला
वृद्ध पुरुष
मेरी हेल
छात्र
पत्रकार

[यह नाट्य आलेख अस्सी के दशक में, सांग्स एंड ड्रामा डिवीज़न के अनुरोध पर ध्वनि एवं प्रकाश व्यवस्था द्वारा मंचित किए जाने के लिए लिखा गया था।]

दृश्य : एक

[मंच पर मेले का दृश्य। बहुत सारे स्त्री-पुरुष रंग-बिरंगे झंडे लिये आते-जाते हैं। साधु-संन्यासी गुज़रते हैं। 'हर-हर गंगे' के स्वर गूँजते हैं। नेपथ्य से श्लोकों का गायन।]

गंगा त्रिपथगा नाम दिव्या भागीरथीति च।
त्रीन् पथो भावयन्तीति तस्मात् स्मृता॥

[संगीत।]

प्लावयस्व त्वमात्मानं नरोत्तम सदोचिते।
सलिले पुरुषश्रेष्ठ शुचिः पुण्यफलो भव॥

['हर-हर गंगे' का स्वर और संगीत।]

धन्यं यशस्यमायुष्यं पुण्यं स्वगर्यमथापि च।
यः श्रावयति विप्रेषु क्षत्रियेष्वितरेषु च॥
प्रीयन्ते पितरस्तभ्य प्रीयन्ते देवतानि च।
इदममाख्यानमायुष्यं गंगावतरणं शुभम्॥

सूत्रधार : बारह जनवरी अठारह सौ तिरसठ, मकर सप्तमी की सुहानी सुबह थी। इसी दिन कलकत्ता के एक प्रतिष्ठित दत्त परिवार में एक बच्चे का जन्म हुआ...

[शंख आदि वाद्यों के बजने और बच्चे के रोने का स्वर सुनाई देता है। कई स्त्रियाँ 'लड़का हुआ लड़का हुआ' चिल्लाती हैं।]

विले...हाँ, यही था इस बच्चे के घर का नाम। नामकरण संस्कार

के समय इसका नाम रखा गया नरेन्द्रनाथ। यही नरेन्द्रनाथ आगे चलकर विवेकानंद के नाम से जाना गया। यह कथा है नरेन्द्र के विवेकानंद बनने की कथा। व्यक्ति के प्रक्रिया बन जाने की कथा...बचपन से ही नरेन्द्र बहुत नटखट था।

[स्त्री-पुरुषों का प्रस्थान। एक बच्चा दौड़ता हुआ आता है। उसके पीछे-पीछे छोटी उम्र की दो लड़कियाँ उसे पकड़ने को दौड़ती हैं। मंच पर एक बड़े वकील का कमरा उभरता है। लड़का दौड़ते हुए नाली से कीचड़ उठाकर अपने बदन पर लगाने का अभिनय करता है और मुस्कुराता है। लड़कियाँ ठिठक जाती हैं।]

नरेन्द्र : पकड़ो, पकड़ो न मुझे...।

लड़कियाँ : छी:-छी: यह क्या किया तुमने, विले? नाली का कीचड़ बदन पर लगा लिया...।

नरेन्द्र : पकड़ो...अब पकड़ो न मुझे...।

लड़की एक : *(दूसरी से)* इसे मत छूना, अपावन हो जाएगी।

[तीनों बच्चों का प्रस्थान। वकील के कमरे में विश्वनाथ दत्त और उनके चार-पाँच मुवक्किल बैठे हैं।]

विश्वनाथ : ब्रह्म समाज में अब पहले वाली बात नहीं रही। दिनोंदिन विचारों को लेकर मतभेद बढ़ रहे हैं।

मुवक्किल एक : ब्रह्म समाज तो अब टूटा ही समझिए। एक ओर देवेन्द्रनाथ ठाकुर हैं और दूसरी ओर केशवचन्द्र सेन। दोनों में मतभेद इतने गहरा चुके हैं कि कहीं कोई समझौते की गुंजाइश नहीं...।

विश्वनाथ : मैं इस सिरदर्द में नहीं पड़ता, मैं तो वर्तमान में जीता हूँ। भविष्य की चिन्ता नहीं करता। मुझे परलोक की चिन्ता नहीं। मैं तो ब्रह्म समाज की भी चर्चा सुनता हूँ, बाइबिल भी पढ़ता हूँ और हफीज़ की शायरी भी...कभी-कभी कुछ चीज़ों का टूटना भी नए विचारों को जन्म देता है।

[एक पठान का प्रवेश।]

पठान : अस्सलावालेकुम दत्त बाबू...आज वो नटखट नहीं दिख रहा है...।

विश्वनाथ : यहीं कहीं खेल रहा होगा *(आवाज़ लगाते हैं)* नरेन्द्र नरेन्द्र...।

[नरेन्द्र का प्रवेश। सीधा पठान के पास जाता है।]

नरेन्द्र : आज हाथियों और ऊँटों की कहानियाँ सुनाएँगे न?

पठान : ज़रूर ज़रूर...। सुनो। एक हाथी था, बहुत घमंडी। एक दिन उसने एक चिड़िया के सारे अंडे तोड़ डाले। चिड़िया ने हाथी से बदला लेने की ठानी...पर चिड़िया तो थी बहुत छोटी...और हाथी था बहुत बलवान...चिड़िया ने एक हरी मक्खी से दोस्ती की...फिर एक मेढक से....।

[नरेन्द्र कहानी सुनता है। पठान नाच-नाच कर कहानी सुनाता है। मंच के अग्रभाग में हाथी चिड़िया के मुखौटे पहने कलाकार नृत्य करते हैं। वकील के कमरे में बहस होती रहती है। पठान झोले से एक सेब निकालकर नरेन्द्र को देता है। नरेन्द्र सेब लेकर खाता है। विश्वनाथ देखकर मुस्कुराते हैं।]

नरेन्द्र : आप मुझे अफगानिस्तान ले जाएँगे?

पठान : बस, तुम दो अंगुल और बड़े हो जाओ, फिर तुम्हें ले जाएँगे। *(नरेन्द्र एड़ी पर खड़े होकर)* देखिए, मैं दो अंगुल बड़ा हो गया...।

[सब हँसते हैं। नरेन्द्र दौड़ता हुआ घर के अन्दर आता है। बाक़ी पात्रों का प्रस्थान। माँ का प्रवेश।]

माँ : तुमने उसके हाथ से फल लेकर क्यों खाया?

नरेन्द्र : दूसरे के हाथ से फल लेकर खाने से क्या होता है माँ?

माँ : वो अलग जात के हैं, हम अलग जात के...।

नरेन्द्र : तो दूसरी जात-बिरादरी वाले से फल लेकर खा लूँ तो क्या होगा...क्या मेरा सिर फूट जाएगा...या मैं मर...।

माँ : हर बात में बहस करता है...भाग यहाँ से...।

[माँ का प्रस्थान। दूसरी ओर से बच्चे आते हैं। सारे बच्चे खेलते हैं। अचानक बच्चों में झगड़ा होने लगता है। नरेन्द्र एक बच्चे को पीट देते हैं। बच्चों का प्रस्थान। नरेन्द्र पिता के वकील वाले कमरे में आते हैं। अलग-अलग हुक्के रखे हैं। नरेन्द्र हर हुक्के में मुँह लगाकर देखते हैं। पीछे से विश्वनाथ का प्रवेश।]

विश्वनाथ : यह तुम क्या कर रहे हो नरेन्द्र?

नरेन्द्र : मैं परीक्षा कर रहा था...।

विश्वनाथ : किस बात की परीक्षा?

नरेन्द्र : अगर मैं जात-पाँत न मानूँ तो क्या होगा?

[विश्वनाथ मुस्कुराते हैं। दोनों का प्रस्थान।]

दृश्य : दो

[मेले का दृश्य। रंग-बिरंगी पोशाकों में लोग घूम रहे हैं। गुब्बारे-पिपहरी बेचने वाले घूम रहे हैं। एक ओर नृत्य चल रहा है। एक ओर मिट्टी की मूर्तियाँ बेचने वाले की दुकान। नरेन्द्र और कुछ बच्चों का प्रवेश। बच्चे गुब्बारे और पिपहरी ख़रीदते हैं।]

बच्चा एक : *(नरेन्द्र से)* तुम कुछ नहीं ख़रीदोगे, नरेन्द्र?

नरेन्द्र : मैं भगवान शिव की मूर्ति ख़रीदूँगा...आज से शिव की ही पूजा करूँगा...।

बच्चा दो : उधर देखो, वो रही मूर्तियों की दुकान...। चलो-चलो, उधर चलते हैं...।

[सारे बच्चे मूर्तियों की दुकान पर आते हैं। नरेन्द्र शिव की मूर्ति ख़रीदता है। बच्चे मूर्ति को देखते हैं। मेले में घूमते हैं। अचानक शोर मचता है। एक औरत चीख़ती है, 'बचाओ, बचाओ'। एक बहुत छोटा बच्चा बीच में गिरा है। दूसरी ओर से घोड़ा गाड़ी आती है। औरत 'बचाओ-बचाओ' चीख़ती है। नरेन्द्र मूर्ति को फेंककर बच्चे को उठा लेता है। सब नरेन्द्र को घेर लेते हैं। औरत नरेन्द्र को आशीष देती है। पिपहरी बजाते हुए प्रस्थान।]

सूत्रधार : तो ऐसा था हमारा नरेन्द्र। बचपन से ही एक विद्रोही बालक। यूरोपीय पुनर्जागरण काल के कला प्रेमी राजकुमारों-सा...रूप से किसी सिंह शावक-सा और मन से किसी मृग छौने-सा कोमल... कुश्ती, तैरना, घुड़सवारी, फुटबाल खेलना...क्या नहीं करता था वह...उसने बरसों तक संगीत की साधना की...एफ.ए. की परीक्षा देने से पहले ही उसने देकार्त का अहमवाद, ह्यूम और

वेन का नास्तिकता का सिद्धान्त, डार्विन का विकासवाद और स्पेंसर का अज्ञेयवाद पढ़ डाला था...।

[नरेन्द्र बैठकर हारमोनियम पर गाना गाता है।]

गीत

हर हर हर भूतनाथ पशुपति
योगेश्वर महादेव शिव पिनाकपाणि।
उर्ध्व ज्वलन्त जटाजाल, नाचत व्योमकेश भाल
सप्त भुवन धरत ताल, टलमल अवनी॥

[ताल सुर फाँक ताल।]

[सबका प्रस्थान।]

सूत्रधार : ब्रह्म समाज विभाजित हो गया। नरेन्द्र कुछ समय ब्रह्म समाज में जाने लगे थे। केशवचन्द्र सेन से वह मन ही मन होड़ करते और वैसा ही वक्ता बनना चाहते, लेकिन दिनोंदिन उसमें सत्य को जानने की इच्छा प्रबल हो रही थी। इन्हीं दिनों बंगाल में रामकृष्ण परमहंस का नाम तेज़ी से फैलने लगा...।

['रामकृष्ण देव की जय...' के जयघोष के साथ ही रामकृष्ण परमहंस और उनके अनुयायियों का प्रवेश। एक ओर जाकर खड़े होते हैं। उनके पीछे से नदी और पाल वाली नौकाओं की यवनिकाएँ लिये पात्र नृत्य करते हैं। परमहंस अभिभूत-से देखते हैं। इसके साथ माँझी गीत का संगीत।]

रामकृष्ण : *(दूर देखते हुए)* मैंने सभी धर्मों का अनुसरण किया...हिन्दू... इस्लाम...मसीही...सभी...। सब एक ही ईश्वर की ओर जाने के अलग-अलग मार्ग हैं...मैं जिधर देखता हूँ, लोगों को धर्म के नाम पर झगड़ते पाता हूँ...एक ही ताल के अनेक घाट हैं। एक से हिन्दू घड़ा भरता है...वह जल होता है...दूसरे से मुसलमान मशक भरता है...वह पानी होता है...तीसरे से ईसाई जो लेते हैं...वो वॉटर है...। क्या कोई कह सकता है कि वह द्रव्य जल नहीं केवल वॉटर या पानी है? कैसी मूर्खता होगी यह...।

[दूसरी ओर से युवक नरेन्द्र और साथ में दो अन्य पात्रों का साधारण बंगाली पोशाक में प्रवेश। सब परमहंस को प्रणाम करते हैं।]

सुरेन्द्र : *(नरेन्द्र की ओर इंगित करके)* देवा! यह नरेन्द्र है। बहुत ही मधुर कंठ है इसका...।

परमहंस : अच्छा...तो कोई गीत सुनाओ।

[सब बैठ जाते हैं। नरेन्द्र गाता है।]

गीत

मन चलो निज निकेतन
संसार बिदेशे, बिदेशीर बेशे, भ्रमों केनो अकारणे।
बिषय पंचक और भूतगण, सब तोर पर केऊ नाय आपन
पर प्रेमे केनो होये अचेतन, भूलिछो आपन जाने॥

सत्य पथे मन करो आरोहण प्रेमेर आलो ज्वालि चलो अनुक्षण
संगेते राखो पुण्यधन, गोपने अति जतने।
लोभ मोह आदि पथे दस्युगण, पथिकेर करे सर्बस्य मोक्षण
परम जतने राखोरे प्रहरी, शम दम दुई जने।

साधु संग नामे आछे पान्थधाम; श्रांत होले तथा कोरिबे बिश्राम
पन्थ भ्रान्त होले सुधाइबे पथ से पान्थ निवासी गणे
जोदि देखो पथे भयेरि आकार प्राणपण दियो दोहाई राजार
से पथे राजार प्रबल प्रताप, शमन डरे जार शासने।
मन चलो निज निकेतन।

[परमहंस नरेन्द्र का हाथ पकड़कर एक ओर जाते हैं। बाक़ी पात्र दूर हो जाते हैं।]

परमहंस : अरे, तू इतने दिनों कहाँ रहा? मैं तो कब से तेरी बाट जोह रहा था। विषयी लोगों से बात करते-करते तो मेरा मुँह ही जल गया है... आज से एक सच्चे त्यागी से बात करके मुझे शान्ति मिलेगी...।

[बात करते-करते रो पड़ते हैं।]

मैं जानता हूँ, जानता हूँ तू सप्तर्षि मंडल का महर्षि है...नर रूपी नारायण है...जीवों के कल्याण की कामना से ही तूने देह

धारण की है...वचन दे...मुझे वचन दे...तू मुझसे मिलने फिर आएगा...जल्दी...।

नरेन्द्र : *(प्रणाम करता है)* आऊँगा...निश्चय आऊँगा...। *(स्वगत)* इनकी बातों ने तो मुझे स्तम्भित कर डाला है। यह तो निरा पागलपन है। मैं विश्वनाथ दत्त का पुत्र...मुझसे वे क्या कह रहे थे? अब इनसे मिलने कभी नहीं आऊँगा...कभी नहीं...छुटकारा पाने को ही मैंने वचन दे डाला...।

[सबका प्रस्थान।]

दृश्य : तीन

[साधु-संन्यासियों का एक कारवाँ गुज़रता है। सब वैदिक ऋचाओं की तरह गाते हैं। नरेन्द्र का प्रवेश। हर साधु से प्रश्न करने का माइम करता है। सब नकार कर हाथ हिलाते चले जाते हैं।]

गीत

जब सत्य भी नहीं था असत्य भी नहीं
धरा भी नहीं थी गगन भी नहीं
क्या था तब इस धुन्ध का आवरण?
क्या था इस गहन अन्धकार की गहराइयों में

इस सृष्टि को फिर किसने रचा
किसने रचा?

नरेन्द्र : *(चिल्लाकर)* क्या तुमने ईश्वर को देखा है?

साधु : *(गाते हुए)* सृष्टि के बाद ही तो अस्तित्व पाया देवता ने। पथ कहाँ है? किधर है? किस ओर है पथ? किसे है पता...?

[साधुओं का प्रस्थान।]

नरेन्द्र : *(अगल-बग़ल देखकर)* मैं बार-बार क्यों दक्षिणेश्वर चला आता हूँ? तीन साल से यही हो रहा है। क्या रामकृष्ण देव

की शक्ति ही मुझे बार-बार यहाँ खींच लाती है?

[परमहंस और शिष्यों का प्रवेश।]

परमहंस : *(शिष्यों से)* भाव में मैंने देखा...केशवचन्द्र सेन ने जिस एक शक्ति के बल पर प्रतिष्ठा पाई है, नरेन्द्र के पास उस तरह की अठारह शक्तियाँ हैं...कृष्ण और विजय के मन में तो ज्ञान का केवल एक दीया जल रहा है...पर नरेन्द्र के मन में तो ज्ञान का सूर्य चमक रहा है...।

नरेन्द्र : *(आगे आकर, क्रोध में)* क्या कह रहे हैं आप? कहाँ विश्व विख्यात केशव सेन और कहाँ मैं एक स्कूली छात्र? लोग सुनेंगे तो पागल कहेंगे आपको।

परमहंस : *(मुस्कुराकर)* क्या करूँ, मैं क्या करूँ, बोलो? माँ ने दिखा दिया है, इसीलिए कहता हूँ।

नरेन्द्र : माँ ने दिखा दिया है या यह सिर्फ़ आपका विचार है, मैं कैसे जानूँ? आप मुझे प्यार करते हैं। हर चीज़ में मुझे ही योग्य समझते हैं। इसीलिए आपको ऐसा दर्शन होता है। सारी दुनिया और आप स्वयं भी चाहे अपने को अवतार मानते रहें, लेकिन मैं बिना प्रमाण के ऐसा कभी नहीं मानूँगा।

परमहंस : *(मुस्कुराकर, शिष्यों से)* समझे! किसी भी बात को बस मेरे कहने के कारण ही स्वीकार मत करो। तुम स्वयं इसकी परीक्षा करके देखो। देखो...कैसी अन्तर्भेदी दृष्टि है! यह एक प्रज्वलित अग्नि शिखा है...जो सारी अपवित्रता को भस्म कर डालेगी...। महामाया स्वयं भी उसके पास दस क़दम अन्दर तक नहीं घुस सकती...।

[सबका प्रस्थान।]

दृश्य : चार

[नरेन्द्र का घर। कई लोग, सेठ आदि खड़े हैं। एक युवक उनसे बात कर रहा है। लोग कर्ज़ चुकाने के लिए तगादा कर रहे हैं। शोक संगीत की मद्धिम ध्वनि।]

सूत्रधार : हृदयघात के कारण नरेन्द्र के पिता विश्वनाथ दत्त का अचानक

निधन हो गया। वे जितना कमाते थे, उससे कहीं अधिक ख़र्च कर डालते थे। उनका निधन होते ही कर्ज़दार दरवाज़े पर आकर खड़े हो गए...।

नरेन्द्र : *(लोगों से)* थोड़ा-सा समय दें, मैं आप सबका कर्ज़ चुका दूँगा...ब्याज सहित...।

सेठ : लेकिन जरा शीघ्रता कीजिए, हम लोग भी कब तक प्रतीक्षा कर सकते हैं?

नरेन्द्र : नमस्कार। मैं शीघ्र ही सब प्रबन्ध कर दूँगा...।

[सबका प्रस्थान। नरेन्द्र कुछ देर बेचैनी से चक्कर लगाते हैं। फिर ध्यान में बैठ जाते हैं। गाते हैं।]

गीत

जाबे कि हे आमार बिफले चोलिये।
आदिनाथ दिवानिशि आशापथ निरखिये।
तुमि त्रिभुवननाथ आमि भिखारी अनाथ
केमने बोलिबो तोमाय ऐसा हे मम हृदये।

[माँ का प्रवेश। नरेन्द्र को देखती है। क्रोध में पाँव पटकती है। नरेन्द्र चौंक कर देखते हैं।]

माँ : चुप कर। बचपन से ही बस भगवान-भगवान...भगवान ने ही तो यह सब किया है...।

[माँ का प्रस्थान।]

नरेन्द्र : क्या भगवान सचमुच है? तो वह मेरी प्रार्थना सुनता क्यों नहीं? शिव के संसार में इतना अशिव क्यों? नंगे पैर मैं एक दफ़्तर से दूसरे दफ़्तर दौड़ता रहा, लेकिन उपेक्षा के सिवा कुछ नहीं मिला... जीवन की इस वास्तविकता के साथ यह मेरा पहला अनुभव था। मैंने देखा, समाज में दुर्बल, ग़रीब और परित्यक्ताओं के लिए कोई जगह नहीं...यह सारा संसार जैसे शैतान की सृष्टि है...।

[थक कर एक जगह बैठ जाते हैं। चार-पाँच युवकों का प्रवेश। एक युवक गाता है।]

गीत

बन्दे तोहि बन्दगी सो काम
हरि बिन जानि और हराम।

नरेन्द्र : *(क्रोध से)* बन्द करो यह गाना।

एक और दो युवक : क्या हुआ? क्या हो गया तुम्हें?

नरेन्द्र : यह गाना उन्हीं को अच्छा लग सकता है जो अमीरों के घरों में पैदा हुए हों...जिनके माँ-बाप भूख से नहीं मर रहे हों...आज जीवन की निष्ठुरता के सामने खड़ा होकर सोचता हूँ तो लगता है...लगता है, जैसे यह गाना मेरा मज़ाक़ उड़ा रहा है...। लगता है...।

एक युवक : तुम किस तरह बोल रहे हो...?

नरेन्द्र : मुझे लगता है, ईश्वरचन्द्र विद्यासागर ने ठीक ही कहा था... अगर भगवान दयामय है तो अकाल से लाखों लोग बिना अन्न के क्यों मर जाते हैं...? भगवान नहीं है...नहीं है और अगर है तो वह सिर्फ़ पापात्मा है...।

युवक : *(ग़ुस्से से)* तुम नास्तिकों की तरह बात कर रहे हो। लगता है, तुम्हारे बारे में जो अफ़वाहें फैल रही हैं वे ठीक ही हैं...।

नरेन्द्र : *(ग़ुस्से से)* कैसी अफ़वाहें? क्या कहा जा रहा है मेरे बारे में... जरा मैं भी तो सुनूँ?

युवक : छोड़ो, तुम्हें जानकर दुख होगा...।

नरेन्द्र : *(ग़ुस्से से)* जानता हूँ क्या कहा जा रहा है...? मैं पूछता हूँ अगर कोई अपने दुख-दर्द को भूलने को शराब पीता है, वेश्या के यहाँ जाता है तो इसमें बुरा क्या है? इस उपाय से अगर मैं भी अपना दुख भूल सकूँ तो मैं भी वह सब करूँगा...हाँ, जिस दिन मुझे लगेगा...उस दिन मैं भी वह सब कुछ करूँगा...।

युवक : तुम भी इस तरह सोचते होंगे, यह मैंने कल्पना भी नहीं की थी।

[युवकों का प्रस्थान। नरेन्द्र बैठा है।]

नेपथ्य से : मत करो असफलताओं की चिन्ता, मत करो। वे स्वाभाविक हैं। वे जीवन का सौन्दर्य हैं। बिना उनके जीवन में रह ही क्या जाएगा! संघर्ष न हों अगर तो जीवन को पाने का क्या अर्थ है! कहाँ रह जाएगी जीवन की कविता ही तब...।

[सस्वर गायन।]

उत्तिष्ठ जाग्रत प्राप्य वरान्निबोधत...।

[नरेन्द्र उठकर खड़े होते हैं।]

नरेन्द्र : मैं देख रहा हूँ...मैं जानता हूँ...मैं विश्वास करता हूँ...मेरा भ्रम मिट गया है...मैं संन्यास लूँगा...संन्यास...।

दृश्य : पाँच

[नरेन्द्र विवेकानंद की पोशाक में आते हैं। कुछ युवा संन्यासी बैठे हैं और भजन गा रहे हैं।]

गीत

देव दीन को दयालु दानि दूसरों न कोऊ,
जाहि दीनता कहाँ हो देखो दीन सोऊ।

[झाँझ और करताल बजते हैं। विवेकानंद उठकर मंच के अग्रभाग में आते हैं। संगीत धीमा होता है।]

विवेकानंद : रामकृष्ण देव के महाप्रयाण के बाद सुरेन्द्रनाथ मित्र ने वराहनगर में एक मकान किराये पर ले दिया। इसी मकान में हम सारे युवा संन्यासी रहने लगे। पूजा, ध्यान, जप और कीर्तन चलता रहता...हमारे कोई मित्र नहीं थे, हमें सुनता ही कौन? एक तो सब छोकरे ही थे, ऊपर से विचित्र-से विचार...।

[साधारण पोशाक में कुछ युवा और प्रौढ़ लोग आते हैं। जप करते संन्यासियों को पहले देखते हैं। फिर आपस में कानाफूसी करते हैं और हँसते हैं।]

आदमी एक : जरा इन संन्यासी छोकरों को देखो...संन्यासी बनने चले हैं।

आदमी दो : पाखंडी हैं साले पाखंडी, और कुछ नहीं...।

आदमी तीन : बड़ी-बड़ी हाँकते हैं। जरा पूछो, मतलब भी समझते हो इन

बातों का? धर्म के नाम पर भी नई-नई दुकानें खुलती जा रही हैं। धर्म भी एक धन्धा हो गया है साहब।

[सब हँसते हैं। संन्यासी चौंकते हैं। विवेकानंद को देखते हैं और निराश हो ऊँची आवाज़ में फिर भजन गाने लगते हैं। आगन्तुक पात्रों का प्रस्थान।]

विवेकानंद : *(अन्य संन्यासियों से)* सुनिए! अब मैं यात्रा पर निकलूँगा... हिमालय से कन्याकुमारी तक मैं इस पूरे देश की यात्रा करूँगा...।

[विवेकानंद का प्रस्थान। संन्यासी उन्हें विदा करने आते हैं। सब फ्रीज होते हैं। सूत्रधार का प्रवेश।]

सूत्रधार : विवेकानंद के यात्रा पर निकलने के साथ ही अन्य संन्यासी भी तीर्थाटन पर निकल गए। विवेकानंद की यात्रा शुरू हुई तो राजपूताना...अलवर, जयपुर, अहमदाबाद, बम्बई, पूना से तिरुअंतपुरम और मदुरा तक अनवरत चलती रही...उन दो पगों ने विराट् भारतीय अन्तरीप का आख़िरी छोर छू लिया... रामेश्वरम् जाकर भी वे पाँव रुके नहीं...कन्याकुमारी की उस आख़िरी चट्टान तक चलते रहे...चलते ही रहे...।

[विवेकानंद का प्रवेश। थके हुए हैं।]

विवेकानंद : इस तरह मैं चलता रहा...चलता ही रहा...हर बात में अनियमितता बढ़ रही थी...कई बार तो बीस-बीस दिन के लिए सूखी रोटी बचाकर रख लेता...वो ईंट की तरह कड़ी हो जाती...ऐसी रोटी से आप दाँत तोड़ सकते हैं...मेरा स्वास्थ्य गिर रहा था...।

[विवेकानंद थके-थके से चलते हैं। दूसरी छोर से एक आदमी का प्रवेश। फटेहाल आदमी बैठकर चिलम पीता है। विवेकानंद उसके पास आते हैं।]

विवेकानंद : मुझे भी जरा चिलम दोगे, भाई?

आदमी : मैं मेहतर हूँ, महाराज।

[विवेकानंद आगे बढ़ जाते हैं। आदमी उन्हें देखता है।]

विवेकानंद : *(स्वगत)* यह क्या? मैं तो जाति, कुल, मान—सभी को त्याग कर ही संन्यासी हुआ हूँ...फिर मेहतर से घृणा क्यों? यह झूठा जाति अभिमान क्यों?

[विवेकानंद वापस पलटते हैं और उस आदमी से चिलम लेकर पीते हैं।]

विवेकानंद : तुम क्या यहीं आसपास रहते हो?

आदमी : हाँ, एकदम पास ही...।

विवेकानंद : चलो, मैं आज रात तुम्हारी ही बस्ती में रहूँगा...!

आदमी : आइए महाराज...!

[गाते-बजाते निर्धन स्त्री-पुरुषों का प्रवेश। सब एक जगह गोल बाँधकर नाचते-गाते हैं। विवेकानंद पहले दूर से सुनते हैं, फिर उनमें शामिल हो जाते हैं।]

गीत

सन्तन जात न पूछो निरगुनियाँ
साध ब्राह्मण साध छत्तरी साधै जाति बनियाँ
साधनमां छत्तीस क़ौम है टेढ़ी तौर पुछनियाँ
साधै नाऊ साधै धोबी साधै जाति है बरियाँ
साधनमां रैदास संत हैं सुपच ऋषि सो भंगियाँ
हिन्दु तुर्क दुई दीन बने हैं कछु नहीं पहचनियाँ॥

विवेकानंद : *(स्वगत)* समझ आ रहा है...ऋषियों का धर्म आज नई तेजस्विता ग्रहण करेगा...अगर अपने एकमात्र ईश्वर इस दरिद्र-पीड़ित-निर्धन मनुष्य की आराधना के लिए मुझे बार-बार जन्म लेकर लाखों यातनाएँ भी भोगनी पड़ें तो मैं भोगूँगा...

नेपथ्य से : कलकत्ते में एक आदमी भूख से मर गया...!

विवेकानंद : भूलिओ न, नीच जाति, मूर्ख दरिद्र, अज्ञ, मोची, मेहतर, तोमार रक्त, तोमार भाई। सदर्प बोलो आमी भारतबासी भारतबासी आमार भाई...बोलो मूर्ख भारतबासी, दरिद्र भारतबासी,ब्राह्मण भारतबासी, चांडाल भारतबासी आमार भाई...।

[विवेकानंद का प्रस्थान। सब हाथ जोड़कर विदा करते हैं।]

दृश्य : छह

[खतरी महाराज का आगमन। एक सेवक छत्र लिये तथा कुछ अन्य राजसी पोशाक में सेवक। आगे-आगे नर्तकियाँ नाचती हैं। दूसरी ओर से सेवक के साथ विवेकानंद का प्रवेश। इसी बीच विवेकानंद को देखकर नृत्य करती हैं। विवेकानंद उपेक्षा से देखकर दरबार से बाहर निकल जाते हैं। नर्तकी आहत होकर देखती है और गाती है।]

गीत

प्रभु जी मोरे औगुन चित न धरो।
समदरसी प्रभु नाम तिहारो अपने पनहिं करो।

[विवेकानंद सुनकर वापस दरबार में आते हैं। नर्तकी गाती है।]

इक लोहा पूजा में राखत इक घर बधिक परो
सो दुविधा पारस नहीं जानत कंचन करत खरो।
इक नदिया इक नार कहावत मैलो नीर भरो
जब मिल गए तब एक बरन भए गंगा नाम परो।
एक जीव एक ब्रह्म कहावत सूर स्याम झगरो
अबकी बेर मोहे पार उतारो नहीं पन जात टरो।

[विवेकानंद नर्तकी को आशीष देते हैं। सबका प्रस्थान।]

नेपथ्य से : *(लय में)*
चलते रहते हैं दो पाँव
चलते रहते हैं दो पाँव
बिना थके बिना रुके
चलते रहते हैं दो पाँव
जगती रहती हैं दो आँखें
चलते रहते हैं दो पाँव...।

[ट्रेन के गुज़रने की ध्वनि। प्लेटफॉर्म का दृश्य। अचानक बहुत भीड़ आती है। चाय-पानी आदि की आवाज़ें। भीड़

से विवेकानंद और लोकमान्य तिलक का प्रवेश। दोनों के पास थोड़ा-सा सामान, जैसे ट्रेन से उतरकर आए हैं।]

तिलक : आपके साथ सफ़र बहुत अच्छा कट गया, लेकिन बातचीत में हम अपना परिचय नहीं दे पाए...मैं बाल गंगाधर तिलक...।

विवेकानंद : मैं विवेकानंद...।

[बीच में स्टेशन का शोर। शोर धीमा होता है।]

विवेकानंद : हमारे मार्ग चाहे अलग हों, पर लक्ष्य एक ही है। आप राजनीति से इस समाज को जगाइए...मैं सही धर्म से इसे जगाऊँगा...।

[एक समूह के साथ तिलक आगे बढ़ जाते हैं। 'स्वाधीनता हमारा जन्मसिद्ध अधिकार है' और 'मैं इसे लेकर ही रहूँगा' के जयघोष के साथ तिलक का प्रस्थान। विवेकानंद के साथ दूसरा समूह आगे बढ़ता है।]

गीत

जागो फिर एक बार
जागो फिर एक बार।
निद्रा थी केवल यह मृत्यु नहीं
पाने को नवजीवन तुम
जागो फिर एक बार...।
आकुल हो विश्व तुम्हें
देख रहा बार बार
जागो फिर एक बार...।

सूत्रधार : यात्रा के अन्तिम पड़ाव पर पहुँच जाने के बाद, वे समुद्र में कूद पड़े और शार्कों से भरे जलडमरूमध्य को तैरकर पार किया... धरती के अन्तिम छोर पर बने स्तम्भ की छत पर चढ़कर उन्होंने एक बार फिर पीछे देखा...।

विवेकानंद : हम लाखों संन्यासी जिस जनता का अन्न खाकर आज जिन्दा हैं, उस जनता के लिए हमने क्या किया, क्या कर रहे हैं? भूखे आदमी को धर्म का पाठ पढ़ाना मूर्खता है...आवश्यकता है शिक्षा की...रोटी और कपड़े की...मैं सारा भारत घूम चुका हूँ...अपनी आँखों से देखी है मैंने यहाँ के जन समुदाय की

भयंकर दरिद्रता और पीड़ा...भारत की जनता की मुक्ति का साधन जुटाने मैं शिकागो जा रहा हूँ...।

[जहाज और सागर की यवनिकाओं के साथ नृत्य। विवेकानंद का नर्तकों के साथ प्रस्थान।]

विवेकानंद : विस्तार ही जीवन है और संकोच मृत्यु।

दृश्य : सात

[पश्चिमी देश का दृश्य। नेपथ्य से गीत की ध्वनि। विवेकानंद थके-से बैठे हैं। ठंड से बीच-बीच में काँपते हैं।]

गीत

नदियाँ, सागर और पहाड़
गहन वनों के दुर्गम पथ भी
मैं कर आया पार...।

कहाँ बची हैं विकट दूरियाँ
क्या पूरब है क्या है पश्चिम
क्या उत्तर है क्या है दक्खिन
इन पैरों से सबको नापा
इन हाथों ने सबको छूकर
किया है प्यार...।

[विवेकानंद सड़क के किनारे बैठे हैं। एक अंग्रेज़ महिला पहले उन्हें दूर से देखती है। वृद्ध महिला धीरे-धीरे पास आती है।]

महिला : क्या आप धर्म महासभा के प्रतिनिधि होकर आए हैं?

विवेकानंद : जी हाँ, लेकिन मैं डॉ. बरोज के ऑफिस का पता कहीं खो बैठा हूँ और बहुत विपत्ति में फँस गया हूँ।

महिला : मेरा नाम मेरी हेल है...आप मेरे यहाँ चलिए...!

[विवेकानंद महिला के साथ एक घर में आते हैं। एक वृद्ध का अभिवादन करते हैं। तीनों बैठ जाते हैं। बातें

करते हैं। पियानो बजने और लड़कियों के हँसने की आवाज़ें।]

विवेकानंद : बोस्टन में एक वृद्ध महिला ने मेरी बहुत मदद की...उन्होंने मेरा परिचय जे.एच. राइट से कराया तो धर्म महासभा के प्रतिनिधि बनने की बाधा तो दूर हो गई...लेकिन मैं रास्ते में पता ही खो बैठा...।

वृद्ध पुरुष : किसी से आपने पता पूछ लिया होता...।

विवेकानंद : पूछा था, पर लोगों ने मुझे नीग्रो समझकर घृणा से मुँह बिचका दिया...!

मेरी हेल : ओह गॉड!

विवेकानंद : क्या आपको नहीं लगता है कि आज पूरा यूरोप बेचैन है...।

मेरी हेल : अमरीका के लिए यह साल बहुत बुरा है। बेकारी की तादाद पिछले सारे आँकड़े पार कर गई है। पेलमैन कम्पनी और रेलवे मज़दूरों की ज़बरदस्त हड़ताल हुई है...चारों ओर वाइलेंस है...हर जगह पिकेटिंग हो रही है...लोग जेलों में ठूँसे जा रहे हैं...।

वृद्ध पुरुष : यहाँ तो आर्थिक अत्याचार असहनीय हो गया है...!

विवेकानंद : पूरा पश्चिम गिने-चुने शायलाकों के हाथों में है...उन्हीं का शासन है...वैधानिक सरकार...स्वतंत्रता...संसद सब एक मज़ाक़ बनकर रह गया है...पश्चिम शायलाकों के अत्याचार से जर्जर हो रहा है और पूर्व के देश पुरोहितों के अत्याचार से त्रस्त हो रहे हैं...।

[चार जवान लड़कियों का प्रवेश। हाथ जोड़कर नमस्कार करती हैं, फिर अपने ही अभिवादन पर झेंप जाती हैं। मेरी हेल और पुरुष का प्रस्थान।]

लड़की एक : मेरा नाम मेरी है...यह है हेरियट और यह एफ. हेरियट... और यह ईसाबेल...*(हेरियट और ईसाबेल की ओर इंगित करके)* ये दोनों तो जूते सीने से चंडी पाठ तक सब कुछ जानती हैं। इन्होंने एक किंडर गार्डन स्कूल भी खोला है...।

विवेकानंद : अच्छा! और आप क्या करती हैं?

लड़की एक : मैं तो अभी यूनिवर्सिटी में पढ़ रही हूँ।

[दो-तीन युवकों का प्रवेश। लड़कियाँ विदा लेकर लड़कों के साथ चली जाती हैं। पीछे से पियानो और

हँसने की आवाज़ आती हैं। विवेकानंद टेबिल पर झुककर एक पत्र लिखते हैं। नेपथ्य से पत्र के शब्द सुनाई पड़ते हैं।]

नेपथ्य से : यहाँ एक मज़ेदार कहावत है...सन इज सन टिल ही गेट्स ए वाइफ...द डॉटर इज डॉटर ऑल हर लाइफ...।

[विवेकानंद मुस्कुराते हैं और हाथ में पत्र लेकर पढ़ते हैं।]

विवेकानंद : विवाह होना इस देश में बड़ा कठिन है...लड़के यारी करने में तो पक्के हैं, लेकिन पकड़ में आते ही नौ-दो ग्यारह हो जाते हैं.. लड़कियाँ जवान हैं, पर मेरे यहाँ आने के बाद से इनमें भी महा वैराग्य सवार होता जा रहा है...यहाँ के लोग कला-कौशल में अद्वितीय हैं...भोग-विलास में अद्वितीय हैं, धन कमाने में भी अद्वितीय हैं...और उसे ख़र्च करने में भी...।

दृश्य : आठ

[धर्म महासभा का दृश्य। विवेकानंद और अन्य वक्ता जुलूस की शक्ल में अन्दर आते हैं। विभिन्न धर्मों के झंडे लिये लोग मंच पर चक्कर लगाते हैं।]

सूत्रधार : धर्म महासभा में सभी देशों के विद्वान पधारे। भारत से ब्रह्म समाज के प्रतिनिधि प्रतापचन्द्र मजूमदार हैं। बम्बई से नागरकर आए हैं। जैन धर्म के प्रतिनिधि वीरचन्द्र गांधी हैं और थियोसॉफी की प्रतिनिधि एनी बेसेंट...हाल लगभग सात-आठ हज़ार दर्शकों से खचाखच भरा है...सभी वक्ताओं ने अपने सम्बोधन में कहा...।
(नेपथ्य से गूँजता है)
लेडीज एंड जेंटिलमैन...।

[तालियों की गड़गड़ाहट।]

विवेकानंद : *(प्रकाशवृत्त के बीच खड़े होकर बोलते हैं।)*

दॅ प्रजेंट कन्वेंशन, विच इज वन ऑफ द मोस्ट ऑगस्ट एसेम्बलीज एवर हेल्ड इज इन इटसेल्फ ए विंडीकेशन, ए डिक्लेरेशन टू द वर्ल्ड, ऑफ द वंडरफुल डॉक्टराइन प्रीज्ड इन द गीता...हू सो एवर कम्स टू मी...थ्रो वाट्सोएवर फॉर्म, आई रीच हिम...ऑल मैन ऑर स्ट्रगलिंग थ्रो पाथ्स् विच इन द एंड लीड टू मी... सेक्टेरियनिज्म, बाइगोट्री एंड इट्स हॉरिबल डिसेंडेंट, फेनेटिज्म, हैव लांग पसेस्ड दिस ब्यूटिफुल अर्थ। दे हैव फिल्ड द अर्थ विद वाइलेंस, ड्रेंच्ड इट ऑफन एंड ऑफन विथ ह्यूमैन ब्लड, डिस्ट्रॉय सिविलाइजेशन, एंड सेंट होल नेशन टू डिस्पेअर। हेड इट नाट बीन फार दीज हारिबल डिमोन्स, ह्यूमैन सोसायटी वुड बी फॉर मोर एडवांस्ड दैन इट इज नाऊ...बट दिअर टाइम इज कम, एंड आई फ़रमेंटली होप दैट द बैल दैट टोल्ड दिस मॉरनिंग इन ऑनर ऑफ दिस कन्वेंशन मे बी द डेथ बैल ऑफ ऑल फैनेटिज्म, ऑफ ऑल प्रेसिक्यूशंस विद द स्वार्ड ऑर विद द पेन, एंड ऑफ ऑल अनचेरिटेबल फीलिंग बिटवीन परसंस वेंडिंग दि अर वे टू द सेम गोल...!*

---

* विवेकानंद के व्याख्यान के अंग्रेजी में दिये गए अंश की जगह उसके निम्नलिखित हिन्दी अनुवाद का उपयोग भी किया जा सकता है—

विवेकानंद : मेरे अमेरिकी बहनो और भाइयो!

[बहुत देर तक तालियाँ बजती हैं।]

रुचीनां वैचित्र्यादृजुकुटिल नानापथजुषाम्।
नृणामेको गम्यस्त्वमसि पयसामर्णव इव॥

अर्थात जैसे विभिन्न नदियाँ अलग-अलग स्त्रोतों से निकलकर समुद्र में मिल जाती हैं, उसी तरह मुझ तक पहुँचने को मनुष्य अपनी इच्छा के अनुरूप अलग-अलग रास्ते चुनता है।

लम्बे समय से कट्टरता, साम्प्रदायिकता, हठधर्मिता आदि पृथ्वी को अपने शिकंजों में जकड़े हुए हैं। इन सभी ने धरती को हिंसा से भर दिया है। कई बार धरती ख़ून से लाल हुई है। इसके अलावा काफ़ी सभ्यताओं का विनाश हुआ है और न जाने कितने देश नष्ट हो गए हैं।

यदि ये बीभत्स दानवी शक्तियाँ नहीं होतीं तो मानव-समाज आज की अवस्था से कहीं अधिक उन्नत हो गया होता। पर अब समय आ गया है और मैं आन्तरिक रूप से आशा करता हूँ कि आज सुबह इस सभा के सम्मान में जो घंटाध्वनि हुई है वह समस्त धर्मान्धता, सभी उत्पीड़नों का तथा एक ही लक्ष्य की ओर अग्रसर होने वाले मानवों की पारस्परिक कटुता का मृत्यु निनाद सिद्ध हो।

[तालियाँ। सबका प्रस्थान।]

दृश्य : नौ

[समुद्र का किनारा। स्वागत के लिए भीड़। हार, फूल और रंगीन पताकाओं के साथ लोग आ-जा रहे हैं।]

सूत्रधार : विवेकानंद जो स्वप्न सँजोकर गए थे, वे पूरे नहीं हुए, लेकिन उनकी कीर्ति ने भारत के पुनर्जागरण की चेतना को अपने चरम पर पहुँचा दिया। वे वापस भारत लौटे तो दसों दिशाएँ उनकी जय-जयकार से गूँज उठीं...

भीड़ : स्वामी विवेकानंद की जय।
स्वामी रामकृष्ण परमहंस की जय...।

एक : देखो-देखो, वो जहाज आ रहा है...वो रहे स्वामी जी...।

[विवेकानंद का प्रवेश। उन्हें रथ पर चढ़ाया जाता है। लोग रथ खींचते हैं। दूसरी ओर से एक राजा का सैनिकों के साथ प्रवेश। वह भी विवेकानंद के रथ को खींचता है। जुलूस रुकता है।]

विवेकानंद : अपने में आस्था रखो, आत्मबल के सहारे खड़े हो जाओ...क्यों हम तैंतीस कोटि जन पिछले सहस्र वर्षों से जिस-तिस विदेशी आक्रान्ता के मुट्ठी भर व्यक्तियों द्वारा शासित होते रहे...?

[कुछ छात्रों का प्रवेश।]

छात्र : स्वामी जी, हम लोगों को भी 'गीता' की शिक्षा दीजिए...।

विवेकानंद : तुम्हें 'गीता' की ज़रूरत नहीं...मैदान में जाकर फुटबाल खेलो,

'गीता' पढ़ने के बजाय फुटबाल खेलना ज़्यादा ज़रूरी है। देश को लोहे के पुट्ठे और फौलाद के स्नायु वाले युवक चाहिए...।

[कुछ स्त्रियाँ और पत्रकार बात करने का माइम करते हैं।]

विवेकानंद : मैं समझ नहीं पाता कि इस देश में स्त्रियों और पुरुषों में इतना भेद क्यों हो गया है? स्मृति आदि लिखकर पुरुषों ने स्त्रियों को बच्चा पैदा करने की मशीन बना डाला है...।

पत्रकार एक : आपको क्या लगता है, स्त्रियों के लिए क्या किया जाना चाहिए?

विवेकानंद : उनकी कठिन समस्याएँ हैं, लेकिन इसमें एक भी ऐसी नहीं जो उस जादू भरे शब्द से हल न की जा सके...वो शब्द है—शिक्षा। बेटियों का लालन-पालन उतनी ही सावधानी से होना चाहिए जितनी सावधानी से बेटों का होता है।

पत्रकार : लेकिन स्त्री जाति की उन्नति के लिए...?

विवेकानंद : याद रखो, ईश्वर की प्रथम अभिव्यक्ति वह हाथ है,जो पालना डुलाता है...।

[जुलूस चल पड़ता है। सब गाते हैं।]

गीत

जागो फिर एक बार
जागो फिर एक बार।
निद्रा थी केवल वह मृत्यु नहीं
जागो फिर एक बार...।

सूत्रधार : विवेकानंद के अन्तिम भाषण ने इस देश में क्रान्ति की लहर को जन्म दिया। जितने क्रान्तिकारी ब्रिटिश हुक्मरानों द्वारा गिरफ़्तार किए जाते, उनके घरों की तलाशी में विवेकानंद साहित्य ज़रूर ज़ब्त किया जाता। 1908 में 'अनुशीलन' नाम का क्रान्तिकारी संगठन बना...इसमें विवेकानंद की आयरिश शिष्या सिस्टर निवेदिता और अरविन्द घोष शामिल हुए...विवेकानंद के छोटे भाई भूपेन्द्रनाथ दत्त क्रान्तिकारी अख़बार 'युगान्तर' के सम्पादक बने...यह सब विवेकानंद की मृत्यु के चार-पाँच बरस बाद घटित हुआ...

[जुलूस का प्रस्थान। सिर्फ़ विवेकानंद एक प्रकाशवृत्त में खड़े हैं। दूर देखते हुए बोलते हैं।]

विवेकानंद : आर्यों का दम्भ भरते हुए चाहे प्राचीन भारत का गौरवगान दिन-रात करते रहो, कितना ही डम-डम कहकर गाल बजाओ, तुम ऊँची जात वाले लोगो, तुम क्या जीवित हो? तुम हो दस हज़ार वर्ष पीछे के ममी। तुम्हारे घर-द्वार म्यूजियम हैं...रक्त-मांस हीन कंकाल कुल तुम लोग क्यों नहीं धूल में मिल जाते...तुम शून्य में विलीन हो जाओ...जिससे एक नवीन भारत निकल पड़े...।

नवीन भारत निकलेगा...हल की मुट्ठियाँ पकड़े किसानों के झोंपड़ों से, पासी, मोची और मेहतरों के झोंपड़ों से। पंसारियों की दुकान से, भुँजवा की भाड़ से, कारख़ाने से, हाट-बाज़ार से निकलेगा हमारा नया भारत। वह निकलेगा झाड़ियों, जंगलों, नदियों और पर्वतों से। ये लोग मुट्ठी भर सत्तू खाकर सारी दुनिया को उलट सकते हैं। इनको आधी रोटी जिस दिन मिल जाएगी, उनका तेज तीनों लोकों में नहीं समा पाएगा...वे जो किसान हैं, कोरी हैं, जुलाहे हैं। जिनको नगण्य कहा जाता है, छोटी जाति का माना जाता है, जिनका अपमान किया जाता है, लेकिन वे चुपचाप फिर भी काम करते हैं। अपने श्रम का मूल्य नहीं पाकर भी खटते रहते हैं। याद रखो, प्राकृतिक नियम से दुनिया में परिवर्तन हो रहे हैं। देश, सभ्यता और सत्ताएँ उलट रही हैं...हे भारत के श्रमजीवियो, हमेशा पैरों तले कुचले गए श्रमजीवियो! मैं तुम सबको प्रणाम करता हूँ...प्रणाम करता हूँ...!

[प्रकाशवृत्त धीरे-धीरे विलीन होता है। विवेकानंद का प्रस्थान। लोग गाते हुए प्रस्थान करते हैं।]

गीत

जागो फिर एक बार...
जागो फिर एक बार...।

कहन कबीर

मंच पर

सूत्रधार	:	उदय शहाणे, राजकुमार रायकवार / प्रवीण महुवाले, फरीद बज़्मी
विद्वान एवं ब्राह्मण	:	सदानन्द पाटिल, द्वारका दाहिया, जयप्रकाश उपाध्याय / कन्हैया लाल कैथवास / दीपक सिंह
आदमी	:	अलख निरंजन, अमित रिछारिया / ज्ञानदेव सिंह
कबीर, गणेश	:	गणेश गौरव / राजकुमार रायकवार
कमाल	:	अलख / प्रवीण महुवाले / हर्ष दाण्ड
सामन्त	:	प्रवीण महुवाले / हर्ष दाण्ड / जयप्रकाश उपाध्याय
सामन्त का सेवक	:	शिवप्रसाद गौड़ / शंकर वर्मा
रामानन्द	:	सदानन्द पाटिल
ब्राह्मण पुत्री	:	अंजना पुरी / ऐरियाना रोस / देवार्थी मजुमदार / राज बघेल / नीति श्रीवास्तव
ब्राह्मण पिता	:	शंकर वर्मा / शिवप्रसाद गौड़
सुल्तान	:	ज्ञानदेव सिंह / शंकर मिश्रा
काजी	:	राजकुमार रायकवार / शिवप्रसाद गौड़
महंत गुसाईं	:	राजकुमार रायकवार
गुसाईं के चेले	:	हर्ष दाण्ड, राजेश शिल्पाचार्य, विजय जैन, राजेश पवार, ध्रुव दास
सिपाही	:	शिवप्रसाद गौड़, अमरदीप जैन, विजय जैन, राजेश पवार
ग्रामीण एवं गायक	:	वसीम, प्रवीण चौबे, प्रकाश सिंह, राजेश, नीति, संजय श्रीवास्तव, सावन सौंधिया

मंच परे

नाट्यालेख	:	राजेश जोशी
निर्देशन एवं आकल्पन	:	बंसी कौल
संगीत	:	अंजना पुरी
तालवाद्य	:	सुरेन्द्र वानखेड़े / राजेश शिल्पाचार्य
प्रकाश	:	शान्तनु दास, फ़रीद बज़्मी, गिरीश मोहन्ता
वेशभूषा एवं रूप-सज्जा	:	फ़रीद बज़्मी
मंच सामग्री	:	दीपक सिंह ठाकुर
मंच व्यवस्थापक	:	शंकर वर्मा, गणेश गौरव
प्रस्तुति व्यवस्थापक	:	नारायण शर्मा

सहायक

मंच-सज्जा	:	शान्तनु दास
संगीत	:	गणेश गौरव
वेषभूषा	:	द्वारका दाहिया, जयप्रकाश उपाध्याय, मा. राकेश
प्रकाश	:	केमन्त साहू, घनश्याम गुर्जर, अमित रिछारिया, शंकर वर्मा
मंच सामग्री	:	अलख निरंजन, प्रकाश सिंह

[यह नाटक कोलॉज की तरह है। इसमें विजयदान देथा की कहानी 'दूजो कबीर', रांगेय राघव के उपन्यास 'लोई का ताना', तथा सर्वश्री हजारीप्रसाद द्विवेदी, श्री अली सरदार जाफरी, श्री रामकुमार वर्मा, श्री प्रभाकर माचवे, डॉ. धर्मवीर भारती, श्री नामवर सिंह, जिनके सृजनात्मक लेखन से नाटक में अंशों को लिया गया है, सभी के प्रति आभार।]

(दिनांक 15.11.1999 को म.प्र. साहित्य अकादेमी एवं म.प्र. कला अकादमी द्वारा भोपाल पुस्तक मेले में तथा 25-26 मार्च, 2000 को रा.ना.वि., नई दिल्ली द्वारा आयोजित 'भारत रंग महोत्सव' में मंचित किया गया। तब से आज तक इसके 33 प्रयोग किए जा चुके हैं।)

दृश्य : एक

[मंच पर प्रकाश में एक देह ढकी हुई दिखाई देती है। सूत्रधार उसके पाँव के पास बैठे हैं।]

गाना

हमारे राम रहीम करीमा केसो।
अलह राम सति सोई।
बिसमिल मेटि बिसम्मर एकै।
और न दूजा कोई।
तुरुक मसीती देहुरे हिन्दू।
दुहूँठा राम दिखाई
जहाँ मसीही देहुरा नाहि।
तहाँ काठी ठकुराई।
कहे कबीरा दास फकीरा।
अपनी राह चलि भाई।
हिन्दू तुरक का करता
एकै ता गति लखी न जाई।

[एक आदमी का तेज़ी से प्रवेश।]

आदमी : सतगुरु कबीर साहब का देहान्त हो गया।

[अलग-अलग दिशाओं से समूहों का प्रवेश। अस्पष्ट ध्वनियों में बोलकर शोर पैदा करते हैं।]

सूत्रधार एक : *(दर्शकों से)* कबीर से इनका कोई लेना-देना नहीं है। ये उनकी बानी के लिए नहीं, उनके जिस्म के लिए लड़ रहे हैं बल्कि हक़ीक़त तो यह है कि यह उनकी देह के लिए भी नहीं, ये उनके रूपक के लिए लड़ रहे हैं। सब कबीर का इस्तेमाल करना

चाहते हैं। सबको कबीर के झंडे की ज़रूरत है। इस कबीर में से सब अपना कबीर तलाश रहे हैं। किसी को भी पूरा कबीर नहीं चाहिए। हर एक को आधा-अधूरा चाहिए अपने-अपने काम का चाहिए। सबकी अपनी-अपनी व्याख्याएँ हैं। अपने-अपने तर्क हैं। पूरा कबीर तो सिर्फ़ उस जनता का ही हो सकता है, जिसके दुख-सुख जिसके स्वप्न और संघर्ष, जिसकी भक्ति और मुक्ति—सभी कुछ उसके शब्द-शब्द में गुँथा है। *(समूह चक्कर लगाता है। समूहों से)* अरे शान्त रहिए! आप कबीर साहब का अपमान कर रहे है।

सूत्रधार दो : *(दर्शकों से)* मगहर एक छोटी-सी बस्ती है। आज सब काम-धन्धा बन्द है। इन सबकी समस्या एक ही है कि कबीर साहब का अन्तिम संस्कार कौन करेगा और किस विधि से करेगा?

समूह एक : तुम होते कौन हो कबीर साहब को छूने वाले? ज़िन्दगी भर तुम लोगों ने उन्हें नीच कहा। कबीर साहब हमारे थे और हम ही उन्हें बाइज़्ज़त दफन करेंगे।

समूह दो : वाह! इनकी बातें सुनिए। तुम्हारे सुल्तान ने तो कबीर को बहुत पहले ही मरवा दिया होता। कबीर को अपना बताने चले हैं। वो हमारे ही कन्धों पर जाएँगे, बस।

समूह तीन : देखिए, ये काम हम पर छोड़ दीजिए। साहब तो हम ही में से एक थे।

सूत्रधार एक : आप लोग इस तरह लड़ेंगे तो कोई फ़ैसला कैसे होगा, भाई?

समूह तीन : फ़ैसला करना तो हमें आता है। इस तरह नहीं होगा तो दूसरे ढंग भी हमें पता है।

समूह चार : दूसरे ढंग से तुम्हारा क्या मतलब? तुम समझते हो कि तुम्हीं को आता है दूसरा ढंग, हाथ लगाकर देखो, अभी पता चल जाएगा?

समूह एक : क्या पता चल जाएगा बताओ, क्या पता चल जाएगा? हम हाथ लगाएँगे और सौ बार लगाएँगे। जनाज़ा तो अब हमारे ही कन्धों पर जाएगा।

समूह दो : कह तो ऐसे रहे हैं, जैसे कबीर साहब इन्हीं के नाम का पट्टा लिखकर दे गए हों।

समूह एक : नहीं, पट्टा तो आपके नाम का लिख गए हैं कबीर साहब। कबीर का मतलब जानते हैं आप लोग?

समूह दो : मतलब-वतलब की बात मत करो। उनकी बानी से तुम्हारे हिस्से कुछ नहीं लगने का है और जनाब, मतलब निकालने की बात

तो कीजिए ही मत। हम तो रेत से तेल निकाल लेते हैं। यह तो कविता है। इसका मतलब तो जैसा चाहेंगे, निकाल लेंगे।

समूह तीन : साहब ने इतना साफ़-साफ़ कह दिया है कि वो आप में से किसी के नहीं हैं। इतनी फटकार सुनकर भी आप लोगों का जी नहीं भरा? हर चीज़ पर अपना हक़ जमाने को खड़े हो जाते हैं ये लोग।

समूह दो : ऐ...ज़्यादा टर्र-टर्र मत करो।

सूत्रधार एक : इस समय कबीर साहब के बेटे कमाल को ही बुला लिया जाए। यही बेहतर होगा।

सारे समूह : *(मज़ाक़ उड़ाते हुए)* लो, डूबा वंश कबीर का, उपजा पूत कमाल।

सूत्रधार दो : कमाल के लिए इस तरह क्यों बोल रहे हैं आप? साहब तो उन्हें बहुत प्रेम करते थे। दर्शकों से लोई के चले जाने के बाद से कबीर साहब ने ही तो कमाल की देखभाल की।

समूह तीन : उन्हें ख़ुद ही सोचना चाहिए। वो तो जानते ही हैं कि कबीर साहब का सोचना एकदम अलग था। उन्होंने हिन्दू, मुसलमान, जोगी, जैन, शाक्त और बौद्ध किसी को नहीं माना। उन्होंने तो निरगुन और सगुन, दोनों से ही इनकार कर दिया। ऐसे आदमी की सोच का तो एक अलग ही सम्प्रदाय बनना चाहिए कि नहीं? हमने कमाल साहब से कहा, पर साहब टस से मस नहीं होते हैं।

समूह चार : हम तो उन्हीं को मुखिया बनाने के लिए तैयार हैं, पर कहते हैं कि कबीर साहब सम्प्रदाय बनाने के ख़िलाफ़ थे। हम उनका सम्प्रदाय नहीं बनाएँगे। वो कहते हैं कि हम उनका पंथ नहीं बनाएँगे।

समूह तीन : कमाल नहीं बनाएँगे तो क्या बनेगा नहीं? हम भी तो साहब के अनुयायी हैं।

सूत्रधार एक : कबीर की चिन्ता सम्प्रदाय बनाना नहीं थी। *(एक कोने में जाकर खड़ा हो जाता है।)* वो तो समाज की नींवों को बदलना चाहते थे। उनके लिए उच्च वर्ण कोई आदर्श नहीं था। वे उसके मोह में कभी नहीं आए। वो कई धर्मों और पंथों के पास गए। सबको समझा, जाँचा-परखा, तर्क किया और सबकी सीमाओं से बाहर निकल आए। वो सचमुच का नया मनुष्य था और हमेशा मानवता के ही बारे में सोचता था। *(समूहों*

से) आप लोगों को जैसा जो कुछ बनाना हो बना लीजिएगा, पर पहले साहब का अन्तिम संस्कार तो हो जाने दीजिए।

[आदमी मंच के कोने से प्रवेश कर। बाक़ी सारे कलाकार फ्रीज हो जाते हैं।]

आदमी एक : इस सारी बहस में हमारे लिए कोई जगह नहीं है। यह पंडितों, मौलवियों और मठाधीशों की बहस है। ये इस काया को ही नहीं, आगे जाकर ये कबीर साहब के कहे हुए को भी नोच-नोचकर खाएँगे। तरह-तरह की व्याख्याएँ करेंगे। उसे अबूझ पहेली बना देंगे और आप देखेंगे, एक दिन ये लोग हमारे कबीर साहब को हमसे छीन लेंगे। ये हम ही से कहेंगे, तुम कबीर को क्या जानो, वो तो बहुत गहरे थे, बहुत कठिन थे, बहुत बड़े ऋषि थे। उनका क्रान्तिकारी रूप कहीं छिपा दिया जाएगा। एक दिन उनकी फटकार को सारे कट्टरपंथियों को लताड़नेवाला रूप छिपा दिया जावेगा। एक दिन उनका सुधारक वाला रूप छिपा दिया जावेगा, और ये जो लड़ रहे हैं न, ये सब उसमें से अपने काम का चुन-चुन कर एक-एक कबीर बना लेंगे बस।

सूत्रधार दो : आप लोग आपस में फ़ैसला कर लें। हमारी ज़रूरत हो तो बुला लें। हमारे लिए तो कबीर न आज मरे हैं न कभी मरेंगे। अन्तिम संस्कार तो आपको करना है, सो कर डालें जैसे चाहें।

समूह एक : ठीक है, ठीक है। ज़्यादा बड़ी-बड़ी बातें मत करो। तुम कबीर का क्या करोगे, ये हमें भी मालूम है।

समूह दो : लगता है, फ़ैसला बातचीत से नहीं होगा।

समूह एक : फ़ैसला तो अब हम करेंगे। जिसमें दम हो रोक ले।

समूह दो : हाथ लगाकर देखो। फिर बताते हैं कि किसमें कितना दम है?

[सारे समूह आपस में भिड़ जाते हैं। सूत्रधार देह से चादर हटा देता है। वहाँ सिर्फ़ फूल दिखाई देते हैं। सारे लोग जहाँ के तहाँ रुक जाते है।]

सूत्रधार एक : लीजिए, फ़ैसला तो कबीर साहब ने ख़ुद ही कर दिया लगता है। उन्हें पहले ही इस बात का भान हो गया था कि ये सारे सम्प्रदाय कैसे उनकी मिट्टी ख़राब करेंगे। इसलिए उन्होंने

अपनी काया को ही फूलों में बदल लिया और ये लोग आज उनकी काया के ही फूलों को चुनेंगे उनके दर्शन को नहीं, उनकी बातों के फूलों को नहीं। वो जो पदों में, रमैनियों, साखियों और उलटबाँसियों में तरह-तरह के फूल छोड़ गए हैं, उन्हें कौन चुनेगा, उन्हें कौन ले जाएगा? ये लोग तो उन्हें ले जाने से रहे। कबीर सचमुच ही संत थे। उन्होंने अपनी काया को ही फूलों में बदल डाला। उनके भार से न धरती दबी, न किसी के कन्धे।

सूत्रधार दो : क्या कहा तुमने? संत थे? *(दर्शकों से)* यह अच्छा है। एक विद्रोही को संत कह दो। उसके बारे में तरह-तरह के रूपक गढ़ लो। जनाब, रूपकों की भी एक राजनीति होती है, बहुत ही बारीक और छिपी हुई। अब कबीर के तरह-तरह के रूपक गढ़े जा रहे हैं। उन्हें काट-छाँट कर अपने अनुकूल बनाया जा रहा है। इसी को कहते हैं मनोनुकूलन का काइयाँपन।

सूत्रधार एक : इसे तो हर बात पर शक करने की आदत-सी पड़ गई है। तो लीजिए, आप कबीर साहब की काया के फूलों को चुनिए। आप अपने सम्प्रदाय के हिसाब से अन्तिम संस्कार करें। चुनिए इन फूलों को।

[सब लोग ग्लानि महसूस करते हैं। जोगन का प्रवेश। गाने के मध्य समूह वाले फूलों को उठाकर ले जाते हैं।]

गाना

सुगवा पिंजरवा छोरि भागा।
इस पिंजरे में दस दरवाजा।
दस दरवाजा किवरवा लागा।
अँखियन सेती नीर बहन लाग्यो।
अब कस नाहि तू बोलत अभागा।
कहत कबीर सुनो भाई साधो।
उड़िग्यो हंस टूटि गयो तागा।
सुगवा पिंजरवा छोरि भागा।

[जोगन एवं समूह का प्रस्थान। कमाल का प्रवेश।]

सूत्रधार एक : आओ कमाल, आओ। क्या तुम्हें भी कबीर साहब के फूल चाहिए?

कमाल : नहीं। मेरे लिए दादा की बानियाँ ही फूल हैं। ये मुरझाने वाले फूल लेकर मैं क्या करूँगा? दादा ने तो पहले ही कह दिया था।

सूत्रधार दो : कबीर सुख को जई था, आगे आया दुख।
जाहि सुख धरि आपणें, हम जाणे अरू दुख।

कमाल : कबीर सुख के लिए जा रहा था और दुख सामने आ गया। तो दादा ने कहा, ऐ सुख, तू अपने घर जा। अब मैं जानूँगा और मेरा दुख जानेगा। अब मेरी राह तो वो ही है। मैं जानता हूँ, बहुत से लोग मुझसे नाराज़ हो गए हैं, पर दादा ने लोगों के नाराज़ होने की परवाह नहीं की, तो मैं क्यों करूँ? मैंने तो इसलिए सबसे इनकार कर दिया कि मैं पंथ नहीं बनाऊँगा। सुन रहा हूँ, सूरत गोपाल ने काशी में और धरमदास ने मध्य प्रान्त में दादा का सम्प्रदाय बनाना शुरू कर दिया है। जो हो, मैं अगर उनकी विरासत को आगे न बढ़ा सकूँ तो उससे दग़ा तो नहीं करूँगा। जानता हूँ, इसकी क़ीमत देनी पड़ेगी। कबीर साहब ने कहा ही था, कलाल की भट्टी पर बहुतेरे आ बैठे, लेकिन वह मदिरा ऐसी थी कि उसे वो ही पी सकता था जो उसका मूल्य दे सके। और जानते हो उसका मूल्य क्या था? उसका मूल्य था, अपना शीश, अपना सिर। जो अपना सिर दे सकता था, वही उसे पी सकता था। कबीर साहब की बानी भी ऐसी ही मदिरा है। जो इसे चखना चाहता है, उसे अपना सब कुछ देना होगा वरना यह रस नहीं मिलेगा।

[कमाल का प्रस्थान।]

सूत्रधार दो : कबीर की बानी के फूल कौन चुनेगा? उनकी बानी के फूल तो उन्हीं को चुनने होंगे, जिनके लिए कबीर ने लिखा, जिनके लिए कबीर लड़े। उनके लिए कबीर की बानी एक संघर्ष भी है, एक स्वप्न भी और एक उत्सव भी—उजाले का उत्सव, जीवन का उत्सव, अँधेरों से मुक्ति का उत्सव। अपने दुखों और अपने दैन्य से मुक्ति का उत्सव। उनकी आवाज़ में आकर तो स्वयं कबीर भी मुक्त हो जाते हैं पोथियों से, पंथों से, तरह-तरह की व्याख्याओं से।

सूत्रधार एक : कबीर को वहाँ सुनने की ज़रूरत है, जहाँ इस आवाज़ में आकर इश्क़, इश्क़ की होशियारी से मुक्त हो जाता है। यह आवाज़ दो को एक में बदल देती है।

गीत

समूह : *हमन है इश्क़ मस्ताना।*
हमन को होशियारी क्या।
रहे आज़ाद या जग से।
हमन दुनिया से यारी क्या।
जो बिछुड़े हैं पियारे से।
भटकते दर-बदर फिरते।
हमारा यार है हममें।
हमन को इंतजारी क्या।
खलक़ सब नाम अपने को।
बहुत कर सिर पटकना है।
हमन गुरु नाम सच्चा है।
हमन दुनिया से यारी क्या।
न पल बिछुड़े पिया हमसे।
न हम बिछुड़े पियारे से।
उन्हीं से नेह लागी है।
हमन को बेकरारी क्या।
कबीरा इश्क़ का माता।
दुई को दूर कर दिल से।
जो चलना राह नाज़ुक है।
हमन सिर बोझ भारी क्या।

सूत्रधार एक : छह सौ बरस की लम्बी दूरी पार कर अगर कबीर यहाँ प्रकट हो जाते तो कैसा लगता उन्हें यह हमारा समाज? जिस सत्य के लिए उन्होंने अपनी आखिरी साँस तक संघर्ष किया। जिसका उन्होंने अलख जगाया। बार-बार लोगों को समझाया कि "मोको ,क़हाँ ढूँढ़े रे बन्दे, मैं तो तेरे पास में, न मैं देवल न मैं मसजिद, न काबे कैलास में।" ईश्वर को यहाँ-वहाँ ढूँढ़ने वालो, वो तो तुम्हारे अपने भीतर है। कैसे लगते उन्हें धर्म के नाम पर आए दिन होने वाले ये दंगे? कैसा लगता उन्हें जातियों के आधार पर बनी हुई फ़ौजों का बर्बर तांडव? कितने बरसों से यह समाज उनके पदों को गा रहा है, पर बढ़ते ही जाते हैं जात-पाँत, पंथों और धर्मों के पाखंड। चीख़ते-चिल्लाते बेसुरे लाउडस्पीकर ही

जैसे हमारे समय का धर्म हो गए हैं। घृणा ही जैसे सबसे बड़ा धर्म बन गया हो।

सूत्रधार दो : तुम निराशावादी हो। इस देश की जनता आस्तिक है, धार्मिक नहीं। जो पाखंडी हैं, वो इस प्रकृति की लीला को नहीं समझ सकता। वो बहरा भी है और अन्धा भी, पर ज़्यादातर लोग ऐसे नहीं हैं। वो भी कभी-कभी बहकावे में आ जाते हैं इन पाखंडियों के चंगुल में फँस जाते हैं। इसलिए एक कबीर की ज़रूरत है। इस समाज को बहुत सारे कबीरों की ज़रूरत है। आज कबीर के जन्म-मृत्यु और उनके पूरे जीवन को लेकर न जाने कितने क़िस्से हैं? कुछ जनता ने बनाए कुछ दूसरों ने।

[तीन विद्वानों का प्रवेश।]

विद्वान एक : क्या-क्या कह रहे थे आप, सूत्रधार जी?

सूत्रधार एक : मैं कह रहा था कि इस समाज को जगाने के लिए हमें कई कबीरों की ज़रूरत है आज।

आदमी एक : हमारे सूत्रधार जी कह रहे थे कि कबीर साहब अगर आज आ जाते तो उन्हें कैसा लगता हमारा आज का समाज?

विद्वान दो : अब यह इच्छा तो आपकी पूरी होने से रही, सूत्रधार जी।

सूत्रधार एक : यह मत कहिए महाशय, समय का प्रतिशोध बहुत विकट होता है। बादशाहों के सारे कारनामे इतिहास की क़िताबों में बन्द होकर रह जाते हैं, पर कवियों के कारनामे तो दिलों पर जमे रहते हैं सदियों तक। अभी तो कई ऐसे दिल वाले होंगे जिनमें कबीर ज़िन्दा है। थोड़ा-थोड़ा कबीर तो हम सब में भी ज़िन्दा होगा।

विद्वान तीन : समाज में आए दिन हो रहे तमाशों के बाद भी आपको लगता है कि हज़ारों में कबीर जीवित है?

सूत्रधार दो : जीवन का संहार करने वाले मुट्ठी भर होते हैं, उसे सँवारने वाले करोड़ों होते हैं। यह दुनिया ऐसे ही तो नहीं चल रही है अपने आप, करोड़ों हाथ इसे बचाते हैं, बनाते है, सजाते हैं, सँवारते हैं। उन सब में जिन्दा है हमारा कबीर।

आदमी एक : कबीर साहब तो कह ही गए हैं कि इस घट के अन्दर।

आदमी दो : किस घट के अन्दर?

[समूह प्रस्थान करता है। तीनों विद्वान मंच के मध्य में खड़े होते हैं।]

सभी विद्वान : इसी घट के अन्दर, इसी देह के अन्दर सब कुछ है। इसी में बाग़-बग़ीचे हैं, इसी में सिरजनहारा है। इसी में सात समुन्दर हैं। इसी में नौ लाख तारे हैं। इसी में पारस मोती हैं और इसी में उसे परखने वाला भी है। इसी में अनहद गरज रहा है। इसी में फुहारें उठ रही हैं। अब जिस घट के अन्दर इतना कुछ है उसमें क्या हमारे कबीर साहब नहीं होंगे?

गीत

समूह गाता है : *मौको कहाँ ढूँढ़े रे बन्दे।*
मैं तो तेरे पास में।
न मैं देवल न मैं मसजिद।
न काबे कैलास में।
न तो काउन क्रिया करम में।
न ही जोग बैराग में।
न मैं छगरी ऩ मैं भेंड़ी।
न मैं छुरी गड़ास में।
नहिं खाल में नहिं पूँछ में।
न हड्डी, न मांस में!
मैं तो रहौं सहर के बाहर।
मेरी पुरी मवास में।
खोजी होय तो तुरतैं मिलिहौं।
पल भर की तलास में।
कहे कबीर सुनो भाई साधो।
सब साँसन की साँस में।

[तीनों विद्वान गायकों को रोककर सूत्रधार के पास आते हैं।]

विद्वान एक : आप करना क्या चाहते हैं? आपके इरादे कुछ नेक नहीं लग रहे हैं हमें।

विद्वान दो : कोई तंत्र-मंत्र या क्या कहते हैं, प्लेन चिट वग़ैरह पर कबीर की आत्मा को बुलाने का विचार तो नहीं कर रहे हैं आप?

सूत्रधार एक : जी नहीं। हमारे पास तो इससे भी आसान और अच्छा उपाय है।

विद्धान दो : देखिए, हम आपको भी जानते हैं और आपके इस रंग विदूषक को भी। इन लोगों की अक़्ल कुछ टेढ़ी ही चलती है हमेशा।

विद्धान तीन : यह कबीर साहब का मामला है। वो एक संत थे, कोई विदूषक नहीं थे।

विद्धान एक : फिर कबीर साहब की हर बात पर एक न एक विवाद बना ही हुआ है। अब आप कोई नया विवाद मत खड़ा कीजिए।

सूत्रधार दो : हमारा ऐसा कोई इरादा नहीं। हम तो सत्य की उस लड़ाई को आगे बढ़ाना चाहते हैं जो कबीर साहब ने शुरू की थी। जिसे भक्तिकाल के कवियों, सूफ़ियों और आज़ादी के दीवानों ने लड़ा।

विद्धान दो : पर आप कबीर को लाएँगे कैसे?

सूत्रधार एक : नाटक।

विद्धान : न अटक।

सूत्रधार : न अटक नहीं, नाटक। नाटक का मतलब ही है एक और सृष्टि। जो हो चुका, की पुनर्सृष्टि। कल्पना की सृष्टि, यथार्थ की पुनर्सृष्टि। नाटक में सब कुछ सम्भव है, श्रीमान। नाटक ने तो भगवानों को मंच पर उतार दिया। कबीर तो संत थे और हज़ारों में आज भी जिन्दा हैं, लेकिन कबीर साहब की भूमिका करेगा कौन?

तीनों विद्धान : *(आगे बढ़कर)* हम हैं ना।

सूत्रधार एक : जी हाँ। आप लोग तो ठहरे महान विद्धान। आपने कबीर साहब के बारे में पढ़ा तो बहुत है और दूसरे की क़िताबों को देख-देख कर अपने नाम से लिखा भी बहुत है। लेकिन मुझे आप लोगों में कबीर साहब की भूमिका करने की योग्यता रत्ती भर नज़र नहीं आती।

सूत्रधार दो : *(विंग्स की तरफ़ इशारा करके)* मेरा ख़याल है कि यह गणेश सबसे अच्छा कबीर होगा। उसकी दाढ़ी भी है और गा-बजा भी लेता है। दिन भर कबीर साहब की उलटबाँसियाँ सुनाया करता है।

सूत्रधार एक : हाँ...हाँ, गणेश ही ठीक रहेगा। अरे भई गणेश, बाहर आओ। हम आपको यहाँ कबीर बना रहे हैं और आप उधर खड़े गप्प लड़ा रहे हैं।

विद्धान दो : भरत मुनि ने इन शूद्रों को यह पाँचवाँ वेद देकर ही ग़लती की। ये सब कुछ भ्रष्ट करके ही मानेंगे।

विद्धान एक : चलो, अब हमारा यहाँ कोई काम नहीं बचा।

सूत्रधार दो : अरे, आप कहाँ जा रहे श्रीमान? आप ठहरे महान विद्वान। अगर बीच में आ गई कोई अड़चन, तो कौन करेगा हमारा मार्गदर्शन? इसलिए आप यहीं ठहरें श्रीमान।

विद्वान एक : अच्छा, तो ठीक है, रुक जाते हैं।

विद्वान तीन : *(विद्वान एक को खींचते हुए)* पूछ लेना अपने इस कबीर से कुछ पहले वाला विद्वान था कुछ यह भी विद्वान होगा?

[गायक मंडली आती है।]

सूत्रधार दो : लीजिए, यह गायक मंडली भी आ गई *(कलाकारों से)* आप लोग इधर बैठ जाइए और तैयार हो जाइए। हाँ, तो गणेश, तुम कबीर बन जाओ।

[एक आदमी गणेश को टोपी पहनाता है।]

विद्वान एक : पर यह तो ग़लत है। यह कबीर कैसे बन सकता है?

जन एक : अरे, कैसे का क्या मतलब? हम तो हैं ही कबीर। जिसने कबीर से लौ लगाई, वो समझो हो गया कबीर।

विद्वान दो : यह तो रहस्यवाद बोल रहा है।

जन दो : सोई तो है, महाराज! आप जिसे बाँचते हो, हम उसे जीते हैं। हमारे लिए तो कबीर में हम हैं और हममें कबीर साहब हैं।

सूत्रधार दो : तो शुरू करें। हाँ गणेश, शुरू करो।

कबीर : अब हम गणेश नहीं, कबीर हैं।

सूत्रधार एक : हाँ गणेश महाराज, अरे नहीं, कबीरदास जी, शुरू कीजिए।

कबीर : मैं तो कई दिनों से इस धरती पर आया हुआ हूँ। घूम-घूम कर सारा तमाशा देखता हूँ। मेरा समय एक भयानक संक्रमण का समय था, और आज भी संक्रमण का समय है। बदलने को तो बहुत कुछ बदला है, पर बुराइयों ने भी अपना रूप और बाना बदल लिया है। बुराइयाँ पहले जैसी ही हैं, अत्याचार भी वैसे ही हैं, अन्याय भी वैसे ही हैं। सिर्फ़ बाना बदल गया है।

सूत्रधार एक : अरे...अरे गणेश महाराज, नहीं-नहीं कबीरदास जी, आप तो विद्वानों के साथ खड़े होकर विद्वानों वाली भाषा बोलने लगे। आप कुछ ऐसी भाषा बोलिए, जो हम जैसे नासमझ लोगों की समझ में आ जाए, कुछ उलटबाँसियाँ ही सुनाइए।

कबीर : उलटबाँसी?

समूह : हाँ...हाँ...उलटबाँसी।

कबीर : *बैल बियाई, गई भई बाँझ।*
बछड़ा दूहे तीनों साँझ।
मकड़ी धरी, मांछी छीछ हारी।
मांस पसारी चील रखवाली।
मूसा खेवट, नाव बिलैयाँ।
मेढक सोवै, साँप पहरिया।
नित उठि सियाल, स्वाँग सू जूझे।
कहे कबीर कोई बिरला बूझे।

समूह : अरे कबीरदास जी, कुछ गा के भी सुनाइए।

कबीर : गा के?

समूह : हाँ।

कबीर : *एक अचम्भा देखा रे भाई।*
ठाँड़ा सिंह चरावे गाई।
पहिले पूत पीछे भई माई।
चेला के गुरु लागै पाई।
जल की मछली तरिवर ब्याई।
पकड़ि बिलाई मुरगै खाई।
तलिकार साखा उपरि करि मूल।
बहुत भाँति जड़ लागै फूल।
कहैं कबीर या पद को बूझै।
ताकौ तीन्यो त्रिभुवन सूझै।

[समूह—गाते हुए कबीर के पीछे मंच के बाहर चला जाता है।]

सूत्रधार एक : वो एक संक्रमण का समय था। पुराना जा रहा था और नया आने को था। सामन्तों की असल भूमिका ख़त्म हो चली थी। उसको ख़त्म करने वाली ताक़तें उसी के गर्भ से जन्म ले रही थीं। व्यापारी पूँजी का बोलबाला शुरू हो चुका था। व्यापार, खेती-किसानी और पशुपालन का काम वैश्यों के हिस्से आ गया था। नए काम-धन्धे पैदा हो रहे थे। उस दौर के सारे शिल्प, शूद्र मानी जाने वाली जातियों के हाथ थे। वर्ण व्यवस्था टूट रही थी और जातियाँ आकार ले रही थीं! इसलिए भक्ति और दर्शन पर भी अब सिर्फ़ बामनों और मुल्ला-मौलवियों का कब्ज़ा नहीं बचा था। यह भी शिल्पकारों के हाथ आ गया था।

सूत्रधार दो : सच पूछो तो मैं इन्हीं की बात कर रहा था, लेकिन इसके साथ ही मैं उस ज़माने की भी बात कर रहा था, जो करवट बदल रहा था, इसलिए बहुत सारे बिचौलिए पैदा हो गए थे। बाज़ार बढ़ रहा था। शिल्पकार माल पैदा करते, बिचौलिए उन्हें बाज़ार में व्यापारियों तक पहुँचाते। इनके अपने कुचक्र थे। पर जो नई ताक़तें पैदा हो रही थीं, उनका फ़ायदा इस बात में बिलकुल न था कि लोग धर्म के नाम पर आपस में दंगा-फसाद करें, लेकिन जिन सामन्तों के हाथ से दिनोंदिन ताक़त छिनती जा रही हो, वो भला कैसे चुप बैठते—इन्हीं सामन्तों की कृपा पर जीने वाले विद्वान, पंडित और मौलवी थे, जो सामन्तों की ताक़त को कायम रखने में लगे थे। इसलिए आए दिन नए-नए वितंडे खड़े करते रहते थे। जो मेहनतकश जनता थी, उसे सताने वालों में हिन्दू सामन्त भी थे और मुसलमान सामन्त भी। वो एक ऐसा समय था जिसमें छह दर्शन और छप्पन पाखंड थे।

सूत्रधार एक : एक दिन की बात है। एक सामन्त की सवारी जुलाहों के गाँव से गुज़र रही थी। उसने सुन रखा था कि यहाँ के जुलाहे बहुत अच्छा कपड़ा बुनते हैं। सुन रखा था कि एक कबीर नाम का जुलाहा है जो कमाल की बुनाई करता है। सामन्त ने अपने डेरे वालों से कहा, "चलो, यहीं डेरा डाल दो। हम यहाँ के जुलाहों का काम देखना चाहते हैं।"

दृश्य : दो

[घर के बाहर का दृश्य। रंगीन तागे सूख रहे हैं। एक ओर लोई बैठी उन्हें सुलझा रही है और दूसरी ओर कबीर भी काम में लगा है। दोनों आपस में बातें कर रहे हैं।]

कबीर : अजीब तमाशा है।

लोई : कैसा तमाशा?

कबीर : यही तमाशा। यज्ञ करने वाले अन्न जलाते हैं, बामन नीच जात कह-कह कर हमारा अपमान करते हैं। हम जुगी हैं तो क्या

आदमी नहीं हैं? मौलवी लोग मुसलमानों को बहकाते हैं। ग़रीब लोग पिस रहे हैं। मैं देखता हूँ तो सुलगन-सी उठ खड़ी होती है। तुझे कोई चिन्ता नहीं होती, लोई?

लोई : किसकी चिन्ता?

कबीर : यह जो दुनिया में इतनी बेचैनी फैली है।

लोई : *(मुस्कुराकर)* मुझे इस सबकी बेचैनी नहीं होती, बस, एक बेचैनी होती है। *(कबीर प्रश्नवाचक दृष्टि से देखता है)* तू जब बेचैन होता है, तो होती है। जुगी-जुलाहे क्या और नहीं हैं हमारी बस्ती में, जो तू इतना व्याकुल है?

कबीर : तू स्त्री है, माया तेरे घट-घट में है।

लोई : साधुओं ने तुझे बौरा दिया है, कबीरे। अगर स्त्री माया है, तो पुरुष क्या है? सब भटक रहे हैं। सिद्धों जैसी अटपटी बातें मत कर और न ही नाथों और कापालिकों की तरह डराने की कोशिश करें। बंगाल की कामरूप जादूगरनियों की बात सुनती आई हूँ, पर सब झूठ।

कबीर : यह सब एक मेला है लोई। लगता है और उठ जाता है। जो इसी में भूला रहता है, वह क्या जानेगा? इसी से तो दुख होता है।

लोई : दुख? तू जानता है दुख क्या है?

[बाहर से अचानक बहुत सारी आवाज़ें आती हैं। कमाल घर में प्रवेश करता है।]

कमाल : माई, दादा कहाँ हैं? अरे दादा, बहुत बड़े सामन्त आए हैं आपसे मिलने।

नौकर : *(प्रवेश करता है।)* क्यों? कबीर यहीं रहता है। हम आ गए, महाराज भी आ गए। *(सामन्त का प्रवेश। कबीर अचानक आए लोगों की ओर देखता है।)* अरे, टुकुर-टुकुर क्या देखता है? ख़ुद महाराज तेरे दरवाज़े आए हैं। जो भी अच्छा कपड़ा बुना है, ला और नज़र कर।

सामन्त : बड़ी तारीफ़ सुनी है तेरी उँगलियों की। लोग तो डाह के कारण तेरी चुगली खाते हैं, पर मैं ऐसी चुगलियों पर कान नहीं धरता। आज से तेरी ख़ातिर मेरा ख़ज़ाना आठों पहर खुला रहेगा। तेरी कारीगरी की मुँहमाँगी क़ीमत दी जाएगी। मन में कोई संकोच न लाना।

कबीर : इसमें संकोच किस बात का? इलाक़े के सेठ-व्यापारी लालच दे-देकर हार गए, पर मैंने अपनी कारीगरी पैसों के बदले नहीं बेची।

सामन्त : मेरे रहते तुझे माल बेचने की ज़रूरत ही क्या है? अब तो कोई और ख़रीदने की कोशिश भी करे तो ख़बर कर देना। मैं उसे ज़िन्दा ज़मीन में गड़वा दूँगा।

[नौकर अलगनी पर टँगे कपड़े उतारने को बढ़ते हैं।]

कबीर : मैंने तो पहले ही कहा कि मैं मुनाफे के लिए जुलाहे का काम नहीं करता। आपका आना बेकार गया, इस ख़ातिर माफ़ी चाहता हूँ।

सामन्त : *(ग़ुस्से में)* क्या दूसरों की तरह मेरे लिए भी बेचने की मनाही है?

कबीर : मैंने तो अपने मन की सच्ची बात कह दी। अब आप जो चाहें मतलब निकालें।

सामन्त : मेरे पास मतलब निकालने का वक़्त नहीं। नालायक, तेरी मौत तो नहीं आई?

कबीर : मौत तो एक दिन सबकी आनी है। वो तो किसी का ख़याल नहीं करती—न रंक का, न राजा का। मरने की बात जानता हूँ, तभी तो अपनी मेहनत की क़ीमत नहीं आँकता।

नौकर एक : अगर क़ीमत नहीं आँकना चाहता तो अन्नदाता के चरणों में तमाम चीज़ें भेंट क्यों नहीं कर देता?

कबीर : भेंट देना न देना मेरी मर्जी पर निर्भर है। फिर राजा को किस बात की कमी, जो उसे भेंट करूँ?

सामन्त : तू किसी को अपनी कारीगरी बेचता नहीं, किसी को भेंट नहीं करता, तो यह किसलिए है?

कबीर : ज़रूरत होने पर भी जिसमें इसे ख़रीदने की ताक़त न हो, मेरी कारीगरी उसी के लिए है।

सामन्त : मुँहमाँगी क़ीमत पर भी क्या तू माल नहीं देगा?

कबीर : लोभ-लालच के लिए बात बदलना मेरी फ़ितरत नहीं। एक दफा पूछो तो वही बात और सौ दफा पूछो तो वही बात।

सामन्त : *(ग़ुस्से में)* चिथड़े-चिथड़े कर दो सारे कपड़ों को *(बाहर चला जाता है।)*

[नौकर कपड़ों को फाड़ देते हैं। लोई कबीर को, और कबीर सारा तमाशा चुपचाप देखता है।]

लोई : इतनी बड़ी-बड़ी बातें करते हो। तुम्हारी आँख के सामने तुम्हारी कारीगरी की धज्जियाँ उड़ीं, नंगी तलवारें लहराई गईं, सामन्त की इतनी दुत्कार, इतनी अंट-संट बातें सुनीं, तब तुम्हारे कलेजे में ग़ुस्से की आग क्यों नहीं भभकी? तुम मरने-मारने पर उतारू क्यों नहीं हुए? इतने ज्ञान के बाद भी तुममें जीने का मोह है? मौत का डर है? फिर तुम्हारा सारा ग़ुस्सा किस दिन के लिए है?

कबीर : लोई, एक आदमी के ग़ुस्से से कुछ नहीं होगा। वो तो आत्महत्या की तरह है। जिस दिन मेरे ग़ुस्से की छूत जन-जन के मन को छू जाएगी, उस दिन इनसानों की दुनिया में न कोई राजा होगा न रंक, न ऊँच होगी न नीच होगी, न सच होगा न झूठ। न पाप होगा न पुण्य, न अमीर होगा न ग़रीब, न मन्दिर होगा न मस्जिद, न फ़ौज होगी न हथियार। किसी को यह हक़ नहीं होगा कि अपनी ताक़त के दम पर दूसरे की मेहनत के टुकड़े-टुकड़े करवा दे।

सूत्रधार एक : कबीर सो धन संचिये, जो आगैं कूँ होई।
सीस चढ़ावे पोटली, ले जात न देख्या कोई।
देख लिया आपने? कबीरदास जी कहते हैं, उसी धन का संचय करो न, जो आगे काम दे। तुम्हारे इस धन में क्या रखा है? गठरी सिर पर रखकर किसी को भी आज तक ले जाते नहीं देखा? क़िस्सा तो क़िस्सा है। सच भी हो सकता है और झूठ भी, पर जो बानी में आया वो तो खरा सच है।

समूह गाता है : *अब न बसूँ इहि गांइ गुसाईं, तेरे नेवगी खरे सयाने हो राम।*
नगर एक तहाँ जीवधर मेहता, बसे जु पंच किसाना।
नैनू नकट सरवन रसनू, इन्द्री कहया ना माने हो राम।
धरमराई जब लेखा माँग्या, बाक़ी निकसी भारीं।
पाँच किसाना भाजि गए हैं, जीवधर बाँध्यो पारी हो राम।
कहै कबीर सुनो रे संतो, हरि भजि बाँधों भेरा।
अब की बेर बकसि बन्दे को, सब खेत करो नबेरा हो राम।

दृश्य : तीन

विद्वान एक : कबीर के इस छह सौवें दिन पर हमारा उत्तरदायित्व है कि हम लोगों को कबीर के बारे में बताएँ।

विद्वान दो : लेकिन मैं तो आपके मत से सहमत नहीं हूँ, आपने जो व्याख्या की है।

विद्वान तीन : देखिए, यह परिसंवाद का मामला है। बेहतर होगा कि हम इस पर एक राष्ट्रीय परिसंवाद आयोजित कर डालें।

विद्वान एक : पर राष्ट्रीय परिसंवाद के लिए तो धन वग़ैरह का भी इन्तिज़ाम करना होगा।

विद्वान दो : *(तीन की ओर इशारा करके)* जब तिवारी जी हमारे साथ हैं तो फिर फिकर की क्या बात है? इनकी तो बड़ी पहुँच है।

विद्वान तीन : वो सब तो होता रहेगा। पहले ये जो लोग हमसे कुछ सुनने की उम्मीद में यहाँ आए हुए हैं, इनसे तो बातें कीजिए। कबीर को हमें जनता के बीच ले जाना है।

विद्वान एक : कबीर तो पहले से ही जनता के बीच में हैं महाशय। और यहाँ तो कुछ लोग पहले से ही कबीर बनने की फिराक में हैं। अब इन गणेश महाशय को ही देख लीजिए।

जन एक : गणेश भइया, आप बैठ जाइए। हम देख लेते हैं।

जन दो : हर्ष भइया, आप भी बैठ जाओ। हम हैं न यहाँ।

विद्वान दो : बहस बाद में कर लेंगे पहले...*(समूह की ओर इशारा करके।)* इनसे बातें कर लें।

विद्वान तीन : ठीक है।

विद्वान एक : *(समूह से)* कबीर के क़िस्से तो आप लोगों को बहुत मालूम हैं, पर कबीर को सिर्फ गाते-बजाते ही हो या कुछ समझते-बूझते भी हो?

विद्वान दो : ये लोग गा-बजा लेते हैं, ये ही क्या कम है? यूँ तो आप भी कितना समझते हैं, यह हम भी जानते हैं।

विद्वान तीन : इस समय आप लोग आपस में बहस मत करिए।

विद्वान एक : मुझसे मत उलझिए।

विद्वान तीन : न मौक़ा देखते हैं, न बात की गम्भीरता को समझते हैं?

जन एक : कहो महाराज, अब आप ही कहो कबीर साहब के बारे में।

समूह : हाँ-हाँ, कुछ कहो साहब के बारे में...।

विद्वान एक : कबीर एक रहस्यवादी कवि थे।

सूत्रधार दो : *(मज़ाक़ बनाते हुए)* वो साधारण व्यक्ति नहीं थे, यही कहेंगे न आप?

विद्वान एक : वो रामानन्द के शिष्य थे, रामानन्द जी के बारह शिष्य थे।

सूत्रधार दो : रैदास, कबीर, पन्ना, सेना जी, पीपा जी, आशानन्द जी, भवानन्द जी, महानन्द जी, परमानन्द जी, श्री आनन्द जी, सुखानन्द जी और सुरसुरानन्द जी।

विद्धान एक : इनमें कई ऐसे थे, जो दलित और पिछड़ी मानी जाने वाली जातियों से आए थे। अलग-अलग कारीगरियों से जुड़े लोग थे। रैदास जूता गाँठते थे। भाई जोशी जी, मुझे तो लगता है कि कबीर साहब ने रामानन्द की गोष्ठियों से ही अद्वैतवादी दर्शन को जाना होगा।

विद्धान दो : शेख़ तक़ी जैसे कई सूफ़ियों के साथ सत्संग करने का भी उन्हें अवसर मिला था। ऐसा लगता है कि भारत में तब तक सूफ़ियों का प्रभाव भी होने लगा था। कबीर साहब की भाषा में जो अरबी और फारसी के शब्द मिलते हैं, वो भी इसी प्रभाव से आए होंगे। कबीर साहब ने इसी से इस्लाम धर्म को जाना होगा।

विद्धान एक : यह जो रहस्यवाद है, कोई आसान चीज़ नहीं है। एक गहन वन की तरह है इसकी परिभाषा। करना हो तो समझो।

विद्धान दो : *(मज़ाक़ उड़ाते हुए)* एक अमृत कुंड को मिट्टी के घड़े में भरना है। *(गम्भीर होकर)* इसमें जीवात्मा दिव्य और अलौकिक भक्ति से अपना सम्बन्ध जोड़ना चाहती है। आत्मा उस दिव्य शक्ति से इस प्रकार एक में एक हो जाती है कि आत्मा में परमात्मा के गुणों का प्रदर्शन होने लगता है और परमात्मा में आत्मा के गुणों का।

विद्धान तीन : यह राष्ट्रीय परिसंवाद नहीं है, भाई साहब। इन बातों को वहाँ बुद्धिजीवियों के लिए बचाए रखें तो बेहतर होगा।

विद्धान एक : मुझे तो लगता है कि इस गायक मंडली के लोगों को भी हमें राष्ट्रीय परिसंवाद के लिए बुला लेना चाहिए।

विद्धान दो : हाँ, गा-बजा तो ये लोग अच्छा लेते हैं। यूँ भी आजकल ये बौद्धिक संगोष्ठियाँ ज़्यादा ही नीरस होती जा रही हैं। श्रोता तो जैसे इनसे ग़ायब ही हो गया है।

सूत्रधार एक : भाई, श्रोता कब तक आएगा? बातें भी तो वोई-वोई होती हैं हर जगह। नया तो न सोचा जा रहा है, न बोला जा रहा है।

विद्धान एक : *(नक़ल करके)* नया कुछ तो न सोचा जा रहा है, न बोला जा रहा है। नया तो सिर्फ आप सोचते हैं। बाक़ी लोग तो घिसे हुए रिकॉर्ड हैं।

सूत्रधार एक : अरे, आप तो बुरा मान गए भाई, मैं आपके लिए थोड़े न कह रहा हूँ, मैं तो एक सामान्य बात कह रहा था। वैचारिक गोष्ठियों में ऊब बढ़ रही है। इसमें कुछ मनोरंजन का तत्त्व भी जुड़ना चाहिए।

विद्वान दो : आप तो हर चीज़ को उत्सवधर्मी बना देना चाहते हैं।

विद्वान तीन : साधारण जनता के लिए कबीर एक उत्सव ही हैं, जीवन का उत्सव।

विद्वान एक : *(गायक मंडली से)* अरे भाई, आप लोग कोई पद नहीं गा सकते कबीर साहब का? ये लोग बिचारे ऊब रहे हैं। इनकी विचार क्षमता थोड़ी थक गई है।

गायक मंडली : अरे साहब, जो पद कहो वो सुना दें। साहेब का पद तो जब कहो तब सुना दें।

विद्वान एक : आप लोग अपनी मर्जी से ही सुनाइए, वो ही ठीक रहेगा।

गायक मंडली : तो लीजिए सुनिए।

जन एक : कहते हैं, महाराज कि एक बार कबीर साहब कई दिनों से घर से बाहर थे। जब लौटे तो साँझ हो रही थी। लोई माई सिर पर पानी का घड़ा लिये उसे रखने जा रही थीं। तभी कमाल ने आवाज़ लगाई, "माँ देख, दादा आ गए।" यह सुन लोई माई पलटी और घड़ा गिरकर फूट गया। तभी कबीर साहब ने मुस्कुराकर देखा और कहा—फूटा कुम्भ, जल जलहिं समाया।

जन दो : कबीर साहब ने तो सारी बात एकदम मज़े-मज़े से कह दी है।

गाना : *दरियाव की लहर दरियाव है जी हो।*
दरियाव और लहर में भिन्न कोयम।
उठे तो नीर है बैठे तो नीर है।
कहो जो दूसरा किस तरह होयम।

जन तीन : महाराज, आप लोग चुप क्यों हैं? आप भी मज़े ले-लेकर गाइए न।

गाना : *उसी को फेर के नाम लहर धरा।*
लहर के कहे क्या नीर खोयम।
जक्त ही फेर जब जक्त पर ब्रह्म में।
ज्ञान कर देख माल गोयम।

विद्वान तीन : यही तो, उस दिव्य अनुभूति में इन्द्रियाँ अपना काम करना भूल जाती हैं। उसमें जीव अपनी सत्ता खो देता है। 'मैं', 'मेरा' और 'मुझे' का ख़त्म हो जाना ही रहस्यवाद की आवश्यक शर्त है।

जन तीन : पर महाराज, उलटबाँसियों में तो रहस्यवाद भरा पड़ा है।

विद्वान दो : कैसी बातें कर रहे हैं आप? उलटबाँसियों के लिए तो कबीर को बार-बार बदनाम किया जाता रहा है। इसलिए तो लोग कहते हैं कि कबीरदास की उलटी बानी, बरसे कम्बल, भीजै पानी।

जन एक : पर महाराज, उलटबाँसियाँ सिर्फ़ कबीर साहब ने ही नहीं कही, नागपंथी योगियों और सहजयानियों ने भी उलटबाँसियाँ कही हैं। पर एक बात तो साफ़ है महाराज कि कबीर साहब की साधना उन योगियों और सहजयानियों से अलग है।

जन दो : सूफियों के शब्दों की भी उन्होंने कुछ अलग ही व्याख्या की है।

जन तीन : कबीर साहब उलटबाँसी कहें या सीधा-सादा पद कहें, उनकी बात तो समझ में आती है, पर आपकी बात तो हमारे सिर के ऊपर से चली जाती है!

जन चार : कबीर तो ईश्वर की अनुभूति को गूँगे का गुड़ कहते हैं।

विद्वान एक : हम भी तो यही कहते हैं कि वह असम्प्रेष्य है, अभिव्यंजनीय है और अवर्णनीय है।

जन पाँच : उनके लिए असीम और ससीम का कोई भेद न था। उनका ईश्वर, इस्लाम के एकेश्वरवाद और हिन्दुओं के बहुदेववाद से परे था।

जन छह : सच्चाई तो यह है कि उस दौर में निर्गुन भक्ति भी एक क्रान्तिकारी विचार था, फिर कबीर तो निर्गुन और सगुन, दोनों को ही लाँघ जाते हैं।

जन आठ : *(बाहर से प्रवेश)* गंगा घाट पर जाएँगे, होली वहीं मनाएँगे।

जन सात : क्या हुआ?

जन आठ : अरे, तुम लोग यहाँ बैठे हो, और मैं तुम्हें सब जगह ढूँढ़ आया। चलो, कबीर साहब ने तुम सबको बुलाया है। कल होली है न, और होली का नाच-गाना होगा गंगा किनारे, चलो।

[सब जाते हैं। विद्वान विपरीत दिशा हेतु प्रस्थान करते हैं।]

सूत्रधार : क्यों श्रीमान, आप नहीं जाएँगे गंगा किनारे? वहाँ पूरा इन्तज़ाम है।

विद्वान एक : *(भाँग का इशारा करके)* व्यवस्था है क्या? *(उत्तर में सूत्रधार सिर हिलाता है। साथियों से)* चलो भई, पूरी व्यवस्था है।

[विद्वान वहाँ से उसी दिशा में जाते हैं जहाँ कोरस गया है।]

सूत्रधार : हमारे पूरे उत्तर भारत के बुद्धिजीवियों की यही दशा है। बग़ैर इसका सेवन किए इनकी कल्पना काम ही नहीं करती। हाँ, तो मैं आपको बता रहा था कि कबीर को नई कारीगर जातियों के लिए एक नए ईश्वर की तलाश थी, एक नए दर्शन की। वो हर दर्शन के पास गए, हर धर्म के पास गए, हर पंथ के पास गए, लेकिन कुछ ही समय में उन्हें हर पंथ की, हर धर्म की, हर दर्शन की सीमा समझ में आ जाती और वे उसकी सीमा को लाँघ जाते। उन्होंने हर धर्म के विरोधाभासों की, उसकी विकृतियों की तीखी आलोचना की। उन्हें तो दरअसल मेहनतकश लोगों के लिए एक ऐसे दर्शन की तलाश थी, जिसमें दुख के साथ सुख भी हो, मानवता के साथ संवेदना हो, आपस में सद्भाव हो, लोगों में एक-दूसरे को समझने की समझ हो, जहाँ लोग विपत्ति से दूर न भागते हों और जहाँ पीड़ा को भी एक उत्सव की तरह मनाते हों। अब वो होली वाली बात ही ले लीजिए, बुरा न मानो होली है।

दृश्य : चार

[एक तरफ़ से कबीर तथा दूसरी तरफ़ से पालकी पर बैठा गुसाईं प्रवेश करता है।]

गाना : *ऐ जी है बलम परदेसवा।*
होली का संग खेले।
ऋतु बसन्त अब आय गई है।
फूलन लागे टेसुआ।
कपड़ा रंगीले पहिरन लागे।
बिरहिन ढारे असुवा।
ऐ जी होरी का संग खेले।

[कबीर गुसाईं की तरफ़ देखकर कहता है।]

कबीर : *फूटि आँख विवेक की, लखे न संत असंत,*
जाके संग दस-बीस हैं, ताका नाम महंत।

[गुसाईं के चेले मारने दौड़ते हैं और उनमें से एक कबीर को पत्थर मारता है।]

चेला : ले जा वाको और समझा दइयो आगे से इधर न आ जाए, वरना बहुत पिटेगो। नीच, कमीन, जुलाहा गुरु जी हमने मार दओ वा को पथरा।

गुसाई : अच्छो मारो बेटा पत्थरा। एक और लगे हन के, वहीं रह जाए तन के। ई नीच ने तो सबरो धरम नष्ट कर दओ। अब तो गंगा चलकर ही सपरें। सारा मज़ा ही बिगाड़ दिया इस नीच ने।

[चेले उन्हें उठाते हैं।]

चेले : गुसाईं महाराज की जय।

कबीर : *फूटी आँख विवेक की, लखे न संत असंत।*
जाके संग दस बीस हैं, ताका नाम महंत।

गाना : *ऐ जी है बलम परदेसवा।*
होली का संग खेले।
ऋतु बसन्त अब आय गई है।
फूलन लागे टेसुआ।
कपड़ा रंगीले पहिरन लागे।
बिरहिन ढारे असुवा।
ऐ जी होरी का संग खेले।

[नृत्य करता हुआ समूह मंच से प्रस्थान करता है। सूत्रधार का प्रवेश।]

सूत्रधार एक : ऐ जी होरी का संग खेलो। बुरा न मानो होली है। कबीर तो थे ही मुँहफट, खरी कहते थे। जो भी कहते थे, ताल ठोंककर कहते और सबके सामने कहते। इसी से काशी में उनका विरोध कम न था। अब जो ताल ठोंककर कहेगा, उसका विरोध भी होगा और मार भी खाएगा, पर कबीर डरकर रहने वाले व्यक्ति नहीं थे। एक बार की बात है। नाथ जोगियों का एक दल काशी आया। आसपास के सारे लोग उनके सेवा-सत्कार में जुट गए। कबीर ने एक क्षण को देखा, फिर मुस्कुराए और बोले...।

[समूह प्रवेश करता है।]

समूह : *मन न रँगाए, रँगाए जोगी कपरा, आसन मारि मन्दिर में बैठे।*
नाम छाड़ि पूजन लागे पथरा, कनवा फड़ाय जोगी जटवा बढौले।
दाढ़ी बढ़ाए जोगी होए गैले बकरा।

सूत्रधार : जोगी चिल्लाए, बन्द करो ये बकवास वरना तुम्हारी बस्ती भस्म कर देंगे। नाथ जोगियों की यह बात देखते-ही-देखते पूरे काशी में फैल गई, पर कबीर के निशाने पर तो पंडित भी थे और मुल्ला-मौलवी भी। एक दिन मौलाना से पूछ लिया कि जो खोदाय मस्जिद में बसतु है और मुलुक केही केरा।

सब : मतलब?

सूत्रधार : मतलब तुम्हारा ख़ुदा अगर मस्जिद में बसता है तो बाहर की रखवाली कौन करता है? अब चलें, दशाश्वमेध घाट पर भी देख लिया जाए कि कबीर से किलपने वाले क्या-क्या कर रहे हैं?

दृश्य : पाँच

[घाट पर पंडे लोग बैठे हैं, कुछ नहा रहे हैं।]

पंडित एक : हम नहाकर चले तो कहने लगा, इस नहाने-धोने से क्या लाभ, जो मन का ही मैल नहीं जाए। पानी में मछली तो सदा ही पड़ी रहती है, पर धोने से क्या बास जाती है?

पंडित दो : मिश्र जी, यह कबीर तो बहुत ही उद्दंड है। मैंने तो काशी छोड़ने का निश्चय कर लिया है। बोलता है, पोथी पढ़ि-पढ़ि जग मुआ पंडित भया न कोय, ढाई आखर प्रेम का पढ़े सो पंडित होय। मैंने घूरकर देखा, तो बोला, पंडित और मसालची, दोनों सूझे नाहिं।

पंडित तीन : उस उद्दंड की हिम्मत तो देखिए, राधेशरण जी के साथ मैं भी था। मैंने कहा भी, जुलाहे, सँभल जा। इस तरह की बात अच्छी नहीं। तो बोलने लगा, अपनी-अपनी कहत हो, काको धरिए ध्यान? अब तो काशी में रहने का धरम ही नहीं रहा। ब्राह्मणों को जुलाहे फटकारने लगेंगे तो लोग क्या कहेंगे?

पंडित चार : सारे शूद्र तो उसी की जय-जयकार कर रहे हैं। मुझे एक शूद्र छू गया। मैंने खड़ाऊँ उतारकर मारी तो मुझसे ही उलझने लगा।

पंडित एक : शिव शम्भो...शिव शम्भो...अनर्थ हो रहा है। ब्राह्मणो, जागो। अरे नहाते ही रहोगे क्या? उधर, सबरा धर्म नष्ट होता जा रहा है। ओ भइया, क्या पोथी ही पलटते रहोगे? धर्म के लिए उठो। उधर यवनों ने तो नाश कर ही रखा है और ये नीच तो वेद का टाट ही उलट देने पर आमादा है, चलो।

पंडित दो : अब तो कुछ-न-कुछ करना ही पड़ेगा। पानी सिर से ऊँचा हो गया है।

[सारे पंडितों का प्रस्थान। सूत्रधार के साथ समूह का प्रवेश।]

जन एक : अरे सूत्रधार जी, आपके पंडित महाराज तो गए। अब आप हमें क्या समझा रहे थे, वो समझाइए।

सूत्रधार एक : पंडितों की भाषा में?

जन एक : अरे नहीं महाराज, अपनी भाषा में।

सूत्रधार एक : कबीर के कई रूप हैं। उन्होंने सहजयानियों और नाथपंथियों का विरोध ही नहीं किया, उनसे कुछ लिया भी। उनमें एक अक्खड़पन है। घर फूँक मस्ती है। फटकार कर सच कहने का साहस है और एक फक्कड़ाना ठाठ है। तभी तो कहा है...।

समूह : *हम घर जारा आपना, लिया मुराड़ा हाथ।*
अब घर जारों तासु का, जो चले हमारे साथ।

जन पाँच : देखने की बात यह है कि दुख ने उन्हें कभी कातर नहीं बनाया। उनमें दैन्य नहीं है, रिरियाहट नहीं है।

जन चार : दुख ने उन्हें फक्कड़ और फटकार कर सच कहने वाला बनाया।

जन पाँच : जिसके पास खोने को कुछ न हो, जो अपना घर जार कर आया हो, उसे फिर सच-सच और खरी-खरी कहने से कौन रोक सकता है?

जन दो : इसलिए तो पाखंड किसी का हो, कबीर की टेढ़ी आँख से नहीं बचता। मुल्ला हो, पंडित हो, जोगी हो, भोगी हो, वो सबकी ख़बर लेते हैं।

जन तीन : उन्हें तो अपने साधारण लोगों को जगाना था। उनके बीच फैली भ्रान्तियों को मिटाना था, इसलिए रूढ़ियों पर, पाखंड पर चोट करना ज़रूरी था।

जन दो : साहब ने कहा है न।

[समूह का प्रस्थान एवं जोगन का प्रवेश।]

समूह : *साधको खेल तो बिकट बेड़ा मती,*
सती और सूर की चाल आगे।
सूर घमासान है पलक दो-चार का,
सती घमासान पल एक लागै।
साध संग्राम है रैन दिन जूझना,
देह परजन्त का काम भाई।

[जोगन का प्रस्थान एवं सूत्रधारों का प्रवेश।]

सूत्रधार एक : देवियो और सज्जनो, सत्य की खोज करने वाले का संघर्ष बहुत कठिन है। सती और सूरमा के बनिस्बत वचन निभाना ज़्यादा कठिन है। सूरमा की लड़ाई तो दो-चार पल की है और सती का संघर्ष भी एक पल में ख़त्म हो जाता है, लेकिन सत्य को खोजने वाले का संघर्ष कभी ख़त्म नहीं होता। सच की जो लड़ाई कबीर ने शुरू की थी, वो आज कहाँ पहुँची?

सूत्रधार दो : वो जिसने अनहद को अपने सुहंग तूरा से गुंजा दिया, हमने उसके उस बेहद के मैदान को हदों में बहुत छोटी-छोटी हदों में बाँट दिया। उस कबीर की बानी का हमने क्या किया जिसमें सूरज-चाँद और तारों के चिराग जल रहे हैं? जिसमें शून्य गगन में दिन-रात नौबत बज रही है। तबला और निसान बज रहे हैं। जिसमें रहस्यमयी ज्योति की झालर जगमगा रही है। सारा आकाश संगीत से भरा है। उस कबीर का हमने क्या किया, जिसने ज्ञान की थाली में प्रेम का दिया जलाया था? जिसने कहा था...

[दोनों सूत्रधार मंच के कोने में जाते हैं और जोगन गाती हुई मंच पर आती है।]

जोगन : *हिन्दू कहो तो मैं नहीं, मुसलमान भी नाहिं।*
पाँच तत्त का पूतला, गैली खेलै माहिं।

[नेपथ्य से अचानक शोर होता है। कुछ व्यक्ति चारों ओर से लाठी चलाते हुए आते हैं और दूसरी तरफ़ से निकल जाते हैं। चीख़ने-चिल्लाने की, मारो-मारो की आवाज़ें आती हैं।]

सूत्रधार एक : वहाँ क्या हो रहा है?

जन एक : शहर में दंगा हो गया है।

जन दो : वहाँ लोग दुकानें लूट रहे हैं। अरे...अरे, उस बाज़ार में आग लगाई जा रही है।

जन तीन : अरे इन दंगाइयों ने तो एक आदमी को टायर पहनाकर जिन्दा ही जला दिया।

जन चार : लोग भाग रहे हैं। अरे देखो, वो छोटा-सा बच्चा भीड़ के पाँवों में आकर कुचल गया है।

जन दो : लगता है जैसे शताब्दियों की नींद से जागकर बर्बर वापस आ गए हैं।

[मंच पर से एक स्त्री भागती हुई दिखाई देती है।]

जन तीन : वो स्त्रियों की अस्मत...।

[समूह मंच पर से भाग जाता है।]

सूत्रधार दो : तुम पूछ रहे थे न कि हमने कबीर की सच की लड़ाई का क्या किया? जिस कबीर ने अर्थ के शरीर से शब्द के कपड़े हटा दिए, उसकी शब्द साधना का क्या किया? जिसने बार-बार राम-रहीम को एक कर दिखाया, हमने उस राम-रहीम का क्या किया?

सूत्रधार एक : हमने उसकी जतन से ओढ़ी और ज्यों की त्यों धरी चुनरी को तार-तार कर दिया। हमने उसके सारे ताने-बाने बिखरा दिए।

गाना : *एक निरंजन अलह मेरा।*
हिन्दू तुरक दुहू नहीं मेरा।
राखूँ बरत ना महरम जाना।
तिसहि सुमिरूँ जो रहे निदाना।
पूजा करूँ ना निमाज़ गुजारूँ।
इस निराकार हिरदे नमस्कारूँ।
ना हज जाउँ ना तीरथ पूजा।
एक पिछाण्या तो का दूजा।
कहै कबीर भरम सब भागा।
एक निरंजन सूँ मन लागा।

[समूह का प्रस्थान।]

दृश्य : छह

सूत्रधार एक : कबीर साहब के जन्म को लेकर कई क़िस्से हैं। तिथियों और वर्ष को लेकर भी कई विवाद हैं। उनके जन्म को लेकर कई किंवदन्तियाँ मशहूर हैं। उस दोहे को प्रमाण मानें जो कबीर चरित्र बोध में दिया है तो उसमें कहा गया है।

सूत्रधार दो : *चौदह सौ पचपन साल गए।*
चन्द्रवार इक ठाठ ठए।
जेठ सुदी बरसायत कों।
पूरनमासी तिथि प्रकट भए।
धन गरजे दामिनि दमकें।
बूँदें बरसें झर लाग गए।
लहर तालाब में कमल खिले।
जहाँ कबीर भानु प्रकट भए।

सूत्रधार एक : विवाद सिर्फ़ इस बात का नहीं है कि कबीर कब पैदा हुए, विवाद तो इस बात पर भी है कि वो पैदा कैसे हुए? कुछ लोग उन्हें अवतार मानते हैं और कहते हैं कि वो एक दैवी प्रकाश से पैदा हुए थे और लहरतारा तालाब में एक कमल पर तैरते हुए पाए गए थे। कुछ उन्हें एक विधवा ब्राह्मणी का पुत्र मानते हैं। उनके जन्म की एक कथा यह भी है।

[एक ओर अपने चेलों के साथ रामानन्द जी का प्रवेश। वृद्ध ब्राह्मण और एक लड़की का प्रवेश, जो सफ़ेद साड़ी पहने है। वृद्ध रामानन्द जी को प्रणाम करने को बढ़ता है, चेला रोककर।]

चेला : ऐ, कहाँ बढ़ा आ रहा है? कौन है तू?

वृद्ध : ब्राह्मण हूँ, महाराज।

[रामानन्द आशीर्वाद में हाथ उठाते हैं। पुत्री प्रणाम करती है।]

रामानन्द : पुत्रवती भव।

[लड़की घबराकर पीछे हटती है।]

वृद्ध : यह क्या कह दिया, महाराज? मेरी बेटी तो विधवा है। इस आशीर्वाद को लौटा लें, महाराज।

रामानन्द : आशीर्वाद लौटाए नहीं जाते और...।

चेला : रामानन्द महाराज का वचन ख़ाली नहीं जाता।

[सबका प्रस्थान।]

जन एक : कहा जाता है कि इसी ब्राह्मणी के गर्भ से एक दिन कबीर पैदा हुए। बदनामी के डर से उस माँ ने उन्हें एक तालाब के किनारे छोड़ दिया। यहीं एक जुलाहा दम्पती ने उन्हें पाया था। नीरू और नीमा नाम था उनका।

जन दो : एक कहानी में तो यह भी बताया है कि लोदी के सिपाहियों और कबीर के बीच झगड़ा हुआ, तो उसमें कबीर को पालने वाली नीमा माँ घायल हो गई और उसने मरने से पहले कबीर को बताया कि वो एक अनाथ बच्चा था, जो उन्हें एक दिन रास्ते में मिला था।

जन तीन : हो सकता है इसीलिए कबीर ने कहा हो।
कबीर माँई बिड़ानी बाप बिड़ हम भी मँझि बिड़ा।
दरिया केरी नावं ज्यूँ संजोगे मिलिया।
मतलब, माँ भी बिरानी थी, बाप भी बिराना और हम भी बिराने हैं। जैसे नदी में नौकाएँ आकर मिल जाती हैं, उसी तरह हम भी संजोग से ही आ मिले हैं।

जन पाँच : ये सब गढ़ी-गढ़ाई कहानियाँ हैं। ऊँची जात वालों के चोंचले हैं। एक महान आदमी पैदा हो गया किसी छोटी जात में, तो ये उच्च जाति के लोग कैसे बर्दाश्त करें? तो ऐसी कहानियाँ गढ़ लीं कि वो तो जन्म से ही ऊँची जात के थे। यह सब बकवास है। वो जुलाहे के ही पुत्र थे और जुलाहे ही थे। कबीर ने साफ़-साफ़ कहा है।

जन तीन : क्या कहा है?

समूह गाता है : *कबीर दुनियाँ भाँड़ा दुख का भरी मुँहा मुँह भूख।*
अदया अलह राम की, करहैं ऊँची कूख।

जन पाँच : मतलब साफ़ है, यह दुनिया दुखों का घड़ा है जिसमें मुँह तक भूख भरी है। यह अल्लाह-राम की अदया ही है कि उस पर भी मैं एक कुलक्ष्य और हीन कुल में पैदा हुआ।

सूत्रधार एक : ख़ैर, इस तरह के विवादों का तो कोई अन्त नहीं। कबीर साहब ने न तो अपने को कभी हिन्दू माना न मुसलमान, वो जात-पाँत से ऊपर थे। इस तरह के किसी ढोंग में उनका विश्वास नहीं था।

जन एक : कबीर साहब को लेकर तरह-तरह की किंवदन्तियाँ मशहूर हैं। लगता है, कुछ तो उनके पदों में आए बिम्बों को लेकर बना ली गई हैं और कुछ उस दौर में जनता पर होने वाले अत्याचारों और जनता के मन में उठने वाले ग़ुस्से से पैदा हुई होंगी। ग़ुस्से के कई रूपक होते हैं।

जन तीन : कहा जाता है कि कबीर साहब की उम्र एक सौ बीस साल थी। अब कबीर साहब की काया की उम्र एक सौ बीस साल रही हो या उससे कम, लेकिन यह तो अब एकदम साफ़ है कि कबीर की उम्र, संत कबीर की उम्र छह सौ साल हो चुकी है और अभी वह कई सदियों को लाँघती चली जाएगी।

जन दो : कबीर साहब एक विद्रोही कवि थे। यह विद्रोही स्वभाव उन्होंने अन्त समय भी नहीं छोड़ा। वो बनारस में पैदा हुए थे, पर मृत्यु के समय मगहर चले आए थे।

समूह : *सकल जनम शिवपुरी गँवाया।*
मरती बेर मगहर उठ आया।

जन दो : मरते समय वो यह कहते हुए बनारस से चल दिए कि *क्या काशी क्या ऊसर मगहर, राम हृदय बस मेरा।*

विद्वान : अरे...अरे, हम आ गए।

समूह : तो हम चले। *(समूह जाता है।)*

विद्वान : तो अब हमें कौन सुनेगा?

सूत्रधार : हम हैं न।

विद्वान : *क्या काशी क्या ऊसर मगहर, राम हृदय बस मेरा।*
जो काशी तन तजै कबीरा, रामहिं कौन निहोरा।

सूत्रधार एक : वाह! क्या बात कही है। अगर काशी में तन तजकर मुक्ति पाऊँ तो राम का कौन-सा एहसान होगा? तो ऐसे थे हमारे कबीर साहब—अक्खड़, फक्कड़ और क्रान्तिकारी। कबीर तो ज्ञान के हाथी पर चढ़े थे, पर सहज का दुलीचा डाले बिना भक्ति के मन्दिर में नहीं प्रविष्ट हुए थे। बाह्याचार का खंडन किया था, पर सिर्फ़ आक्रमण की मंशा से नहीं। ईश्वर के बिरह में तपे थे, पर आँख में आँसू भरकर नहीं। राम को आग्रहपूर्वक

पुकारा था। सर्वत्र उन्होंने एक समता को बनाए रखा। सामाजिक ऊँच-नीच को और उसके समर्थकों को उन्होंने कभी क्षमा नहीं किया। भगवान के नाम पर पाखंड करने वालों को उन्होंने कभी छूट नहीं दी। दूसरों को गुमराह करने वालों को उन्होंने कभी नहीं बख्शा। ऐसे प्रसंगों में वे उग्र थे। कठोर और आक्रामक थे। व्यंग्य उनकी बात का सबसे बड़ा हथियार था।

दृश्य : सात

[विद्वानों का गाते हुए प्रवेश।]

विद्वान : इसी घट में चाँद झलकता है, लेकिन अंधी आँखों को दिखाई नहीं देता। इसी घट में चाँद है और इसी घट में सूरज और इसी घट में अनहद तूर सुनाई देता है। इसी घट में ढोल और डंके बज रहे हैं, लेकिन बहरे कानों को कुछ सुनाई नहीं देता। जब तक आदमी मेरी-मेरी करता रहता है, तब तक कोई काम नहीं बनता। जब यह अहंकार मिट जाता है, तब भगवान स्वयं आकर हर काम को सँवार देते हैं। कर्म का उद्‌देश्य केवल ज्ञान है, लेकिन ज्ञान के आते ही कर्म बेकार हो जाता है, जैसे फूल फल पैदा करने के लिए खिलता है, लेकिन यही फल लगने के बाद मुरझा जाता है। कस्तूरी हिरन की नाभि में होती है, लेकिन वह उसे अपने शरीर के बजाय घास में खोजता फिरता है।

गाना : *चन्दा झलके यहि घट माहीं।*
अंधी आँखन सूझै नाहीं।
यहि घट चन्दा यहि घट सूर।
यहि घट गाजै अनहद तूर।
यहि घट बाजै तबल निसान।
बहिरा सबद सुनै नहिं कान।
जब लग मेरी मेरी करे।
तब लग काजे एकौ नहिं सरे।
जब मेरी ममता मर जाय।

तब लग प्रभु काज सँवारे आय।
ज्ञान के कारन करम कमाय।
होय ज्ञान तब करम नसाय।
फल कारन फूले बनराय।
फल लागें पर फूल सुखाय।
मृगा पास कस्तूरी बास।
आप न खोजे खोजे घास।

[सुल्तान का प्रवेश। सिपाही सुल्तान के सामने कबीर को लाते हैं। उसके पीछे पूरी जनता खड़ी है।]

सुल्तान : दरबार में आने में इतनी देर क्यों लगाई?

कबीर : मैंने एक ऐसा नज़ारा देखा कि थम गया।

सुल्तान : ऐसा कौन-सा नज़ारा था कि जिसने तुझे हुक्मउदूली करने को मजबूर कर दिया?

कबीर : सुल्तान, मैंने सूई की छेद से एक पूरे कारवाँ को गुज़रते देखा।

सुल्तान : तुम झूठे हो, मक्कार हो, इस उलटबाँसी का क्या मतलब?

कबीर : यह तो अपनी-अपनी समझ का फेर है, सुल्तान। स्वर्ग और नरक में कितना अन्तर है? सूरज और चाँद के बीच इस अन्तरिक्ष में अनगिनत ऊँट और हाथी समा सकते हैं, पर सब एक आँख की पुतली की नोक से देखे जा सकते हैं जो सूई की छेद से भी छोटी है।

सुल्तान : ख़ामोश जुलाहे। क्या यह सच है कि तूने रिआया को भड़काया है?

कबीर : यह ग़लत है।

काजी : हुजूर मुझे इजाज़त दें तो मैं कुछ अर्ज करूँ?

सुल्तान : कहो।

काजी : हुजूर, यह जुलाहा लोगों से कहता है कि नमाज़ी झूठे हैं।

कबीर : मुझसे जलने वाले हिन्दू कहते हैं कि मैं नीच हूँ और मुसलमानों का दोस्त हूँ। तुम कहते हो कि मैं मुसलमानों का दुश्मन हूँ। सुनो, मैं तुम्हारी तेग से भी नहीं डरता।

सुल्तान : जुलाहे...।

कबीर : तू मुझे रोक सकता है, सुल्तान? अगर ब्राह्मणों, जोगियों, शाक्तों, बौद्धों और कापालिकों का बस चलता, तो वे भी मुझे कभी का मार चुके होते। *(जनता की ओर इशारा करके)* इन्होंने ही मुझे

बचाया है। मेरी सच्ची आत्मा ने मुझे बचाया है। हम ग़रीब थे, ग़रीब हैं और आज भी ग़रीब हैं। जैसे हिन्दू राजा अत्याचारी थे, वैसे ही तुम भी हो। तुम इनसान को इनसान नहीं रहना देना चाहते।

समूह : कबीर साहब की जय हो।

सुल्तान : ख़ामोश।

काजी : सुल्तान, यह बागी है। ऐ जुलाहे, तू जानता है इसका नतीजा?

कबीर : कौन-सा नतीजा है, जिससे डरकर मैं झूठ बोलूँ?

कमाल : तू ग़रीबों की आन है।

सुल्तान : कौन है ये?

काजी : हुजूर इसका लड़का है।

कमाल : मार डाल, डराता किसे है? अरे, बड़े-बड़े हुक्मरान इस धूल में मिल गए पर ग़रीब, मेहनत और ईमान की रोटी खाने वाला कभी नहीं मरता।

समूह : कबीर साहब की जय।

सुल्तान : जुलाहे, तेरी मौत तेरे सिर पर मँडरा रही है।

कबीर : पलटकर देख। कोई इस धरती को ले जा सका है? यह तेरा झूठा गुरूर है जो तेरे मुँह से बोल रहा है। तू मुझे डराता है? मेरा मैं तो कब का छूट गया। जब डरने वाला ही नहीं रहा तो डर कैसा?

समूह : कबीर साहब की जय।

कमाल : सुल्तान, मेरी अम्माँ कहती है कि तेरा पाप ही तुझे डरा रहा है। देख, बाबा किस शान से तेरे सामने खड़े हैं? सत्य की आग ने उसे सोना बना दिया है और तू सोने के सिंहासन पर बैठकर भी मिट्टी का लोंदा बना हुआ है।

समूह : कबीर साहब की जय।

सुल्तान : कुचल डालो इन सबके सिर। *(सबका प्रस्थान।)*

सूत्रधार एक : क़िस्सा तो क़िस्सा है। एक क़िस्सा यह भी है कि सिपाहियों और कबीर के साथ आए गाँव के लोगों में जमकर लड़ाई हुई। सुल्तान ने जब देखा कि जनता उसके ख़िलाफ़ होती जा रही है, तो वो वहाँ से भाग गया। सिपाहियों को लोगों ने मार-मार कर भगा दिया। लेकिन इस हादसे में लोई माई बुरी तरह जख्मी हो गई और उसने थोड़ी देर बाद ही कबीर की गोद में दम तोड़ दिया।

दृश्य : आठ

[कमाल और कबीर का प्रवेश।]

सूत्रधार दो : आप निराश न हों। देखिए, कबीरदास जी भी आ गए। कहो कबीरदास जी, आगे क्या हुआ?

कबीर : बस करो यार, मुझे अब गणेश ही रहने दो। हममें थोड़ा-थोड़ा कबीर ज़रूर है, पर पूरा कबीर बनने की न तो हममें हिम्मत है और न ही हमारी औकात। कहाँ वो कबीर और कहाँ हम?

सूत्रधार एक : लेकिन अभी कुछ देर पहले तो?

कबीर : नहीं...मेरी बात मानो तो इस कमाल को अब कबीर बना दो। हो सकता है कि इस पर से इसी तरह कमाल का भ्रम उतर जाए। देखो, कैसा उदास है, जैसे सचमुच लोई इसी की माँ हो और जैसे यह घटना अभी घटी हो।

[समूह का प्रवेश। सभी कलाकार इस दृश्य में चक्कर लगाकर तिर्यक रेखाओं में खड़े होते हैं। कबीर उस पंक्तियों के मध्य में से निकलता है एवं पंक्ति के अन्तिम कोने पर बैठकर संवाद बोलता है।]

गाना : *गगन की ओट निसाना है।*
गगन की ओट निसाना है
दाहिने सूर चन्द्रमा बाएँ।
तिनके बीच छिपाना है

गणेश : लोग कबीर साहब की बात का मर्म कब समझेंगे? यह सारी दुनियाँ तो अन्धी है। कबीर साहब किस-किस को समझाते? एक-दो होते तो उन्हें समझा भी देते, पर यहाँ तो सभी पेट के धन्धे में भटक रहे हैं। पानी के घोड़े पर हवा का सवार ऐसे टपक जाता है, जैसे ओस की बूँद सत्य की अथाह नदी बह रही है, और खेवनहारा उसके बीच फँसा हुआ है। अन्धा घर की चीज़ के पास नहीं जाता और दीया जलाकर इधर-उधर ढूँढ़ता फिरता है। आग लगी और सब कुछ जल गया और बन्दा बिना गुरु के ज्ञान के भटक रहा है।

गाना : *तन की कमान सुरत का रोंदा।*
सबद बान ले ताना है।

मारत बान बेधा तन ही तन।
सतगुरु का परवाना है।
मारयों बान घाव नहिं तन में।
जिन लागा तिन जाना है।
कहे कबीर सुनो भई साधो।
जिन जाना तिन माना है।

गणेश : कबीर साहब तो सब की बात करते हैं, लेकिन उन्हें कोई नहीं जानता। सबद को कोई जानता ही नहीं। जिससे भी उसके हित की बात कहो, वो ही बैरी हो जाता है। काग़ज़-स्याही उन्होंने कभी छुआ नहीं और क़लम को कभी हाथ नहीं लगाया। चार युगों का महत्त्व उन्होंने अपने मुख से ही बखाना है। उनकी बोली पूरब की बोली है। उसका महत्त्व वो ही जानेगा जो पूरब का होगा।

गाना : *गगन की ओट निसाना है।*
गगन की ओट निसाना है।
दाहिने सूर चन्द्रमा बाएँ।

[सभी कलाकार मूवमेंट करते घूमते हैं।]

तिनके बीच छिपाना है।

[सारे पात्र धीरे-धीरे मंच का चक्कर लगाते हुए निकलते हैं। नेपथ्य से आवाज़ आती है।]

चला हंसा वा देस जहँ पिया बसै चित्तचोर।
सुरत सोहागिन है पनिहारिन, भरे ठाढ़ बिन डोर।

[धीरे-धीरे गाने के साथ-साथ प्रकाश भी कम होता जाता है।]

नाटकों के गीत और कविताएँ

[ये गीत और कविताएँ कुछ दूसरे लेखकों द्वारा लिखे गए नाटकों के लिए तथा कुछ कहानियों, उपन्यास आदि के नाट्य रूपान्तरण के लिए समय-समय पर मेरे द्वारा लिखे गए।]

मसखरे आएँगे

न पर्वत थे इतने ऊँचे
न सागर इतना गहरा हुआ था
धरती पर जीवन, ठहरा हुआ था
नदियाँ थीं लेकिन लहरें नहीं थीं
परिन्दे थे लेकिन उड़ानें नहीं थीं
कहता हूँ लेकिन कहना नहीं था
हवा थी लेकिन बहना नहीं था
फूल थे लेकिन खिलना नहीं था
लोगों का आपस में मिलना नहीं था।

धरती पर एक दिन विदूषक जब आए
हँसना-हँसाना अपनी पिटारी में लाए
पिटारी जो खोली तो ऐसा हुआ...

समूह :

कैसा हुआ, भाई कैसा हुआ?

गायक :

अचम्भा हुआ, एक अचम्भा हुआ
हवाएँ दरख़्तों पर चलने लगीं
नदियों में लहरें मचलने लगीं
हँसने लगा, आदमी रोने लगा
तबियत में कुछ-कुछ होने लगा

हँसने ने ऐसा करिश्मा दिखाया
दृश्य सारा का सारा बदलने लगा
सपने उगने लगे
अक़्ल जगने लगी
बदलने लगी, दुनिया बदलने लगी।

शासक को लेकिन नहीं था क़बूल
हँसना था उसके लिए एक भूल
हँसने वालों को वो सताने लगा
ज़ुल्म पर ज़ुल्म वह ढाने लगा
हँसी ने आदमी को लेकिन
इतना निर्भय बनाया
हँसी अत्याचारी की वह उड़ाने लगा
हँसने लगा और गाने लगा
अत्याचारी घबड़ाने लगा
बड़बड़ाने लगा।

मार डाला चुन-चुन कर मसखरों को सभी
मनहूसियत का ऐसा सन्नाटा हुआ
हँसी जैसे धरती पर थी न कभी।

बहते हुए ख़ून से मसखरे फिर पैदा हुए
वो हँसने लगे और हँसाने लगे
प्यार के गीत फिर से गाने लगे
धरती हँसने लगी, बादल मुस्कुराने लगे
लोग फिर मिलने लगे
गप्पें लड़ाने लगे
ठहाके लगाने लगे
हँसने की दुनिया नई वो बसाने लगे।

(रंग विदूषक : नाट्य समूह के लिए लिखा गया गीत)

वोल्गा से गंगा

राहुल सांकृत्यायन की कृति का नाट्य रूपान्तर।
निर्देशक : विभा मिश्र। संगीत : ब.व. कारन्त

गीत

मनुज के महासंघर्ष की गाथा है यह
उस बृहत् इतिहास के निष्कर्ष की गाथा है यह।

गाथा है यह उस सृष्टि की, जिसको हाथों ने रचा
मुक्ति की और मुक्ति के संघर्ष की गाथा है यह
मनुज के महासंघर्ष की गाथा है यह।

हैं अँधेरे और पराजय के कहीं पर घाव भी
लेकिन मनुज के महा उत्कर्ष की गाथा है यह
मनुज के महा संघर्ष की गाथा है यह।

गीत

'रक्त से भी ज़्यादा प्राचीन नदियाँ'
बसीं जिनके किनारे सभ्यताएँ।

नुकीले पत्थरों से गढ़े हथियार हमने
कितने पशु मारे वहाँ खूँख़ार हमने
धरी पानी की हथेली पर पहली नाव हमने
डाले वहीं पर पहले ठाँव हमने।

आग खोजी, रचीं हमने नई ध्वनियाँ
एक पहिये ने बदल डालीं कितनी सदियाँ
अटपटी ध्वनियों ने रच डालीं न जाने कितनी भाषाएँ
पशु-पक्षियों की, देव-दानवों की न जाने कितनी गाथाएँ

सब वहाँ थे, सभी के वास्ते थे
हर दिशा में हज़ारों रास्ते थे
नहीं अब जानते हम भी कि बीतीं कितनी सदियाँ
रक्त से भी ज़्यादा प्राचीन नदियाँ।

गीत

स्त्रियों की थी वो सत्ता
मुखिया स्त्रियाँ थीं परिवार की।
योद्धा स्त्रियाँ ही थीं
स्त्रियाँ सरदार थीं।
जानी जाती थीं संतानें
स्त्रियों के नाम से।
जाने जाते थे कबीले
स्त्रियों के नाम से।

स्त्रियाँ थीं फूल
स्त्रियाँ तलवार थीं।
स्त्रियों की थी वो सत्ता
स्त्रियाँ सरदार थीं।

शर्विलक

'मृच्छकटिकम्' पर आधारित गुजराती नाटक का हिन्दी अनुवाद।
निर्देशक : बंसी कौल

गीत

कथा एक पुरानी, हमें है सुनानी
कथा आर्यजन, यह लोकविप्लव की है।

माना प्रसंग हैं सारे पुराने
मगर पात्र सारे, हैं जाने-पहचाने
पुरानी कथाओं में ये आ चुके हैं
लगेंगे नहीं, आपको ये अजाने।

लाँघ कर सीमा समय की सयानी
कथा आर्यजन यह लोकविप्लव की है।

कथा यह पुरानी, पुराने समय की
मगर यह तो लगती, हमारे समय की
सपने हैं इसमें हमारे-तुम्हारे
पुरानी कथा में नए हैं इशारे
संकल्प हमारे हैं, संघर्ष हमारे
कथा आर्यजन यह लोकविप्लव की है।

शर्विलक का गाना

डरते तुमसे राजपुरुष भी
डरते तुमसे चोर।

विद्वज्जन भी मूँड उठाए
ताक रहे हैं दाएँ बाएँ
कृपा-दृष्टि पाने को आतुर
नर्तकियाँ चितचोर।

(लय में बोलते हुए)

चैन चुराया किसने बोलो
क्यों साधे हो मौन
कामदेव के उस उत्सव में
वहाँ लता मंडप के नीचे
रूठ गई क्या मदनिका तुम्हारी?
कुपित हुई क्या मदनिका तुम्हारी?

यह नगरी तो तुम पर वारी
तुम पर हुई विभोर
डरते तुमसे राजपुरुष भी
डरते तुमसे चोर।

लोकविप्लव का गाना

काट अँधेरे की हर कारा
मुक्ति का वो सूर्य हमारा
ज्योति कलश छलकाएगा
नया सवेरा आएगा रे,
नया सवेरा आएगा।

अन्यायी का राज उलट कर
जन विप्लव की आग में तपकर
निकलेगा जब सूर्य हमारा
जग ज्योतिर्मय हो जाएगा
नया सवेरा आएगा।

अपने को बेचने वाले का गीत

सुनिए सुनिए!
सुनिए आर्यजन।

बेचने के लिए अपने आप को
जीवन भर के पुण्य और पाप को
खड़ा हूँ मैं इस बाज़ार में
बस दे दें दस स्वर्ण मुद्राएँ इस जुआरी को
मानूँगा आपका जीवन भर आभार मैं।

क्या? क्या कहा आपने?
काम मैं क्या आऊँगा?
ऋण आपका कैसे चुकाऊँगा?

काम घर के सब कर सकता हूँ मैं
दिन और रात खट सकता हूँ मैं
अरे अरे...आप तो चल दिए...
सुनिए, आप तो सुनिए श्रीमान!
अरे आप भी बात पर मेरी
नहीं देते कान?
क्या करूँ...अब मैं क्या करूँ...?

शकार का गाना

कहाँ दौड़कर जाती है तू
ठहर ज़रा।
इठलाती, बल खाती है तू
ठहर ज़रा।
काम की अग्नि रह-रहकर
मेरा सारा तन झुलसाए
मांस का जैसे कोई टुकड़ा
आगी में गिर जाए।
जल-जल मुझे जलाती है तू
ठहर ज़रा।

शर्विलक का गाना

प्रेम बाधा बन जाए
लक्ष्य को ही छल न जाए
खोल दो सब आज बन्धन
तोड़ दो सब आज बन्धन।

शकार का गाना

दौड़ो-दौड़ो सैनिक दौड़ो
द्वारपाल और रक्षक दौड़ो।

बाँधो-बाँधो
चारुदत्त की बाँहें बाँधो
इनकी सबकी राहें बाँधो
पकड़ो-पकड़ो
इस ज़हरीली नागिन को पकड़ो
जो भी बोले, उसको जकड़ो

देखो-देखो
मुझको मारा
उन ने मारा, उन ने मारा
राजा के साले पर हमला
आधी दुनिया के रखवारे पर हमला
मारो-मारो
सबको मारो।

शकार का गाना

हींग-मिरच का छौंक लगाया
तली कलेजी नायक जी
खाया हमने मांस कोयल का
बने न हम क्यों गायक जी!

सात सुरों को पीस के पी गए
तोड़ के खाया बाजा जी
हमको गर्दभ मानो लोगो
जीजा अपने राजा जी।

भरत रोहतक की मृत्यु के बाद का गाना

क्या हुआ यह? क्या हुआ यह? क्या हुआ?
यज्ञ के शस्त्र से गले की शिरा को काट कर
मृत्यु को वरा यूँ, मृत्यु को वरा यूँ
भरत रोहतक ने भी किया
यूँ आत्मघात।

जन विरोधी, मन विरोधी
पतित मूल्यों पर टिकी हर राजनीति
सिर्फ़ सिंहासन बचाती
छल पर टिकी हर कूटनीति

छल-कपट और षड्यंत्रों पर टिकी
हर राजनीति
हाँ बनेगी, हाँ बनेगी, हाँ बनेगी
आत्मघाती, आत्मघाती!
जन विरोधी राजनीति क्या बनेगी
आत्मघाती, आत्मघाती, आत्मघाती!

द्यूत का गाना

बिना सिंहासन की रजधानी
बिना महल का ठाठ।
नदी द्यूत की बहती भैया
जिसका कोई न घाट।
लगाओ दाँव, फेंको पैसा।
राजा होकर जुआ न खेले
उससे अच्छा काठ।

जुआ न खेले धनपति होकर
उससे अच्छा जाट।
लगाओ दाँव, फेंको पैसा।

उज्जयिनी नगरी का गाना

महाकाल की प्यारी नगरी
उज्जयिनी है नाम।
मेले ठेले, खेल-तमाशे
और वेदों का गान।
धनकुबेर की ऊँची पैड़ी
सोने की दुकान।
बर्छी लगे जिसे चितवन की
उसके बचे न प्राण।

प्रतिहारियों का गाना

जा बन्धु तू जा।

रस्ता सूझे, जहाँ जिधर से
निकल भाग तू आज उधर से
जा बन्धु तू जा।

निकलेगा जब सूरज तम से
पूछेगा जब राजा हमसे
उत्तर देंगे क्या?
जा बन्धु तू जा।

राजभवन के नौ दरवाज़े
पूरब-पच्छिम, पीछे-आगे
निकल सके तू जहाँ जिधर से
भाग निकल तू आज उधर से
याद हमें तू रखना बन्धु
पर जाएगा काँ?
जा बन्धु तू जा।

अन्तिम गाना

हो चुका है लोकविप्लव
और बदली है व्यवस्था
प्रश्न लेकिन एक जलता सामने है
प्रश्न लेकिन एक जलता सामने है

प्रश्न यह है, प्रश्न यह है, प्रश्न यह है
कल नहीं निर्दोष पर
होगा कोई क्या अत्याचार?
प्रश्न यह है, प्रश्न यह है, प्रश्न यह है
लूटेगा नहीं, कोई कहीं पर
दूसरों के कड़े श्रम की कमाई
प्रश्न यह है, प्रश्न यह है, प्रश्न यह है

रक्त जो इस मुक्ति में हमने बहाया
व्यर्थ तो नहीं होगा कहीं बलिदान वह
प्रश्न लेकिन एक जलता सामने है।

लोकविप्लव से जो पाया
वो एक सपना सामने है
वो एक सपना सामने है।

सबसे उदास कविता

लेखक : स्वदेश दीपक
निर्देशन : अरविन्द गौड़

एक

वह आती है
धरती के किसी कोने से उठता है विलाप
आकाश के किसी कोने से राख झरती है
वह आती है
जीवन की किसी एक पंक्ति पर विराम चिह्न
लगाने की कोशिश करती हुई।

हरी टहनियाँ किसी पीले पत्ते को
डाल से टूटते हुए देखती हैं।

वह आती है
लेकिन धूल में कहीं भी उसके पाँव के निशान
नहीं बनते।
उसे हमारी देह से कुछ भी लेना-देना नहीं
वह सिर्फ़ साँसों को ले जाती है चुपचाप
वह सिर्फ़ उसी को दिखती है
जिसके पास आती है
बाक़ी लोग सिर्फ़ महसूस करते हैं
किसी चीज़ के पास से गुज़र जाने को!

दो

ख़ामोश दबे पाँव आती है मृत्यु
ठंडी, क्रूर और भयावह।

आती है, वह आती है
धीरे-धीरे रक्त में उतरती है
ख़ून की सारी अग्नि को खा जाती है।
धीरे-धीरे ठंडी होती जाती है देह
धीरे-धीरे मुँदती जाती हैं आँखें
धीरे-धीरे अँधेरे में विलीन होते जाते हैं स्वप्न

एक महानिद्रा की सीढ़ियाँ उतरती हैं साँसें
कोई पुकारता है दूसरे छोर से!

(यह कविता प्रकाशित नाटक में शामिल नहीं है)

तीन

आ और मुझे अपनी अँधेरे के तागों से बुनी शॉल में
ढाँप ले।
आ मेरी पलकों को सदा के लिए मूँद देने वाली नींद
आ!
मेरी अन्तिम साँसों की सौदागर आ
जीवन के सारे दृश्य को मेरी आँखों की स्लेट से
मिटा देने वाली ओ दुष्ट बुढ़िया आ!

आ कि अब कुछ भी नहीं है तेरे पास ले जाने को
आ कि इस देह के सिवा कुछ भी नहीं है
तेरे पास ले जाने को।
आ कि पूरे कर चुकी है सारे संकल्प यह देह
आ कि हर फ़ाइल पूरी की जा चुकी है
आ कि दे दिए हैं सारे ख़तों के उत्तर
आ कि अन्याय का प्रतिकार किया जा चुका
प्रतिशोध लिया जा चुका।

आ कि मुझे तुझसे कोई प्रेम नहीं
पर आ कि अब भय भी नहीं कोई।

चार

किसी की मृत्यु से रुकता नहीं कुछ भी
किसी की मृत्यु से रुकता नहीं संघर्ष।

झरता है एक पत्ता तो एक नया अँखुआ फूटता है
आसमान भर जाता है नए परिन्दों की उड़ानों से
नदियों में नई मछलियाँ जन्म लेती हैं
दूर तक फैलती जाती है हरियाली
धूल में उभरते हैं नए बच्चों के पाँव के निशान।

मृत्यु से रुकता नहीं कुछ भी
मृत्यु से थमता नहीं कुछ भी।

चलता, चलता ही जाता है जीवन निरन्तर...।

तीन टके की नौटंकी

बर्तोल्त ब्रेख़्त के नाटक 'थ्री पेनी ऑपेरा' पर आधारित
लेखक : प्रशांत खिरवडकर। सहयोग : मनोहर आशी

एक

तीन टके की नौटंकी
तीन टके का स्वाँग
इसको देखें राधेश्याम
इसको देखें सीताराम!

बामन देखें, कायथ देखें
देखें इसको भंगी
अफ़सर देखें, बाबू देखें
देखें नौकर दंदी
धोबी देखे, धोबन देखे
देखे लेंदी-फंदी।

सेठ-सिठानी छुप-छुप देखें
छोड़ के सारे काम।
परेशान हैं कला मसीहा
उनकी नींद हराम।
बिगड़ गया है मुखड़ा उसका
खड़े हुए हैं कान।

टाँग तोड़कर भरतमुनि की
भारतेन्दु की सीख

नाटक घर से मंच उठा
हम लाए सबके बीच।
भूखे-नंगे करते अभिनय
ऐसी कथा अजीब।

चौराहे पर नाटक आया
छोड़ के अपना धाम।
कुछ लोगों की मर गई नानी
सुन लो सीताराम। टेक।

दो

जागो ऐ बूढ़े ख़ुदा
जागो ऐ खूसट करतार
शुरू करो बदमाशियाँ
शुरू करो भ्रष्टाचार।

सीखा जो तुमने अब तक है
किया जो तुमने है हर बार
जागो ऐ...
बेचो अपने भाई-बहन
बीवी बेचो जा बाज़ार
क्या सोचे तुम बूढ़े खूसट
कोई हमारा नहीं करतार।

एक दिन ऐसा भी आएगा
उत्तर सबको मिल जाएगा
रोओगे तुम बुक्का फाड़...।
जागो ऐ...।

तीन

पसन्द मुझे है बिस्तर में
रात बिताना अपने घर में

पर उसकी पसन्द है मस्ती
वह कुछ नहीं समझती।

अपने प्रेम का उजाला
भरने को उसके मन में
अल्ला लगा हुआ है
हर कोई अपने फ़न में

स्त्री पात्र

ये रात की ख़ामोशी
ये झील का किनारा
देखो तो उग रहा है
वो चाँद कितना प्यारा
मेरा दिल धड़क रहा है
ज्यों बज रहा नगाड़ा
मैं दुलारी संग जा रही हूँ
पत्थर है दिल तुम्हारा।

पुरुष पात्र

पसन्द मुझे है काम वही
जिसका कोई मतलब हो
जिसका हो उद्देश्य कोई
पर उसकी पसन्द है मस्ती
वह कुछ नहीं समझती
गड्ढे में गिर रही है
उसकी तमाम हस्ती।

स्त्री-पुरुष दोनों

नहीं चाँद अब गगन में
नहीं झील का किनारा

मेरा दिल धड़क रहा है
ज्यों बज रहा नगाड़ा।

मैं दुलारी संग जा रही हूँ
पत्थर है दिल तुम्हारा

जहन्नुम में जाओ प्यारी
और चाँद भी तुम्हारा...।

चार

काम करो, काम करो, काम करो भाई
काम करो, काम करो, काम करो भाई
दुनिया में थोड़ा नाम करो भाई...
इज़्ज़त नीलाम हो
नींदें हराम हों
कैसा भी काम हो
पाकिट में दाम हो
कुर्सी पे उल्लू हो, तख़्त पे कबूतर
सबको ही प्यारे सलाम करो भाई।

आराम है चीज़ क्या
काम की तमीज़ क्या
सफ़ेद कमीज़ क्या
पैंट की क्रीज़ क्या
खटमलों का काम तमाम करो भाई
टेबिल को काट के दीवान करो भाई
काम करो, काम करो...

पाँच

बढ़े चलो, बढ़े चलो, बढ़े चलो
बढ़े चलो सिपाहियो, बढ़े चलो
हाथ में भी अस्त्र है, जेब में भी शस्त्र है
डरे हुए हैं सब यहाँ, सब यहाँ पे त्रस्त हैं।

ये राज अपने बाप का
ये ताज अपने बाप का
सर पे अपने बाप के चढ़े चलो...
चढ़े चलो सिपाहियो, चढ़े चलो।
गर कहीं विरोध हो
सर उसका तोड़ दो
डाल दो हथकड़ी
चूतड़ों को फोड़ दो
बढ़े चलो सिपाहियो, बढ़े चलो।
दो नम्बर का धन्धा हो
राजनीति का चन्दा हो
यारी उससे गाँठ लो
महिना उससे बाँध लो
बढ़े चलो, बढ़े चलो, बढ़े चलो
दूसरों के माल पे तरे चलो
तरे चलो सिपाहियो, तरे चलो।

छह

जब मैं छोटी लड़की थी
मैं ये सोचा करती थी
मैं शादी एक रचाऊँगी
मैं दूल्हा उसे बनाऊँगी
मैं शादी एक रचाऊँगी।
सूट-बूट में अफ़सर आला हो
ऊँचा पूरा पैसे वाला हो
दिल फेंक अगर दिल वाला हो
मैं उसके साथ न जाऊँगी।
मैं शादी नहीं रचाऊँगी।

पहला था ऊँचा पूरा नौजवान
दूजे को था धन दौलत पर अभिमान
तीजा रूप का मेरे था गुलाम
चौथे का सभ्यजनों में था सम्मान

उन्हें देख मेरा दिल पहले ललचाया
पर मैंने यह फ़रमाया
मैं इसके साथ न जाऊँगी
मैं शादी नहीं रचाऊँगी।

पर एक दुपहरिया आया एक
नहीं था वह पैसे वाला
नहीं था वह एकदम नेक
फटे हुए थे उसके जूते
फटा हुआ था उसका हैट
बात न की उसने जादा
बस बाँहों में लिया समेट
दुल्हन हो गई मैं उसकी
दूल्हा बना वो मेरा
यूँ पड़ा सातवाँ फेरा।

सात

काली काली रातों में
सरदी में, बरसातों में
तूने मेरा साथ निभाया
घातों में आघातों में
इन्नी मिन्नी चिन्नी तू
मेरी गोरी गिन्नी तू।
ख़ाली ख़ाली जेबों में
जैसे एक इकन्नी तू
मेरी गोरी गिन्नी तू।

पलकों पर बिठलाया तूने
बाँहों में लिपटाया तूने
दुश्मन और दरोगा से भी
आँचल ओट छिपाया तूने
इन्नी मिन्नी चिन्नी तू
मेरी गोरी गिन्नी तू।

काली-काली रातों में
सर्दी में, बरसातों में
मैंने केवल तुमको चाहा
सारे ही हालातों में
मेरा प्यारा मीता तू
मेरा है भयभीता तू।
दुश्मन की सब चालों में
लगा एक पलीता तू
मेरा प्यारा मीता तू।
मैंने तुझको पाया रे
मैं हूँ तेरी छाया रे
मैं बस एक तिजोरी हूँ
तू है मेरी माया रे
मेरा प्यारा मीता तू
मेरा है भयभीता तू।

आठ

पहली आवाज़ :

धूर्त शासको...
भ्रष्ट प्रशासको...

दूसरी आवाज़ :

सेठों के ओ पालतू पिल्ले
जनसेवा के लगा के बिल्ले

प.आ. :

आते हो उपदेश पिलाने
आते हो तुम हमें सिखाने

कोरस :

आटी छोड़ो, पाटी छोड़ो
चोरी और चपाटी छोड़ो
महापाप है ऐसा करना
ये पापों की घाटी छोड़ो

प.आ. :

सारी बात तुम्हारी सच्ची

दू.आ. :

तोला-माशा, राई-रत्ती
लेकिन बात हमारी बूझो
ओ मेरे सत्ता, ओ मेरी सत्ती
तुमने हमसे किया था वादा
जीवन तुम भी जिओगे सादा
तुमने हमसे किया था वादा

कोरस :

सब हाथों को काम मिलेगा
श्रम का पूरा दाम मिलेगा
भरपेट मिलेगा सबको खाना
न्याय मिलेगा, सम्मान मिलेगा

प.दू.आ. :

तुमने हमसे किया था वादा
जीवन तुम भी जिओगे सादा
लेकिन संता ओ मेरे बंता...

कोरस :

तन पे कपड़ा नहीं हमारे
तुम हो उजली खद्दर धारे
ऊँचे-ऊँचे महल दुआरे
सब-के-सब हैं पास तुम्हारे
मन्दिर-मस्जिद ओ' गुरुद्वारे
शोषण के ये रस्ते सारे
तुमने जितने भाषण झाड़े
खुल गए सारे ढोंग तुम्हारे
तुमने हमसे जो किए थे वादे
पहले पूरे करो वो सारे
फिर आना सिखलाने हमको
पाप-पुण्य के भेद ये सारे
धूर्त शासको...
भ्रष्ट प्रशासको...

नौ

सोचने से मिला क्या
सोचने से हिला क्या

दो :

बाल भी नहीं हिला
राई भी नहीं हिली
कमर तोड़ सोचा
सर फोड़ सोचा
पाई भी नहीं हिली
सोचने से...।

एक :

बन्दर की औलाद है आदमी
सोचने वाली ज़ात है आदमी

होने को बड़ी बात है आदमी
पर कितनी बिसात है आदमी
सोचने से मिला...।

दो :

बदलती नहीं दुनिया
सिर्फ़ सोच लेने से
डरता नहीं कोई
सिर्फ़ भौंक लेने से
सोचने से मिला...।

एक :

क्या टूटी कगार है ज़िन्दगी
क्या एक मझधार है ज़िन्दगी
क्या सलामों की पगार है ज़िन्दगी

दो :

नहीं एक अंगार है ज़िन्दगी
एक ख़ूनी ललकार है ज़िन्दगी
शोषण के विरोध में
एक हुंकार है ज़िन्दगी

एक और दो :

बहुत बहुत सोचा
पर मिला क्या...।

दस

इश्क़ हमारा आज़ाद रहा
जहाँ रहा आबाद रहा।

फूलों की चाहे सेज रही
काँटों का चाहे ताज रहा
इश्क़ हमारा आज़ाद रहा।
सर पे फ़ाँसी का फन्दा था
उलटा-सीधा धन्धा था
लाखों थे दुश्मन ओ' जलकुकड़े
पर इश्क़ हमारा अन्धा था
इश्क़ सदा आबाद रहा।
इश्क़ हमारा आज़ाद रहा।

ग्यारह

ढके हुए हैं सब उजियाले
सूरज पे हैं बादल काले
दुनियाभर की खुशियों पर
हैं सेठों के मोटे ताले
आग उठा ले
आग उठा ले
ओ मतवाले, आग उठा ले।

हर चेहरा है एक मुखौटा
राजनीति का सिक्का खोटा
धन्धेबाज़ों की है ये दुनिया
जीवन उसने किया है बोठा
सच्चाई के पिटे दिवाले
झूठ के हैं पर्दे काले
हाथ उठा ले
क़दम बढ़ा ले।
जिसने छीनी तेरी मेहनत
तू भी उसकी नींद छिना ले
हिम्मत वाले
ओ मतवाले
आग उठा ले।

शोषक राजा बन बैठे हैं
करके काले-पीले धन्धे
जिसने दुनिया रची है यारो
वे हैं सारे भूखे-नंगे
मेहनतकश सब हाथ उठा लें
सब मिल कर एक फौज़ बना लें
मुक्त करें वे सब उजियाले
आग उठा ले
आग उठा ले
हिम्मत वाले
ओ मतवाले।

टंकारा का गाना

लेखक : राजेश जोशी, बंसी कौल
निर्देशक : बंसी कौल

टंकारा के बूढ़ों का गाना

उलटे-सीधे नाम हमारे
थाली-लोटा-कलछी झारे।

देश हमारा है टंकारा
जिसके पड़ोसी सारे तारे
उलटे-सीधे नाम हमारे
उलटे-सीधे काम।
न यह दुनिया अपनी प्यारे
न हम इसके रहने वारे
लँगड़ी घोड़ी बूचा दूल्हा
बाँस उठा कर तोरण मारे।

उलटे-सीधे काम हमारे
उलटे-सीधे नाम।

बूढ़े इंजु को चिढ़ाते हुए, टंकारा के युवकों का गाना

कई दिनों से दिखे नहीं तुम कहवाघर में
कई दिनों से गए नहीं बाजार

सोचा हमने हो सकता है
हो शायद बीमार।

कर ही क्या सकते हैं बूढ़े
आख़िरकार आख़िरकार

मैयत में वो जा सकते हैं
बातें ख़ूब बना सकते हैं...

इंजु : डाँट कर
हप्प!

टंकारा के बारे में गाना

टंकारा है नाम देश का
मूर्ख यहाँ के रहने वाले
सारी बातें सहने वाले
मूर्ख यहाँ के रहने वाले।

बुरा सगुन है याँ मुस्काना
पागल होते हँसने वाले।

करिंगाराम के चेलों का गाना

हम साथ तुम्हारे आए
तुम साथ हमारे आओ
यह बला हमें बतलाओ
यह कला हमें सिखलाओ।

क्या होता है तलवार पे चलना
क्या होता है धार पे चलना
धर कर नाक पे निब्बू
क्या होता है पार उतरना।

हम खाएँ गुलाटी आड़ी
तुम खाओ गुलाटी तिरछी
क्या होता है दाँव बदलना
क्या होता है धार पे चलना।

यह चेहरे पर जैसे चेहरा
यह रंग-बिरंगा चेहरा
यह रंग-बिरंगे कपड़े
रंगों का जैसे डेरा।

क्या होता है रंग बदलना
क्या होता है ढंग बदलना
क्या होता है धार पे चलना
क्या होता है धार पे चलना।

मुस्कुराने का गाना

चलन पुराना, है मुस्काना
मगर नहीं है मेरे प्यारो
बस यह होंठ हिलाना
बस यह दाँत चिराना।

द्वार दिमाग़ों के यह खोले
कमज़ोरी की अपनी टोह ले
अन्दर-बाहर, आजू-बाजू
सारी चीज़ दिखाना।

काम हँसी का यह है यारो
सबको यह सिखलाना
खेल नहीं है, खेल नहीं है
हँसना या मुस्काना।

टंकारा के अतीत का गाना

बहुत समय की बात है बच्चो, अपनी इस भूमि पर
रहता था एक पूर्वज।
घर भर गाता, उसकी गौरव गाथा।
बुद्धिमान वो सबसे जादा
दुखियारों का भ्राता।
हँसता और हँसाता सबको, वो दुखियारों का त्राता।

करिंगाराम के महल जाने का गाना

चला करिंगाराम
चला करिंगाराम
राजा जी का हुक्म बजाने
सबक सिखाने, दिल बहलाने
चला करिंगाराम।

खाई-खंदक और पहाड़
रस्ते सूने और उजाड़
संग बेटे के करता पार
चला करिंगाराम।

भूल गया है भूख और प्यास
उसकी अब है एक ही आस
अब लेगा वो चैन की साँस
चला करिंगाराम।

श्वेत महल का गाना

राजा जी ने महल बनाया
ईंट बनाई शक्कर की।
चावल पीस के रंग लगाया
भीत उठाई शक्कर की।

लोग मरे सब भूखे-प्यासे
नींव भराई शक्कर की।
राजा जी ने महल बनाया
ईंट बनाई शक्कर की।

लोरी

अम्मा की आँखों का तारा है तू
बाबा की आँखों का तारा है तू।

निंदिया के बटुए में सपने रखे
सपनों में सुख-दिन, वो अपने रखे
परियाँ बुलाएँ तो कहना यही
अम्मा के कानों का बाला है तू।

अम्बर की पलकों में सूरज जले
अम्बर की पलकों में चन्दा जले
नदिया बुलाए तो कहना यही
बाबा के जीवन की धारा है तू।

सीढ़ी दर सीढ़ी उर्फ़ तुक्के पे तुक्का

लेखक : राजेश जोशी, बंसी कौल
निर्देशक : बंसी कौल

गीत

ऐसा हुआ संजोग हाँ, ऐसा हुआ संजोग हाँ
कि एक रुक्का चल गया।
तीर सारे रह गए, एक तुक्का चल गया।
चल गया रे, चल गया हाँ
एक तुक्का चल गया।

एक थे तुक्कू मियाँ और उनके थे सौ झमेले
बाप-दादों की कमाई के थे वो वारिस अकेले
हाँ, वारिस अकेले।
न जाने किस नुजूमी ने बताया उनको भैया एक दिन
आला अफ़सर तुम बनोगे देख लेना एक दिन
फिर तो क़िस्मत ने दिखाया खेल ऐसा एक दिन
ज़ोर मारा यूँ मुक़द्दर ने कि रुक्का चल गया।
चल गया रे...।
हाय इक्के पे हुकुम के
एक दुक्का चल गया।
चल गया रे...।
तालीम से रिश्ता न था उनका दूर का
ज्यों कोई ख़ाविन्द बने सरग की हूर का
भूल के भी रास्ते पे वो मदरसे के कभी जाते न थे

काले-काले हरफ़ों से आँखें कभी लड़ाते न थे
खनखनाते रह गए और खोटा सिक्का चल गया
चल गया रे...।
कानाफूसी होते होते
एक क़िस्सा चल गया
चल गया रे...।

जादू जंगल : निर्देशक : राजकमल नायक, इप्टा, रायपुर

जादू जंगल : निर्देशक : सतीश मेहता, प्रयोग, इन्दौर

जादू जंगल : निर्देशक : सतीश मेहता, प्रयोग, इन्दौर

अच्छे आदमी : निर्देशक : बंसी कौल, श्रीराम सेन्टर, दिल्ली

अच्छे आदमी : निर्देशक : बंसी कौल, श्रीराम सेन्टर, दिल्ली

पाँसे : निर्देशक : सत्यव्रत राउत, उड़ीसा

पाँसे : निर्देशक : सत्यव्रत राउत, उड़ीसा

सपना मेरा यही सखी : निर्देशक : अनिल रंजन भौमिक, समानान्तर, इलाहाबाद

सपना मेरा यही सखी : निर्देशक : अनिल रंजन भौमिक, समानान्तर, इलाहाबाद

तुम सआदत हसन मंटो हो : निर्देशक : एम.के. रैना, रंगमंडल, भोपाल

तुम सआदत हसन मंटो हो : निर्देशक : एम.के. रैना, रंगमंडल, भोपाल

तुम सआदत हसन मंटो हो : निर्देशक : एम.के. रैना, रंगमंडल, भोपाल

तुम सआदत हसन मंटो हो : निर्देशक : एम.के. रैना, रंगमंडल, भोपाल

कहन कबीर : निर्देशक : बंसी कौल, रंगविदूषक, भोपाल

कहन कबीर : निर्देशक : बंसी कौल, रंगविदूषक, भोपाल